Casseroles,
amour et crises
Jean-Claude Kaufmann

料理をするとはどういうことか

愛と危機

ジャン=クロード・コフマン

保坂幸博+マリーフランス・デルモン 訳

新評論

Jean-Claude KAUFMANN

CASSEROLES, AMOUR ET CRISES

Ce que cuisiner veut dire

料理をするとはどういうことか——愛と危機／目次

第一部　二つの歴史

第一の物語　食べ物：秩序から無秩序へ　14

第二の物語　食事：供犠からコミュニオンへ　79

第二部 ごはんよーッ

第三の物語 家族を作る 112

第四の物語　家族の軌跡と背景　173

第三部　お台所で

第五の物語　料理もあれば台所もある　234

■本文中、訳者による補足は〔　〕で示した。

料理をするとはどういうことか——愛と危機

はじめに

新たなアンケート調査に乗り出すことは（慎ましやかなものではあっても）ひとつの冒険である。研究者は、必須の道具である仮説によって武装してそこへと出発する。それは学問的な将来に対するある種の賭けなのだ。だがまた研究者は、普通は数年という、人生でそれほど短いものでもないひと区切りの期間に彼を待ち受けているものに関して、別の考えもいくつか携えているものである。ひとつの雰囲気、そして個々の人々の人間関係上の様々な関心とスタイル。それはひとつの宇宙だ。似通っているアンケート調査は二つとない。あるものは騒々しいわめきの中で推進され、またあるものは解読を必要とするような無口の中にある。荒々しい主義の世界の中で推進されるものもあれば、魅惑的なほど寛大な人情の中でのものもある。

私の最初の仮説についてここで話すのは時期尚早だが、家庭の料理に関してのアンケート調査にとりかかる前に、その仮説以外に私も少々の自分なりの考えをいくつか持っていたのである。その仕事はたやすいものではないぞと、確かに私は自分に言い聞かせていた。二〇年以上も前から私は洗濯やアイロン掛け、家具のつや出しやほうき掛けなど、日常の様々な家事行動の楽しみと苦痛に関して分析を行ってきたが、今になってみれば、料理に関する研究を引き延ばしてきたのは、確かに理由のないことではなかった。私は密かに、それは危険のないテーマなのであり、私の『初めてのことの朝』〔Kaufmann, 2002a〕の仕事がそうであったように、とてもやりやすいものであると確信していた。簡単に言えば私は、骨は折れるが確固としている二年間を自分に約束していたのである。間違いであった。私は重大さという問題を無視していたのだ。質問をした人たちが、何がどうでも彼らの楽しみに私を与《あずか》らせようとした熱心さ、こってりとしていて恍惚とさせるお気に入りお手製料理についての惚れきった描写。なんということだろう、個人的には私は恐るべき食欲に恵まれていて体重超過の方へ向かう危険に毎日曝されているほどだというのに、ずっと食べないでいることを余儀なくされてしまったのである。来る日も来る日も、お腹を空かせ口にヨダレを垂らして。

反対に私は、複雑さということに関しては正しかった。そのことは明白となり、私の最悪の心配をはるかに超えていくほどのものであった。その理由は分かったように思う。単に、料理と食べ物は社会学に対して大きな問題を投げかけるものだ、ということなのである。いくつも入り口を持っている大きな問題であり、それゆえたやすく取り扱うことができない。見たところなんら重要性を持っていない営みであるということとは、対照的な大きさだ。この分野での専門家たちはほとんどがこの矛盾に突き当たり、納得のいく言葉を捜し求める。しかし気の毒なことに、大層な努力にもかかわらず、親切にではあるが見下した調子で、あたかも商売物を売りつけようとしている香具師《やし》のように見られるのだ。たとえばマイケル・サイモンズは、料理は文明のほぼ核心を成し歴史的に宗教や初期の政治制度に端を発すると宣言する [Symons. 2004]。また一七八五年にジェイムズ・ボスウェルは、人間と動物を区別するものは何かを明らかにしようとした [Johnson. Boswell. 1987]。それによれば、動物はある程度まで記憶や判断力や感情の証拠を示す。だが、料理をした動物はひとつも存在しない。そこから人間の定義が与えられる。それは、「料理をする動物」ということになろう、と。その後その定義に続くものが現れなかったことは言うまでもない。料理は、認識能力や言語と比べると、取るに足りないものと見えるのだ。

しかしフロイト以前には、セクシャリティーも同じことだったのではなかろうか。さもなくば、せいぜいのところ押し殺しておけばよいものとして、取るに足りないこと、もしくは少なくとも学問的な興味を引かないこと、と考えられていた。ところが以来それは、一種の秘密の引き出しから飛び出し、多くのことを説明するものとして白日の下に曝されるようになったのだ。この二つの領域を多くの研究者たちが比較し、食べ物の問題は常に人間の心を占めてきた最も大きな問題であった [Fischler, 1993a] とか、動物の王国においてもそれは同様であり、セクシャリティーよりもずっと前面にある問題であって、「セックスなしで済ますもの（去勢牛や宦官）といえども食べないで済ますことはできない」とか言われるようになった。すでにシャルル・フーリエは、その『新しい愛の世界』の中で、幼い者も年老いた者も支配している舌の快楽は、さらに愛と結びついている領域を持つ大人の生活を際立たせるものだ、と指摘した。「〔空想的社会主義の〕フーリエ主義にとっては、食道楽を身につけるための学習は、愛の調和を配する一段階に過ぎない」[Châtelet, 1997, p. 156] のである。そしてとりわけ我々の関心を引くこと（つまり問題の大きさということ）に関して言えば、食べ物の指令はセックス以上に社会的な制約を受けてきたものだということがある。人間の歴史の中では「セックスのタブーよりも、食べ物のタブーの方がずっと多く」[Rivière, 1995, p. 189] 存在した。というのも、文化的危険と社会的危険がずっと大きかったからである。食べることが小さい問題であったことはないのだ。

問題の大きさは研究者に罠をしかける。熱中させるものがあまりにも多いと、それが学識の水路を見つける術を心得よと研究者に強いるのだ。確かに研究者は絶えず新たな諸関係を見つけようとするし、いくつもの窓を開いて、目が眩むほどの驚愕の世界ではあるが、右へ左へと引っ張りまわされもする、認識の世界へと通じようとする。こうして認識が、集積しようと考えていたはずの知識を四散させるのだ。逆説的ではあるが、情報の集積がその知識を殺す。その罠を避けるために私が可能な限り語りの糸についていくという論述形式を選んだのは、まさにそのためなのである。小説が問題なのではないということは確かである。物語をするために物語をするのと同じような具合に、説明をするために物語をするということはできない。語りはここでは、完全に論証に奉仕するものなのだ。そして他にやりようがないと思われる時には、私は迷うことなく話の糸を断ち切り、学問的な見地から言わなければならないことを言うつもりである。こう言うのはつまり、その中断と、その中断が文体の重さをもたらすことに対する、あらかじめの言い訳なのである。

そもそも語りは最初から困難にぶつかる。確かに、私のアンケート調査で見出された最初の重要な要素は、食べ物と料理に関する歴史が一つではなく二つ存在し、それが相互に極めて相違しているものであるのに、絶えず交錯しているということなのである（唯一共通している点があるとすれば、どちらも宗教に由来するものだということである）。一つの歴史はある面ではよく知られたものであるが、それに比してもう一つの方は知られていない。最初の歴史とは次のようなものである。

第一部　二つの歴史

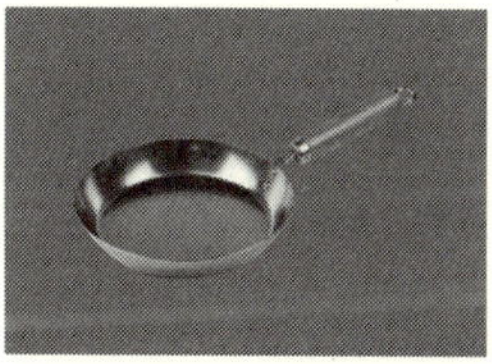

第一の物語　食べ物：秩序から無秩序へ

カエルを食べる人々と犬を食べる人々

オベリクス〔ゴール人を描いたマンガの登場人物〕には気に入らなかったようだが、犬の肉はイノシシの肉以上にゴール人たちの好物であった［Goudineau, 2002］。しかし、ローマ人たちはそれを止めるように促した。今日でも犬の肉はいくつかの国、とりわけアジアの国々で好評である［Poulain, 1997］。それは、カメやネズミや昆虫類が他の地域で好評［Fischler, 1993a］なのと同じことである。各文化で好まれているものと毛嫌いされているものを探して世界を巡ると、他の人々が食べているその物を食べない人たちにとっては、全くの理解不可能かあるいは戦慄を引き起こす。そして、遠く離れた文明は当然のこと、近くの文明を比較した場合でも、そこではものすごい分裂が暴露される。たとえばイギリス人だ。よく知られていることだが、彼らは、隣人のフランス人たちがカエルを食べられるということを、嫌悪の恐怖なしには考えることもできない。食べ物の分野は身体上の問題としてこれほど近いものであるのに、文化的な違いが吐き気を催させるまで、それほど時間はかからないのだ。

人々が特異な嗜好を持っているという事実は、地域性の問題を考えさせずにはいない。その地域性を生んだのが歴史の偶然性であり、祖先が持っていた習慣の偶然性なのであるが、それは、世界のマクドナルド化に驚くほど抵抗しているものなのだ。だが、それほどに対照的な《嗜好》は、いったいどうやって形成されるのだろうか。それを理解するためには、諸宗教の起源に遡ってみなければならず、人間社会の起源にも、いやそれ以前の時代にも少しは遡ってみなければならないのである。最初の宗教が登場したはるか以前の、人間が動物としてあった先史時代は、食べ物という分野では比較的分かりやすい。動物の各種が消費する食品のヴァリエーションは、実際限定されたものでしかなく、選択は生物学的に規制されている。味覚は未発達な器官で、本質的には、危険を知らせるある種のシグナルという防衛的な機能を持っている。とりわけ苦いものに対してそうである（苦いものの多くは毒を持っている）。反対に種々の甘いものは、ほとんどの生物種にその防衛機能を始動させせない。だが、発達した生物種では、食品を学習することから複雑な段階が出てくる。食品の学習ということが、生物学的な規制に付け加わり、簡単にその規制を拡張するのだ。この傾向が初期のヒト科の動物において促進された。ティモシー・ジョンズの指摘では［Johns, 1999］、選択と学習が一緒になって働いて有益な食物の項目が拡大したという。またクリスチャン・ブーダンの説明では、人間が人間らしくなるはるか以前は、食品が最初の薬品だったという。「総じてホモと呼ばれる人類が薬品食いの行動を示したのは、おそらく、火を支配して食べ物を煮炊きするホモサピエンスが到来した時期［二〇万年前くらいか］よりずっと前、いわんや調理が開始された時期よりずっと古いことであった」［Boudan, 2004, p. 33］。おそらく食餌療法は、種々の知識の中で最も古いものだったのである。

アンドレ・ルロワ＝グーランが示したところでは［Leroi-Gourhan, 1965］、最も近代的な文明でも、人間の動物性を払拭するに至っていないのだ。各時代が、我々の内なる長い過去に変更を加えて、新たな文化レベルを付け加えた。もっとも、その過去を真っさらな白紙にしたのではない。動物性はただ単に遠くに置かれ、もっと制御されるものとなったのだ。したがって、食べ物に関する古い規制の一部しか我々には残っていないのだ。たとえば、甘いものへの性向が現代社会でかくも簡単に広まったのは、偶然ではないのではなかろうか。食事に関する初期の処方が、警戒信号としての嗜好に関する動物的機能を延長して、何よりもまず禁止されるものを強調したのも、偶然ではないのである。しかし、文化の台頭が人間性に決定的な断絶をもたらす。

初期の社会で人間の行動を管理することができた記憶は、人間の肉体の外から起こったもので、外部から押しつけられ、人間から独立したものであった。生物学的な規制と対立するもので、むしろそれを支配するものであった［Kaufmann, 2001］。歴史的に社会という出来事が起こった以前に、単純な個人的学習の中で、すでに時折、食べ物に関する新たな習慣が刻み込まれ始めていたのである。ブーダン［Boudan, 2004］は、特に苦みのパラドックスを指摘している。遺伝的に伝えられて、性向の上からは警戒するものでありながら、準備もなく行われた冒険的実験のおかげで、いくつかの苦い植物がもつ薬用の力を引き出すことが可能となった。そうではあっても、食物に関する指図が、生物学的なものとの激しい亀裂のままに、命令的なやり方で各個人の上に押しつけられるには、社会という出来事が定着するのを待たなければならなかった。一つ一つの食品に関する、徹底的で大きな拘束力をもった指令。禁止のリスト、はっきりと表明された承認リスト、王が口述して書き取らせたものすらある。

我々は次の章で、全食品システムを定義する、ごく初期の試みを見るつもりである。それはまだ不安定なものである。それは、食事のダイナミズムと連結した、結婚やセクシャリティーの諸問題と混ぜこぜにされており、あとからやって来る一神教崇拝の明確な体系性の恩恵を未だ蒙るに至っていない。その一神教崇拝については、食事行動に関わる宗教上の規制を驚くほど明確に説明しているメアリー・ダグラスの業績［Douglas, 1992, 2004］を参考にして、ここでほんの手短に触れておこう。このイギリス人の人類学者が有名になったのは、彼女が、清潔さが衛生と結びつけられたのはほんの最近のことであって、実際は宗教的な起源のものであるということを証明したからであった。つまり、物が不潔であるということは、その物が適切な場所にないと、神聖さに対する冒瀆であると見なされるということだったのだ。考え方の中で追求されたのは衛生上の清潔ではなくて、清純さだった。そこで、宗教的な清純さが、食べ物に関してずっと強く要求されることになる。食べ物は体の中に入り込んでいくものであるという点で危険なものだからだ。神聖なる存在と共に食するためには、冒瀆の混ぜこぜを避けなければならなかったし、不浄なものとの接触を避けなければならなかった。人間は、規則を遵守することによって、「動物と出会うたびに、そして食事に臨むたびに、具体的な形で健全性を表明すること」［Douglas, 1992, p. 76］が、可能となったのだ。聖書は、何ページにもわたって、何を食し何を食さざるべきかについて詳細に述べている点で、最初の偉大な食物への手引きとして読むことができる。かくして「羽があって四つの足で歩くすべての這うもの」〔レビ記、一一─二〇〕は禁止される。だが、「足の上に、跳ね足があり、それで地の上をはねるもの」〔同前〕は許される。「すなわち、そのうち次のものは食べることができる。移住イナゴの類、遍歴イナゴの類、大イナゴの類、小イナゴの類である」〔同前〕。また、地上を歩く動物で「あなたがたが食べることができるものは次の通りである。獣のうち、すべてひづめの分かれたもの、ひづめの全く切れたもの、反芻するものは、これを食べることができる。ただし、反芻するもの、またはひづめの分かれたもののうち、次のものは食べてはならない。すなわち、らくだ、これは、反芻するけれども、ひづめが分かれていないから、あなたがたには汚れたものである。岩たぬき、これは、反芻するけれども、ひづめが分かれていないから、あなたがたには汚れたものである。野うさぎ、これは、反芻するけれども、ひづめが分かれていないから、あなたがたには汚れたものである。豚、これは、ひづめが分かれており、ひづめが全く切れているけれども、反芻することをしないから、あなたがたには汚れたものである」〔同前、一一―三〜七〕。

どうしてイナゴは食べてよくて、ブタはいけないのか。脂ののった肉が極めて栄養に富んでいるのに、ウロコのない魚を禁止するのはなぜか。その説明は食餌療法的でもなければ合理的でもない。ただ頭の中だけにある論理によって規制された、隠喩的な妄想から出てきたのだ［Douglas, 2004］。新たな食事の指図が、正確にはどこと分からない他所から突然に現れ、また命令的なものとなる。すべての人に命令したものは、神聖なものであったから、首尾一貫していた。指図は神の命令であったから、議論する余地もなかった。このようにして食事行動は、何世紀にもわたって、日常生活の細微に至るまで、統率され強要されたものだったのだ。味覚の衝動は二次的なものとなっていた。というのも、「食べて良いもの」は、神によって望まれた、「考えて良いもの」だったからである。* 個人的な感覚知覚よりもはるかに知的なコードの結果としてある「良いもの」の特性、それは、おいしいというよりは宗教的に正しいということだったのだ。

＊「ある食べ物が食べて良い（おいしい）ためには、考えて良いものでなくてはならない」という有名な決まり文句は、クロード・レヴィ＝ストロースが言ったものであろうが、詳しく読めば「自然のある物は『食べて良い（おいしい）』ものだからという理由で選ばれるのではなく、『考えて良い』ものだから選ばれる、ということがようやく理解される」［Lévi-Strauss, 1962, p. 128］ということである。実のところその発想はレヴィ＝ストロースによってはほとんど後の展開を見なかったし、料理に関する彼自身の文章の中に再度取り上げられることもなかった［Santich, 1999］。引用がコンテクストから切り離され、急いで参照されて際限なく交差すると、（筆者の意図が何であったとしても）このようにある種の一人歩きをするようになることが稀ではない。また、その引用は、筆者の最初の叙述の理由とは無縁な名声を持つようにもなるのだ。というのも、それが、なんらかのやり方で言われなければならない、なにかある重要なことに対応している、ということだからである。

食べ物の規制の上に立てられたそのような世界の秩序立ては、すべての大宗教に見られるものである。

ヒンズー教にも見られるものだ。クリスチャン・ブーダンはその力が現在のインドで維持されていることを詳述している［Boudan, 2004, p. 343, 以下同］。料理をすることと食べることは「人間と宇宙の統一を語る行為だ」からである。火と水の極めて緊密な絡み合いが日常性を確立し、社会の中に各個人の場所を確保させる。「この指令に従わないことは、それを成り立たせている諸価値と、聖なるものという思想を拒絶することである」。

快楽の発見

現代の西洋社会には、自分たちが思っている以上に、その初期の頃の分類がまだ染み込んでいる。嗜好と嫌悪は私たちの文化の台座石となっているものであるが、その嗜好と嫌悪を形成する禁止事項が、元は宗教から出たものであるということを我々は忘れているかもしれない。だが、その働きは今も劣らず続いているのであって、先に触れた、犬を食べる人とカエルを食べる人の間の理解不可能性は、そこから説明される。今日でもあらゆる宗教が「食べて良いものの指令」を確固たるものとしており［Poulain, 2002a, p. 176］、それが、食の行動を一定方向に向かわせている。食べる人の方は、日常的にその指令を遵守して、その文化の再創造に加わり、自分を支えている文化の中に自ら組み入れられる［Poulain, 1997］。（医学的なものや、科学的なもの、また、美食に関するものや文化的な規制など）他の一連の規制が、宗教的な規制に取って代わって舞台の前面に出て、指令をもっと弱いものにする不協和音を産み出していることは確かである。だがそれらは、ある国ある時代の規制の一貫性と力を維持するような、総体的な「食のモデル」にはあまりかみ合っていない［Poulain, 2002b］。間もなく他の箇所で見ることになろうが、科学的な思想が個人的な信条に切り替わり、各自が、良いことと悪いことに関する小さな個人的信条を作り上げるのである。というのも、今日、食べて良いものは考えて悪いものではないということは、昔と比べてさして変わっていないからである。各自はまずもって、知的に受け容れられるもののカテゴリーの中に入るのでなければならない。そしてその知的に受け容れられるものは、根本的にはモラルの判断に依存するものである。マグダレナ・ジャルヴァン［Jarvin, 2002, p. 352］が質問した、若いスウェーデン人女性のカロリーナが言っていることを、解説抜きに要約すると、「ピザ、ソーセージ、フライドポテト」――「いいえ、それは良くないものよ」ということになる。

問題は、ある人々が、しかも多くの人々が、フライドポテトが好きだということだ。知性によるモラルのカテゴリーが、欲求、快楽、嗜好といった、他の認識の全項目と対立するようになるのだ。すでに示したように、嗜好は、（危険を知らせるという）初歩的な形で、進歩した動物の中で働いており、初期の人類の中では保健衛生上の、また栄養上の手段として発達していた。それは、清浄と不浄の宗教的な大カテゴリー化によって、公式に押し殺される以前のことであった。公式にというのは、（食い道楽を禁止する目的を別にしては）宗教経典がなにも語っていないとしても、食の快楽がその下で密かに力を示していたからである。

快楽が徐々に発見されていった歴史を再構成することは、困難である。もし我々が古代ギリシャの宴会で示された快楽の技を知っているとしても、また、カキとワインに関するローマ人たちの美食の知識［Tchernia, 2000］の初歩を知っているとしても、それに続く歴史が問題である。快楽は隠れたやり方で追求されたために、書物の中にほとんど形跡を残さなかったのである。時折大宗教が、快楽を清浄さのカテゴリーの中に入れようとした。たとえばコーランは、「善なるもの」と「素晴らしいもの」とを関係づけようとし［Urvoy, Urvoy, 2004, p. 59］、善と旨いものとを関係づけようとした。だがほとんどの場合快楽は、自分でも制御できず他の誰からも制御されえない、一種の個人的な感情であって、食に関する神聖な命令を脅かす、破壊的なものとして登場した。事実快楽は、現代の食の革命において第一の基軸に組み込まれ、個人を命令的規制から解放し、内面から感じられる感情を発露するにまかせた。中世の歴史に関しては、豊かな階級のがつがつした食べ方と乱痴気騒ぎを断罪する緊張を、ざっと見ておくのみでよい［Verdon, 2002］。快楽は次第に隠密行動から外へ出てきて、やがて美食に関する記述を伴った、ガラス張りの合法性が産み出される。ヨーロッパでは一九世紀を待たなければならなかったが、中国では極めて古くから［Boudan, 2004］、快楽が本当に食餌療法から別れたのである。「極端なものの和解と加工の技である一九世紀の大料理は、大がかりに健康を葬り去ったため、医師たちがその行き過ぎに反対して大いにわめくこととなった」［Fischler, 1993a, p. 237］。ブルジョワの食卓でもレストランでも、舌とお腹の快楽の感情が、禁止をものともせずに食通たちを訓練する様は抗いようがなかった［Aron, 1973］。

食の舞台の前面にこのように快楽が登場することが可能であったのは、それが社会的指令をそれほど脅かさないものになったという理由からであるが、その社会的指令の方は、（社会の構成員の自律化のおかげ［Gauchet, 1985］もあり、また、個々人が感覚の世界を発見した［Corbin, 1987］こともあって）全体的な支配力を失った。しかし、それと平行して、ある新たな指令が登場して次第に強制力を強めていく——その指令とは個人的指令である。個人的指令が社会的指令に取って代わったのだ。個々人の心理的バランスが社会大多数の問題として浮上したのは二〇世紀の後半であったが［Ehrenberg, 1998］、個々人の保健衛生的問題は、すでにそれ以前に、破壊的な快楽によって深刻に脅かされ始めていた。近代性のパラドックスである。というのも、それにもかかわらず文化が自然的調和を（あるいは自然的調和と思われるものを）再構築しなければならなくなったからである。もはや生物学も宗教も現代の規律を保証しないのであるから、快楽の解放が（新たな食品が大量に提供され、どれもこれもますます美味になることと結びついて）、カタストロフの前兆である規範の空白に帰着する危険がある。医学や科学の思想が動員されるのは、まさにその空白を埋めようとしてのことなのである［Csergo, 2004］。一八六五年に医師フォンサグリーヴが次のように総括した。「我々は、大食いが胃腸にもたらす極めて複雑な化学的問題に、かかりきりにならなければならない」［Csergo, 2004 に引用された医学事典の記述］。しかしながら彼は、科学上の業績というものは化学実験室の壁を飛び出して、次第に国民全体に新たな思考様式を広めるものであるということを、知らなかった。このようにして現代における革命の第二番目の基軸が始動した。それは、絶え間なく熟慮しなければならないということである。

食べ物を通しての健康

食餌療法に関する熟慮は人類の最も古い知識の一つであるに違いない。それは、約一万年前に、農業の開始と共に新たな次元に入った。農業が食物の量を増やしたが、しかし、消費されるもののヴァリエーションを減らした。となると、それから先に種々の病気が増えることとなって、食物の治療的効果に関する新たな知識によって処理されねばならないことになった。だからといってその知識が、今日我々が知っているような科学的思考の特徴を、最初から示していたということにはならない。クリスチャン・ブーダンが称えている三つの輝かしい中心地域は、中国、ギリシャ、そしてインドである。伝統的な大食餌療法は、宗教的な規定と、世代から世代へと受け継がれた経験的知識とを交雑させる［Boudan, 2004］。それは閉鎖的で命令的な知識の形をとり、その知識が、信者たちによって支持され、味と感覚の関係の上に据えられるのだ。その信者たちはこのようにして社会の一体性を保っているのである。たとえばインドのシステムの場合、多くの病気が「消化のための熱の弱さ」から来るものと見られている［同前、p. 302］。胃が一種の鍋と考えられているのだ。このため、燃焼の熱を上げる香辛料が、頻繁に薦められる。

ギリシャでも、直観的で隠喩的な考えが支配的である。ヒポクラテスの理論では冷と熱、湿と乾が、中心的な与件である。人間という鍋の中に入る食料は宇宙的な調和を重んじなければならない。その後何世紀にも渡って半ば忘れられている間に、食餌療法に関するギリシャの思想は、イランを経由して、バグダッドからイスラム化された東洋に拡散した。そしてその後、中世のヨーロッパに舞い戻り、アラビア語のテキストから翻訳されたのである〔同前〕。食料に関する現代のコードを構成し規定するために中心にあるのは、相変わらず感覚である。ジャン＝ルイ・フランドランはメロンの話をしている［Flandrin, 1992］。ある考えが避けられないものとなったが、その考えとは、メロンは「冷たい」食品のカテゴリーに入るもので、貞節から性の熱情を静めることが必要になったとき利益になるが、ひどく消化の熱を邪魔する恐れがあるものだ、というものであった。それゆえ、メロンはそれだけで食べないで、各種香辛料やワインやハムといった、強い熱をもっていると考えられる食品と一緒に食べることが適切だとされた。我々はすっかり起源を忘れているかもしれないが、そこから今日にまで特別な慣行が続いているのである（フランスではポルトーワインと併せて食し、イタリアではメローネ・エ・プロシュット〔メロンの上にスライス状のハムの一種をのせた料理〕があるというように）。ヒポクラテスの規制が（地図の上で長い回り道をし、表面では忘れられていたのに）まだ働いているのだ。

このような地下を通った長い脈絡と平行して、啓蒙時代に突如、ある決定的な大変化が起こり始めたが、それが真の科学的な思考に道を開いたのであって、それによって、神からも感覚的なものからも距離を置くこととなったのである。「理性」の戴冠式が、我々に近代的民主主義的な社会の諸条件を基礎づけようとしていた。しかしまた同時に、科学をある悪習の中に引きずり込もうともしていたのである。

科学の間違い

一九世紀に新たな科学が勝利を挙げることとなった。科学は急速に、新たなものの見方を押しつける。機械学の成功によって、まるで機械のように働く人間のモデルが産み出されたのだ。「石炭が炉の熱を維持するのと全く同じように、食べ物は燃焼を維持するものとされねばならなかった」[Csergo, 2004 に引用された、ルイ・フィギエの『科学の時代』（一八六五）]。今日、カロリー計算に導入されるイメージが、信頼できるダイエット法の土台になっている。食べ物は、感覚で感じ取られるような、熱いものと冷たいもの、湿ったものと乾いたものなどとは全く違う、（ナトリウム、鉄、炭素、窒素などといった）もっと明確な要素から構成されることとなった。それらが絶えることなく生体組織の中で働いているというのである。科学者にとって、突然医師になること以上に誘惑的なことがあろうか。食餌療法が科学の附属分野となったのだ。

科学者たちはひとつの失敗を犯した。その失敗は、勝ち誇った科学の文脈では論理的なものである。が、我々はその代価をまだ支払っていない。彼らは、ある考えが正しくて実験によって証明されれば、その及ぶ範囲は全般的なものであると信じていた。だが、どんな発見もそうであるように、この場合の発見も、一時的な限られた領域に組み込まれるものなのだ。考えが正しいとしても、それでもって国民のために、古人の習慣と真っ向から対立する食の行動を確立するということが許されるのではない。今日古人の習慣は、この点に関しては、科学の規制よりもっと適切なものであると我々には思われるのだ。無知の一般人に対して発布された指針のリストを今になって読むと、それは全然科学の名誉にならないものである。また、それによって死に追いやられた人々の数を考えるなら、笑いたい気持ちもぐっと抑えられてしまうほどのビックリ仰天なのだ。青野菜は「生命を支えるには不充分な」[Boudan, 2004 に引用された、パリ・アシェット社刊『食料品』（一八八二）による］ものであり、果物は「真の欠陥を示している」［同前］のである。長い間医学上の特性から最も良いと定められてきた食品は、砂糖である。*だが間もなくその王座は肉に取って代わられ、それが世紀中を通じて高い評価を受けることになる。肉がたっぷり脂身がある場合とか、もっと上を言えば、抽出したものを固形にするという化学者によって発明された方法で「凝縮されたもの」は、とりわけ良いとされた［Csergo, 2004］。「力は、増大させるためには、凝縮されなければならない。野菜を詰め込んだ繊維の固まりではそれができない」[Vigarello, 1993, p. 151] のである。田舎の食餌療法は（貧しく、野菜と穀物だらけであるとして）、とりわけ破棄を宣告された。しかしながら、最も声高に宣告された一種の破廉恥さのこうした珍聞録を詳述することは、不当であろうし、意味のないことでもあろう。というのも、もし逸脱があれほど大幅に起こったのだとすれば、それは、ただ科学的な事柄のみが原因だったのではないだろう。実際、新たな科学がその知識を世に出したのは、伝統の規則がボロボロになった、まさにその時代だったのである。社会が全体として、特にこれ見よがしの美食が行われていた時代に、規範の問題で、逸脱に脅かされている食の行動を指導しようという方向に向かっていた。栄養の問題は「毎日、危険を見極めよ、良い選択を定めよ、どこに良いものがありどこに悪いものがあるのか告げよという、一層の厳命を受けていた」[Fischler, 1993a, p. 10]。科学は、自分自身から押しつけるというよりも一層はるかに、規範的要求に食らいつかれていたのである。我々は未だにその罠から抜け出ていない。

＊砂糖を薬として使うことは、はるかに時代を遡る。シドニー・ミンツの言うところでは [Mintz, 1991]、砂糖は、一三世紀から一八世紀末に至るまでのヨーロッパ全域で、薬剤師さまにとって必須の薬品ですらあった。「舌や口の、また喉や動脈の、ザラザラや渇きを和らげて湿り気を与えるのに、砂糖は極上のものである。さらにそれは、乾いた咳やその他の肺の病を治療す

るのに極めて良い」［Mintz, 1991 に引用された、トビアス・ヴェナー著『長寿のための正しい生活』ロンドン、一六二〇］。だが一九世紀の科学は、とりわけ栄養の角度から新たな化学的論拠を発見し、その規定を継続した。二〇世紀初頭、超過してまで砂糖を摂取するという食餌療法（時には砂糖以外の食料を一切除くというほどの）が、スポーツ選手や軍人たちに与えられた。その後、砂糖の二次的効果に関して論争が引き起こされることとなるのである［Fischler, 1993a, 1993b］。

「クレタ式ダイエット」が我々に教えるもの

前述のことはすべて過ぎ去った過去のことで、今や科学はその成果の上に確固として成立しているのだと思うのは、たやすい。科学は知っているのだとか、それゆえ、食品の良し悪しを言うことができるのだとか、思うのはたやすい。だが、それは間違いだろう。というのも、科学の歩みは、あたかも石工が壁を作るために一つ一つ煉瓦を積み上げるような、確実な情報の単なる積み重ねとは、逆のものだからである。科学の働きは、仮説の取り壊しと再構築という建築作業である。時として、ある学者の作った壁が壊されなければならないが、なぜかというと、それが悪い建築だったからではなくて、それが適切な場所に建っていないという理由からなのだ。今日真理であることが明日も真理であるとは限らないし、真理だが別のあり方をしているかもしれない。加えて科学の歩みは、一般人が考えているほど「科学的に純粋なもの」ではない。状況次第の表象から超然としていることは難しい。それは妥協を許さないといわれる種類の科学でも同じなのだ［Latour, 1989］。とりわけ栄養に関わる医学において、科学的出版物が、良い食品と悪い食品を階段状に並べて仕分ける考え方の動きに追随して、そのことを支持している［Fischler, 1993a］。それはごく最近においてもそうだし、どの程度までそうであるかを明らかにすることは驚きである。真正の流行の動きが、あるものはこれだけ上に、またあるものはこれだけ下にと押しゃる。たとえばオリーブ油はしばらく前から、そういう類のヒットパレードのトップに位置している（おそらく、なにか二次的な効果が発見されるまではそうであろう）。それに反し、砂糖の方は誰も防衛してくれる者がない（「遅効性の砂糖〔ブドウ糖、果糖など〕」という大変流行っているものを別にすれば）。他方、ワインは、かつては一番下にあったのに、心臓やニューロンにとって隠れた効力をもっているということが明らかとなった。一九世紀と比べて、発表の効果が次々と起こり、考え方の豹変が加速して起きている。行動を支配するものであると主張する科学の真理は、今日、一昔前のものと比べてずっと短い間しか続かない。それゆえ、反論を許さない調子は今後通用しないことだろう。クリスチャン・ブーダン［Boudan, 2004］は、「クレタ式ダイエット」〔長寿で有名なクレタ島の伝統的な食生活に習った食餌療法〕という栄養上の恩恵を発見した科学論の射程をよく考えてみるように、我々を誘う。結局、世界の化学や生物学が二世紀のあいだ科学者たちの闘いを繰り広げてみせたその後で、地方の百姓の一文化が、単にその伝統的な知恵を伝えたということによって、革新の先端に位置しているということなのである。少なくともこのことから、謙虚でいるべきだという教訓ぐらいは引き出せるのではないか。

だからといって、我々にたっぷりと与えられている栄養の忠告を一貫して疑うべきだ、ということになるだろうか。いや、そうではない。なぜならば、もし一時的で不確かなものであるとしても、今日我々が所有している科学的知識は、昔の研究と比べれば優れているものだからである。科学は古いものに対して批判的総決算を行ったのだ。我々の食の行動を規定することを許すものとして、科学的知識に匹敵するものはない。それは現時点で最良のものと言ってよい。その上にそれは、生物的判断と宗教に取って代わってから、いずれにしても中心的に行動を規制し、遍在的で無視できないものとなっているのだ。さらに、もし、悪い食行動によって保健衛生上の脅威が切迫したものになっており、それが将来起こりうるカタストロフを概略で示している、ということを付け加えるならば、我々は、その知識が今ほど絶対的に必要な時はないということを、理解するであろう。ただ我々はその使い方を知らなければならないのである。偉大な思想のあるものは、徐々に確立していって一般に共有される自明なものとなり、選択の際に個々人を導く手がかりを示す。肝要なことは次の点にある。我々の中のある人たちは、食べ過ぎていて（特に脂っこいものや砂糖を）、青い野菜と新鮮な果物を充分には摂っていない。すでに、乳製品と穀類に関する意見は大きく分かれている。人々は、どの食品がより推奨されているかという論争に、いつでも夢中である。見かけはコンセンサスがあって、正しい食品に導いていってくれると思われるのだが、実際には人々は絶え間ない矛盾に悩み続けている。

諸説の不協和音

その矛盾は第一には研究の歩みから来る（反証の上に成り立っているため、それ自体の中に根本から矛盾がある）。しかしながらその矛盾は、科学的情報がメディアに乗せられて伝えられる時に、ぐっと強くなるのだ。メディアは新しい知識を「呪縛的な形」で舞台に乗せ、助言が、フェティシズムやタブーなどの一覧表に混じって宣言される [Defrance, 1994, p. 110]。煽情的なものが売れるのは確かなことだ。だが、そのことが唯一の理由というわけではない。なぜなら、もっと根本的には、確実なものの手がかりを求めて喘いでいる大衆自身がそれを求める、というところに理由があるからだ。このため、出版物の記事やテレビ番組は、意図的にモラル教師の調子をとり、自信をもって行動の処方箋を支給するのだが、驚いたことに、ある人たちの忠告は他の人たちの忠告と反対だったり、先月言っていたことと逆だったりする。（糖分をもっと少なくとか、脂肪をもっと少なくとかの）合意だけで成立するいくつかの考えを超えてしまうと、栄養に関する教えは全くのメチャメチャという結果である。そしてそのことは、多くの科学的情報が、国の保健衛生機構だとか消費者運動だとか企業だとかの、それぞれ別々の利益を求める大組織によって、前もってフィルターをかけられている、という事実のために一層ひどくなっている［Fischler, 1993a］。暴力的な力で女性たちに押しつけられる、痩せた状態の範型［Hubert, 2004］といった、食餌療法に影響を及ぼすその他の社会的なダイナミズムのことは脇に置いても、それは言える。哀れな個人は、食に関して、どの聖人に身を捧げてよいものか分からないのである。

もっとひどいことがある。オレンジジフルーツだの玄米だのを崇めるように薦める健康神の崇拝に要する時間は、個人の時間の半分に相当するに過ぎない。信仰の数が増えてあとからあとからと出てくると、実際には個々人の反省しなければならない時間が増えるのだ。好むと好まざるとにかかわらず、彼らのカルトのオリエンテーションの変化と不安定さを総括しなければならなくなるのである。彼らはただ姿勢を変えて、利益のある情報を土台にして良くしたいだけなのである。しかしそうするためには、既得の規則を捨てて、自分の批判的な考えに結びつく何かの情報をもとにした、新たなやり方を打ちたてなければならない。言い換えれば、彼らは砂の上に、思想という動く砂の上に行動を打ちたてるのだ。この食餌療法行為の変更によって引き起こされる不安定さの前では、メディアのメチャメチャなど比較にもならない。

反省の必要が増えるに連れて、個々人は必然的に、栄養の信条を増やし堅固にして、毎日の生活が精神的疲労の地獄にならないように、混乱状態に陥らないように、努めなければならなくなる。クロード・フィシュラーは、今日、食べる個々人が、人類初期の社会のように、呪術的な観念を発達させている度合いの強さを強調する［Fischler, 1994］。本書のアンケート調査がそれを裏づけるのだ。各自が自分なりの考えと儀礼を持ち、自分の信条と護符を持っている。食料の選択の至る所に呪術があるのだ。それとともに密かに、健康保健上の全能という気違いじみた夢もあって、死に抵抗してさえいる。その夢は、

「ヴァージンオイルとか無農薬野菜とかの食べ物が、西洋でいえば不死性に、極東でいえばニルヴァーナに導いてくれる」[Diasio, 2002, p. 250] という無意識の希望なのだ。現代における食品に関する呪術の発達は、メチャメチャの状態と直接関係がある。行動が反省を土台にしなければならない度合いが増すほど、観点はバラバラになり、実際に行動的信条がますます必要性を増す。今日あらゆる形態をとって登場している呪術は、消えゆく運命にある旧い社会の残骸などでは全くない。それどころかそれは、進んだ超近代性の傾向によって生じているものなのである [Kaufmann, 2004]。しかも否応なく。現代の個人は、食に関して、フェティシズム的なものやタブーをもたないでは生きられないし、将来においてはもっとひどいことになるだろう。批判的な思想を社会体制というフィルターに通すことによって、食べ物の呪術を生み出したもの、それが科学に他ならない。

小さな理論アレンジ

「食べて良いもの」は第一に、簡単で速く言える仕方で、しかも類比的でモラルをもった仕方で、「考えて良いもの」でなければならない [Hubert, 2000]。たとえば、フライドポテト、それは良くない、青野菜、それは良い、といった具合に。食べる人は各自、多少とも社会の大きな指令を尊重しながらも、個人的な小分類を作り上げている。その社会の大きな指令とは、諸説の不協和音を通じて、脂肪や砂糖といった、最も重大な罪の中核となるものの一覧表を押しつけるものである。アンケート調査をすると、その個人的な小分類は（しばしば数が多くなり、しかもコンテクスト次第で変わりはするものの）比較的しっかりしたもので、有効なものであることが分かる。しかしそれはまた、弱いものでもあり、それが依拠すると見なされている論拠も混乱したものであることが分かるのだ。質問者が、食べ物の選択を正当化する理由についてもっと詳しく説明してほしいと求めた。すると、被験者たちがそれに熱中している証拠がないと分かって、このことに関する手がかりは即座に与えられたのである。被験者たちは最初、確信をもって応え、自分たちのカテゴリー化とモラル全体に自信を持っていた。自分たちが実際に実践していることから始まって、理論は簡単に見つけて言葉で言えるものと考え、そこまで遡ろうとした。いいや、彼らは、理論などないことを悟って、（少しの間ではあるが）狼狽の色なしとはしなかったのである。

もし科学が、社会というレベルでダンスをリードするとしても、食べる人個々人のレベルにまでは届かない。というのも個々人は、多くの情報をもって日常の実践行為の熟慮に没頭するとしても、なによりもまず、自分の行為を導いて可能にする明証性を確立しなくてはならないからである。行動的信条によってか、あるいは、既得の食行動を繰り返すことで自足できればもっと良い。社会学者から質問される場合でもなければ、彼は本当にはしっかり確立された理論など必要としていない。けれども無邪気に、自分はそれを持っていると思い込んでいるのではある。誰よりも一番最初に、食べる個人が、理性的なやり方で流暢に行動していると思い込んでいるのだ。

理由を述べるように促される対話の状況は例外的な性格のものであるが、その例外的な状況から、彼の普段の行動を理解するための諸要素が明らかにされるというのは、逆説的である。実際は毎日の生活の中で彼は、一時的な認識のブリコラージュ〔レヴィ＝ストロースの用語。有り合わせの材料と道具で日曜大工のように何かを作ること〕をせざるをえないのだ。大変立派な大理論は必要としないかもしれないが、いくつかの断片くらいは必要だ。それらを使用するのがほんの束の間のことであるため、その後では忘れてしまい、あいかわらず、強固で一貫した理論が背後に存在するのだと考えている。反対に、それを詳しく述べなければならなくなって、その理論が漠然としていて混乱しており、ご都合主義で自分をたぶらかすもので、小さなアレンジの技によって支配されているものだということが、暴露されるのである。それはなんら、研究者に嘘をつこうとしてのことではない。むしろ、食べる人が必然的に自分自身に嘘をつかなければならないからであり、真の理論など存在していないという事実や、それは自分をたぶらかすものであるという事実を、自分に隠さなければならないからなのだ。プリュンヌ〔以下、アンケート調査の対象者はいずれも仮名〕の場合を見てみよう。尋常ではないことだが彼女は、自分の論拠を見つけるのに一切困らず、すぐさま熱っぽく、自分のやり方と対立する食の風潮を告発した。「私はずっと伝統的なの。なぜって、私にとって食べ物とは、はるか昔からのものだからよ。料理もはるか昔からのものなの。ああいうことはみんな社会的現象なのよ。軽く、なんでも軽くなんていうのはね。それから、オリーブオイルだって。ずっと健康的なんだって言うんだけど」。彼女が好むのはバターとラード、しかもたっぷりと。けれども、彼女の罵倒も不安を隠しきれない。彼女は、現代の食餌療法をあまりに公然と拒否すれば、自分の方が非難されるということを感じている。彼女はまた自分の防御策も見つけた。それは、根を張ったような自分の伝統主義を、「軽く、なんでも軽く」という言葉と全く同じくらい現代的な食餌療法の先頭に立っている、「自然な」という言葉づかいに翻訳することである。「私はね、最高に自然にやろうとしているの。ソーセージは、私の肉屋から買うのよ」。対話者の方はその感情的な調子に圧倒され気おされて、その論証で我慢することもできる。だが反対に、研究者というものは、言葉一つ一つを解読して、話の落ち具合は明らかにそれまでの弁論の高さに達していない、ということを指摘する義務もあるのだ。伝統という言葉が自然という言葉にすり替えられているのである。だが、そのことも矮小化されて、彼女がそのユニークなソーセージを大型スーパーマーケットではなく自分の肉屋から購入するから、という口実にまで落ちていることには、少々、限界があるように見える。その上等のソーセージが、前提になっている抽象的な論拠の証明として機能しうると、見なされているのだ。

が、プリュンヌが確信を失うには、二、三の補足的な質問をすれば足りるかもしれない。もっと厳密に言ったら、そのソーセージのどこが「自然」なんですか、と。素晴らしいと考えられているモラル的分類のために、しばしば言葉が高く空中に発せられる。その観点から判定するならソーセージこそ最下等のものであるが、おそらくプリュンヌはそれを知らないか、または知りたくないのであろう。「個人の肉屋」という言及がありさえすれば、それですべてが救われると、彼女は確信している。大きなスーパーマーケットで買うより彼女の肉屋で買う方が、彼女の料理が自然であって、「軽く、すべて軽く」を軽蔑して取り扱ってもよい証明になるのだ。アマンディーヌも、それと全く同じ論拠を作り上げる。「以前は大型スーパーマーケットで肉を買っていたわ。今は違うの。私は品質に気をつけているの。私の肉屋で買っているのよ」。調べてみると、その問題の「肉屋」は、実際にはスーパーマーケット内のスタンドであった。どんなスーパーマーケットでもいいというわけではない。「小さいスーパーマーケット」で、人間的な大きさの店。「同じってわけじゃない」のである。準拠している論理の欠陥を無視したい人にとっては、カテゴリーは望み通りに操作できるものなのだ。

「自然」あるいは「自然食品」の言葉は、現在大いに人を引きつける力があるため、彼らはそれに押されて、自分たちが現実に行っていること以上にずっと、それらの言葉を舞台の前面に置くことになる（アンケート調査の中で大型スーパーマーケットで買い物をすると言った人は少なく、反対に伝統的な買い物の仕方が、決まって舞台に上る）。しかも、それらの言葉は、脂肪や砂糖の多いものを過剰に摂ることの方が自然食品を摂ることよりもはるかに危険だと強調している、現代の栄養の規範と食い違っている。ところで、もし我々が軽くなるように加工された食品を例にとるなら、それらは定義の上からして、あまり「自然的」ではないし（というのもそれらは脂肪分が取り除かれているものだから）、その上一般的には、化学的な処理によってどこか他の所で生産されているのだ［Jarvin, 2002］。論拠の原簿項目ははっきりしており、時折は交わる（「新鮮な、青い野菜」というように）が、たいがいの場合は分かれる。軽いものか自然なものか、どちらかを純粋な理論で選択すべきである。けれども普通の人たちは、時代の雰囲気の中にある考えに影響されて、シンプルではっきりしている、「考えて良い」カテゴリーに与していると思っている。自分は全面的に自然で軽いものを好んでいると宣言している。実際には、その場主義のやり方で使われる、玉虫色の観念を弄んでいるにすぎないのだ。

そういう人の規則は自分が行っていること、自分が食べているものに依拠することである。その上で、必要ならば、漠然とした正当化をじっくり準備することである。プリュンヌはしばしばソーセージの料理を作る。彼女は自然なものに依拠した話を展開して自己正当化する。その話での究極の証明は、ソーセージ自体にあるとするのだ（「私の肉屋から」買ったものだということ）。オルタンスも、「自然」に依拠している。ただ、その声の調子はプリュンヌ以上にずっとラディカルで攻撃的である。彼女は「今あるあらゆる粗悪品、遺伝子組み換え食品とかそういうすべてのもの」に対して抗議する。そして、自然食品店で自分で買った新鮮な野菜を調理し、「小さな農場夫」から鶏を買うためにはるばる町外れまで行くのだ。彼女は、急速冷凍の食品の悪口を言うために十分な語彙を持ち合わせていないようで、言い足りないようだったが、それから突然保存食品に関して驚くべき賛辞の歌を歌ったのである。「保存食品は、ええまあ、いいんじゃないの。瓶詰や缶詰、ええ、それはね。すごく美味しいサヤインゲンがあるわ。いい瓶詰・缶詰食品がね。瓶詰・缶詰食品は普通良く作られているわ。特に瓶に詰めたものがよ」。説明。彼女は昔大きな家庭菜園を持っていて、そこでものすごい量のサヤインゲンを栽培していたのだ。その時代ははるかに過ぎ去った昔なのだが、彼女は、保存したサヤインゲンの嗜好を保存し、そのやり方で豆を消費する習慣を保存した。「今朝もサヤインゲンの広口瓶二つ買ったわ」。彼女はこういうふうな豆が好きなのである。家庭菜園の思い出に戻るというわけだから、広口瓶のサヤインゲンが漠然と自然的なもののイメージと結びつけられているのは、理解される。しかしオルタンスは、自然から自分を遠ざけるものは、すべて無視する。実際は徐々に変わってしまっているのであるが（菜園から広口瓶へ、家庭での保存食から企業が作った保存食へ、というように）。彼女は、小さい農場で鶏を買うためにわざわざ町の外れまで出かけて、しかもそれを瓶詰のサヤインゲンをつけ合わせにして調理するというような基準の、矛盾する特性を無視したいのである。彼女はその理論の欠陥を無視したいのだが、質問者と対面すると、少々心底でその欠陥を感じたのだ。それ以後は少し決まりが悪くなって、前のように激しく急速冷凍の食品を非難することもできなくなり、後退して、好みも色々あるという話に変えた。「瓶詰でも、私は品質の良いものを取るのよ。冷凍は確かにね、そういう人たちもいるけど……私は好きじゃない、それだけよ、私は好きじゃないのよ」

人は食に関して哀れにも、自己を正当化しようとして、すぐさま矛盾に直面したと気づく。毎日彼が行っていることが、考えている以上に、一貫した論理に組み込まれないのだ。しかも彼は、現実の行動がどうであれ、不可避的に時代の呪術的な言葉に引きつけられる。呪術的な言葉が彼を罠にはめ、話していることとやっていることの食い違いに落とし込んでゆく。そこで、工業生産の食品をたくさん買っていながら、公式にはそれの悪口を言い、失われた田舎生活のありそうもない黄金の時代に夢をはせる［Labarre, 2001］。ニコレッタ・ディアシオ［Diasio, 2002］が質問したローマの母親たちは、おいしいパンなどのシンプルな食べ物だった少女時代のおやつのことをノスタルジックに語り、今の食べ物がアメリカナイズされていると拒絶した。しかし、子供にはそういう食べ物を、大量に与えているのだ。商店の問題では、決まって「小さな」規模のものが「善なる方」に入る。「大規模な」ものはすべて「悪の方」である。「小さな」という特性だけで、（「小さな農場」の）オルタンスも、（「小さいスーパーマーケット」の）アマンディーヌも、価値が上がったように感じるのだ。それにもかかわらず、大型のスーパーマーケットは、その支配力を絶えず大きくしており、ハードディスカウント（超大安売り）の、倉庫型のあるいは大型倉庫型の郊外型のものへ移りつつある［Péron, 2004］。行動は言葉についていっていない。

行動は急速冷凍食品に関しても一貫していない。この食品は極めて頻繁に消費されているのに、それと同じくらい頻繁に批判される。トニーはそれを絶対に買わない稀な人のひとりである。料理に大変関心があり新鮮野菜をこよなく愛しているのだから、自分の意見は行動とぴったり合っていると大声で叫んでよい人である。「冷凍のものはもう、原則からして僕は冷凍食品の売り場には行きません」。そのような徹底さがもたらす栄光に包まれているのだから、彼の野菜が主張しているほどにはいつも新鮮であるわけではないということを、隠蔽することもできよう（彼は買い物を一週間に一度しかしないので、数日たつとサラダやラディッシュがひどくしおれ始めるのだ）。ポール＝ドーフィーヌも同じ歌を歌い出すようだ。「大切なことは、新鮮で健康的だということよ」。千回も聞かされた結末の、「冷凍品は、取らない」という非の打ちどころなきイデオロギー。しかし議論をすると少しずつ、便利な食品の使用を拒否すれば、いかに毎日の生活が耐え難いものになるかということが、暴露される。「それでも私は冷凍庫をもっているわ」とついに告白の言葉を吐き出してしまうと、彼女は解放されたように感じるのだ。各自が首尾一貫した自分の考えを構築しようと、絶えずやっきになっている。だが、その統一を求めるダイナミズムに反して、時代の雰囲気の中の諸思想が精神分裂を引き起こす可能性がある。だから、その思想が受容可能なカテゴリーに総合されるように、辛抱強く攻めなければならないのだ。我々は、オルタンスの、保存食サヤインゲンの話と急速冷凍食品に対する罵倒を聴取し続けた。すると何ということか、我々は、話のふとした機会に、彼女が実は急速冷凍の魚を食べている（しかも結構頻繁に）ということを知ったのである。矛盾じゃないか。彼女は、誰の目にも明らかなウソの違反に捕らわれたのだろうか。なんの、なんの。魚、それはイエス、でも野菜、それはノーなのだ。それは全然同じではないのだ。「なぜって、私が思うに、原則として魚は船の上で直接冷凍にされるんでしょう。よく加工されているの」。諸カテゴリーは、過剰に尾ひれ背びれがついて留まるところを知らない。このような調子で、家禽類の肉も、いくら「小さい農場」から買っても、それもまた冷凍なのだ（彼女もまた冷凍庫を持っていることを、我々は知る）が、ちゃんと彼女自身で冷凍にしているものなのだ。彼女は、死んでも急速冷凍の鶏を（魚を買うようには）買わないことだろう。冷凍食品自体は「とてもおいしい、新鮮なものみたいにおいしい」のに、である。そうであるのにサヤインゲンは、家庭で作ったものの方が工場で作られたものより優れているという優越性を、彼女は捨て去った。もはや自分で広口ビンに詰めることができなくなったので、店で買ったものをとてもおいしいと言う。対談がここまで来たところでオルタンスは少し疲れてしまった。今度は別のことを話しましょうと、彼女は言ったのだ。

まちがった信念

時代の風潮の中にある思想が操作されて、実際の行動にまつわりつくようになる。「自然な」というようなぼやけた観念にとって、そうすることはそれ程複雑なことではない。肉屋で買ったソーセージ、それだけでオーケーである。だが、メディアや団体（教育団体、医学団体など）が日々普及させている知識は、権威を持っているので、それとは違っている。それらの科学は今や、音楽の始まりのラの音を持っているので、そんなに簡単に操作することはできないのだ。確かに科学は外見ほど統一されたものではない。間違った音も数多くあり、論争も荒れ狂っている。しかしそれでも、食事の量をもっと少なくとか、脂肪を減らしてとか、砂糖を少量にとかの、時折耳障りな中心的思想は、堅固に打ちたてられているのだ。

知識は十分にあると宣言している消費者たちが、それでもその知識からとても遠い行動を実際にはとっている、その食い違いを知って栄養学者は驚く〔Guilbert, Perrin-Escalon, 2004〕。学者たちは消費者が、自分たちで言っているほどには知識を持っていないのではないかと疑う。だが、それは事実ではないのである。消費者たちは比較的よく知識を持っており、食品に関して新たに言われることに対して、充分注意を払っている。しかし、食の行動を修正することができるためには、その知識は、ただ正しいものだと見られるだけでは充分ではないのである。それが、本書のライトモチーフの一つなのだ。我々はページをめくる毎に、食の世界が前代未聞の混乱に陥っている有り様を理解することだろう。その食の世界が、空腹を満たすのと同時に、社会の関係を作り文化を創っているのだ。なにか一つの思想は、いかに強烈で正しい思想であっても、これほどの人間学的な総体の上には、ある限定された影響しか――普通は――及ぼせないものである。外部からやってくるものとしてその思想は、分裂した精神層に定着する。一つは活発な層であるが、他方の層は、現実の実際行動に向き合いながら眠りこけている。思想は、この実際行動の深いメカニズムを、しかも個人という実体を再構成するメカニズムを、そんなに早く一変させることは不可能なのだ。人格が二つに分裂している。一方では具体的で行動的な存在、他方では、科学の知識をもってモラル意識の形をとっている、ある種の隠れた認識の存在。そしてその人格は今日ますます不幸になっている。なぜなら人は、食べて吸収すべき物を吸収してはいないのだ、ということを充分に知っているからなのだ。まちがった信念がそれほど進行しない間は、人は、耳をふさいで潜在的な罪悪感を抑え込み、こちらでは軽くする料理法の行動をとり、あちらでは少々の美食を控えるというような傾向を示す。トニーは美食のメニューを作る時でも、あまりに栄養価の高い食材は限定する。アネットは（ほんのチョット）脂肪と砂糖の割合を少なくすることで安心する。「食餌療法のちょっとした感じを、もう一回取り戻したいのよ」というわけである。クレマンティーヌは脂肪やカロリーの問題になると、すごく落ち着かなくなる。彼女は、いろいろな改善策を達成したこと（缶詰類を少なくするという）を自慢し、自分は料理の習得段階にあるのだと考えている〔まだ若いので〕。「新鮮な食材で作ると、すぐに、どっちにしてもこれが健康的なんだって、自分に言うのよ」。分裂があるのは脂肪の領分においてである。それがこっそりという感じで、少々彼女の頭を占有している。バターですか。「そうねえ、確かに私はバターをたくさん入れるわ。もっと美味しくなるのよ、間違いないわ。本当に、それに関しては私はもっと進歩しなくっちゃね」。食べることに関する人の目的は、完璧な知的カテゴリーを定義することではない。反対に人がいつも求めていることは、生活を簡便にするために、自分の土台である日常についてできるだけ反省的に考えないこと、思考の圧力を減らすこと、なのである。そこで、録音機で武装しているような研究者と違って、質問する者の要求があまり大きくないように見える時には、人は、もし本当に考える必要があれば、大雑把なそして呪術的なやり方で考えることをためらわない。ウジェニーのやり方は極めて細心である。「私は脂肪のあるものを買いに行かないの」。だが、クレマンティーヌと全く同じで、バターには抵抗できない。「バターはね、買うのよ。でも私は新鮮なバターを使うの。たとえばグリル焼きの肉の上に乗せるとかね」。出所がよいバター（手作りのバターのこと）を、そのままでグリルで焼いた肉に乗せるので、並みの脂肪みたいに悪いことはない。ウジェニーは安心する。

しかしなんとも、新鮮なバターという悪魔払いの小儀式では、彼女の頭に反復して上ってくる疑念を消すには充分ではないのだ。彼女は六二歳である。そしてアンケート調査によれば、栄養の知識に関する興味は年齢と共に一層強まってくる。「ええ、私は気をつけてます。年取ったら気をつけなくちゃ」。特に健康上の危険を強調するようになる。「今、心臓血管の問題は食べ物のせいだって言うわね」（アネット）。警戒が（病気であるとか医者の助言であるとか）もっと直接的なものであるときは、もう一段階アップする。一般的に言って、まだ隠れている考えに過ぎなかった警戒が、突然命令的なものになるのだ。科学が、いくつもの命令によって武装して、普通の生活の中の中心に陣取る。オルタンスの場合を見てみよう。彼女の医者が、少々コレステロールが多いと診断した後に、薬を服用するかまたは栄養士のところへ行くかのどちらかをやるように提案した（ただし栄養士が言うことはしっかりやらなくてはいけません、と）。彼女は栄養士の方を選んだ。「行くまでに大分待ったわ。それで彼が私に薦めたの。食事の他に、果物とフロマージュ・ブラン〔フレッシュチーズの一種〕を摂るようにって。そこで私はやり方を変えたわ。夫の方は、まだちょっと難しいみたい」。というわけは、彼女の夫の方はコレステロール過多ではないのに、一緒にやらなければならなかったからである。本当のことを言うと、彼らはそれまでのやり方を全く変えなかったのだ。同じ食事、同じ缶詰類、小さな農場から買ってきた鶏。ただ彼らは、「おやつ」を付け加えて、宗教のように果物とフロマージュ・ブランを、有り難がって賞味したのである。悪い信念は完全に和らげられ、彼らは健康のために食べ物を噛んでいるという感じがした。トニーも同じように、新鮮な野菜について「僕には分かるんだ。体が分かるんだよ、これは純粋だって」と言っている。オリヴィアの場合は、いつか自分もそういう医学的な指示に従うことになろうとは考えていない。彼女の世界では、料理をしておいしいものを食べることが、ただひたすら快楽を感じるということと符牒が合っている。強烈に、しかもなんら引き下がるところなく、である。「ああいうことは私になんの関係もないわ。生クリームが欲しければ、生クリームが欲しいの」。あふれんばかりの生クリームが裏目の効果をもたらして、ある日彼女の夫が医者の所へ行くまでは、そうだったのである。厳格な食餌療法。「医者は言ったの、さもなくば入院ですよって」。彼女は不承不承、なにかもっと軽い料理をしようと工夫した。オリヴィアがやったのは、脂肪分のない肉を使ったポトフ〔牛肉と野菜を弱火で長い時間煮込んだ料理〕であるが、それは恐ろしくまずいものであった。そこで彼女は、自分のためには深鍋の中に、たっぷりと脂身のある肉切れを加えた。夫の方は舌の誘惑にも負けずに抵抗し、字句通り医学的な指示に従うことができた。そして、超過分の数キロを減らすことができたのである。現在はその偉業を成し遂げた後のゆるみの時期で、再び食べ物の手がかりを探す領域に臨んだ時期である。本能を抑えていた時期が過ぎて、快楽が稀にしか手に入らない時はそういうものであるが、以前には無かったほどの興奮を伴って、深い欲求が再び現れた。聞き取り調査が行われた日彼は、オリヴィアに向かって、翌日の（普通の週日だったのだが）夢を公言した。エビのクリーム煮をウイスキー・フランベにして、すごい料理にしてくれよ、と言ったのである。

だが反対に、厳格に作成された医学的な指示は、食べる人にとってそれほどの苦労ではない。食物に関する命令の変革によって通常のシステムがひっくり返されたので、新たに自分の行動を導いて欲求を抑制してくれるガイドを必要とするからだ。小うるさい規則であっても、制定されたその規則にかくも従順に服従するのは、まさにそのことが理由である。彼はしばらくの間それに服従する。それからダイエットを終えると、そこからが危険なことになるのだ。昔の食習慣はもはや有効ではないし、批判されたのだ。彼は、あまりにも長い間抑圧されていた欲望の大海の中で、舵を右に左にしながら、カリュブデスの渦巻きからスキュラの怪物〔いずれもギリシャ神話に登場する海の災難。ここではひどい状態からもっとひどい状態に陥ることの譬え〕へと進んで行く航海をしているかのような不安定な状態に直面する。ダイエットに関するこの二重性（厳格でその上細部にわたっているダイエットの性格を受け容れることと、問題を孕んだダイエットの終結の二重性）は、医学的な理由から命令される食餌療法を超えたところでも見られる。とりわけ、自分の容姿を気にして、痩身のお手本に自分を合わせようとしている女性たちに、それが見られる。ダイエットに入るとは、詳細な知識に従って、絶えず反省を要求するコントロールの下に行動の規範を打ちたてることである。そうしてダイエットを終えると、もう一度今度は、日常のシステムを再構築しなければならないという、同じ困難にぶつかるというわけである。

そういう行動枠の大混乱を避けるために、しばしば「ダイエット」は、（まちがった信念が染み込んでいる）内密の考えに限定されることがある。その考えは、食物の大雑把なカテゴリー化の上に成り立っているものである。ポール＝ドーフィーヌは説得されて、あるダイエットに従うことになった。「私ったらいつも太る傾向があるの。だからそれに気をつけているわ。軽く加工された食品とか、デンプンは取りすぎないとか、個人が育てた鶏とか、青野菜とかね」。文句のつけようがない、素晴らしいリストである。けれども個人が育てた鶏（食餌療法に良いという特徴よりも、その「自然である」という特徴が際立っている）を差し込んだところが、彼女が、本当にやっているというよりもむしろイデオロギー的にやっていることを示している。対話調査を続けたところ、次のことが判明した。ポール＝ドーフィーヌは、もっと呪術的なカテゴリー化で動いているのである。たとえば卵を買う時に彼女は、一度マーケットをぐるっと回ってみる。そして一番卵の数が少ないお店を見つけると、それが品質という重要な基準だと納得するのだ。「大きい売り籠があるお店では買わないのよ」。卵そのものが、いくつ食べようが、どう調理しようが、果たして健康に良いものなのか、彼女が闘っている体重超過に良いものなのか。「ええ、もし良い品質のもので、小さなお店で買ったものだったら……大切なのは体に良い調理をすることなのよ」

快楽の味

「食べて良いもの」はすべて、まず「考えて良いもの」なのであろうか。今日では不可能である。食べる人は哀れにも、概略化したり操作をしたり呪術的な考えを持ったりするが、それにもかかわらず社会は、鼻孔や舌乳頭がすぐ届くところに、ファランドール〔プロヴァンス地方の民族舞踊〕風の踊りのように行列をなして食べ物を突きつけてくる。そしてそれらの食品は、（脂肪や、砂糖や、化学製品のように）疑いもなく考えて悪いものである。が、それと同じくらい疑いもなく美味しいものでもあるのだ。苦労して作成された食品知識の命令は、不安定でほとんど首尾一貫しておらず、その上欲求の攻撃によってあらゆる瞬間に脅かされている。どうやったら食べる人が、この命令を思い描くことができようか。可能な解決法は二つある。ひとつは、個人の理論を徹底して「考えて良いもの」に限定し、錯乱的欲求の方は追い出して別の帳簿の中にしまい込むことである。またもうひとつの方法は、欲求を飼い慣らし、唯一の総合的な理論に絶えず組み込むように試みることである。個人個人で選択は異なる。フランスとドイツのように地理的にも文化的にも近い国の間でも、文化が異なれば選択の多様性が顕著である。ジャン＝ヴァンサン・ピルシュは、若者層を対象にしたアンケートの比較調査でその点に注目している〔Pfirsch, 1997〕。それによると、フランス人は健康な食品と食の快楽とを結びつけるのに対し、ドイツ人はそれを、敵対することすらありうるような、はっきりとした二つの命令的判断に帰す。その結果ドイツの若者は自然食品に関して、ずっと現実的で正確な定義を持っている（彼らは制度的な保証とか大きな専門チェーン店による商業化とかを、話しても気詰まりに感じていない）。他方フランス人の定義は、その呪術的操作の作用を守りたいために、輪郭がぼやけているのである。ドイツ人にとっては、食餌療法的に良いものが存在し、そして味覚的に良いものが存在する。ところがフランス人にとっては、快楽というものはすべてモラル的に正しいもののカテゴリーに入ることが可能でなければならないのだ。カテゴリー化に際してインチキをやるか（「自然な」という言葉が何にでも使われる）、あるいは、欲求の方が知的なカテゴリーに合うようにするかの、どちらかだ。

ドイツ人が全員、説明の際の二重性を選ぶのでもなければ、すべてのフランス人が唯一の理論を選ぶのでもない。違いはあくまで統計的方法にあるのだ。しかし、この違いが興味深いのは、食に関する指令の構造にいろいろあるということを引き出し、二つの違った可能性のどちらでも取れるということを強調した点にある。ひとつの可能性は、もっと合理的であり事実に忠実である。もうひとつの可能性は、嗜好と快楽とに関する作業を前提としている。快楽に関する嗜好を調べる作業を、前提としているのだ。本書のアンケート調査はフランスで行われたものであるから、この後の方の可能性がはっきり出ていることは、驚くに値しないのである。「これは私の体にとって良い（美味しい）ものだ」ということを、トニーはインタヴューの間中くり返し言っていた。彼にとってはなによりもまず知的でモラルをもったカテゴリーが問題なのだ。しかし彼はまた我々に、かかる信条の信奉者が強い味覚の発見をどれほど良しとしているかということも、示したのだ。彼は、最初はただひたすら食餌療法の上から健康だと考えられていたものに対して、後では魅力を見出し、そして快楽を感じるようになったのだ。オルタンスの場合も同じ事態の進行が見られる。「最初私を突き動かしたのは、それは健康という側面だったわ。でもそれから時間が経って、食品は同じ味ではないということが分かるものなのよ」。多くの感覚は行き着くところ、相互作用的なものを、そして個人的なものを構成することになる。最初は、キャビアとかドライマルティーニは美味な食品であるということを頭で知って納得することが、必要だ。だがその後でその快楽を感じ取ることができなければならない［Becker, 1985］。ある「嗜好」が自分のものになって、それがひとたび確立すれば、それ自体が操縦者となって実際の行動を導いてくれる。嗜好という快楽の発電機は、考えられている以上にずっと可塑性に富んでいる。それが考え方を作り直すのは、驚きに値するほどである。それはとても厳しいダイエットにも見られることで、そこでは最初フラストレーションと苦しみが生じるが、後にはその否定的な感覚が、夢に見た減量の理想を実現する証しに作りなおされるのである。しかし、苦しみと喪失が「空腹の感覚が始まる陶酔」［Tonnac, 2005, p. 16］に変わって、真正の快楽に再転換すると、行動の逸脱が起こる危険がある。無食欲症という軌道にまで逸脱してしまうのであって、それから回復するのは困難なことである［Darmon, 2003］。

味覚的嗜好は我々を支配する

味覚的嗜好の政治史は我々を最も熱中させるものの一つだ。それは三つのエピソードに要約される。一つ目のエピソードにおいて唯一重要なもの、それは食物に関する（宗教的な）指令である。個々人が感じざるを得ない諸知覚は、厳格にそれに統合されなくてはならず、めったに表明されることもない。第二のエピソードの特徴はこれとは反対に、突如として快楽が出現し、それまでのものを転覆することであるが、その快楽は近代性の足がかりを知らせるものであって、制度の重しから個人を完全に引き離し、可能性を開いて社会の運命を流動的なものに変えるのである。そのダイナミズムが増幅したのが中世末期であり、ほぼ一七世紀に、嗜好に関する自由な疑問を発する栓を社会に開いたのである［Flandrin, 1986］。それが「反省し議論することは合法的なものであるというテーマであり、すべてのものが社会的な争点となった」［Pfirsch, 1997, p. 30］。少々アナーキーな快楽の爆発に直面し、具体的行動の中に根をはった膨大な論争が起こって規範とヒエラルキーが規定され、「良き趣味」が確立した。そしてそれが、社会的な分類と区別をつける手段となったのである。「それゆえ食の嗜好は一般的な原理にのっとって規制されることとなったのであるが、その一般的原理とは、判断の規則と基準、あるいは仕事や行動の認識基準を決定するものであった」［同前、p. 31］。それゆえ快楽に道筋をつけるものは、もはや昔のような固定した指令ではなく、流動的な指令であって、その指令の中で人は（快楽をコントロールしている、と表明するのと同じくらいに）快楽を感じている、と表明することが望ましいことになったのである。

社会的身分区別との関わりの中で恩典を感じ取ることが目的なのだ。ノルベール・エリアスが文明の過程の出現に関して有名な説を展開したのは、正確にはこの時代のことを取り扱ったのである。この時代に良き趣味が、中心的な役割を果たすものとして登場した。

それにもかかわらず、おそらく一つの側面が充分には強調されなかった。それは、嗜好そのものの周りで歴史が急変したという側面である。嗜好は、大規模に社会的区別が進んだことによって社会的に作られたものではあったが、実際には、外から個人に押しつけられた規範システムの如きものには限られなかった。むしろ「集団的文化的要素の総体から発生し、また外部の社会的強制に対応することから発生した、個人の自己コントロールの形態に」［同前、p. 18］変わったのだ。嗜好は、対照的な位置にあるものを明示している場の中で、社会的に規制されている［Bordieu, 1979］が、同時にまた、コンテクストによって手がかりが与えられない場合には、嗜好それ自体が個人の食の行動に規律を与えるものとなる。諸感覚が、生きているという感覚を導くのだ。

第三のエピソードは、我々が今日生きているエピソードである。良き趣味という社会的運動には、多くの他のダイナミズムが付け加えられて、選択の幅を増やした。不決断に脅かされることを避けるために個々人は、食べる際に、自分の嗜好を一層堅固にしなければならなかったし、その堅固なもので自分を納得させなければならなかった。また、嗜好を反復することの明証性に身を任せなければならなかった。嗜好というものが実際には偶然に左右される構造物から出るものであることを無視しなければならなかったので、そうすることで彼は、自分を守護し安心を得たのである。行動の選択肢が様々に増えるにつれて、嗜好という固定させる力が、内的に規律を与えるものとして重要さを増した。それゆえ我々が参画している今日の現象は、大がかりな客観化であり、馴化であり、嗜好を本質化する現象ですらあるのだ。各自は、自分が自分の嗜好を決定するのではなく、嗜好の方が自分を決定するのだと考える。

確かに、アンケート調査から分かったいくつもの言葉がその点を雄弁に物語っている。たとえばシャルロットは、自分の好きなものを説明し、いろいろな判断の項目（快楽や、調理の有能さ等々の）に迷った。「私があまり好きでないのは…私はちょっと下手なので…あなたに何て言ったらいいのか分からないんだけど…アントレはあまり私のものじゃなくて」。全部を一言でまとめる言葉が見つからないでいるうちに、彼女は「私ってすごくパティスリーなの」と言った。私は…である。このようにして、この実存的な経験与件が生活全体に明確な形を与えたのだ。シャルロットはパティスリーなのである。

食べる人は、自分を固定する嗜好の固定性によって自分を納得させる傾向がある。それは、脇に外れて流れていかないようにするために、感官の世界の最も深いところに投げ入れられた係留索の類なのだ。しかし、今実際にやっている習慣を止める時でさえ、彼（彼女）は、その後でも自分を引っ張っていってくれる嗜好を発見できる気がするのだ。だが、それは錯覚である。そもそも、自分でも錯覚ではないかと疑っているのだ。というのも、嗜好は、社会的一体性に規律を与えることのできるものであっても、唯一それだけが行動のダンスをリードするものではない。特に嗜好の競争相手になっているものに反省的思考があるのだが、これは、行動ということから独立している大変に自由な精神の層である。しかもその反省的思考は、栄養に関する諸説の不協和音がますます影響力を強めている中で、その諸説によって力を増しているのだ。実際に人は食べることに関して、常に、自分の思考と自分の嗜好の両方によって引き裂かれている。この二重性があるために、真正の規制を永続的に確立するということが妨げられるのだ。我々が見たように、実生活の特異な場面では、厳格に体系化された医学的規制を通じて、科学の枠組のみが行動に規律を与えるものであってよいと、許されるのである。にもかかわらず少し時間が経つと、欲求が突然に現れ、再び嗜好が幅をきかせて、栄養的指令と対立するようになるのである。

反対の場合は真実性が減る。嗜好はそれだけでは、大変短い場面を例外として、全く行動を規制するのに成功しない。それが成功するのは集団的習慣と連動する時である。しかし、そうであれば、決定力をもつのはその集団的習慣の方であろう。というのも、元々の分裂のために嗜好は、社会的なものを組織する役割を担うことができないのだからである。嗜好が生まれたのが快楽の発見と共にであり、集団的習慣を転覆する性格のものであったことを思い起こそうではないか。今日でも嗜好は快楽の思想と結びついており、実際的行動を強制したがる命令を、可能な限り転覆することと結びついているのだ。ある食物に対して嗜好をもつということは、欲求と快楽をかきたてることである。そして、その欲求と快楽は、根本的に制御不可能なものである。愛の領域と同じように食の領域で、欲求と快楽は制度の重しから完全に人を解放して、将来に向けた規制を砕く。そして、新たな世界の発見へと道を開くのである。現在の料理の幅を拡張するエキゾティズムによって、「他者の味」に対する好奇心と空腹感が出てきたことがそれを証言する［Régnier, 2004］。味覚的嗜好は自分の外へと駆り立てるものでもあるのだ。一人の個人の中でも、（自分自身のものの継続的な確立と新たな自身の構築というような）相反するメカニズムが次々と働いたり、混在したりすることが頻繁に起こっている。「私はジャガイモには弱いの。おジャガなのよ、おジャガ。それって複雑じゃないし、私はそれで幸せになるの、本当にバカなんだけど。時々はおジャガだけね。茹でて、ピュレにしたりとか。キャビアだのフォアグラだのと話をするのは意味ないわ。世界でおジャガほどおいしいものはないんだもの。で、ときどきはね…私のスパイス棚見た？　全くのエキゾティック商店よ…私って、魔法の粉に夢中になっている点で、おバカの女王ね。あなたが食べたことないものだわ、絶対よ。なんだか知らないものを発見するわよ。私のおジャガちゃんにも、時々、この粉を一振りかけるのね。するとね、信じてよ、もうおジャガの味じゃなくなるのよ」。カネルは、好物の馬鈴薯という不変の嗜好によって、自分自身と再会することが大好きであるが、それと同じくらいに、それらの粉を使って未知の味へと飛翔することが好きなのである。彼女は軽々とこちらからあちらへ移って行く。

反面において味覚という嗜好は、味覚の馴化ということが考えさせる以上の複雑さをかかえている。味覚が（舌の触覚とか、熱冷とかの基本的な味という）厳密な意味での味に関する感覚の上に成り立っているのは、確かなことである。それは、実際にはかなり貧弱な感覚だと言える。そうであるからこそ味覚は、他の感覚総体と連合することによって自らを成り立たせるのだ。とりわけ、もっとずっと豊かで繊細である嗅覚と連合している。もちろん、視覚、聴覚、触った感じなども忘れてはいけない。それらも同様に、（違った経路で脳に集まって）味に関する真正のセンサーシステムに情報を伝えるのであるが、そのシステムの中では、厳密な意味で味覚と言えるものは、極めて部分的な要素であるに過ぎないのだ。このように、味覚の形成に与る認識ネットワークが多種であるため、いつも同じ一つのやり方で機能するのでもなければ、同じ一つの歴史を持っているというものでもない。狭い意味で生物学的に決定されるものに結びついているのが、舌の乳頭による味覚であるということは明らかである。特に砂糖の味は、ある内的な特性のおかげで、（原始的な社会から超近代的な社会に至るまでの）実に様々な文明で認められるに至っている。嗅覚の方は反対である。アラン・コルバン［Corbin, 1982］は、ある想像された社会構造から引き出して、そのことを完璧に証明した。それによれば、我々が良い匂いだとか悪い匂いだとかいう匂いは、一九世紀に根本的に変化したのである。それ以上のことも存在する。というのは、味覚のセンサーシステムのその上に本当に味覚が形成されるには、それが「考えて良いものであるかどうか」という判断が必要だからだ。その判断は、精神の中のカテゴリーというフィルターにかけられたものである。それには、食べる人が快楽に関する純粋論理に取り組む場合も含まれるであろう。感官によって得られた刺激の総体を組織して究極の意味を与えるものは、善か悪かの思想、最高か最悪かを判断する思想に他ならないのである［Pfirsch, 1997］。それゆえ我々は、味覚の嗜好によって支配されているが、自分で思っている以上に、自分の方が味覚の嗜好を支配している。人生の中で別のコンテクストの中に連れて行かれればシャルロットは、「私はパティスリーじゃない」と言うかもしれない。

砂糖の地政学

人生の中で別の歴史に連れて行かれたとしたらシャルロットは、大変違う味覚の嗜好をもつこともできたであろう。ただしそうは言っても、食べる人が、自分一人で自分の望みに引きずられて、そうしようと決心したからというだけで、自分自身の味覚を変えることができるのだと結論づけてはいけない。なぜならその自分自身の味覚というものは、長い過去の歴史が内面化された結果出てきたものだからである。また、それを決定するものが自分一人と結論づけてもならない。家族や友人も共に、決定的なあり方で相互作用しているのだ。さらに広く言えば、種々数多くの制度もその形成に圧力をかけている。食べる人は、影響するネットワークの絶え間ない交差によって、右往左往させられているのである。

　個々人は自分の味覚的嗜好を定め、それが定着していると納得する傾向がある。またそれを改良し、馴化させる傾向がある。シャルロットは、自分は「パティスリー」である（それは疑いもないことで自分の本質ですらある）と考えている。だがその馴化のプロセスの機能は、制度のレベルのやり方に似ている。制度は、「嗜好（味覚）」というものを、安定していて容易に定義できる品物のように見ていて、それに関して大変命令的な思想を形成する（命令的だということが制度がうまくいく条件である）。行政管理は、たやすく臣民を管理する目的から、非進化論的で過度に単純化するやり方で臣民にアイデンティティーを与える必要をもっているものであるが、そういうあらゆる行政管理の反射運動的傾向が関わっている。現在は、自由に処分できる食品が増え、新たなものを発見したい意欲が増して、欲求の不安定さが増大し、さらには栄養の知識によって影響される疑問が止めどなくなってきた。そのために、食べ物に関する指令が流動化して、種々の可能性への道が開けている。それによって行政管理の反射運動的傾向が勢いを加速するのだ。

食べる人は二つの顔を（そして二つの舌を）もつヤヌスである。「パティスリー」と言おうが「おジャガ」と言おうが、食べる人は、味覚の係留索を断ち切って、欲求の導くままに航行することもためらわない。制度の方もその二重の特性を持っているのである。制度は、味覚を本質的なものにして固定させるものであるが、実際には、自らの利益と思想の観点から、全力でそれを流動化し変化させるものでもある。味覚に関する闘いは、人類が始まって以来歴史を通じて行われてきたし、今日では全地球規模で行われている。舌の感覚の性向に従っていくつもの帝国が成立した。味覚は、真正の世界的規模の地政学に材料を与えるほどなのである［Boudan, 2004］。私はその点に関して、一つだけ食品を取り上げて短く説明することで満足したいが、その食品とは砂糖である。

砂糖は（ペルシャとインドで発明され、中東と地中海を通って伝播した）極めて古いもので、中世ヨーロッパのヒポクラテス流医学によって支持されて飛躍した。とりわけイギリスにおいてその香味料への好奇心が高まり、肉や魚の料理に味覚のコントラストを与えた［Mintz, 1991］。だが、砂糖に関する本当の歴史的事件の中で、最初の決定的な要素は、社会的区別化のプロセスから来たのである。それが希少で高価なものであったために、「良い趣味（嗜好）」の標識となったのだ。とりわけ貴族と張り合っていた大ブルジョワたちを識別する標識となった。イギリスを支配していたその新興階級の中で、耳新しい〈透明化する明確化作用《クリスタリゼーション》〉が働いた（クリスタリゼーションという言葉はお手軽すぎなのをお許しいただきたい）〔クリスタリゼーションの基本的な意味は、結晶化してクリスタルガラスのように透明にするということで、砂糖も同じように加工して用いることがある。筆者の言葉遊び)。実際砂糖は、イギリス人の禁欲的なプロテスタント倫理の中で、一種の「自然性の」地位を獲得した。マックス・ウェーバーが、いかにしてその倫理が資本主義の拡大の元となったかということを証明した［Weber, 1920］。宗教上の禁欲は、脂身やレア肉を警戒したため、いささかも甘みから身を守るということがなかった［Andlauer, 1997］。驚くべき偶然の一致である。砂糖は、これほどにも食べて快感を与えるものであって、普通のものから際立っているために、この時代に、商業上の交易の特権的な手段となったのである。一七世紀にイギリスは、ポルトガルの独占状態を打ち砕き、奴隷貿易という未曾有の災難の上に成立した砂糖の世界的通商において重きをなした［Mintz, 1991］。生産と消費は最初から密接に繋がっているもので、一方がなければ他方が発達するということはないものである。次の段階では生産と消費が「極めて規則的に行われるようになるので、その繋がりが誰も避けられないと見えるほどになる。一面でそれは、帝国の拡大ということを反映し、他面では、いかにして砂糖がお茶と同様、国民的な習慣になったのか、またいかにしてそこからイギリス的〈性格〉を表現するようになったのかを示す」［同前、p. 61］。私はここで、いかにしてイギリス資本主義が砂糖生産の植民地から発展したかには触れないことにする。消費に関わるいくつかの側面に集中したいからである。

シドニー・ミンツの説得的な分析によると、砂糖が、その社会的区別化の力を失っていくにつれて（植民地での生産が増大して値段が安くなり、もっと国民に普及した）、甘み食品の世界に入った社会の各階層のために、新たな自己標識となったのは驚くほどであった。最初大商人たちが、貴族たちに対抗するために。次いではもっと幅広く企業家たちや商店主たちが、単にお金という手段を通じて、新たな味覚の作法を獲得することができたが、このようにして砂糖は「社会を均等化するもの」［同前、p. 117］となったのである。一九世紀になると、骨の折れる仕事をしている割に栄養が不充分で、調理に費やす時間など全くなかった、都市の平民労働者たちに広まった。砂糖は労せずしてカロリーを与え、おまけに個人のために解放的な遊戯の世界への道を開いた。しかしまいには、超近代性の心臓部に、抗い難い（そしてまた荒廃をもたらす）砂糖の力が影響を及ぼすこととなる。というのは、砂糖は濃縮して、誰にでも受け容れられる味覚という「最小の公分母」［同前、p. 218］となり、食の手がかりを平準化する最大の手段となって、現代の食べる人々のうちに、潜在的に無際限の要求を産み出すこととなったからである。甘さそのものの快楽だけではなく、社会の攻撃やストレスや精神的な疲労に対して、それらを和らげる甘みの快楽ともなったのだ。とりわけ、計算から解放されたいという密かな欲求や、食行動において最も簡単でお手軽なことに身を任せたいという欲求がある。一言でいえば、食の首枷や拘束から解放されて、ザラザラとしたものがない世界で流動的なやり方をしたいということなのである。それは、一つの軽くて流体的な近代性［Bauman, 2004］であり、子供っぽい魔法にかけられた世界なのだ。

砂糖に根差したイギリス的な食のモデルは、個人が自立したいという今日の社会の希求とぴったり符牒が合っていることが分かった。個人はもっともっと解放されたい。まだ存在する束縛の鎖を打ち砕きたいのである。それゆえそのモデルがアメリカ合衆国に移転させられたのはなんら偶然ではない（植民した人たちのその他の食の伝統は攻撃されたのにである）。それ以後アメリカは、個人の拡大のための闘いで先頭に立つことを望んだ（砂糖の過剰摂取の点ではイギリス以上である）。また、肥満の傾向が今日最も強い国がまさにこの両国であるということも、なんら偶然ではないのである。

小麦粉と女性

もちろん肥満傾向の原因となっているのは砂糖一つではない。その歴史が示しているように、砂糖は孤立した要因ではなく、ある倫理的、経済的、人間関係的環境の中に組み込まれているものである。小麦粉を女性と結びつけるもう一つの地政学的な歴史に関しても同様のことが言える。その歴史はクリスチャン・ブーダンによって詳細に語られた［Boudan, 2004］が、私はここでは手短に（しかも大雑把に）それを要約するのみで事足れりとしたい。

その始まりは、中世末期イギリスとフランスの間に始まった料理の戦争にある。両国とも西洋料理の後継者であって、共通した根底の資質で繋がっているが、ノルベール・エリアスが分析したように、フランスにおいて広範な区別のプロセスが始まってテーブルマナーの革命が起こるのと平行して、亀裂が生じた。宮廷料理人たちが、それまでは（スペイン、イタリア、ポルトガルといった）他のヨーロッパ諸国の高尚な料理と自分を区別するなどということは全くなかったのに、洗練さを発明し、技法や気取ったやり方を増やしたのである。とりわけ彼らは、それを話すための言葉を作り上げた［Poulain, 2002a］。それは気取りに凝り固まったものであった。料理は芸術になりショーになって、食べるものであると同じくらい話すものとなった。イギリス人たちは（ロンドンに腰を落ち着けたフランス人の大物料理人たちに）ついて行けなくなったように思われる。彼らは、見かけ上の慎みに顔を隠して反撃したが、実際にはその反撃が恐ろしいものとなって世界規模に広がるのである。大がかりな料理の分野ではなく、普通の家庭のかまどからそれは始まった。

初期の頃はおそらく、イギリス人のシェフのある者たちが、守勢に立ったために自尊心を傷つけられ、フランス式の気取りや複雑さを批判して、反対に、使いやすくて基本的な食材（砂糖、次いではバター、小麦粉）から出発する、単純な料理を推奨したのであろう。ドーヴァー海峡の向こうでは美食に関する出版物が大いに成功を収めはじめていたが、イギリスの料理人たちはずっと謙虚に、中流階級の主婦層という女性向けの作品に甘んじた。彼らがお湯でといた小麦粉と溶かしたバターを基にして作る新しいソースに焦点を合わせたのは、まさにこういうコンテクストにおいてであったが、そのソースは数分で作ることができて、料理をする人なら誰にでも手が届くものであった。そしてそれは急速にまた広範に認められるところとなり、その時代のあるコラムニストがその特色を目いっぱいに表現して「ユニークなイギリスのソース」*と書いたほどであった。その登場にとって大いに好都合な社会的条件が生じて、ぴったりマッチしたのである。第一には、新出の石炭によるかまどという物質的な条件がある。フランス人の方はまだ消え残りの火で果てしない時間をかけてトロトロと煮るという状態であった。しかし、とりわけモラルの条件が合った。砂糖もそうであったが、ホワイトソースは、ピューリタニズムの想像力とモラルに符合したのである。「贅沢なピュレとは反対のホワイトソースの中に、自然的単純さと控えめの姿勢を見ないということがどうしてあり得ようか？」［Boudan, 2004, p. 381］素早く調理するということも同様に良いことだったのであり、快楽の放蕩に脅かされてはいたが、食卓にそれほど過度の時間を費やすには値しないとされた。第三の条件は、それらと比しても小さいものではない。それは女性の解放という条件であった。プロテスタントの倫理は資本主義の台頭にとって好都合だっただけではない。それはまた、両性のあいだの平等にも具合の良い条件であった。イギリス人女性たちはすぐさま、ホワイトソースを解放の手段として取り上げたのである。他に手段がなかったので、彼女たちは、さっと料理を片づけることで解放を世に知らしめた。家族の食事をする人たちの間で闘争が過剰になるということも起きなかった。なぜなら家族は、その簡略化された料理のおかげで、新たに始まった個々人の大きな熱望である、行動の自律性を手に入れたからである。一九世紀にパウンドケーキが一般的になったことが、その最もよい例である。（工場で作られるようになる以前でも）素早く作ることができたので、食べる人はいつでも自分流儀で手に取ることができた。「このようにして、バター、砂糖、小麦粉をベースにした菓子がイギリスの食餌療法にとって重要な部分となった」［同前、p. 387］。

＊「外国人たちが『ユニークなイギリスのソース』と呼んでいるソース」という表現がエリザ・アクトンの『各家庭における現代料理』（ロンドン、一八四五）に見られる。Boudan, 2004の引用による。

真正の食餌法が作られたのは「下からであって、上からではなかった」［同前、p. 388］が、極めて強力なものだったので、それは大西洋を渡ってアメリカ合衆国において頭角を現した。砂糖、小麦粉、そしてその速さ。そのやり方は、そこアメリカで再び女性と遭遇し、その歴史の新たな跳躍となったのである。二〇世紀前半、ヨーロッパが（二度の戦争の間に）女性を伝統的な役割に引き戻す動きを拡大したのに反し、アメリカ人女性は、近代化闘争の先端に向かうこととなった［Cott, 1992］。かまどから解放されるという可能性がないなら、彼女たちはそのかまどが、先端テクノロジーと最新科学知識の合理的なやり方で操作されるべきだと考えた。食料用農産物加工の産業と結びついて、家政の諸制度が作られた。そうして、次の三つの結果がもたらされた。まず、唯一の化学食品に基づいた急速簡単調理という倫理の名の下に、料理の技と食卓の快楽に対しては、新たに不人気の程度が高まった。次に、多様性の幅が狭まり、基礎的な食材をベースにした平準化が起こった。そして最後には、論理的な帰結として、（缶切り等の）新しい道具と食品が登場して、プレタマンジェ〔レトルト食品や惣菜など、お持ち帰りできる出来合いの食品という程度の意味。服飾フランス語のプレタポルテを連想させる語呂合わせ〕とファーストフードの時代が到来した。世界のマクドナルド化は長い歴史をもっているのである。

「なんでもお手に入ります」

目の前で新しい食のモデルが、全世界規模で強力に、しかも急激に、その支配力を強めつつある。過去においては家族一緒の食事という真正の制度によって、食べる人は社会的であったが、この新しい食のモデルが、はっきりとその歴史的過去との断絶を生みつつある。また家庭での料理がますます副次的な存在になってきていることによって、それが広まってきている。さらに、社会的拘束から解放された独立的消費者たる個人が新たな中心となって、その中心から行動が再構成されつつある。「マルブフ（悪い食事）」〔Fischler, 1993a, p. 220〕と呼ぶ人々もいて、それを「アメリカ的モデル」〔同前〕と結びつけている。が、むしろ、「食べる消費者」〔同前〕の周りに構成された新たな構造という持ち札からそれを名づける方が適切だと思われる。「現代の食べる人は大がかりに『純粋消費者』となったのである」〔同前、p. 217〕。アメリカは経済的文化的に支配し、さらには食のプロセスに強力で特異な印を刻んでいるのだが、そのプロセス自体は国々の枠を越えてもいる。そのプロセスは、進んだ近代性の中核にある三つの力の交差によって進行している。一つは過剰な家事負担を軽減する傾向にある、女性解放の力。次は、共に食事をするという原則から逃れたがっている個人の自律性。そして、新たな食品とサーヴィスの提供の増大、の三つである。

間違ってならないことは、食品とサーヴィスの増大ということにのみ解釈をもっていってはならないということである。提供は需要がなければ起きないことである。マクドナルド社のみで世界のマクドナルド化を説明することはできない。自分ではこのモデルにほとんど従っていないマリーズのような人でも、我々に次のように説明している。彼女は料理が大好きでそれに時間をかける人である。だが、彼女の欲求が反転し、有頂天になって冷蔵庫の中に飛び込んでゆくのには、（テレビで映画を見たいとかの）ちょっとした欲求があれば足りる。「冷凍の食品を買いさえすれば全部できてるわ」。彼女がしょっちゅうそうしているというわけではない。けれども快楽は、もっとヴァリエーションに富んだ実生活を味わうことを可能にするということを、その可能性が実在するということを感じ取りたいのだ。だが冷凍品は、山ほどある新出食品やサーヴィスの中のわずか一つに過ぎないのだ。「今は生活が望んでるの。

なんでもお手に入りますってことをね」（マリーズ）。料理をする人は（男性の場合もあるが）、仕事が軽減される、あらゆる種類の道具や食料品を手に入れることができる。「ただ温めるだけでは料理を作れない時は、できる限りいろいろ入れて完成させれば」［Poulain, 2002a, p. 39］満足できる。また食べる人自身も、自ら消費者的つまみ食い人間と化して、料理をする人無しでもやっていけるので、ますます大きな範囲で数を増している「出来合いの食べ物《プレタマンジェ》」を簡単に手に入れて、自宅でも公共の場でも食べることができる。以来、人は、道でも映画館の中でも車の中でも、極めて簡単に食べることができるようになった。支払うお金さえあれば、「すぐ手の届くところにある大量のもの」［Vanhoutte, 1982, p. 43］によって取り囲まれているのだ。宣伝のイメージや商店の匂いがどこにでもあって誘いをかけており、瞬間の欲望に屈するようにと促している。実にあらゆる町角で、リンゴを手にしてコリコリかじるようにたやすく食べることのできる誘惑が待ち構えている。だが、そういう宣伝のイメージや匂いのことは、ここではあまり語る必要もないであろう。食べる人の欲望がどうやって抵抗できようか、また、料理を作る人もその簡便さにいかに抵抗できるだろうか。諸教説は（たとえば新鮮野菜と魚を理想視するように）ある一定の価値を旗印高く掲げて薦めるが、実際の行動はまさに正反対に行く。つまり、野菜も新鮮な果物も少なく、（穀物類を棒状に固めた食品のような）プレタマンジェ食品や、すぐ調理できる食品を多く摂っているのである［Lehuédé, 2004］。（これもまた教説とは反対に）食品はますます「自然な」状態から遠くなり、作り変えの技術やパッケージングが多く登場してきた。特に肉類が、動物の殺害から遠くなり、平凡で標準的な食品の状態にされて、「物化」されている［Poulain, 2002］。そしてその後で、マーケティング戦略によってもう一度象徴的なものにされるのだ。「ビッグマック」は牛と穀物から作られているものであるよりも商標のイメージである［Badot, 2002］。食べる人は、鶏も豚も忘れて、想像上のメキシコ料理だのアジア料理だのを食べている。舌の届く範囲にあるのは快楽だけではなく、気分転換も夢もその範囲内にあるのだ。少量をつまみ食いのように食べるこの食べ方によって、この分野にある産業は多いに未来がある。

様々な食品が、料理をする人の仕事を簡単にし、また、つまみ食いのように食べる、流浪の、しかし急《せ》いている人の欲望に応えている。「消費する個人」というモデルの第一の側面はこのようなものなのだ。第二の側面は、行動が個人化されるということと食事の構造が失われることによって示される。すべてのモデルがそうであるように、この場合も、ずっと複雑な現実を図式化できるモデルが問題なのだ。一人一人がつまみ食いのように食べることは他の文化、とりわけアジアの文化で古くから見られる [Sabban, 1993；Poulain, 2002a] が、それでも言われるほど食事の構造が失われているわけではない。だがそのことはもっと後の方で見ることにしよう。それにしても世界全体を総体で見れば、食品を消費する個人（それに家の外での食事）は、家庭内行動を犠牲にして留まるところなく広がっている。ヨーロッパの多くの国で、朝食は家族の構成員がそれぞれ違った時間に、しかも自分で好きな食べ物をバラバラに取っている。昼食になると、家の外で、一人か家族以外の人と一緒に取っている（夕食は逆で、週末の食事と同じように、相変わらず家族動員の機会である）。けれども個人主義革命の核心部分は他のところにある。すなわち、我々が新・冷蔵庫文化とでも呼んでいいようなものの中にあるのだ。

冷蔵庫文化

昔、家族は、食事のために定期的に食卓の周りに集合した。それが可能だったのはただひたすら女性が、鍋でもって武装しかまどに係留されて、全身全霊を込めて家事のその仕事を成し遂げたからである。今日、ある機器が手札を完全に変えた。それは冷蔵庫である。普通には「フリゴ〔冷却するという意味のフリゴリフィックの略〕」と呼ばれる。冷蔵庫は、最初は食品の保存に最適なものとして、料理をする人を補助する役割に制限されていたが、女性解放の動きが起こり、プレタマンジェの食品（とくに一人一人のためのデザート）が提供される動きと交わって、目立たないものではあるが派手な変化をもたらすことになった。以来それは、（かまどのかわりに）家庭の食の組織において中心の位置を占めることとなった。食べる人たちはそれぞれの欲求とリズムに従って（皆の見ている前か一人で）冷蔵庫のドアを開け、直接取るようになったのである。少量をつまみ食いのように食べる食べ方が、公の場でも自分の家でも自然なもの（そして魅力的なもの）となった。

その他の機器も料理の単純化を加速し、食の行動における個人主義化を速めたが、とりわけ冷凍庫＝電子レンジのカップルがそうであった。しかし冷蔵庫はもっと極端な事態をもたらしたのであった。それが個人的に使われた第一段階では、まだ家族一緒の食卓とつながりを保っていて、料理をする人の伝統的な役割の残余的な部分と結びついていた。そこでは、料理をする人は、サーヴィス業者になっていたり、食卓と冷蔵庫の間の仲介者となっているのだ。カリム・ガセム〔Gacem, 1997〕は、食事に関する見事なアンケート調査の中で、ペシュー家の例を挙げている。母親のパスカルは、子供たちの欲求を無視して料理を押しつけることにならないかと恐れていた。そこで彼女は、食べ物にまつわる教育は一切諦めて、子供たちの欲求を第一番に通させることにした。息子のシモンは、そういう倫理を大いに受け容れたのである。「好きでもないものを食べるように強制されるなんてバカだよ。好きじゃないんなら食べないさ、好きじゃないんだから。俺たちの味覚だよね」〔同前、p. 81〕。このようにして、デザートは各自が冷蔵庫から直接取ることになった。にもかかわらず主な料理は、パスカルが、共通に食べるものという視点から（手早く）料理する（しばしば冷凍食品からではあるが）。しかし良い返事がない時は、彼女は立ち上がって冷蔵庫を開け、他にできそうなもののリストを言うのだが、それらは普通プレタマンジェの食品なのである。

冷蔵庫の第二段階は、食事と料理する人の役割を完全に消してしまう。それどころか、食卓それ自体を消してしまう。食卓は、ちょっと塗ったりつまみ食い的に食べたりするための仮初《かりそ》めの台にまでなってしまうのだ。食べる人は大急ぎで坐って一人用の皿入り料理を出す。冷蔵庫の前に立ったままのこともある。マイテの夫のような場合には、家族一緒の食事時間であるはずの時でもそうすることがある。「お昼ご飯で帰ってきても、夫は全然椅子に坐らないの。パン一切れとハムとパテを取って、それでも坐って食べないのね。だから作る必要なんてないのよ。それが私たち流の生活なの」。マイテは、中に入っている物には気をつける。「冷凍庫の中に、みんな自分の番で取れるものが入っているようにしておくの」。見たところ冷蔵庫の使用がそれほど徹底的に個人化されていないケースでは、収蔵食品はもっと多様で、一人分に用意されたものもあれば皆で一緒に食べるようになっているものもあって、混ざっている。しかし実際には、はっきり決められていることは何もないのである。とくに前もって定められていることは何もない。家族全員が食卓に集まって、一人用に小分けされたヨーグルトを一緒に食べたり、あるいは、一人でパエリアの残りをついばんだりする。冷蔵庫《フリゴ》は、このなんとも決まらない状態のせいで、もっとずっと構造破壊的になる。なぜなら、あらゆる可能性を開放されたままにし、（個人であれ集団であれ）行動の項目を混ぜこぜにすることで、冷蔵庫は制度の原則を壊しているからである。冷蔵庫のおかげで食べる消費者は王様になっている。

冷蔵庫は、家庭内の個人的自立を進める、物体的な組織者である。けれどもそのプロセスが具体性を帯びるのは、ただひたすら個々人が自身から個人主義化することを望む場合に限られるし、個々人を区分けする行動のリズムによって、そうするように強いられる場合に限られるのである。マイテにとっては、食事はもはや昼食も夕食も全然食事ではない（たかだかパスタでしかない）。「夕食は何段階かになるの。全然一緒になることがないからよ。それはよくサンドイッチね。皆が自分で作るのよ。私も帰ったら、そこにあるものを食べるの。家にいる時はなにかすぐにできるものを作るわ。パスタとか…大がかりな料理に取り組むってことはないわね」。仕事その他の束縛についてよく聞かれる普通の説明である。マイテの場合は、時間が一緒にならないという中心の問題は実のところ、束縛というより選んだ行動から来る。特に息子のスポーツである。そもそも一般的に、最も大きな遠心力となっているのは子供である。大変若い時から自律的な方向で育っているからであるが、その自律的な癖ができたのは、ある種の食べ物に引きつけられたからということもある。だがまた、集まって食事をしなければならないという原則が強迫観念になっていたことからも生じるのだ（その食事の場で子供たちは、特に学校から帰った時に、話題の中心に置かれることを喜ばない）。そこで、プラトーテレ（一人用のあちこち動かせる小テーブル〔後出するようにTVディナー用の小さなお盆やトレーを指す場合もある〕）が終わることのない交渉と妥協の物体となる。料理をする人はその上に、愛情を込めて準備した家族料理の一部を乗せることすらある。一緒の食事に関しては放棄したが、料理を通じて関係を維持しているわけである。そこでもまた、前もってはもはや何も命ぜられていないし、決められてもいないのだ。一人用も全員用も絶え間ない仕方で適合をはかっている。アマンディーヌは完全に冷蔵庫に身をゆだねることを拒む。息子とは、結局は妥協したのだが、長い間強固に対立してきた。なんとも今では、息子に関することでは完全に敗北したのだ。「息子がもしそれを食べたくなければ、冷凍庫の中を見にいけばいいのよ、それだけのことよ」。息子は、テレビに向き合った場所に別の小さな卓をもっていて、その場所で変わることなく、自分にお気に入りのフェティシズム的な食べ物を食べるのだ。「繰り返していつでも同じものなの。実際違うものはほとんどないわ。パン粉をまぶした魚だったり、ハンバーガーだったり、ピザとかフライドポテトとかね。そしていつも何にでも、マヨネーズね」。しかし反対に夫婦の食事では彼女は抵抗し、いくら困難があっても一緒の食事を守っている。というのも、彼女の夫は時代の雰囲気に押されて、不意に栄養に関する気まぐれに身を投じたのだが、彼女はそれについていきたくないからである。それぞれが自分の考えをもっているのだ。それぞれが自分の考えではあっても、台所に立つのは彼女だけなのであって、彼女が（自分と娘のため、息子のため、そして夫のためという）三重の料理の女性オーケストラなのだ。夫の方はしばらくウエイトウォッチャー〔減量に努めている人〕であったが、最近クレタ式ダイエットを発見した。「夫はこの間からクレタ式ダイエットにものすごく興味をもっているの。それって新しいことよ。長続きしないわよ。それの基本はオリーブオイル、魚、たくさんの野菜、そして普通はエスカルゴよ。新鮮なものでなきゃいけないの。ま、いいでしょ、だからって私は多分エスカルゴを採りになんか行かないでしょうから。もし私と娘のためにジャガイモのグラタンを作るとするじゃない、するとね夫が言うのよ。ああ、僕には作らないでって。でね、彼にはクレタ式ダイエットの青野菜を準備するわよね。すると彼ったら、ジャガイモのグラタン皿からさっと盗んでいくのよ」

軽い人

自宅でも外でも自分の好みで食べ物をついばんで歩く消費する個人という食のモデルは、ただ単にそれによって家族の組成が壊れ、栄養の逸脱が起こるというだけに留まらない。なぜなら、それがうまく発展したことを知らせる反対の項目が、それによって自由が手に入るということだからだ。そもそも正確に言って、そのモデルが発展した原因が、その個人的自由なのだ。自律的な食べる人は、自分を拘束している首枷とリズムから解放され、差別化とカテゴリー化から逃れている。冷蔵庫の前や大都市のど真ん中で一種の自然状態を取り戻している。「都市という『ジャングル』の中で人は、自分の持ち分のフライドポテトやクロワッサンや糖菓を採取する。流浪的外食産業とともに人は、立ったり坐ったり横になったりして食べ、また動きながら食べる。カリカリとやったり、少量をつまみ食いのようにしたり、よく噛まずに飲み込んだり、吸ったり手で食べたりする」[Corbeau, 1989, p. 741]。自律的な食べる人は、昔の諸原則から解放された後で、また新たに捕らわれることを恐れてでもいるかのように、動いていて急いている [Desjeux, 2002]。彼は、完全に現代の流動的性格を体現しているのだ [Bauman, 2004]。

以上のことは外から見られることである。というのも、食べる人自身の頭の中に、速さとか流動性とか以上に、名づけようもない軽さという感情があるからだ。まさに重圧的な原則から出ることによって提供される、自分の本質が飛翔するというような感情があるからだ。その軽さは青春と自由の良い香りがするのである。食べ物で重くなり、その上食べ過ぎまでしているのに軽さを感じるというのは、パラドックスめいている。事実そこで問題なのは全く体の軽さということではなく、実存の認識なのだ。それが（自分で料理を作る人でもあり食べる人でもある）独身者たちのところで見られるものなのだ。彼らは、長い時間をかけて料理しなければならないなどと、心配したりはしない。「ヨーグルト、ハム、チーズ、お茶など、ちょっとした夕食用のチョットした買い物」（ジョアンナ）[Kaufmann, 1999, p. 91]。また、家庭の母親でも、家事の負担を減らそうとしている母親のところではそれが見られる。「夕方、こういう風な一日の終わりには、私は全然料理を作りたい気がしないのよ。アイデアを見つけたり、そういうこと全部よ。買い物はウンザリだわよ」（メルバ）[同前]

家庭と料理の束縛から解放された個人の実存的軽さは、食の上で極めて対照的な軌道の上に現れる。パラドックスと見えるというのは表面だけのことだ。しばしば実存的な軽さは、食べる人をぼそぼそという感じのまま、大食症や体重超過の状態に陥らせている。だがまたそれとは反対に、実際上肉体的に軽くなって、絶えずもっと過度に、空気のように軽くなるよう努力せよと個人を駆りたてる、いくつもの社会的な展開過程とも出くわすことになるのだ。このようにして生み出される相乗作用が力ずくで、良きにつけ悪しきにつけ個人を駆りたてる。これらの社会的展開過程のうち最初のものは、痩せているということをベースにして我々西洋社会の基準になっている、美的な範型である。それは空気の妖精のような美しさで数十年来己を押しつけて、独裁体制を築いているのだ［Vigarello, 2004］。トップモデルたちは、たとえ「近づきがたいもので、水平線のように摑まえようがないもの」［Tonnac, 2005, p. 121］であっても、現実的な姿ではまだ不完全なものに過ぎない。なぜなら、理想形においてはモデルというものは、お尻も腰も消し去って現実の肉体を昇華させ、普通の重さはすべて超越して、男女どちらともつかず、エーテルのように軽やかでヴァーチャルな抽象性を達成しようとしなければならないからだ［Hubert, 2004］。それは人間的な細々したことの外に出る。つまり上の、神のようなものなのだ。一層よく神と合一する目的から絶食によって肉体を離れた神秘的な聖人たちと、エクスターシスの状態で交わるのだ［Maître, 2000］。第二の社会的展開過程は、自己コントロールと実存の効果的管理という意図の周りに構成されるものである［Gaulejac, 2005］。この第二の展開過程が個人に与えるものは、自分の生物的な存在に一番近くにあるものを含めた人生の諸目的を、自分自身で決定することができる、主観的な能力である。食品のダイエットが、自身が自身の主人であるという歓喜の陶酔を得させるということは、否定し難い。個人は、自分の理性と自己規制というただ自分の意志のみによって、軽くなった自身の体の自由な彫刻家であることを、夢見る［Tonnac, 2005］。他ならぬこのようなやりかたで個人は、自分自身で制定した行動の枠組であるとはいえ、逆らいがたく徐々に無食症へと導いていくこの枠組によって囚われの身となり、自らを閉じ込めることになる［Darmon, 2003］。絶対の軽さが境を接しているのは、死以外のものではない。

痩せている範型が根本的には達成不可能な抽象であるのと同じく、理性による自己のコントロールも幻想である。本当にどういう理由で、食べる人たちは（少なくとも暫しの間）昔の食の習慣と縁を切り、痩せたり摂取するものを変えたりすることができるのであろうか。ただ単に彼らがそう決めたからではない。彼らが生活の原則を決定する新たな構造を見つけた、ということもあるのだ。たとえば無食症「キャリア」への極めて重要な階梯は、（計量、カロリー計算、等の）日常生活を調整し自己をコントロールするテクニックに焦点を合わせ、ほとんどこせこせしていると言えるほどにそれを守るということなのだ［同前］。食べる人は、昔の習慣のシステムから出て、そこから新たにシステムを構築するのだ。その移行を成し遂げるために肝要なのは、彼の主観的力と意志である。しかしそれらは次には退却して、確立した日常のシステムの背後に行ってしまう。個人が逸脱して、逸脱したことに気づかず死にまで至ってしまうのは、まさにこれが理由なのだ。日常的に行動を支配するのは、理性ではないからである。

深刻な食の混乱が先進諸国全体で広がっているが、その大元のところにまず、特に人間科学にとって興味深いひとつの論理的な疑問が発見される。もしもパラドックスが紛れないものであれば、もっとはっきりとしたやり方でその疑問が明白になったかもしれない。パラドックスの中でも今日、とりわけ危機が最も深刻なのは、他でもない、最も発達した形で栄養の知識を所有している国だという、そのパラドックスがある。ほぼ二世紀も前から、食行動を科学的に形成しようと、他を凌駕して努めてきた国アメリカがその最たるものだ［Fischler, 2003］。つまりそれは、科学が信頼できないもので、反対する言葉を声高に言っていないということなのであろうか。いいや、たとえ仮の真理がドグマの中に建てられる場合が多すぎるのだとしても、問題はそこにあるのではない。問題は他の根本的に理論的なところにある。つまり、我々が、個人とは何であり、またそれはどのように機能するものであるかということに関して作り上げる、観念の中にあるのだ。数世紀も前から、資本主義と民主主義を土台にして一つの表現モデルが押しつけられている。実存の選択を理性によってコントロールする個人というモデルである。

個人は純粋の頭脳なのだ。理性による反省能力は歴史と共に大きくなったものであるから、そのモデルが確認されるのは、あくまでモデルとしての資格においてである。問題は、現実の個人はモデルではないということなのだ。個人は単なる頭脳に還元されることはできない。とりわけ食の領域でそれが言えるのである。いや、それ以上だろう。開かれた理性の手順は、遍在する下意識の記憶や呪術的な表象の影響と比べれば、極めて弱いものであり、また、感覚の動きや、我々が自分の行動を導くために依存しているコンテクストの力と比べても、極めて弱いものである［Kaufmann, 2001］。間違いが生じるのは、個人が、充分知識がある場合に、自分の中にある歴史から切り離され、彼自身の本質を作り上げている枠組からも切り離されて、ひとり自分の意志のみで自己を変革できると思い込むところからなのだ。その考えは、失敗であるばかりではない。それは、食べる人をもっとひどく、今まで自分の行動を律してきたものから切り離してしまうのだ。食べる人は、熱狂に陥って、制御できないあらゆる種類の逸脱に引き込まれていく可能性があるのだが、その逸脱の果ては、激ヤセの状態か、あるいは死に至るほどの体重超過なのである。

歴史的急変

無食症で死ぬ人は体重超過で死ぬ人よりも少ない。それゆえ、最も深刻な危機は体重超過である。真性の肥満の流行がはっきりしてきた。食べる人は全地球上で膨らんでいる。ほんの最近豊かさを手に入れ始めた中国のような国でも、特に子供たちの間で、体が膨れ上がるという地獄を通して得られる、見かけ上の天国が出現している。第一の理由は示されたが、それは、行動の個人主義化と理性主義ということであった。しかしその理由も、その大流行の規模を説明するもう一つ別の要因に出会わなかったとすれば、それほどの結果をもたらしはしなかったことだろう。というのも、規制を失った食べる人が、危険にも自分自身の手に引き渡されたその瞬間に、相当な出来事が起こっていたということなのだ。その出来事とは、食べ物に関する歴史的急変ということであって、食糧の不足の問題から過剰の問題への移行が、かなり突然に起こったということなのである。

生物学の言葉から始めよう。人間は自分の中に大変長い歴史をもっている。とりわけその肉体は、その機能において、動物にまで遡るはるかな過去の相続人である。味覚の器官と消化器官は、人間の歴史が始まって以来変化しなかったものであるし、現代でも未だに個人は、脂身と砂糖に引きつけられる雑食性霊長類なのだ。食べ物が希少でまた特に不定期にしか得られないものであったために、欠乏の時期に備えて脂肪を蓄えておく能力が極めて重要であった。その脂肪貯蔵の原則が今日、絶えざる過剰に直面しているのである。生物学的なものと社会的なものの間に不一致と対立がある。大多数の人間にとって希少性への関わりと欠乏の危険がずっと続いた何十世紀、何百世紀の文明の後でのことである。肉体の脂肪として蓄えるのでなかったとしたら、少なくとも実質に富みかつ「栄養のある」[Bourdieu, 1979] 食べ物を重要視するように、仕向けられてきたのである。とりわけ、困窮に脅かされたか、脅かされた辛い記憶を頭にもっている貧しい境遇の人たちにとって、そうであった [同前]。「人々が肉やバターをたくさん食べるのは、ガツガツしたいからではない。それは、前にもそういうことがあったように、いつか無くなってしまうのではないかという恐れなのだ」[Pétonnet, 1968]。マダガスカル島の極めて貧しい地域に住むクラリスは、自分のベッドのそばにある食器棚の米を、棚に鍵をかけてしまい込んでしまった。宝物は貴重すぎるのだ。彼女は、そんなにも前ではない時期に、家にもはや一粒の米も無くなってしまったことがあったのを、忘れることができないのだ [Wolff, 1991]。あまりの欠乏と、欠乏に対するあまりの恐怖のせいで、たとえわずかの好転にすぎないとしても、状況が急に変わったということに心理的についていけないのだ。「実際子供らは、ちょっとお金があると、自分でアイスクリーム、飲み物、お菓子、アメ、と買うわ。イワシの缶詰とかパテとかもね。そして、フラストレーション次第で貪欲に、缶から直接にガツガツ食べるのよ」〔同前、p. 71〕。移り変わりを切りぬけるのは微妙な問題である。なぜなら、有り余っていることは足りないことと同じくらいに問題が多いのだと、分かっている人は少ないからだ。

移り変わりは、かつての貧乏人にはもっと厳しかったが、すべての人にとっても微妙で苦痛なものでさえあった。実際我々は、蓄えるという遺伝的性向を持ったままで「すべての物が手の届く範囲にある」煽情的な文明に入っている。さらに我々には、暖房と車の世界の中で、座ったままでいるお役所風の生活様式が登場して、新たに環境が悪化したのであって、そのせいでカロリー消費の必要が少なくなった。そこからものすごく新しい状況がやってきたのだが、その状況とは、食道楽と（余裕があれば）満たされることのみ求める快楽の世界で、食べる人はノン、ノン、そしてもう一度ノンという術を獲得しなければならないという状況なのだ。「中心問題は、ほとんど無制限な可能性を前にして、個人の食欲をいかにして制限するかという問題になった」〔Fischler, 1993a, p. 390〕。食べる人は、自分自身に抵抗する、自分の中でもっとも誘惑力の強い快楽の予兆に抵抗する、全く新たな闘いに挑まなければならない。彼はそれを拒否しなければならないのだ。彼はそのために固い倫理の鎧を作り上げ、自分の最も深いところで自己原理を構成している〔Mennel, 1985〕「モラルの諸方針」〔Coveney, 2000〕を堅固にする。そして食べる人は、一九八〇年以降特に、自分の価値体系をひっくり返し、「栄養がある」という言葉の代わりに「バランスが良い」を、さらには「軽い」を用いる傾向がある〔Fischler, 1993a; Poulain, 1998〕。「スモール　イズ　ビューティフル」なのである。

太った人の苦難

「現代社会は『疎油性』の社会となった。それは脂肪を嫌悪する」[Fischler, 1993a, p. 309]。新しい時代に適応できる人は尊敬を受け、痩せていることのモデルから遠い人は人目を引く。また、軽い食べ物を尊重しない人は嫌疑をまねく。今では太っている人はその理由を説明しなければならないのだ。

（キロ数が増えるほどに）太った人たちのシルエットに人目が注がれるが、その視線は、「あなたは裏コードに違反していますよ」と言うのだ。公式には社会は、個人の自由は完璧なものだと宣言している。各自好きなことをして良いのだと。しかし社会は、コードからのすべての逸脱に対して注がれる視線によって、別の言葉を遣っている。各自やりたいことをやれば良い。それは確かだ。しかし、モデルに近づくならば、それだけ一層生活は快適になり実りが約束されますよ、と。仕事でもそうなのであって、法律上は禁止され反対のことが強調されていても、扉は軽い人たちに向かって、もっと広く具合良く開かれている。そこで各自は、食べ物での自身との闘いは割りが良いと判断し、またモデルを尊重しないことは社会ではとても高くつくと考えて、ある程度の努力をする傾向があるし、さらにはダイエットに身を投じる傾向さえあるのだ。各自は、そうとは知らぬままに、その個人的戦術を通じて集団のメカニズムに参加し、そのモデルの支配力を一層強化する。また、軽蔑的な視線を注がれている人たちを、さらに一層非難することになるのだ。

しかし、そのようなことはすべて、注がれる視線の背後で、言葉では言い表されずにうごめいている思想と比較すれば、ものの数ではない。恐ろしい沈黙という断罪、それは自分をコントロールできない者、しかも自己コントロールが絶対に必要な価値となった時代にそうできない者を断罪している思想なのだ。太った者とは、自分をコントロールできない者のことである。快楽に抵抗できない者（赦されざる罪）、特に理性的な意志を働かせることができない者（死罪に値する罪）のことなのだ。食事ダイエット（régime）はその語源からして、理に適《かな》っているという言葉（rationalité）と内面的に結びついている。語源的に言ってダイエット（régime）は、理性（raison）という手段を用いて自分を制御する術のことなのだ（カロリーを示す〈ration〉という用語はそこから来ている）。太っている者は、安易さに屈しているのみではなく、精神の知性に反する罪でもっと有罪なのだ。歴史が急変して、各自が自己規制を打ちたててモラルの諸方針を建立しなければならないことになったが、その歴史の急変という持ち札に直面して、太っている者は、なにも理解しなかったのではないか、そのために前と同じように食べているのではないかと、疑われるのである。

だがもう一度言えば、過ちは、個人が純粋に理性で動くものだと思い込むことである。無食症に自分史的な軌跡がある〔Darmon, 2003〕のと同じく、肥満症にも自分史的な軌跡があって、社会的な決定要因としばしば生物学的な決定要因によって、一層耐え難いものとなっているのだ〔Waysfeld, 2003〕。ある者たちは、生まれながらに肥満であるか、あるいは、自律的な主観性を形成するより以前に、極めて急速に肥満になる。また多くの者たちが、彼らの意志をはるかに超える（脂肪貯蔵の生物学的素質、習慣のシステム総体、人間関係のコンテクストなどの）一連の力に捕えられる。食品の規制緩和という世界的なプロセスのことは、言わずもがなである。「肥満な者の肉体は彼から逃れる」〔Duret, Roussel, 2003, p. 67〕のである。肥満な者は、ある歴史の遺産の複雑なシステムに捕えられて、自身に対して外的な、疎遠なものになっている。そのシステムは努力をしてもどうすることもできないものなのだ。自分の肉体のその外在性に直面して、生活は苦しみの試練の場となる。そのフラストレーションの試練はしばしば無駄なものだ。なぜなら「食欲のコントロールは、手に入れられない理想を具現している」〔同前〕ものだからである。そしてもっと悪いことに、沈黙の視線が言うことを、肥満者が自分で内面化してしまった時には、自責の試練ともなる。「肥満者は、なによりも犠牲者であるのに、自分を罪ある者とみなしている」［Waysfeld, 2003, p. 55. 強調筆者］。

公然の非難は、食べる人がハンディキャップを併せ持っている時、頂点に達する。太っていると同時に貧しい者。私は、歴史の急変が破滅的な効果をもたらし、巻き込まれた人たちにとって容赦のないものである時、いったいなぜ貧しい階層の人たちがあまり防御されていないのかという、その理由について触れた。それに付け加えるに、自己評価を失ったことに対する解毒剤として食べ物を用いるということが起こる。空になって崩れてゆく実存をかかえて安心するために、満たされるために食べるのだ。（消化しにくい食品やアルコールやタバコといった）代償メカニズムが、なくなってしまった時にとりわけて明白になる［Cingolani, 2005］。しかしながら、こうした肥満を生む社会的な条件は、通りすがりの人たちの執拗な目からは無視されている。そして、自己コントロールのできないことや食べる分量を間違えることへの非難が、太った人が貧しいという事情が付け加わる時に、より一層強くなるのだ。痩せているという美が社会的な差別の根拠となっているが、我々の社会ほど、不公平な暴力の根拠が肉体に置かれたことはなかったのである。肉体に対して働きかける技術がますます洗練されて費用がかかるものになってきているということを付け加えるならば、生物学的に美しくなる余裕がある人たちと、生まれつきの不細工さが社会的身分を目立たせる人たちの間に、溝が深くなっていくということが理解されるのだ。美しくて痩せていることは、全員に与えられているというわけではない豪奢を表す。太っていることは、さらに一層評判を落とす恥ずべきことになるのである。

内面の空虚

二千年紀の末の過剰の世界で、食べる人が自分自身に委ねられていて自分の自由に陶然としながらも、体重増加に抵抗しきれないでいたということを歴史は忘れないであろう。また歴史は、その同じ時代に、個人がその他の多くの分野でも拡張し、自律的主体を構成する責任を引き受けていた［Kaufmann, 2004］ということも忘れないだろう。ここでも自由の陶酔を発見していたが、また同じプロセスの暗い面も発見されて、「無限の害悪」［Durkheim, 1912, 1994］や「自身であることの疲労」［Ehrenberg, 1998］、さらには、度を超えた認知の要求［Todorov, 2003］が見られた。というのも、可能性の枠が広がると同時に、自己を支えている確実性が崩壊しているからだ。自身の生に向けられた批判的な視線が、内面に亀裂を生じさせて行為のエネルギーを弱める危険がある。肉体と内的な生が弱体化しているという感覚が、その膨大な社会的ダイナミズムから生じてきているが、個々人は知らぬ間に、そのダイナミズムによって突き動かされてゆく。なんらかの仕方で活力を与え、生を満たさなければならない。何かを常習するということの原理はそういうことであり、それが現代人の実存の拠り所なのだ［Ehrenberg, 1998；Valleur,Matysiac, 2002］。よく知られているものでは麻薬とアルコールがあって、それらが、突き動かす働きによって個人を再構築する方法の典型的なものなのだ。個人は、生から逃避し、ある意味でもっと自分であると感じる。その他の常習のメカニズムは、それよりずっと穏やかなもので、内面の空虚を埋めようとただ単純に補充することで機能するものである。そのメカニズムが用いるのは、興味深いことに、一種のアナロジーによる変化なのだ。食べるということは、極めて具体的な欠如に対応することにある。だが、空虚という形式で感じられていて、お腹がへこんだ（小腹がすいた感じだ）という感じの欠如も、満たすことができるのだ。クレマンティーヌは、そもそもほとんど食べない人であるのに、そしてまた、空腹と満腹がそれほど差がない時に、家族でのごちそうに不思議な快楽を感じる。「満たされた感じなのよ」。今日実存の中核にある名づけようもない隙間は、いったいどうやって満たされるのだろうか。食べ物への条件反射は、他の対応ができない状態で発達した呪術的な誘惑なのだ。ああしかしそれは、救いようもなく挫折へと運命づけられている。「水を別のコップに注ぎかえるようなやり方で、（認知されているという）快楽が私を満たすことはありえない」［Todorov, 2003, p. 80］。幸福と愛の要求は際限がなく、単なる空腹のように満たされることはありえないからである。そしてまた、空腹だということの陰に隠れているとしても、本当の欠如はその空腹ではなかったからである。

「食物＝麻薬」［Waysfeld, 2003, p. 117］に訴えることはもっと深刻な強迫の前兆である。第一、実存を満たすことが強迫観念にまでなってしまう。ベルナール・ウエイスフェルトが書いているある患者は、大食症で肥満症だが、自分のことを「歩く胃袋」だと言っている［同前、p. 60］。彼女の生はすべて、もはや胃腸でしかないのだ。そして、アナロジー的な条件反射を極限にまで押しつめて、絶望的に内面の苦悩を飲み込もうとしている。「その叫びがそこにあるってことは分かっているの。それで、その口をふさいで黙らせるために、私はまた食べるのよね」［同前、p. 61］。社会的に死んでしまうまで。「私は、ベッドとソファーと冷蔵庫の間だけで、自給自足的に生きることができるわ。私だけの快楽のために、完璧な世界を作ったってわけね。もう外に出る必要がないわ。私は無力で、窒息して、無になっているのよ」［同前］。

大食症の軌跡は、前に触れた肥満症の軌跡と一つにはならない。内面の空虚は、現代社会の個人主義化によって拡大され、また実存に対する関係の中で食物が演じる役割が無規制になったということによって拡大されたものであるが、それを生きている彼らのドラマの由来は、その空虚さの中でさらに研究すべきものがある。またそこから、もう一つ別のパラドックスが生じる（そのパラドックスに関する食の問題は、確かに心がそそられるものだ）が、それは、大食症の危機が始まるのがしばしば、厳しいダイエットの最中、あるいはその後だということなのである。そのわけは、「ダイエットは、特に急速で大きな変化を狙ったものである場合、自らの中に、食品の操作に対する実存的な常習の次元を与えてしまう危険を持つものだ」［Valleur, Matysiac, 2002, p. 135］からである。

ダイエットと退行

食物のダイエットは、とりわけ他と切り離された技術として使用される時に［Waysfeld, 2003］、疑わしい逆効果をもたらす可能性がある。常習のメカニズムの鍵を開けてしまうし、食べる人を不安定にして、ダイエットから出る手がかりをもはや再構成することができなくしてしまう。彼は激しいヨーヨーの変化の中に引きずり込まれてしまうのだ。その理由は分かっている。一般的にいってダイエットは、限られた一定の期間を除いて、それだけでは食べる人の行動枠を打ちたてることができないのだ。人間の行動は純粋に理性的なものの上に立脚しているのではない。それゆえダイエットは、肥満症の流行に直面しては避けて通れない手段ではあるが、用心して取り扱うべきものである。我々の時代の深刻な食の問題に対して奇跡的な解決法は存在しない。が、ある種のことは相当に改善することができる。特に、食べる人間を孤立したアトムと考えないことが急務である（クロード・フィシュラーとジャン＝ピエール・プーランがすでに久しくそのことを言っている）。もっと言えば、理性的な存在としてのアトムと考えないことが急務だ。孤立したアトムという観念は、二世紀前から計り知れない災厄を産み出しており、それを改変することが急務となっているのだ。

食べる人は選択にあたって、取り囲まれ安定させられる必要がある。そもそも自由は時として彼を疲れさせ不安にさせるのだ。一九七〇年代ヨーロッパで見出され大喜びされたセルフサーヴィス［Poulain, 2002a］は、もはや本当の理想を表すものではない。「なんでも手の届くところに」は、精神的な地獄へと通じる恐れのある観点なのである。後退性で（ときおりは漠然と常習的でもある）行動が広がっているのは、まさにその地獄から逃れるためである。が、その行動は、大いに自分自身に安心感を与える、なにかフェティシズム的な食べ物を繰り返して、それに固定される行動なのだ。フライドポテトやコーラのように、生活が簡単になる。もしくはマイテのようにハムだろう。「家では、それは…ハムよね…ハムがたくさん…たくさんのハムなの」。食べる人は、その繰り返しによって、また、食べ物がいつでもあることで自分自身を反復することによって、時としてもっとひどい低下に身を委ねてしまう。それは、（甘さ、塩辛さ、辛さなどの）本能的な刺激の強さが、受動的で機械的な飲み込みにまでなってしまう咀嚼運動の安易さと結びついている、一次的な感覚にまで至る低下である［Badot, 2002］。あるいは、彼は、噛まないでもよい流動食や柔らかいもののみを好む、幼稚なタイプの行動に進まされてしまう［Corbeau, 2002］。第一、中国において（つまみ食いのような食べ方や砂糖の入った飲み物のような）食餌行動の変革が、現実に子供たちの間で起こっている［Boudan, 2004］。というのも、（中国にしろどこにしろ）子供たちは、食べる消費者の退行的で操縦不能な幼児化の動きが強まっていることの、具体例なのである。子供たちは大人以上にその動きを担っていて、全く無反省に商標や新しい食品と密接に繋がり、もっとはっきりとしたやり方でそれを公認しているのだ。子供たちにとって食道楽は、色とりどりの紙にくるまれた小さな甘いもののプレゼントほどの罪でもない。このようにしてイタリアでは、おやつを表す〈marenda〉という言葉が、指小接尾辞がついて〈marendina〉となると、ちゃんとした食事を意味するのみではなく、食事の代わりになる企業製品のことも意味するのだ［Diasio, 2002］。その食品を提供されると大人たちもなかなか抵抗できなくなる。子供たちに引きずられて子供時代のうっとりする世界に向かうばかりか、うしろめたい幼児性退行の意識にも向かうのである。

栄養政治学という一種の良心は、その科学の正確さを確信しているが、食の危機の重さと対照的であり、単なるダイエット以上の完璧な回復が見えにくくなっていることと対照的なものである。フレンチ・パラドックス*が証明されたことによって、食べる人をこれ以上孤独の個人と見なさない方がよいのではないか、そして、家族一緒の食事のそばで起こることを見に行く方が、おそらくは利益があるのではないかという事実に、注意が引きつけられた［Rozin et. al., 2003］。一緒に取る食事が唯一危機に対して、それ自体でまたどんな状況でも、解決策であるというのではない。手作り料理の愛情が危険なほどに皿の上の量を増やす可能性もある。しかし、明らかに食事は対応できる一要素なのであって、必要であれば最良の規則性が、食べる人たちが組み込まれているそのコンテクストからやってくることを証明するものでもある。

＊　「フランス的パラドックス」とは、肥満症の有病率の低さが、良い肉の伝統と制度として形成された食事の伝統とに起因している、ということから言われたことである。

この本の目的は、待ち構えている食の逸脱から地球を救おうということではない。一緒に取る食事の分析によって実際の回復法を引き出すことも行動に指針を与えることでもない。目的はただ「理解すること」なのだ。家庭での料理と食事に関して、世界で進行していることを理解することである（それは「個人の食の行動」に関して進行していることよりずっと知られている度合いが低い）。そのために私は、もう一度歴史を過去に遡ることから始めなければならない。そして、最初のものとは全く異なる、第二の歴史年代記を述べなければならないのだ。それは秩序立ってもいなければ分類されてもいないのである。だが、熱意と熱狂とそして血の中に身を投じて、通じる先は奇妙にも、最も普通で最も穏和な愛情ということになるだろう。波乱に富んだ食事史とは、次のようなものである。

第二の物語　食事：供犠からコミュニオンへ[†]

〔† コミュニオンはカトリックで聖体拝領の意味。社会学で用いられて集団的感情融合の状態を表現する〕

消費する個人というモデルは否応なくその支配力を強めていく。といってもそれは、行動を構成する唯一のものというわけではないのだ。それとは逆の一つの傾向があって、それは、個人の上にではなくグループの上で展開しており、また、理性的なものの上にではなく、むしろ感覚的なもの、人間にとって本質なものの上で展開しているものである。そして、食べる人はそれによって、全く異なる基準に従って行為をするように仕向けられるのである。消費する個人のあり方が支配的になってきてはいるが、この逆の傾向も全然消滅する運命にはない。それを研究することは不可欠であり、急務ですらあると私には思われるのであって、料理と食事をテーマとするこの本が、主としてその研究に捧げられるのはこうした理由からなのだ。

食事に関する歴史は食べ物をめぐる行動の歴史とは極めて異なっており、この二つを混同することは有害である。この二つを区別することによって、今日の我々の食べる方法が、時折は正反対である二つの理法の要因から出てきた様子を、正確に理解することができるのだ。二つの事実の論理的な繋がり方も似てはいない。私が最初に書いた歴史は、栄養上の良いものと悪いものを詳細にわたって定義し分類するために、宗教から科学へとほとんど一直線上に進展する歴史であった。第二の歴史は、これとは反対に、絶えずバウンドする道へ我々を連れて行くような歴史である。特に、食べる者たちが自分が組み込まれている社会形態に対して与えようと試みる、意味に関わる歴史である。あたかも社会は、食事ということの機能を正確に打ち立てたことが一度もなかった、ことに安定させたことが一度もなかった、というが如きである。

煮たものを通じての近親関係

一般に、食事に関する歴史は無視されている。もしそうでなければ、食べ物行動に関する直線的な歴史といっしょくたにされている。まさに不充分にしか知られていないからである。が、また、他にも理由がある。食事のある部分は、そこには本当の歴史はないと考えさせるものだからだ。それが果たす機能が極めて単純なものであるため、次第に改善されたという意味以外では、なんら時代と共に変化しなかったと考えさせるものだからである。最初に浮かぶイメージは、火と同じくらいに昔のもので、熾火の上で獲物を焼いて共に食べるために集まった、原始的な集団化のイメージである。火が、調理し灯をともし温めるものとして、極めて長い世紀のあいだ家の中心であり、またシンボルでもあった。次いで、第二のイメージが来る。それは質素な田舎の環境での普通の食事を示すが、そこでは家族が、いくつかの鉢の中のものを空にするために集まっている。そして最後のイメージは、もっと良く準備されもっと洗練された料理が乗った食卓で、ブルジョワ家族のものであるが、二〇世紀になると労働者たちのものともなった。これらのイメージは、それ自体は間違いではない。よく実際に対応しているものだ。特にスープは、田舎の歴史では驚くほど一貫して存在してきた［Thouvenot, 1997］。スープは二つの側面を持っている。単に焼かれただけの肉よりは念入りに作られ家族の組成をあらかじめ想定したものであるため、それが「狩の肉と羊の群れの乳という子供じみた野蛮性から、人間を引き出し文明化した」[Rowley, 1997, p. 14] のである。またスープは、（パンや、その他の煮たものと一緒になって）空腹に耐える主な料理であって、貧しい家や欠乏の時期には薄くなっても、基本的な「食事」を構成する中心のものである [Shorter, 1984；Lambert, 1998]。

しかしながら、これから我々の関心の中心になるであろう、食事に関する大きく波乱に富んだ歴史は、もうひとつ別の道も辿った。普通の食べ物よりも、神々との対話や祝祭の形で書かれており、大多数のわらぶき屋根の家よりは、金持ち階級の突飛さによって影響を受けている。それが根を張っているのが一部の偏った部分であるという性格はあるが、それでも、我々が今日知っているような食事の輪郭を描くのは、その歴史なのだ。もっとも物語は、平凡なスープの歴史に似たなにかでもって始まる。いかなる社会でもはるか昔から、同じ食事を分け合うということが、友情と平和を固め、社会的繋がりを作り上げることを可能にした。人類学者でも特にウイリアム・ロバートソン・スミスは、そこから仮説を引き出して、最初の人間関係の形態は食物の共有というところから練り上げられたものであろう、とした。アフリカのバ・イラ人たちのところで言うところの「ア　クランシップ　オブ　ポリッジ」すなわち「煮たものを通じての近親関係」である [Richards, 2003]。初期の社会で「共に食べる行為が近親関係の重要性を得させた」[Makarius, Lévi-Makarius, 1974] ということはありそうなことである。近親関係という肝要な形態は空から降ってきたというのではなく、食事を分かち合うということから生じる家族性の思想によって具体的にされたものなのだ。

もちろん否定されようもないが、近親関係はセックスとも見るべき関係をもっている。交尾が無ければ子孫もありえない。この第二の歴史の大騒ぎが見え出すのは、まさにこの点からなのだ。書き出しにおいて私は、その緻密な適切さにもかかわらず今日無視されている、ラウル・マカリウスとローラ・レヴィ＝マカリウスによる一冊の本、『外婚制とトーテミズムの起源』〔Makarius, Lévi-Makarius, 1974〕に、大幅に依拠するであろう。

食の近親相姦

人間社会の起源において、近親相姦の禁止をめぐって構成された親戚関係のシステムが見られる。近親の親との結婚は起きてはならなかったのだ。調査の結果人類学的な文献が書かれ、異なる諸文化における両性の結合の諸規則を総合する一覧表が作られたが、その規則はほとんど数学的な厳密さで図式化されたものである。しかし、毎日の現実はしばしばもっとおぼつかないものである。とりわけ人々は、「煮たものを通じて」家族を構成するという反復的で目立たない作業から、解決不能な矛盾が生じてくることに直面した。交尾の近親相姦と全く同じくらい受け容れられないタブー、すなわち食事を分かち合うことによる近親相姦である。つまり関心事は二重であった。「結婚を防ぐ目的で近親の者たちを分けること」〔Makarius, Lévi-Makarius, 1974, p. 68, 以下同〕と、「性的に結びつく者たちが同じ食べ物を共有しないように、食品を分配すること」である。最初の関心事は理論的で抽象的なもので、「受動的で消極的で、生気の無い意味のもの」〔同前、p. 77, 以下同〕の上に成り立っているが、安定しており、長期にわたって存在する。反対に第二の関心事は、最初極めて「能動的、積極的、ダイナミック」なものであって、「倦まずたゆまず、信じ難い力と細心の注意でもって」働き、毎日繰り返されるものなのである。

両原理はほとんど矛盾したものであって、行動を構成する企ては信じられないほど複雑になっていった。マカリウスとレヴィ＝マカリウスの詳細な記述によれば、地球上の様々な人々によって想像された多くの理論は、しばしば驚くべきものであった。一般的には分離的原理の考えを中心としていて、近親相姦的な「食のコミュニオン」が形成されることを避けるのが、目的であった〔同前、p. 69〕。最も単純なものは、男性と女性を厳然と区分けして、各性が、分けられた領域で独立したやり方で食べ物の必要を満たすようにしようとするものであった。その企ては、時折（我々に残されたアマゾン伝説のように）素描の状態に留まるものであった。というのも、その厳格な区分けと生殖のための結合を結びつけるのは、極めて難しいことだったからである。場所を区分けすることは、それ自体では問題の解決にならなかった。領地を分ける考えは維持できないものだったのである。唯一残されていたのは、食事を取るために対照的な姿勢をとるということのみであった（今日でもまだいくつかの社会では、女性が少し離れて食事を取る）。可能性のある解決法がやってきたのは、ただ、食品を分類するという考えからであった。違った場所で食べることができないのであるから、同じ物は食べないというのがそれである。ウィネバゴ〔北米の先住民部族〕はすでにその方向に進んでおり、鳥を食べる「上の者たち」と、水棲動物や地上の生き物を食べる「下の者たち」の二つに、村を区分けしている。二つの宇宙論と二つの食品形態が、同じ一つの村にあるのだ。だが、食品を分類区分けすることに焦点をあてる魅惑的な組織性は、これもまた失敗する。それを真に持続的な成果にすることは不可能であった。それは機能性に反し経済性にも反するものであることを顕わにしたのである。公認の理論に関する少々の修正が数を増やしたが、それによって組織的な原理が刈り取られてしまったのである。そして徐々に、唯一、性的な外婚制に道が開かれて、それが親戚関係を形成することとなったのである。

恐怖と呪術

その進展が可能となったのは、トーテミズムの象徴化という知的な妙策が発見されたことによった。

そのお陰で、ある食物がより広いカテゴリーにランクされて、「禁止される食物を与えるタブーを自身の中に吸収してしまう」[Makarius, Lévi-Makarius, 1974, p. 177]。そして、タブーに違反することなくそれらを食べるという、具体的な可能性を開いたのだ。その妙策が登場した理由はただ、外婚制に関する二つの原理の矛盾した複雑さによって、創意に富む想像力が大がかりに開始されたことによったのだ。人間の知性と文化が生まれたのはおそらく、解決不能な社会的矛盾が存在したことによった [Kaufmann, 2001]。人間は反省することを余儀なくされたのである。もっとも人間が反省したのは、冷たい理性の働きとは全く無縁のやり方によってであった。食物の禁止を象徴化するという発見は、熱狂と恐怖の中での飛躍によってもたらされたのである。*タブーが取って代わられて、もっと数の少ない食品にまで縮小されるには、そのタブーを犯す夢想家たちが必要であった。さらには、タブーそのものの一部を敢えて食べてみる者たちも必要であった。〔インドの〕稲作民族のオラーオン人たちは穀物の煮たものをトーテムにしていて、表面に出来上がるアクを捨てて残りを無害なものと見なして食べる。

＊　我々の情動の奥底で、食事に関する現代の恐怖が遥かな過去へと回帰する。しかしそれは、タブーを摂取する心配から引き起こされた真の恐怖と比べれば、比較的弱いものに留まっている。食物摂取の行為がしばしば、手によって、もっと進めば布切れによって人目に触れないように隠されたということは、その恐怖から説明されるものだ。口は、我々がセックスを隠すように、隠されなければならなかった。そもそもそれがヴェールの起源なのであって、その着用が、意味が変化して東洋に広まったのである。最初の変化は、父系制社会の枠の中で女性に限定されたことである。「父系制と共に女性は、男性の財産に所属するのみの物件となり、誰もそれに視線を向けてはならないことになった。その占有的な権利を象徴するものが、すぐに見つけられた。それがヴェールである。以後女性はヴェールをすることになったが、その理由はなんら、食事上の外婚制と共通関係のないものであった」[Makarius, Lévi-Makarius, 1974, p. 164]。その後我々の社会で新たな変化が起こった。それは宗教的な方向への変化であって、口を隠すというよりは、特に髪が選ばれて隠されることとなったのである。

呪術的な考えが生まれるのは、タブーを犯す行為のその熱狂からである。それは、多くの人にとって、食事行為の核心部分に生まれる。マイケル・サイモンズが、文明の起源のところに料理があると言ったのは正しい〔Symons, 2004〕。タブーを犯す者たちは、自分の中にある能力を、自分を突き動かしてゆくある奇妙な力、すなわちマナを感じたのだ。外からやって来ると同時に自分の最深部からやって来るこの思想は、夢と錯覚に煽動されたもので、「自分を取り囲んでいる世界を、自身の経験との関連で、また自身のイメージに合わせて『主体化する』」〔Makarius, Lévi-Makarius, 1974, p. 230〕。その創意に富む主体性が自己表現できるのは、それが自らを純粋の主観性とは考えていないからである。それは、とりわけ食物の象徴化を正当化するような、解釈の全世界を創造することになる。そして、食事の共有による近親相姦の危険を、行動の中で清算することになる。

危険を伴わずに一緒に食べることが、ついに可能になるのだろうか。そして、平和裏に歴史を通ってきたエピナル版画の〔ようにありきたりの〕食事のイメージと、調和することになるのだろうか。新たな、血なまぐさい騒動が、まもなく始まろうとしていた。

神々との小さな取り引き

次の出来事にはなんら逸話的なものはない。それは、呪術から聖なるものへの大きな変化のことである。呪術とは「個人によって行われた、個別の、神秘的で人目を忍ぶものであって、分散的で断片的で、つまり恣意的で任意性のものである」〔Hubert, Mauss, 1904, p. 88〕。その特徴は、両義性と危険性と、そして効率性にある〔Lévi-Makarius, 1974〕。マナは、定義できないものであるとしても、手に入れられる極めて具体的な結果との関連で論じられる。呪術師は手を汚すことを恐れないし、限界を弄んで意味を裏返す技に熟達している。たとえば、血はしばしば最も大きな危険と見られるものであるが、呪術師はそれを用いる。宗教は、それとは反対で、制度化のプロセスの形をとって諸カテゴリーを明確にし固定し、浄と不浄、「善」と「悪」を区別して、徐々に出現するものである。*聖なる者は、創造的な主観性から離れて、超越的な仕方で社会の上にそそり立つ。「彼は、始めも終わりも持たないものと見られ、創造されることなく存在して、息でもって神々を活気づけて、その神々にならい、不変で永遠の者と見られることだろう」[同前、p. 128]。

* 料理と食事を手がかりとしてもう一度人間性の歴史を振り返るこの機会に、私は、『自我』[Kaufmann, 2001] の中で展開したが、それ以後間違いだと思われるようになった一つのポイントを、修正することとしたい。その本の中で私は、社会が誕生したのは、社会的事実を構成した亀裂である宗教が誕生して、外側から個人に押しつけられたことによった、と説明した。私は、その立場は保持する。が、それに先立つ長い段階があったのであり、宗教の登場は徐々に起こって、その亀裂の条件を整えたのだ、ということを無視していた。その点で、私は間違っていたのである。マカリウスとレヴィ＝マカリウスが、その点を充分に記述した。

宗教の第一段階では、神々との取り引きはまだ、諸霊との呪術的なやっつけ仕事に近い。神々は、錯綜状態の上部にはなく、少々不思議なパートナーの類のものとして、様々な利益を得たいという希望を可能にする。とりわけ食物に関することで、そうである。血のしたたる犠牲が行われるずっと以前には、呪術の取り引き材料として、食べ物の供物の原理がかなり一般的だったように思われる。初期の諸宗教は、犠牲が登場した後でさえも、相変わらず「大幅に平凡で物質的なものであった。人間が犠牲にしたものにピッタリの恩恵を、神々から得ることが目的だったのである」[Caillé, 1995, p. 278]。タブーの象徴化が食物の多様性を広げさせるものであったのに対し、供物と犠牲は豊富さを得ようとしたのである。

諸宗教の制度化と共に大きな変化が起こることになるが、それによって供犠の食事という持ち札が根本的に変わることになる。アラン・カイエが強調するところでは、その時真正の転換が起こって、交換の水平性から社会的ヒエラルキーを備えた垂直性へと移行した[同前]。最も多く血を流す犠牲は、社会の最初のところにあったのではなく、後で、目が天の方向へと向き直った時に、登場した。登場したのは、目が天の方向に向き直ったことが理由であった。

供犠と饗宴

呪術、宗教および供犠は、食事の歴史に触れて興味深いものであるので、ここまでの数ページの記述が必要であった。供犠の儀礼は、神々との共感を得させるということの他に、一緒に食物と食事が分かち合われる場でもあった。エミール・デュルケムがロバートソン・スミスを引用してはっきりと強調しているように、「まずなによりも、それは食事なのであって、その素材は食べ物なのだ。さらにそれは、神々に食事を供して、信者たちも同時に参加する食事である。〔中略〕それはなによりもまず、食物によるコミュニオン行為だった」〔Durkheim, 1994, p. 481〕。ロベルト・モッタはブラジルの「カンドンブレ〔アフリカ系宗教の一つ〕」を分析して、その供犠の儀礼はほとんど通俗的な食の特性をもつと強調している。犠牲はただ「祈りに良い」〔Motta, 1998〕だけではなく、「食べるに良い」〔同前〕ものでもあるのだ。

その行為は、「僧侶＝屠殺《とさつ》者」〔同前〕である人物を中心にして、極めて厳密に規定されている。ギリシャ人では、宗教の領分と屠殺の領分の区別が無い。普通人は、供犠の機会に、しかも供犠の規則に従って肉を食べることができるのみなのだ。「ホメロスから古典期の末に至るまで、二つの領分を再生する語彙は同じものである。屠殺の獣をうち殺すという考えを表すのに、言語はただ神々に犠牲をする、生け贄として捧げるという以外の動詞をもっていない」〔Detienne, Vernant, 1979, p. 44〕。他の多くの社会と同様、「屠殺、料理の、宗教的」などの言葉が、供犠のなかで交じり合っている〔Durand, 1979, p. 44〕。しかし、宗教の垂直化とともに、（ギリシャではすでに見られたが）屠殺の仕事の、厳密な意味で神聖な性格と、加熱調理作業のもう少し人間的な性格との間に、かすかな区別ができ始めた。祝祭の出来具合がその肩にかかっていて、実際上の仕事を引き受ける料理人たちが、屠殺者と比べると少しばかり僧侶的でなくなってくる。実際この者が、重大な殺害を実行するばかりではなく、またさらに、そしてとりわけ、極めて計算された術でそれを区分けして、いろいろな部分を各自に分配するのである。

　ある部分は神々に、またある部分を人間たちに、という風に。またしばしば、多くの微妙な区分けが細かく行われる。たとえば、血にまみれた内臓と普通の肉、というように。「内臓は、供犠の最初の段階で串刺しで焼かれ、その供犠に完全に参加している狭い枠の人たちによって、祭壇近くで食される。だが、肉の塊は鍋で煮られて、もっと大人数の饗宴に向けられるか、しばしばもっと離れたところに向けられる」［Detienne, Vernant, 1979, p. 20］。神々は実際に肉を食べると考えられていて、時折は、椅子の上に置かれた像の形で食卓につく［Witherington, 2003］。だから共同の食事は、神聖な囲いの中で催されるのである。だがここでもまた、多くの文化で、数多くの小さなアレンジが現れるのだ。一部分が普通の食物として自分の家に持ち帰られるが、これは僧侶も例外ではないのだ［Hubert, Mauss, 1929］。さらに、一番おいしいところをなくさない目的からも、様々な象徴的妙策が登場する。「どっしりとした脂身が付いている肉や内臓の、食べられる部分はすべてそれぞれ人間たちに戻ってくる。そして神々には、火で焼き尽されて、少しばかりは脂身と芳香があるものの、何も付いていない骨があてられる」［Detienne, Vernant, 1979, p. 37］。しばしば、はるかに一層象徴的になると、神々は天に居るものだからというので、もはや肉を焼く煙のみが与えられることになる。

人は神々と飲み騒ぐことができるか

供犠の食事は、仰々しい儀式とは反対のものであった。実際、供犠を行う諸宗教は、神学のロゴスによって表現される以前は、熱狂やダンスそしてトランスなどの肉体的な高揚によって表現されるものであった［Motta, 1998］。この肉体の興奮によって姿を現したのは神々以外の何者でもなかった。ギリシャの饗宴も我々に悲しみや抑制のイメージを与えない。しかも、神々は実際に食事に参加していると考えられていたのだ。ヒンズー教の神々もそうであって、「人間と一緒の饗宴を楽しんでいる。会食を共にする者たちの喜びは、同じ食卓の快楽を共有する」［Gardaz, 1998］。

同じ快楽とは何か。問題は快楽なのか、それとも宗教的熱情なのか。神聖なる肉体的高揚と、ダンスの通俗的快楽とをどうやれば区別できるのか。僧侶＝屠殺者としての特権を持ち、最高においしい肉片を味わうとき人が感じるものを、いったいどうやって体系化できるのだろうか。神聖なる肉片なのか、それとも神聖なほどに（ものすごく）おいしいのか。当時の社会はその違いを把握することはできなかった。だが我々は、過去を顧みることによって、当時快楽の破壊によって供犠の食事が、新たに、宴会的で感覚的で楽しい方向に進んでいった様子を正確に確認することができるのだ。ローマのサトゥルヌス祭［Guittard, 2003］から中国に至るまで、地球上のあらゆる場所において、一種の饗宴文明が生まれようとしていた。プラトンは、その知的文学的な創造性［Pellizer, 2003］をもって、『饗宴』の中でそれを証言している。七万人の会食者が一〇日間集うという、アッシリアの都カラの饗宴のように、途方もない行事が行われることとなった［Boudan, 2004］。その際、千個を下らない数の革袋のワインが消費された。ワインといえば、別の問題がある。

それは至る所で、神の精髄として登場する。第一にはそれが、隠喩的に、すべての供犠で中心になっている血と同一視されるということがある。三千年以上前の古代イランでは、神々の食事は犠牲の動物の血であると考えられていたが、血は動物の霊を含むものとされて、地面に掘られた穴に注ぎ込まれたのである。参加者たちは、神々と共感するために同じ液体をすすった。充分なだけの量を手に入れることができなかったので、ワインが代替品として出現し、受け容れられたのである。その後はるかに時代が下って一一世紀になっても、ワインを注ぐ「バズム」の儀礼饗宴が生き続けていた。「当時ワインが、ゾロアスター教の宗教伝統と明確に結びついていた儀礼の中で、犠牲の血の代わりとして定められていたのは明らかである」［同前、p. 143］。

ワインは二重に神聖である。というのは、ワインはただ血の代替品であるのみではなく、また、特異な効果ももたらすからである。エジプトのラー神の娘ハトホルは、血に飢えてライオンに変身し、殺戮を行った。これにはラー自身恐怖をおぼえた。そこで彼は流れた血にワインを混ぜ合わせたのである。ハトホルはこれを飲んで眠り込み、目覚めると穏やかになっていた［Nourrisson, 1998］。しかしワインの最大の効用は、神々との共感を容易にして高揚を作り出すところにある。酩酊が非難さるべきものとなるのはずっと後世のことである。この時点では、酩酊はむしろ反対にもっと上のものであって、神聖なる興奮を表していた。たとえば、メキシコやロードス島などで、犠牲にする前に動物を酔わせるのはこのことから来ている。「この酩酊は憑依の徴であった。神聖な霊がすでに動物に侵入したのだ」［Hubert, Mauss, 1929, p. 29］。この聖なる共感を引き起こすためには、他のアルコールの入った飲み物も充分目的にかなった。アニミズムや多神教、仏教の世界で、ビール、酒、プルケ酒〔メキシコの醸造酒〕、ヤシ酒も同じく聖なる乗り物であった［Pitte, 2004］。しばしばアルコールと関連づけられる麻薬も同様であった。「すべての宗教が、歴史の古い一時期に、俗の世界と聖なる世界の関係を、人間と上の威力の関係を可能にするために精神操作的な物質を」［Valleur, Matysiak, 2002, p. 160］使用した。呪術師やシャーマンはこのことで、神聖な世界への「トリップを可能にする聖なる植物に関する、広範な知識を保持していた」［同前］。アルコールや幻覚誘発性の植物が、自身からの脱却という、語源の意味でのエクスターシスへと駆り立てたのだ。それが周縁的な行動であったというのでは全然ない。むしろそれは、聖なるものに到達するために必要な方法だったのである〔Furst, 1974〕。

ワインは他のアルコール同様、神聖なコミュニオンの中核を成し、長期にわたって精神の中に深く形跡を留めることになる。ラブレーが自分のビンの特性を形容するのに「神聖な」という言葉を用いるのは偶然ではないのだ。食卓の快楽の達人、あのラブレーである。食卓の快楽は確かに酩酊からやってくる。だが、問題はまさにそこにあるのだ。快楽は、非難される程度にまで推し進めることはできないのではなかろうか。とりわけ酩酊が明らかに個人的な振る舞いである時には〔Fehr, 2003〕。ソクラテスも『饗宴』の最後の部分で、酔った一団が哲学論争を邪魔した時に、ほぼそのように考えている。しかしとりわけ、神々が親しみ深いものではなくなってきた宗教の垂直化の時代にまだ、祝宴参加者たちに敬虔さがあると想像することは、可能だろうか。「地球規模の飲み物である」〔Roche, 1997, p. 255〕ワインは、「救済の道ではあるが、それが酩酊と酩酊がもたらすものの罪の道」〔同前、p.254〕の徴でもあって、次第に曖昧なものであることが明らかとなってゆく。その二面性は、キリスト教によって明白にされ、二つの異なったやり方に分けられて受容されることとなった。

非宗教的な食事へ？

同じ行き過ぎを断罪する点においてイスラム教はもっと過激であって、中東からグルジアを通ってアフガニスタンに至る地域では、ワインを醸造する多くの地域も含めて、アルコールを禁止している。それに対する抵抗には頑固なものがあり、カリフの宮殿も例外ではなかった。「しかしながら、禁欲的な生活のモデルは広がり、ワインの消費と酩酊の禁止が進んだ。イスラム化された東洋に、もっと慎ましい社交を教える別の饗宴の観念が姿を現し、食事は即座に済ませてその後で甘いものをつまみながら、友人たちと共にあるいは有力者と共にいる名誉の中で会話を交わすという単純な快楽が求められた」[Boudan, 2004, p. 162-163]。

キリスト教の場合は、行き過ぎた酩酊を心配したのみではなかった。食事の神聖さというもう一つの考えが胸をえぐった。あの「血のしたたる肉をむさぼるおぞましい行為」[Detienne, Vernant, 1979, p. 31]である供犠の儀礼に見られるような、地上的な食べ物によって、果たして信仰は生きることができるのであろうか。そういうふうに、信仰は最も平板なお腹の快楽と交じり合うことができるだろうか。天の垂直化は、食の行為を婉曲化した昇華を要求しているのではないのか。象徴化の道は、供犠の儀礼が行われていた初期の頃からすでに開かれていた。とりわけそれを開いたのは、タブーを犯した者たちであって、彼らが受け容れられる食べ物の範囲を広げたのであった。供犠の饗宴の全歴史を貫いて、神々との取り引きや小さなアレンジに満ちた象徴化の動きが徐々に進行した。ジョルジュ・グスドルフはプルタルコスが報告したものとして、それに関する風変わりな例を挙げている [Gusdorf, 1948, p. 101]。敬虔なるヌマ王は、人間の犠牲なしにジュピターから雷の償いを得ようと試みる。「ジュピターは頭数を要求した。


玉ねぎの頭をと、ヌマ王は即座に応える。

否、人間の頭だと、神は強調する。

それに髪を付け加えましょうぞと、王は和解を願う。

否、生きているものをと、神は明示する。

それならそれに小さな魚も加えましょうと、ヌマが締めくくった。

恐るべき天の王国は鎮まり、受け容れて、以後雷の償いはあまり金をかけずに手に入れられるようになったのである」[Caillé, 1995, p. 279]。

しかしながらキリスト教は、小さなアレンジでは満足せず、儀礼の場と食事の場をはっきりと断絶し、儀礼の瞬間と食事の瞬間を、地上の食べ物と精神的な食べ物を、断絶させようとした。「食物は、わたしたちを神に導くものではない」〔コリント書、八—八〕と聖パウロは宣言した。「さて、偶像への供え物を食べることについては、わたしたちは、偶像なるものは実際は世に存在しないこと、また、唯一の神のほかには神がないことを、知っている」〔同前、八—四〕。ユダヤの律法に反するものとして、また、栄養の多様さを真に宣伝するものとして、彼の結論は明確である。「すべて市場で売られている物は、いちいち両親に問うことをしないで、食べるがよい。〔中略〕もしあなたがたが、不信者のだれかに招かれて、そこに行こうと思う場合、自分の前に出されるものはなんでも、いちいち良心に問うことをしないで、食べるがよい」〔同前、一〇—二五〜二七〕。食の行動に関するこの世俗化の反対の項目として、象徴的な儀礼に関しては変化が起き、聖化されたパンとワインによってキリストの肉と血の代わりをする、「聖餐式」が登場する。「西洋においては、この象徴的な置き換えによって肉と血の消費が宗教的禁忌を離れ、普通のものとなった。断食の義務と並んで登場したのは、料理の一種の世俗化であった」[Boudan, 2004, p. 348]。

しかしそれはあくまで、一種の世俗化であった。なぜならば、断絶は事実上、完璧に達成されるものではないからである。聖餐式自体、婉曲的な意味合いでさらに長い間手を施された。宗教改革では赤ワインが捨てられて白ワインとなり、パン種の入ったパンがホスチアとなったが、それは「口の中で溶けるがままにされ、噛まずに飲み込まれるものである。咀嚼することは、それを人間的な食品にまで貶めて、神聖さを汚すことなのである」[Poulain, 2002a, p. 217]。しかし、今では理論的には世俗のものである食事に関して本質的な問題が生じた。何世紀も続いた共食の祈りを、このようなやり方で消し去るということができないのだ。そもそもこの具体的な困難に直面したのは、宗教者たちが最後ではなかった。たとえば、教会内陣の聖務を義務づけられて瞑想する修道女たちが、ほとんど、この生物的な義務が消えてくれればよいと願った。「もし読誦がなければ、食事の時間は無駄なものです」と、ジャンヌ・アンドロエールに質問されたシスター・ドミニクが言っている〔Andlauer, 1997, p. 46〕。しかし、断食ということも含めて食の儀礼は、並外れて細かいやり方で宗教性を際立たせて隠喩的なものにしている。食堂が「第二の礼拝堂のように」〔同前、p. 39〕なっているほどだ。男子で修道院生活をしている信徒団の中には、通俗のイコノグラフィーが証言するように、地上の食事をそれほど婉曲的なものにはしておらず、快楽の微妙な問題に抵触するものがある。というのも、特に宗教者にとって食行動の世俗化は、はっきりと放恣を意味するものではなかったからである。

死すべき者たちの共同体においても、外観からして食事の完全な世俗化は明瞭ではない。全くもって驚きに満ちているこの食事の歴史の中で、また新たなリバウンドが起こったことによるのだ。キリスト教は聖餐式を、極めて大幅に象徴的なものへ移行させるのであって、それによって食の行動が解放され世俗化されることとなったのである。しかしそれは奇妙な逆行である。「聖餐式」を象徴的なものに移行すると発表することは、ある一つの機会の食事、すなわち「最後の晩餐」に対して行われている。しかし今後そのイメージは、聖餐式の神聖さを描いているものとして決定的なものとなり、根拠を与えるものにすらなっていくのだ。一つの食事のイメージが、である。そうであるから、キリスト教徒たちにとって、このイメージと切り離された形で、食卓につきパンとワインを分かち合うなどということができたものだろうか。いや反対である。儀礼が普通の食事に枠組を与えたのである。食べ物に加護を祈り、切る前にパンに十字を切る、等々。共に食べることは（正確になぜかはわからないが）なにか神聖なことなのだ。

テーブルに関する小話（その1）

過去の神聖さは、今日でもなお我々の普通の日常の中の極めて細部に、極めて多くのものの中に隠されている。たとえば食卓だ。物質的にこれ以上はっきりしていて、単に機能的であるものは他にないように思われる。地球上の他の地域ではもっと地面に近いところで食べているという事実について、自分に問いかけてみるということもほとんどない。地面に近いところとは、絨毯の上だったり、クッションの上や低い小さな椅子の上だったり、ということだ。とりわけユダヤ＝キリスト教の西洋において、どうしてこういう高い（そして硬直した）体の位置を取るのだろうか。ある種の礼拝で行われた、もう一つ別の象徴化への変化の結果なのである。

最初テーブルは、犠牲を捧げるための祭壇以外のものではなかった。諸霊とか神々とかは天上の世界に住んでいるのだから、捧げ物はその方向に持ち上げられなければならなかった。ほとんどの儀礼が、この食物を持ち上げた形跡を保持している。たとえば、メキシコの先住民ナワは、死者の祭礼においてテーブルを取り出して飾り、それを祭壇に仕立てる。死者たちと考えられているものが（単なる料理の煙と果物の芳香で）食事をして通り過ぎた後、生きている者たちが料理を取り、そのテーブル＝祭壇の周りで、立ったりしゃがみこんだりして食べる［Chamoux, 1997］。宗教の垂直化によって、すでに充分始まっていたその持ち上げが単に強められたのである。すなわち、祭礼の祭壇が天の方へともっと持ち上げられた。食事のテーブルへと転換することは、聖餐式のようなタイプの移行に進まないユダヤ教で特に強く見られる。我々の時代でもまだそれは、特に祭りの食事において、まさに「真っ直ぐに立てられたテーブルの崇拝」*として残っている。その上では食べ物の選択と配置が昔の記憶を残し、宗教を語るのだ。真っ直ぐに立てられたテーブルとは、その言葉のすべての意味において〔その言葉の盛りつけられているという意味等も含めて〕言われるのだ。

以後、普通のテーブルが高くされたかどうかは、キリスト教世界ではそれほどはっきりしない。ギリシャ＝ラテン文化がその親しい神々と関わった様子は、ほとんど足跡が分からなくなっていた。饗宴のテーブルは低いもので、参会者たちの脇に置かれていた（参会者たちは半分横たわった姿勢であった）。テーブルが食事の中心を成していたのではなかったのだ。そもそもギリシャ人たちのところでは、テーブルはしばしば饗宴の最中には取り除かれた。祝賀行事を潤したのは、まさにシュムポシオン〔原義は供宴しながら音楽、余興、談論を楽しむこと。饗宴。ちなみに今日のシンポジュームの語源〕だったのである。逆説的だが、坐った姿勢は女性や奴隷のものであった〔Schmitt, 1990〕。それゆえ、テーブルの持ち上げが行われた様子は、はっきりとしない。高さが高くなったのは確かだが、足の上に台をしっかりと据えたものではなかったし、定まった椅子がその周りを取り囲んでいたのでもなかった。饗宴のためのテーブルが、架台の上に簡単な板を置いて単に布を上に掛けるというように、大急ぎで立てられたものでなくなるには、一八世紀を待たなければならないだろう。その時代にキリスト教文明は力強く高いテーブルに再投資を始め、テーブルに新たな意味を（というよりは、継続的な意味の連鎖を）与えた。そしてそれが世界中で、共食行為に深く影響を及ぼすことになるのである。いや、食事以外でもテーブルを押しつけることになったのだ。だがそのことは、歴史における小話の第二のエピソードとして、もっと後の方で見ることにしよう。

＊　ジョエル・バールール（Joëlle Bahloul）の、美しくまたピッタリでもある本〔Bahloul, 1983〕のタイトルをそのまま用いた。

方向性を失った食事

今のところは、日常の食事の世俗化という問題に戻ろう。すると食事に関する騒ぎは終わったということなのか。食事の歴史は再開し、ついに簡単なスープの周りに家族が集まる、あのエピナル版画のイメージにピッタリしたものになったのだろうか。饗宴は、騒々しくはあるが無視できる前現象に過ぎなかったのだろうか。そもそも古代において饗宴に関わったのは少数者にすぎなかった。ギリシャの田舎の普通の食事を要約すれば、むしろ、いくつかの玉ねぎとオリーブ、ヤギのチーズ少々、大麦を煮たものであった。ローマの庶民はといえば、行商人たちからわずかばかりのヒヨコマメ、そして稀にソーセージを買い求めた。実際すべてのことは、あたかも食事の歴史が二つの異なった糸を引きながら織り上げられたかのように、経過したのであった。一つの糸は、基礎的で大衆的なものであり、パンとチーズの切れ端を争って手で食べた、スープの叙事詩であって、それが我慢強く今日の家庭の食事を築いたのである。またもう一つの糸は、カラフルで風変わりで豪華なものであって、いくつもの矛盾した定義を含んだ素晴らしいファランドール風の踊りの〔ように行列をなして次から次と出てくる光景の〕中に、食事を引っ張っていったのである。もちろん我々の現在は、それぞれに重要性をもっている、この平行して進んだ二つの歴史の混合なのだ。一つの歴史は下方から丹念に行動の枠組をこしらえ上げ、もう一つの歴史は上方から行為の土台となる意味を与えた。しかしながら食事の歴史は、社会的な意味を継続して安定させることが一度もできなかったという特徴をもつ。その定義に貢献するものがすべて、決定的に重要なものである理由がそこにある。饗宴の常軌を逸した様は我々にスープ以上のものを教える。

供犠の食事が我々に示すものは、神聖で集団的なコミュニオンにおいてその意味が強烈な熱情をもって現実に規定される、稀な例の一つである。にもかかわらず、快楽の転覆が意味のあるこの統一性を内部から変革し、やがて、キリスト教の普及によってそれにとどめの一発がくらわされることになる。中世においてヨーロッパの大物たちの食事は、その意味の最後の係留ロープを放して行方の定まらない漂流に出発した。まずは快楽が解放されたことの単純な効果が現れる。とりわけ一四世紀には諸侯が、政府の圧迫からもっと解放されて暇つぶしの方策を求めていた。「自分たちは無用な存在であるという意識からメランコリーな気持ちになり、そのため快楽の方に追いやられた。神が社会の階級を作ったのだから、自分たちには無教養な農民たち以上に娯楽を楽しむ権利があるのだと、彼らは想像した」[Verdon, 2002, p. 125]。飲み踊った饗宴が、どうしてそれ以後放蕩へと向かって変質しないことがあろうか。シャルル六世の宮廷では、しばしば饗宴が退廃に陥った。「こうして、一三八九年五月のサン＝ドニでの大祭の折に、参会者たちはあまりに飲み過ぎ、最終の夜会食が姦淫と不敬に陥った」[同前、p. 124]。ときに、この時代の社会的行動の総体に枠組を与えていたのは宗教であるということ、もちろん食事に対してもそうであったということを、忘れてはならない。それゆえ信仰心の表明の中に、様々な放埒が混在していたのである。一四五四年にはブルゴーニュの善良公フィリップが素晴らしい食事を催し、その時代を画して、年代記の中に「キジの宴会」と記された。宴会ははっきりと、ミサの儀礼を模範とすると言われていた [Lafortune-Martel, 1984]。その時代の習慣として参会者たちは、給仕の合間に行われた見世物（「アントルメ」）をよく見るために、テーブルの片側に坐った。こちらには珍しい動物がいる素晴らしい森があり、あちらにはものすごく大きいパテがあって、その中で二八人の楽団が様々な楽器を奏でる。さらには、十字架を立てた教会がしつらえてある。お祭り騒ぎの始まりにチンという鐘の音が響くと、すべてが活気づく。「教会のオルガンが奏でられ、パテの中でコンサートが狩の模様を演奏する」[Verdon, 2002, p. 117]。斧を持った巨人が登場し、ベギン会修道女を脅す。これはサラセン人に服従させられた聖なる教会なのだ。次いで「神の恩寵」の白人婦人が、一二の美徳を表す若い娘たちに伴われて登場する。ワインと香辛料が運び込まれ、「美徳たちは娯楽のために留まるのである」〔同前、p. 119〕。美徳が浮かれ騒ぎをするのだ。

このようなごちゃ混ぜは、私たちには驚きである。だが、我々が現在持っているカテゴリーでもって解釈すべきではない。思考の枠組が極めて違っていたのだ。宗教の普及が本当には達成されていなかったし、それと同じように聖餐式的な婉曲化も徹底したものではなかった。心の中にはまだある程度、食べることが神聖なものとの共感に基づく昔の供犠の儀礼が残っていた。アントワープのハーデヴィヒは、一三世紀におけるベギン会修道女で神秘詩人であったが、そのことを高ぶった興奮の調子で描いている。愛する者たちは互いを「深く味わい、むさぼり、飲み、余すところなく飲み下す」〔同前、p. 182〕。神秘の愛においては神に関しても同じことである。すなわち、空腹が二つの体が結びつくことの願望なのである。「というのも、食べることは食物と一体になることだからだ。ところで神は食べ物であり、食べ物は肉、そして肉は苦しみにして、それゆえ救済なのだ」〔同前、p. 178〕。混同は極端なものになってゆき、食事はかつてなかったほどに方向性を欠いたものとなった。

規律

すでに述べたことであるが、食事の非宗教化によって快楽が解放され破壊的なものになった結果、ある革新が起こり得たのであって、我々はその革新によって快楽主義的な饗宴の文明へと進むということもあり得たのである。それを残念に思うこともできる。が、歴史はとりわけキリスト教の西洋において、異なる道を歩むこととなった。というのも、ハーデヴィヒがこの主題に火をつける数世紀以前に、全く違う意見の流れが、まさに正反対に平行して現れ始めたからである。それが急速に影響力を増し、食事を、その意味の定義に関わる新たな冒険の中へと投げ入れることとなった。

最初の原理は、質素な禁欲主義の熱情という、極めて簡単なものである。聖なる結合は結果として食卓の快楽への軽蔑をもたらした。肉体の快楽を抑えることを学ばなければならなかったのと同様である。はるかに時代が下って一八二三年に、この規則は何世紀もの時を経て、若い神学校生たちに向けられたあるマニュアルの中に完璧に表現された。* パスカル・ディビエがそれを分析している［Dibie, 1997, 以下同］。著者はトロンソン神父で、食べ物が「嵐の中、多くの暗礁と深淵がある海へと」船出しようとする危険の中にあるとして、それに警戒を呼びかけている。なぜなら、食べることは「基底的な」行為であり、人間と獣を近づけるものであるが、悪魔の方へも導いていく可能性を持っているものだからである。それゆえ、「美味の食べ物や、豪勢な物や、繊細な味の肉」を捜し求めてはならない。反対に、「大いなる食卓」や宴会は避け、「その誘惑に抵抗する機会を得たことに」喜びを見出さなければならないのだ。聖王ルイがその禁欲の良いモデルである。実際には彼は美食家であったが、努力して極少量の普通の料理を食べ、好きなものは止めて断食の回数を増やした。他の宮廷に見られた、溢れんばかりの食卓とは全然違っていた。

* ルイ・トロンソン著『神学生の手引き、あるいは主要な行為を聖化する方法』パリ、リブレリー・メキニヨン・ジュニオール（Librairie Mequignon Junior）刊。

禁欲と質素のこの原理は、修道会の食行動を制限するのに影響を与えたが、にもかかわらず一番の決定的なものではなかった。世俗の食事の革新は、最初はかなり目立たないやり方で他のところからやって来たのである。そもそも道徳的な禁欲は、饗宴を興奮させた破壊的な快楽に対抗するには効力のないものであることが明らかとなっていた。正面から攻撃することができないものだったからである。そこで、ある者たちが進めた思想は、感情や考えの内部的なものに介入するのではなく、各自が観察できる身振りというもっと確実なものに介入することであった。つまり、行為の規則をいくつか規定することであったが、その大部分のものは、獣性に近い行動の方へ移っていくことを妨げ、共食の際の規律を構成する最小限の慎みを打ち立てようと、専心するものであった。一二世紀になると、ユーグ・ド・サン＝ヴィクトール〔フランスの神学者〕がその『新たなる制度について』の中で、そのようなプログラムを進め、特に「規律 *disciplina*」の問題に集中した。その規律の目標は魂の宗教的救済であった。考え方は包括的である。規律とは、「社会の中に居るための、善き正直のマナー」〔同前書〕であって、「すべての構成員の、秩序ある動きにして、あらゆる姿勢およびあらゆる行為の中の適切な措置」〔Schmitt, 1990, p. 175, 以下同〕なのである。だが、挙げられている例は、とりわけテーブルマナーに関係している。サン＝ヴィクトールが特に退けるのは「飲んでいるコップの中に指を入れる」者たちや「着ているもので手を拭く」者たち、また、「野菜料理を取ろうと、フォークのかわりに指を使う」者たち、そして「半分食べたものやかじったお菓子、また、歯の間に挟んでいて飲み物と一緒になってしまったものなどを、皿の上に戻す」者たちである。

他に多くの書物がそれに続いた。飽きることなく同じ助言が繰り返されたが、それを見れば、行動がその規律に当てはまるのに大変な困難があったということが明らかである。魂の救済は、それだけではその自発的なマナーも快楽の無秩序も手なずけることができなかった。一五三〇年にエラスムスが『子供の養育』を公刊した。ゆっくりとしか進まない行動の指針の向こう側に、ある亀裂が生じていた。鍵になる観念はもはや、秩序の構成を目的とする「規律 *disciplina*」ではない。目的は「社会的行動の理想」〔Schmitt, 1990, p. 225, 以下同〕である礼儀正しさであって、「個々の救済計画」ではなくなったのである。秩序というよりは、動きをもった行為の理想（気品を保つ意志から産み出される）ということなのだ。

変化のダイナミズムが開始された。

フォークは左ナイフは右

その続きはもっとよく知られており、ノルベール・エリアス［Elias, 1976］によって見事に描写された。文明のプロセスは肉体に規律を与え、徐々に自己規制への道を開いた。その自己規制が、近代的主観性を深めてゆく諸条件を整えたのである。エリアスは、特にテーブルマナーに強い関心を寄せて、三つの時代を区別している。我々が見たばかりの（一五世紀より前の）第一の時代、すなわち、相変わらず秩序ということが大多数の者の関心事であった時代に関しては、極めて手短に言及するのみである。慎みを特徴とし、人間の獣性に対する嫌悪感を刻みつけられた秩序ということである。その秩序は、饗宴が古代の供犠の食事とすっかり関係を断ち切られていたというわけではないということを示す徴を、打ち消そうとしてやっきになっていた。たとえば豚や牛などの猟肉は、まるごとテーブルの上に置かれた。切り分ける仕事は最も高貴な仕事で、皆が切望するものであって、特権者のみに許されるものであった。なぜかといえば、肉の部位を功績に従って切り与えることができなければならなかったからである。屠殺者＝僧侶がまだ遠いものではなかったのである。初期の諸手引書の中に（極めて強い命令調で）書かれた教育の核心は、食べ物との間に距離を隔てるという考えをめぐるものである。つまり、（大半の者たちがしていたように）手で食べないこと、共同のスープ鉢から直にスープを飲まないこと、などである。「スープは決してスープ鉢から飲んではならず、スプーンで汲まなければならない。それがより適切である。スープ鉢の上に身を乗り出して、汚らしく、まるで豚のようにそこに涎を垂らし込む者は、立ち去って他の獣どもと一緒になるのがましであろう」と、一三世紀のあるテキストは宣言している。*

また続いて同じ脈絡で、「ナイフで歯を掻き落としてはならない」〔同前、p. 126〕とか「骨をしゃぶってそれを皿に戻してはならない」〔同前、p. 123〕とか、「テーブルクロスで鼻をかんではならない」〔同前、p. 124〕などと記している。テーブルクロスは別の使い方、つまり油でべたべたになった指を拭くという使い方で用いられたのだ。エリアスは要点を述べて次のように忠告している。「テーブルの上に唾を吐いてはならず……指で鼻をかんで、共同の皿にその指を突っ込んではならない」等々〔同前、p. 153〕。今から逆に見て我々は、肉体に規律を与えることがいかに無駄な言葉ではなかったかを、確認するのだ。

* Elias, 1976 に引用された、良いマナーに関するヨーロッパの諸文献からの抜粋。

しかし、様々な指令は全く聞き入れられることがなく、改革は、この第一段階では極めてゆっくりしたものであった。エリアスが集中しているのは（一六世紀から一八世紀の）第二段階である。この段階では反対に、動きが加速し、宮廷社会の全体を巻き込むことになる。持ち札が変わったからである。これ以後問題なのは、なんらかの倫理的秩序を制定するということよりもはるかに、際立ったやり方で良いマナーを用いることによって社交的な地位を獲得する競争である。コードが絶えず揺れ動き、ますます詳細にわたって鮮明になっていることが、この競争から説明される。各自は、評判を落とさないために極めて大きな競争を要求されたのだ。こうして、食べ物に直接手を触れることはますます強く禁止されるようになる。間もなくすると、リンゴやオレンジもフォークとナイフを使って、手を触れないで皮剝きができなければならなくなる。逆にサラダの葉やパンをナイフで切ることは、絶対に禁止される。サラダは手際よく折りたたむことができなければならず、パンは指先で繊細に引き千切ることができなければならない。** 饗宴のテーブルは巨大な抗争の場と化した。行われることはもはや、「規律 *disciplina*」への気遣いとはあまり関係がなかった。エリアスは、国家の形成や近代的個人の発生など、この間のプロセスの大きな部分を放免している。快楽すらも後景に退いている。「礼儀作法は味覚や食べ物への嫌悪などを軽蔑する」［Roche, 1997, p. 256］のである。情熱は他のところ、つまり良いマナーによって社会的に登ってゆこうとする熱狂に置かれているのだ。食事の目標が並外れた動員であると考えるなら、表面上食事はその意味を再び見出したのである。だが実際は、食事は社会的な諸対立の道具となってしまい、それによって超越されてしまったのだ。テーブルマナー樹立の大世紀は、食事そのものについてはなにも語らない。

＊＊　多くの規則が恣意的なものであり、まさにそのことによって、社交的に際立つために要求される競争に付け加わるのだ。それに、不調和な諸規則がメチャメチャに混じっていることもあるだろう。パンの場合は別であって、それにはいくつかの理由がある。地方の庶民がパンを切るために各自ナイフを用いたが、それは拒絶されるものであった。だが、もっと深く言えば、「最後の晩餐」のキリスト教的イメージに拠っている。キリストの体はナイフでは切らないのだ。

奇妙な出会い

ノルベール・エリアスは（彼の観点からすれば論理的に）、第三の段階に関してはそれほど発展させることなく、それを指摘しただけで満足している。実際その段階でのテーブルマナーの定義には、その社会的な問題点の最も明瞭な部分が欠けている。そのプロセスは、それ以後静かなやり方で、「獲得されるノルマという枠組」［Elias, 1976, p. 153］のみは残して、もっと下の階級に次第に広がっていった。そのプロセスは、ブルジョワの安逸に腰を据えてごく限られた会食者の範囲に閉じ込もることで、ますます些細な事柄の中で消滅するように思われた。良いマナーは自己反復的になって、ある種の中身のない枠組というそれ自体の目的以外のものはもはや持っていないように見えた。とはいうものの、その中身のない枠組こそが決定的な役割を演じることになるのだ。なぜなら、社会的な区別化の大きな動きが、何世紀にもわたって社交界の会食者たちを駆り立てたその後で逆説的に、またそうしようと求めることもなく、厳格な規則をもった一つの指令を産み出したからである。ブルジョワ階級の特徴をなした「慎みと控えめの、指令のハビトゥス〔ピエール・ブルデューの言葉で、個人が自分の所属する社会集団に染まること〕」〔Bourdieu, 1979, p. 218〕が、「決まりに従って食べる」〔同前、強調筆者〕ことを要求したのだ。

マナーの指令とは、他の社会的な諸形式と同様に見慣れぬ力を持って、閉じ込めている中身と関わりなく時代から時代へと移行していく、一つの社会的形式である。社会的な形式が少しずつ確立してゆく、振る舞いのコードに関する正確な定義と、それが進展してゆく社会の中に展開する景色の多様さとの間のコントラストには、驚くべきものがある。第二段階の時代においては、その形式は、宮廷の食事という公開の派手な世界の中での、社交的抗争の道具であった。第三の段階に入るとそれは、目立たない形で家庭の内部へと腰を据え、昔の輝きとは程遠いものとなる。派手な過去の遺産ではあっても、潜在的に新しい中身を入れられる空の形式となっている。もし歴史の偶然によって、もう一つ別の社会的プロセスの道と交差するように導かれなかったと仮定すれば、おそらくその形式は穏やかに広まっていく運命にあったことだろう。

その同じ一九世紀に、見たところは遠く離れた場面に、知的なざわめきが最高潮に達していた。都市の近代化が始まって、昔の世界に固有のものであった根深い階級差別を解消する、社会的関係性の真正の大爆発が起こったのである。社会学はまだやっと体をなしたところであったが、その開祖たちがその問題に身を入れた。コント、ル・プレ、トクヴィル、そして間もなくデュルケムが、この「不安定化した社会を堕落させる深刻な危機」〔Cicchelli-Pugeault, Cicchelli, 1998, p. 5〕の分析を試みた。問題は次のことであった。すなわち、「あまりにも速い変化がその時代の人々をたじろがせていた、そのコンテクストの中で、社会の秩序のことを考えるとはどういうことなのか」〔同前、p. 6〕ということなのだ。解答は（政治、衛生学者とその他の社会的専門家たち、慈善家たちなどの）社会の活動全体から与えられる。それは、家族というものを再定義し確立することなのである。方法論や目標に関して様々な意見はあるが、社会の秩序を回復する手段として家族のアイデンティティーを決定しようという意見の一致は、それらを超えた根本的なものがある。もっと上の階級ではその社会は衰弱させられていたので、過渡的な骨組みの中に後退することが適切であった。そして、そうした骨組みの中で一番「自然な」ものとして、家族を確立することが目指された。一九世紀は、家族に関する理想的な教説によって圧倒されることになる。家庭内の穏やかな生活以上に美しいものは、この世にないように思われたのだ。家族の価値をめぐる闘いは難なく勝利をおさめた。が、まだ指令を打ち立てるということが残っていた。その点で一九世紀の家族は、まさに衰弱していたのである。とりわけ、乱暴な産業化によって押しつぶされた労働者の階層において、そうであった。構築する方法を見出すことが急務であった。

　歴史はしばしば、単に些細なことで終わったかもしれないことに前景的役割を演じる機会を与える、奇妙な出会いの結果である。それがテーブルマナーの場合に起こった。というのも、それが、社会全体を突き動かす中心となった家族に関する新しい研究と、交差したからである。振る舞いの指令など、取るに足りない形式的なことに見えなかったのだろうか。だが、まさにそのためにこそ、振る舞いの指令が、理想的な手段として登場したのである。なぜなら、それは、振る舞いと物事という最も具体的なものから出発して、ただ規則にのみ専心するものだからだ。食事を通じて家族というものを構成する近代の冒険が始まる可能性があった。

厳格な家族

クローディーヌ・マレンコが極めてうまく次のように述べている。「一九世紀のブルジョワ家族が家族一緒の食事を発明したのでないことは明らかである。それより以前の数世紀の間にすでに、都市でも田舎でもあらゆる階層で、食事の時間には、家族全員が食卓の周りに集まるということが見られた。だが、新しい局面が見られたのだ。一緒に取られる食事は、何を語ることもない日常的な行動に関するカテゴリーに属していて、それに対してモデルを与えるなどということはなかったのに、以来そのカテゴリーから逃げ出して、家族という領域での中心的な場所と家族的な機能を、明確に与えられるようになる。それが新しい局面なのである。食事が、社会的秩序の要としての家族を、象徴するものになる」[Marenco, 1992, p. 113]。テーブルマナーが、「良俗のモデル」[同前]を結晶化させる。それは、極めて厳格な定義の点でこまごまとしているが、同時に、もっと広範な教育に向かって開かれてもおり、伸ばすべきあらゆる倫理をもっている。

だが避けて通れない出発点は、肉体に規律を与えることである。すべてはそこから始まる。すなわち、リズムや姿勢、また振る舞いのコードを習得することである。食事の時間は間を置かずに尊重されて、各自が背の高いテーブルの周りに坐り、決して偶然に決められたのではない位置に、身じろぎもしない姿勢を保つ。中世の饗宴とは反対に、会食者は顔と顔を向き合って坐るが、それでもそのことによって家族内の会話が過度に進むということがない。子供たちは話す前に許可をもらわなくてはならない。各瞬間で、慎みと控えめが必要である。とくに快楽を表明する時がそうである。それは、ノルマに合わせることと組織的なことが第一義の目標だからだ。つまり、社会のプレッシャーの中で、食事を通じて家族を制度化し、秩序を確立することが目標なのだ。この観点からすれば、新たに家族内の指令を決めるという手段よりは、厳格さと寡黙のほうが気詰まりが少ないのである。

家庭の温和さという考えを中心にした家族の諸価値を、際限もなく褒め称えるということが起こり、これは前に述べたことだが、テーブルマナーによって集団を構成することが進んだ（家庭の温和さが大衆的な荒々しさと対極にあるものと考えられたのだ）。この意見のキャンペーンは、ブルジョワ家族自体に影響を与えずにはいなかった。それゆえ、相変わらず厳格な振る舞いの習得が、徐々にもっと広範な道徳の問題項目の中に書き込まれることとなった。「『家族の道徳性』を確立する」＊立派な食卓にこそ「家庭的な幸福」〔同前〕は依存すると、一九一六年に書かれたあるテキストは述べている。適切な方法は「口論を退け、さらに早口すぎる議論も退ける、穏やかで平和な雰囲気」〔Marenco, 1992, p. 111 に引用された一九一四年のテキスト〕を創造することにある。だから、そのモデルが広めるのは指令だけではなく、ある雰囲気をも広めるのであって、それは単にモラルということに限らないのである。事実温和さということは、倫理的な原則の範囲だけに限って言うなら、ただ一つの言葉としてとどまる。すなわち、それが本当に魅惑的なものであるためには情愛が必要だ、ということだ。指令、モラル、そして温和な情愛、これら異なったレベルのものは、問題なくお互いに付け加わることが可能であると思われる。まるで、モデルが自然にその内容を豊かにするかのように。

＊　マルグリット・ドゥ・サン＝ジェンヌ（Marguerite de Saint-Genes）著『良き生活に関する論文』メゾン・ド・ラ・ボン・プレス（Maison de la Bonne Presse）刊。Marenco, 1992, p. 112 に引用。

新たなコミュニオンへ？

二〇世紀前半という歴史の時点で、食事は、極めて多くの予期せぬ出来事があった後に、ついにそれ自身の本当の意味を見出し、それが末永く続くものだと考えさせるに充分な状況的可能性を有していた。モデルは、新たな家庭宗教の偉大な女神官である中心的女優によって生気を与えられ、首尾一貫したものであるように見えた。偉大な女神官とはつまり家庭の主婦のことであるが、彼女こそが「幸福をもたらす最高の職員」［Martin-Fugier, 1987, p. 194, 以下同］であり、その彼女が「決まった時間に家族をテーブルの周りに集合させる」のである。というのも、この新宗教はなによりもまずいくつかの儀礼の上に成り立っているからである。「ブルジョワの空間では、繰り返し事はルーティーンではない。それは儀礼化し、その儀礼が時間を晴れやかなものにするのだ」。一家の女主人は「プライベートな時間のリズムを支配し、それに規則性を与えて舞台にのせる」。自分で料理をしないことにこだわり、それと同じくらいに会食者をコントロールすることにこだわる。すべてが食事の段取りに従って経過するのだ。穏やかな情愛を付け加えて、冷たい厳格さを和らげる女主人たちもいる。

そのモデルが、ブルジョワ階級にしっかり定着した後で、翻訳されてもっと下の階級に受け入れられることとなった。そして、家庭内の教育の広範な動きに対する典拠となり、民衆の女主人たちは、料理をすることにまでその役割を広げたのである。手引書の中で教えられている理論が事実の中に刻まれるまでには、一定の時間を要した。たとえば、お皿がキャンペーンによって広まったのはやっと一九世紀になってからであった［Roche, 1997］。哀れなスープの方は作法なしに飲まれた。「近代においては農夫たちも都会生活者たちも、実際には、可能な限り少ない時間を自分たちの住居で過ごしていた。住居がしばしば寒くて暗くて快適ではないものだったからである」［Muchembled, 1988, p. 205］。二〇世紀の初めにおいてもまだ男性たちは、共に飲み食いする楽しいカフェの温かさの中に、長居することを好んだ。そこで、新たなモデルの宣伝者である女性たちは（夫からはその宣伝者であるという理由でブルジョワ女性と呼ばれた）その闘争を続け、夫たちをカフェから引き離して、いくつかの手料理を作ることによって彼らを家庭のテーブルに引き寄せようとした。家庭内異文化に適応する動きは、一九五〇年代に頂点に達した。生活条件の向上と家庭用品の向上によって、食事は家庭内人間関係の建築家になることができ、その人間関係があらゆる階層にわたってもっと豊かでもっと秩序立ったものとなったのである。遠い供犠の饗宴の時代以来、食事がこれほど明確で明白で、皆が合意するものであった時代はない。

あの古代にあっては、食事は神聖なコミュニオンの道具であった。それゆえ、様々な出来事によって時折ある種の混乱の中に陥った後に、第二回目として食事が強烈な意味を中心として、また今度は家族の情熱によって成立させられるコミュニオンの周りに、再結集したのである。逆説的なのは、この結果が得られたのが、必要な秩序をもっと良く構成するため個々人からも食べ物からも距離を置くという、感情の冷却によったということである。しかし、一度その土台が打ち立てられると、ブルジョワのモラルは（幾分かではあるが）ひと注ぎの情動を付け加えていたのであって、それによってさらに並外れたコミュニオンの諸条件が整えられることとなった。

本書の第二部は、まさにその問題に我々を投げ込むであろう。我々は、快楽の探求や自由な会話などの、多様で数も多い感情的な表現に役立つように、秩序の指令が緩和されるのを見るだろう。要するに、求められるものは本当の集団的コミュニオンにとって好都合なすべての要素であって、それらが、人間関係を伴って情動溢れる現代の家族を待ちうける状況と、しっくりするものだったのである［Singly, 1996］。だがまた我々は、もう一つ別のことも見出すであろう。それは、最初の章で見たような、消費する個人という破壊的なモデルが懐胎されることである。そのことが我々に、安定は幻想に過ぎないということを、一時的な落ちつきの瞬間に過ぎないということを、示すことになる。波瀾に満ちた食事の歴史は、もっと激しいコミュニオンという問題と、単に防衛的な機能という仮説との間で続いていく。防衛的機能とは「家族崩壊に抗する最後の累壁」［Marenco, 1992, p. 197］たりうるかどうか、ということである。

第二部　ごはんよーッ

第三の物語　家族を作る

「ごはんよーッ」という声が家の中に響くとき、家族の者は全員、自分のリズムが「食事の調和という壊れやすい小船」[Muxel, 1996, p. 66] の上で過ごされる家族の時間のために中断されるということを知る。家族で食べるということは無害なことではなく、そこを無傷で出られるものでもない。なぜならば、「食べながら個人の全人格が形成される」[Rivière, 1995, p. 191] からである。多様な本性を持つ諸価値の網の目に捕えられ [Pezeu-Massabuau, 1983]、組み込まれている集団の秩序の中で社会的なものとして作成されるからである。個人は、それに加わっているというだけで、家族の現実を産出することに参加している。「食物供給の集会」[Muxel, 1996, p. 63] の温かい時間である食事は、その上に、その集団を制度化し、人と物の配置を決定する [Douglas, 1979]。それは、毎日繰り返して各自に場所と役割を告げる「家族生活の建築家」[Sjögren, 1986, p. 54] なのだ。「食卓はあるやり方で、家族の生活をまとめあげる」[Muxel, 1996, p. 64]。

昔はテーブルマナーが、明確で厳格で安定的な規律を押しつけたので、そのまとめあげるという働きがはっきりしていた。その形跡は今日でも極めて多く残っている。どこの家族も規則を和らげようと試みてはいるが、最低限の強制なくして社会化するということは不可能であり、そのことが、一九世紀に身につけられた慣習の多くが更新されるということを意味している。どういう厳格さが保持され、どういう厳格さが廃棄されるのか？　そのような疑問が、全員に、あるいはほとんど全員の者に投げかけられている。伝統的な仕方で機能して辛うじてその疑問を公式化している家族は極めて稀である。そういう家族は古い規律で硬直化しており、ある種モヒカン族のモデルのように消滅途上にある。これらは我々の関心の的である新たな諸展開にはほとんど適さないのではあるが、それでも大きく回り道をするに値するぐらい興味深いものとして存在し、我々はそこから間接的に、現在進行中の変化に関する多くのことを学ぶことができるのである。

純粋な規律

カリム・ガセムは、ラクロワ家の中で丹念に行われたアンケート調査で、そのことに関する見事な例を与えている［Gacem, 1997］。手短に紹介すれば、ラクロワ家は「カトリック」だと言うことができよう。その宗教的な側面はもはや全く実践してはいないとしても、事実この一家の精神の中で重要である。食卓の世俗化が不完全であることの完璧な例証であって、一家は、日常の単純な身振り動作によって、また、象徴的な範囲でお決まりの儀礼的行為を繰り返すことによって、彼らの信仰に対する最低限の帰依を維持する傾向を持っているのだ。母親のマチルドが説明しているように、特に食事をめぐってそうである。「私は食事にも大いに重要さを見出しています。なぜって、食事というものはイエス・キリストとの最後の晩餐なんですもの。聖書の中のどこでも、食事は卓越した重要さを持っていますわ」［同前、p. 14］。食事は神聖なのである。祈りは消え、金曜日の粗食も忘れられて尊重されなくなったが、そのことは、家族的秩序それ自体を信奉することに延長されている。微に入り細にわたって、秩序のための秩序が維持されている。実際、お互いに礼儀正しくすることは本当にシステムを支えるものではない。確かに諸規則が尊重されているのだ。「最初に娘たちに給仕し、全員が給仕されて母親が坐る前には食べ始めてはいけません。食卓で歌ってはならないし、盛ったものは全部食べなくてはなりません。清潔なやり方で静かに食べ、ナプキンは膝の上に置くこと、立つ前には許可をもらうこと、等々」［同前、p. 15］。しかしながら、最も強いものは組織化する心なのであって、それは極めて細々としたことを確立することにある。倫理総体が、ほとんど何でもない物事にしがみついているのだ。たとえばナプキンのリングは、「あちこちどこへでも動き回ってはならないのさ。いつでもコップの左側に置くんだよ」＊となるのだ。娘の一人ヴィオレットは、極めて容易に物の場所を言うので、彼女がどのくらいの程度までそれを同化しているかということが分かるほどである。「食卓の上ではそれぞれの物の場所が決まっているの。食卓の真ん中には一番大きな皿敷きがあるわ。その両側にもいくつか皿敷きがあって、最初に乗せるのは水差しね。左側の小さい皿敷きのそばには塩入れと胡椒入れ、中心は給仕に使うフォーク、スプーンなんかの用具ね。そして右にはパンのお盆。誰も居ない方の側は、左の方にチーズ盆、右の方に果物のお盆、そして真ん中はコーヒーセットね。なにか取ったら、元に戻さなきゃいけないの。そうでなかったら注意されるわ。もし父だったら、彼の目の前に戻すの、はっきり見せるためよ」［同前、p. 15］。

＊　家族の中では（少しばかり）反抗的であるロドルフの言葉。Gacem, 1997, p. 15 に引用されている。

各瞬間の組織者である母親は、少々謎めいていて同時に沈黙しているとっつきにくいドグマの番人である父親の前で、目立たないようにしている。父親は、この時代見るからにずれた存在で、社会によって壊れやすいものにされている。社会はもはや父親に、最も深いところで自らを構成することができる諸価値を与えておらず、そのため彼はその押し黙った世界に閉じこもり、まるで防御壁にでもしがみつくようにマナーにしがみついて、それを妥協することなく全員に押しつける。それは、時として子供たちがテーブルに着くのを怖がるほどである。しかし子供たちも別の生活を想像することはできないのであって、彼らも、両親と同じくらいの効率をもってそのシステムを再生産するのだ。エリザベットは、父親が失礼にもなにかの規則を守らない時には、密かに怒る。ヴィオレットはこの実存の規律と一体化しており、明白なノルマ性に同化している。「私はそういうことにはとても厳格なの。事実、両親から課された規則はみな受け入れているわ。だって、正常な食事をすることは私には大切なことなんですもの」［同前、p. 16］。反抗的だと見られている息子のロドルフでさえも整えられた法律に服従している。「確かに最初は義務のように見えるけど、今では僕たちの生活に溶け込んでいるのさ」［同前］。彼はそもそも家族に別の生活が可能だと想像してもいない。「僕の子供たちにもこういう風に、今家で一番いい時にやられているように、やることを望むね」［同前、p. 17］。

一番いい時に、だ。なぜなら、とても悪い時も（極めて頻繁に）あるからだ。食事が楽しい瞬間は稀である。雰囲気は凍るように冷たく、静かである。近さは、特に父親と子供たちの間で、問題が多い。エリザベットは証言する。「私は彼を見るのをすごく避けるわ。だって絶対我慢できないんだもの。私がテーブルに着いているとするわね、その時は他の人たちと同じくらいに父を見ようとするの。でもできそうにないの、鳥肌が立つのよ」［同前、p. 26］。振る舞いに関する規律は、一緒に居る気まずさを消し去りはしない。「明らかに苦しいのは、彼がお皿を回す時なの。だって本当の接近があるし、手が触るだけでも、好きじゃないわ。彼が持っている皿を取るのでも気分が落ち着かないの。だから工夫をするの。皿をテーブルに置くまで待つのよ」［同前、p. 39］。ラクロワ家の生活の断片を、テーブルマナーが全盛であった時代に生み出されたものを描くタイムマシーンの如きものと解釈してはならない。成人した子供たちがまだ毎日コミュニオン用の金属カップで水を飲んでいるとしても、ラクロワ家は完璧に現代の家族なのである。そもそも食事が耐えられないものになっていることの理由は、現代性の印として、情愛的なものや人間関係がその発露を求めている（共に居ることの厳しさに出会ってはいるが）からなのだ。「食事の形式にこだわることでグループが結束し、その家族的イメージが保たれてはいるが、それでもそのグループは、情愛的な近さと幸福な時間の共有に根ざした統一を実践するということができていない」〔同前、p. 29〕。敏感な問題は、優しい助力よりも、むしろ苛立ちと拒絶によって表に出る。

そしてその苛立ちはしばしば結果として、叫び声や涙、またバタンと閉まるドアにまで至ることがある。「皿敷きなどの物体がそこで投げられたり、皿やコップが壊されたりする」〔同前〕。ジャン＝ポール・アロンにとっては「ダイニングルームは劇場であって、台所は楽屋、食卓が舞台である」〔Aron, 1973, p. 227〕。ラクロワ家では、公演にギリシャ悲劇のパトスがあり、大衆演劇の鮮やかさがある。「食事中に怒ってテーブルを立つことは、それでも我が家では何事かなのよ。そうでしょう？　それはつまり、その夜も次の日も、ものすごい緊張が続くということなの。週の初めには落ちついて、一週間の仕事に戻って忘れるのよ。ちょっと忘れたふりもしてる。気をつけているのよ」（ヴィオレット）〔Gacem, 1997, p. 54〕。だが、抑え込んだ緊張は膨れ上がり、各自が密かに心配するフィナーレへと至る。つまり土曜日である。「土曜の夜は、本当にそれね。皆、テーブルにつかなきゃいけない時に、大きく息を吸って闘う心構えなのよ」〔同前、p. 56〕

規律の断片

ラクロワ家の例は、大変独特なものではあるが、親の権威が規律のモデルを維持するのに不可欠なものであることを示している。「伝統的な」父親は、そこに居るだけで、厳格さを押しつける。もっと遊びが多く、くだけたカテゴリーに入る家族でも、二八歳になるソフィーは同じことを言っている。「昼は父が居ない状態で昼ご飯なの。食卓でお喋りもしたし馬鹿な真似もできたのよ。夜は情報収集のためね。話すなんて問題外。父が情報を聞いただけなのよ」[Gacem, 1997, p. 57]。しかし一般的にはラクロワ家のように、具体的な組織者は母親であって、細々としたところでその組織を掌握しており、父親がただ抽象的な意志を明示するのと同じくらいに、細かいことの再生産に夢中になっているのだ。特に教育的な家庭においては、子供たちの教育がテーブルマナーを通じて行われる。そのことを質問されるとプリュンヌは、声高に言うのを禁じえなかった。「失くしていけないものは伝統なのよ」。時間は厳格で、態度も非の打ち所がない。「皆が集まってじっとしている、そこしかないのよ。皿が空にならなければ、立ってはいけない。だからそこに居るの」。彼女の話はすでに垣間見た（彼女があの、自然食品ソーセージの信奉者である）。彼女は料理の分野では紛れもなく過去のことの布教者だ。あなたにとって理想的な台所とはどんなものですか、と我々が水を向けた時彼女は、近代的な装置などなにひとつ要らない、反対に、ウサギとニワトリがいる大きな菜園を持って、新鮮な食品だけ食べるようになってみたいものだわ、と言ったのである。しかし彼女は食事に関してはそれほど伝統的ではない。確かに彼女は（夫も含めて）自分の小世界をしっかりと掌握している。だがその規律は、二人の子供との会話を中心にして家族的な時間を創造するという、ひとつの機能を持っているのだ。「食事は、とってもとっても大切なの。我が家ではそうなのよ。あっちへ行ったりこっちへ行ったりして食べる人は誰もいないわ。問題外ね。私たちは家族なの。お互いに話をする時間なのよ」。彼女の夫はできれば時々テレビを見たがる。「それはノンと言うわね。私は消しに行くわ。私はそういうときは怒るわね」。食事は専ら家族の会話のためなのだ。プリュンヌは三三歳である。彼女が夢見ているのは、まさに、それぞれが相手のことを聞く心を持った、現代的な家族なのである。実際、極めて厳格な食事の規律は言わばそのための手段なのであり、想像の中にある人間関係的和みに近づくために必要な、強制の一断面なのだ。あるいはまた、関係の緩みがもっとひどくなるのを防ぐために必要な、もっと防衛的なヴァージョンなのだ（彼女の頭の中では多分、同時にその二つともがあるのだろう）。「もし一日の中でお互いが再会する時間がなかったら、私たちは疎遠になるでしょう。そして、それでおしまいよ」

　今日では昔の規律の遺産はしばしば断片の状態で再来して、もっと柔軟な人間関係の世界の中でバラバラになって漂い、家族ごとにあれやこれやの手がかりに繋ぎ止められている（手がかりとは、時間であったり、食卓の会話であったり、あるいは、品物の位置や食品の選択であったりする）。だが、それは絶えず相談によって変えられるものだ。オルタンスの例を取り上げてみよう。彼女は子供たちを厳格な食事規律の中で育て上げた。「終わるまでテーブルを立つなんて問題外だったのよ」。今では若き母親となっている娘の家を訪ねるとき、彼女はすっかり失望してしまう。子供たちは好きなことだけを自分たちに都合良くやっている。嫌悪中の嫌悪は、持ち運びお盆皿《プラトーテレ》とポテトチップにコーラだ。激しく非難はしないものの、押し黙ったメッセージはそれでも伝わる。というのも、彼女の方が招待するときは、娘は子供たちに強く出るからだ。「おばあちゃんの所ではちゃんとするの」。おまけに子供たちも、それほど不平も言わないでそれに従う。まるで役割遊びのようにである。おそらく子供たちは、おばあちゃんの所にいる時は、タイムマシーンの中にいるようにでも想像してみているのだろう。

家事の反乱

　ラクロワ家は（苦しみながらも）単なる断片ではなく、全体的に規律の枠組を維持することに成功した。その点で彼らは例外的であるように見える。それでも、そのラクロワ家においてすら、割れ目は広がっているのだ。多少とも秘密的な別の生活の香りを発している。特に、日曜の夜の驚くべき儀礼が新たにある。すべては突然マチルドが、苦い関係しか作り出さない母親的献身にうんざりしたことからやってきた。彼女は少し、ほんの少しだけ、自分自身のために生きたいと望んだのだ。「たくさん与えていると空っぽになってしまう瞬間があるの。自分自身から自分に帰ってくる、すごく悪いイメージがあるのね。それはとても醜いものなの。もう自分のことが分からなくなると、私はそこで止めるわけ」。彼女は「外へ向き直るの。いろんな別の種類の慈善事業の方にね」。そして何にもまして、ある苛酷な土曜の夜の後、長い時間をかけて日曜の昼食を準備した後で、彼女は一方的に（そういう言葉は使わなかったが）日曜の夜は本当にストをやると、宣言したのである。「ある日私は本当にうんざりしてしまったんだと思うの。一週間ずっと、いつもいつも、私が…そこで今では、私は日曜の夜はお暇をもらっているのよ。それで、日曜の夜の食事は作らないの。そういうことなのよ」［Gacem, 1997, p. 31］。父親は、この内部的裏切りの反抗に敢えて反対をしなかった。そこで、各自が自分でなんとかすることになったのだ。「まともな食事にはならないわ。つまみ食いね」。基本的には冷蔵庫から取り出して食べることである。受け入れることを心配したものの、それでも父親は、この違う時間を享受することなしとはしていない。「ああそうか、君たちが望むんなら、そうだなあ、もし家族の中に決まりがあるとしても、その晩はそれはパッと消えちゃうのさ。毎日そうだとしたら、そうは言わないが、これは皆のためにいいと思うんだ。そうさ、日曜はもっと時間があるし、皆少しリラックスしている。もうすこし少なく…それはもっと自由をもたらすのさ」［同前］。自由とは驚きだ。それは、規律立った食事とは反対の、全く別の人間関係的世界を暴露するものだ。無作為の小クーデターだろう。子供たちは自分たちだけでテーブルに陣取り、カーニバルの伝統に見るように楽しげに世界の秩序をひっくり返す。ヴィオレットが証言している。「私たちは日曜の晩は一種のレクリエーションね。食事の時間はそんなに長くはなくて、三〇分くらいだけど、その間はずっと笑い興じているわ。おまけにそれは下らない話で笑っているので、後で考えると、あんなことで笑っていたなんてバカみたいって、言い合うのよ。だけどそれは私たち、兄弟姉妹の間でだけよ。実際私たちは、それ以外のいつもの食事のガス抜きをするのね」［同前、p.34］。ロドルフも確認している。「その時間は僕たちはうんと大笑いして、目の前に居る両親のことをからかうんだ。そういうことさ。本当に結託している時間だね。僕たち四人は、皆愛し合っているのさ」［同前、p.37］。すなわち両親は遠くはない、三メートル離れたところで、もっとくつろいだ形でテレビの前のソファーに腰を据えて、アペリティフをやりながら夕食代わりのつまみ食いをしているのだ。それは、多分上品な言葉ではないが（子供たちの言うところでは）、うんと飲《や》っているのである。「両親はソファーで、好きなだけ飲っているね」と、ロドルフは茶化す。というのも、銀製の水飲みコップのグループは、ただの水におぼれながらその晩は心から揶揄するからである。この話の極めて面白いところは、父親が考えているのとは反対に、本当にアナーキーな自由を求める発作が問題となってはいない、という点である。二つのグループの遊びは厳格に規制されている。原則は、新しいものではあるが明確に定められている。そういうわけで、最初は食べ物が冷たいものでなければならなかった。次いで改善がなされ、（面倒を見るのがマチルドではないという条件で）温かい料理が出てきた。そのことは、混乱の反抗から出発したその反モデルが、真面目に長期にわたって定着し、極めて違ったやり方で振る舞いと思考と感情に形を与える使命を持った、ということを示している。土曜から日曜の晩にかけてラクロワ家は、食事を通じて、二つの相対立した生活のしかたを作り上げたのである。

マチルドの反抗もその結果もたらされたことも、この時代と密接に関わっている。（個人的自立の伸張ということに加えて）食行動の変化を今日我々が体験しているのは、多くの点で、社会における女性の立場が変わった結果なのだ。彼女たちは、もはや個人として実存できない役割にまで陥れられることを、これ以上受け入れない。自分たちの実存の地平が台所の壁に限定されることを甘受しない。しかし、それでもまだ、食べ物を与える役目に女性を結びつける過去が重くのしかかっている。

太古の旧石器時代という極めて昔の時代に、想像の領域を支配していたのは、生殖力と供給力があって、食べ物を与える母親という原初の神話的な人物像であったが、それは、農業が始まった時代にもますます強まったのであった［Bucher, 1998］。「このようにして女性は乳房である。乳房が、食料を与える物質的なその本質において、女性自身を体現するものであった」［Perrot, Mich., 2000, p. 109］。しかしながら、歴史に深く刻印を押したこの強烈なイメージが、それほど急激に弱められるはずもない。食事の歴史が揺れ動きの連続でしかないのと同様に、食べ物と女性の関係も一直線の話の中に組み入れることはできない。女性が、家庭内の小さな宇宙の中で常にスープのサイドに居たことは確かである。あるいはもっと広く言えば、（食いしん坊と人間関係の熱で輝いている深鍋との女主人として）村落共同体の中に居たのである［Verdier, 1979］。しかし女性たちは、我々がすでに見たような料理と会食者たちの叙事詩の中で、筆頭の地位を占めることは稀であった。タブーを犯した者たちや僧侶＝屠殺者の中にも、女性はほとんどいないか、全くいない。女性は大きな饗宴の中で二番目の役割であった。もっと我々に近い一九世紀において、良いマナーというブルジョワ・モデルの配置の中で、女性たちが相当程度の役割を担ったことを我々は見た。それは、食べ物を与える働きに関してというよりも、はるかに、規律の組織者として（また時としては穏やかな雰囲気の創造者として）であった。この世紀、基本的には母親の役割で定義される女性のアイデンティティーを作り上げるために、社会全体が動員された。食べ物を与えるという徳は低かったようである。女性に提供された理想は、「小さな住居に閉じ込められ、そこで子供たちや夫の召使となる内側の女性であって、新たな意味で家庭的であることだった。家庭での役割は縮小されて母親の役割に集約し、また、それと混合する傾向にあった」[Knibielher, Fouquet, 1982, p. 249]。食べ物を与える役割に集約したのではない。それに関して論争はなかった。それはまさに、ブルジョワによって発明されたしきたりのモデルが、薄暗い台所を無視して、食事の舞台裏が使用人たちに譲られたからに他ならない。行動のモデルは常に社会の上から下へ広がるというわけではない。食べ物を与える女性の働きがそのよい例である。その働きは、典拠として押しつけようとしたブルジョワの食事の中には、ないものであった。だからその点で影響は、女性が役割の中に入ってその働きと一体化していた、庶民の側から来たのである。その働きは、食べ物との人格的な融合の中で入り組んで、女性が自分の周りに防御的な小宇宙を築き上げることを可能にした。オリヴィエ・シュヴァルツは、それがどのくらい決定的なことであったかを示し、その小宇宙の中で女性が、他の人々に完璧に食べ物を与えると共に、自分も「完璧なシステムに没頭していた」様子を示した [Schwartz, 1990, p. 252]。

状況は次のようなものであった。すなわち、(ブルジョワ階級という) 一方では台所を忘れたしきたりのモデルがあり、他方の (庶民の) 側では、自己表現を可能にする条件など何ひとつ見出していない、食物供給者の欲求があったのだ。それゆえ、食物供給の働きが十全な広がりをもってテーブルマナーと結びつき、また、料理行動の中でもっと強烈な母親の意味を明確に表すには、長い時間待たなければならなかった。住居の中の台所を描写し分析したある本 (行動に関するよい指標であるが) によって、大多数の人々にとってその変化が起こるのが一九五〇年代以前のことではなかったと判断することができる [Collignon, Staszak, 2004]。その部屋は、一九五〇年代において、それまでの三世紀以来の変化よりももっと大きな変化を蒙ったのである [Marenco, 1992]。だから、女権拡張の革命が起こって、女性が家事の世界と独占的に結びついていた状況が壊れた、そのほんの少し前ということになる。改革された役割の中心に坐るやいなや、女性たちは、そこから逃れたいという欲求を持ったのだ。確かに昔女性たちは、時間がかかる煮炊きを見守るために、長いあいだ火床のそばに釘づけにされ、その仕事に縛られていた。確かに彼女は我々のもっと近くにいて、調理の器具と同じ「キュイジニエール〔オーブンレンジ一体型のガスコンロ〕」という言葉で呼ばれるほど、その役割によってアイデンティティーを得ていた［Vanhoutte, 1982］。しかし、深鍋への執着も、あらゆる神話的な規模においてその機能を作り上げるのに充分ではなかった。昔の会食者たちを理想とする懐旧的なイメージは、極めて不確かなこの現実を知らなかった。実際女性たちは、その不確かな現実の中で二つの相反する動きの交差点に位置していたのであるが、その二つの動きとは、料理の行動が（今日的な激情に至るまでに）歴史的に高まりつつあったということ、他方では、女性自らが家事から解放されつつあったということである。あるいは、少なくともそうする傾向があったということである。

我々の想像でその神話化された昔からほとんど出ていないと思われる女性が、未だに結構な数で存在しており、料理への献身者というアイデンティティーの中に浸かっている。トンプソン夫人は、その夫が説明しているところでは、従順に真面目にそうしているが、多くの女性はそれほどではない。トンプソン夫人の場合は、ラクロワ家の人々のように、少々この時代からずれているのである。「彼女は、私の最初の妻がそうであってくれればよかったのにと思うことを、すべて備えているんだ。まあお聞きなさい。彼女は私の突飛な思いつきをすべて、誰よりも分かるのだ。まことの主婦というもんだよ。家は清潔で整頓されており、冷蔵庫にはいつでも何かがあり、いつでも飲む物が…シードルとかビールとかウイスキーとか、家にはいつでも何か飲む物が…私の食事は、いつでも時間どおりに出来ているし…私のために料理を弱火で作ってくれる。それを彼女は好きなんだ。皿はすぐに洗うし、私に手伝わせないんだ。なんでもこんな風なのさ」[Burgoyne, Clarke, 1986, p. 39]。今日の女性のあり方はむしろ、例を挙げれば、あのあり得ない探求をしているプリュンヌのようであって、トンプソン家のような、ヒエラルキー的な役割の定義からは遠い。暖かい家庭を夢見て活動的であるプリュンヌを、その目的の点で助けているのは、絶えず彼女の記憶の中に蘇ってくる子供のころのシーンなのだ。「私はね、家庭的な食事の思い出をもっているのよ。あれはすごかったわ。誰もみんな笑って、話し合って…私はポトフをする時に、そのことを思い出すのよね」。というのも、まさにそのことが彼女を悩ませているからだ。つまり、彼女は「そのこと」を再創造しようとして、ポトフやその他の料理を作るのだ。彼女は情熱を惜しまずに努力し、料理にまつわる障害をものともしないが、手に入れる家族の結果は、すっかり彼女の夢の通りというわけにはいかない。そういうわけで、夫がテレビをつけようとすると彼女は怒るのだ。障害をものともしないことも、彼女が、ある理想的なものの総体を思い描いていることからくるのだが、その理想は、現代的なものに反抗して昔の時代を範とするもので、彼女のうっとりするような思い出と歩調が合っている理想であり、彼女の仕事を簡略にするものでは、全くない。「料理に関して私は、あまり現代的なものに賛成しないわ。圧力釜すら持ってないのよ。古い鋳物の鍋を使ってるの。こびりつくし、面倒なのよ。でも、まあ仕方ないわね。私はそれがすごくいいと思ってるの」。彼女がほんの少しでも料理をするのが面倒だなどと、感じることはないのである。

＊　この証言は（イギリスで行われた）アンケート調査で、一九八一年に得られたものである。このようなケースを見出すことは今日では困難であろう――特にトンプソン氏が率直に語っているような、自信に満ちた調子では、困難であろう。

しかしながらプリュンヌは、この時代を代表するにはあまりに完璧だ（そして懐古趣味的だ）。現在の状況の複雑さの結果として、料理の情熱が広がるのと同時に、力を投入することが、段階的にではあるがもっと少なくなっている。女性たちはもはや、専ら鍋によってのみ定義されることを望まない。彼女たちは公の場面に出されて、自立した個人の資格で別のところに生活を持っている。料理は、様々な活動の総体の中で、いくつもある時間のうちのひとつの時間に過ぎないのだ。彼女たちは、家事の機械化や「出来合いの食品《プレタマンジェ》」という新しい食品の発展によって助けられて*、一日の大部分を決定していた、食べ物を与えるという任務から解放された。まだ半世紀も経っていないのに、毎日の料理の仕事の時間は相当程度に減ぜられ、五〇パーセントの所帯で二〇分以下にまでなった［Vanhoutte, 1982 ; Guilbert, Perrin-Escalon, 2004］。スゼットは以前、これでもかと数え切れないほどたくさん押しつけられてくる義務の感覚をよく知っていた。「私はね、こうやって育てられたの。母はたくさん原則を持っててね、私たちは、他の人たちを喜ばせるように育てられたのよ。自分に課すの。教育の問題なのね」。スゼットは過去を見つめて、分からないながらに分かっている自分に対する他人のように自分を見ている。そして今では、料理の新しい意味を求める手がかりを探し求めている。マイテは（自分で言うところでは彼女も昔は義務の女性だったということだが）、そういう精神状態は持っていない。彼女はほぼ全面的に台所を放棄したのだ。「私も昔はもっと料理をする人であるようにしてたわ。料理を作るでしょ。彼らが帰って来るわよね。で、彼らはマクドナルドに行くことに決めるわけ。残っちゃうのよね。いいえ、今は、思うんだけど…各自勝手にやるの」。家族は全員ハムサンドイッチに転向した。鍋の中に自分が溶解してしまうことと、「冷蔵庫＝サンドイッチ」の過激なシステムとの間に、どうやればちょうどよい均衡を見つけられるのだろうか？　第三部を詳細に述べていく前に、いくつかのポイントでこのことを要約しておくことが可能である。まず、いろいろなタイプの食事の仕方が広がり（各自がつまみ食いのように食べること、急いで食べること、愛情を込めてじっくり煮込んだ料理、お祭りのような宴会、等々）、それによって、色々な強さで料理をすることが出てきた。次いで、朝のちょっとしたひとさばきや一人一人のタッチといった、速くやるための新しい技が開発された。「時間がないときは、すぐできるものを一つ作るわ。でも、それでも私は好きなの。自分のやり方がね」。マルジョレーヌはわざと最後の瞬間に、自分の即興の能力を操ることをためらわない。「私はあまり段取りが良くないの。それは欠点ね。でもそれは長所でもあるのよ。私は結構ファンタジストで、予想されてなくてもなんとかできるんだったら、私はそれに煩わされないわね。必ずなんとか解決策を見つけるわ」。彼女は、速くやれ、上手にやれという、相反する二つの厳命の間で曲芸することを止めない。どうして「上手に」なのだろうか。昨日の社会のように義務によってではない。愛情によって、情熱によって、なのだ。上手にできた食事によって家族をこしらえるために、なのである。「私は給仕の奴隷にはなりたくないの。でも物事はしっかりやりたいの。女性の地位の改革には賛成よ。でも逆に、こうした家族の食事は大切にしているの」。このことで彼女は、その矛盾とその微妙なサジ加減によって、今日における新しい持ち札を完全に示している。「我が家ではそれが必要なことなの。もし私が力を注がなければ、家族に何もしなかったような気持ちになるのね。そもそもそれは間違っているわ。私はそこのところを按配するように気をつけているの」。彼女の場合興味深いのは、問題ある瞬間の生じる状況が、他の人たちのために力を注ぎたいという気持ちを手放しにしすぎたと感じるような、ちょっと困った場合であるということだ。「困ってしまうのは、特に、皮を剝きかけているような時なの。私は自分に向かって言うのよ、『あらまあ、またやらせ過ぎよ』ってね」

* 夫と仕事を分担すること以上に、である。分担はまだ極めて限定的だ。そのことは第三部で見ることにしよう。

料理のスピードは、すでに触れた実存的な軽さのもう一つの現れである。それは、歴史上毎日の家事のおもりに縛りつけられてきた女性にとって革命的なことである。前に、食べる消費者に関して述べたことであるが、料理と人々との関わりは、もうひとつ全く別な軽さ、つまり肉体の軽さと出会う可能性があった。とりわけ女性たちに痩身の範型が押しつけられている影響下では、そうである。食事を準備する世界でこの出会いは、とりわけ解決の難しい新たな矛盾を開く。というのは、自分自身はあまり食べないで、それでいて自分の家族に愛情を込めて食べさせるということが、いかにして可能かということなのだ。抗争は、いずれもアイデンティティーに関わる二つの観点の対立である。一方では食事を与える母親として、また、家族生活のシナリオを書く人として、たっぷりと味わいを持たなければならず、他方では、自立した個人の女性として、反省的で、しかも、自分の食べ物を制御して肉体を気遣わなければならない［Charles, Kerr, 1988］。この二つの可能的な生活の線を結びつけることは簡単ではない。確かに、亀裂は全く新しいものではない。男性＝女性の役割の対比は歴史によって作られたもので（男性は仕事に没頭し家のパンを稼ぐため、一番いいところを一番多く食べる権利があった）、その対比の結果、何世紀も前から、女性たちがもっと軽くつまみ食いのように食べる習慣が確立していた［Perrot, Mich., 2000］。だが、だからといって、食事を与えるという彼女たちの仕事をおろそかにするというのでもなかった。しかし今日新たな展開によってその亀裂が、自己の形成に関する二つの相反する観点をもたらす、アイデンティティーの敵対的なものとなったのだ。そのことが料理に関するその都度の決定の際に起こるのである。そうすると、マルジョレーヌの微妙なサジ加減ということが、もっとよく理解される。彼女が努力を費やし過ぎではないかと気に病むのは、家事の仕事という観点からではない。彼女がその行動で心配しているのは、一番いいものではないと思われる方向に、自分の人生と自分の人間性を賭けているのではないかと思うからなのだ。その賭け金は、料理という平凡な外見をしたコンテクストが考えさせるよりも、はるかに重要なものなのである。どうにかこうにかその矛盾を解決するために用いられる策略が、複数あって巧妙なものであるということを、その賭け金は示している。マイテは、私たちが理解し始めた過激な策略を選んだ。彼女を助けたのは、義務の感情は彼女の中で料理をするという本当の喜びに結びついているのでもなければ、食べるという喜びにすら結びついていないという、単純な事実だったのである。そこで彼女にとって、料理に注ぐ努力を廃棄することが他の人より極めてたやすいことだったのである。アマンディーヌはその反対で、会食者の社交性を創造する料理の情熱の周りに、自分の生活の意味を強固に決定する気でいる。魔術的な食事のための夢の料理だ。ああしかし、家族は（特に二人の息子は）、この魅惑的なシナリオに組み込まれることを拒んだのだ。彼女はその代わりとして、友人たちのために料理を作る。最後にビスコットは、広く知られた一つの新機軸を打ち出した。食事を出すには出すが、自分ではあまり食べないことである。彼女はウサギが嫌いである。反対に家族は（一緒の食事が規則的だった時は）全員それが好きであった。さあそこで、ウサギはしょっちゅう食卓にのぼり、各自大いに味わったが、その間ビスコットはつけ合わせの野菜をついばむことで満足したのだった。誰もなにひとつ文句を言うことはなかった。彼女はそれが嫌いなのだから。なにかを絶つことは、食べる物を与えたいという欲求を持つことを妨げない。「家の者たちがおかわりするのは嬉しいわ。たとえ自分はできなくてもね」と、ボディービルの信奉者であるマリーも言う[Duret, 2005, p. 53]。「私は料理をするのが大好き。家の者たちにおいしい料理を食べさせるのがね」

分散したシーン

女性たちはいっせいに台所を放棄したのではない。仕事の分担がゆっくりとしか進まないことに直面して（洗濯や掃除に比べれば料理の分野の方がもう少し進んでいるとしても）女性たちは、特に週末は、料理の手はずをもっと速くして、打算なしの自己献身で家族的にやりたいという欲求を自由に発露させる。自分の喜びと他の人たちの嗜好のためにである。その革新が相当容易に行われたのは、家の外でも中でも食事の面での個人主義が高まった結果、大混乱が生じたということによる。食事の一部は、特に昼食は、外で取られる。もう一つの、特に朝食は、各自が切り抜けている。台所という部屋は、母親の存在が際立つことが少なくなり、なによりもまず貯蔵庫に似て、そこに登場する個人個人の自由な出入りに委ねられている〔Corbeau, 1992 ; Diasio, 2002〕。中心的組織者としての冷蔵庫の出現が、女性が退くのとは逆の動きに組み入れられているのだ。

今では食事は、分散して変化するシーンで演じられ、昔の秩序はその動きにとって代わられて不安定なものになっている。事の最も具体的な側面から始めるならば、食卓が多様化して複数になったことがあろう。ほとんどの家庭で、台所の食卓が一番大切なものである。そのことは、その部屋が数平方メートルの広さにまで縮小されても変わらない。実際半世紀近くの間、家屋のコンセプトを考える人々は自分たちの考えに確信を持って（これもまた勝ち誇った科学だ）、台所の広さを縮小してそこでの食事を消滅させようとした。単に料理する仕事だけに捧げられた「実験室」のような空間をもった、「アメリカ式」近代性の名の下におけるものである。家族は窮屈になったが、食卓の端でも使える限りはもちこたえた〔Léger, 1990〕。今日、新たに流行のコンセプトを考える者たちが、極めて「アラモードな」生活空間的台所たる、ダイニングキッチンを「発明する」までは、そうだったのである。現実には、小住宅や公営アパートに住んでいて慎ましい抵抗をしていた人たちこそが、最後には自分たちの欲求を押しつけたのだ。こういう台所のテーブルは〔第一番目の食卓なのであって〕、あらゆる可能性に開かれているものであるから一番大きなものだ。それは料理を作るテーブルでもあるし、即席につまみ食いをする場でもあり、各自でもっと本格的に食べる場でもある。あるいはまた、しっかりとした然るべき形での家族の食事の場でもある。一杯やったりコーヒーを飲んだり、あるいはなにもなくても、簡単に話し合う場。その食卓は、前もってしっかりと決められたプログラムに、体のサイズがピッタリ合っていない（ずーっと坐っていたり、腰掛け状態だったり、立っていたりである）。そこでは、各自の場面や家族の場面が錯綜する（冷蔵庫が遠くない）。時として台所が大変小さいために、万能テーブルの役割をするのは〔第二番目のテーブルである〕ダイニングルームの食卓となる。だが、ほとんどの場合、このテーブルの機能は別のところにあるのである。この食卓は記憶の保管者なのだ。背が高くどっしりとしていて、テーブルマナーという規律的秩序の名残を象徴しているからだ。あまりに整えられているので、普段の生活との間に亀裂を生じるほどだ。この食卓は、極めて格式ばった儀礼の形で家族を舞台にのせ、友人たちのレセプションを形作る。その厳格さは威風堂々の古めかしい魅力をもっている。不便な点も少なくない。以来柔軟さを増してはいるが、体が疲れる。そこで食卓の第三のものは、もっと低く、周囲に柔らかで快適な椅子を配置した形で登場した。サロンがその正式な使い方を変え、内輪の軽食に枠組を与えるものとなったのであるが、それには、背の高い〔ダイニングルームにある〕立派な食卓の冷たすぎる真面目さはなく、また、台所の食卓が持つあまりに並の通常さもない。家族はそこでは、もっと遊びの多いメロディーを奏で、ちょっと違った生活のシーンを開く試みをするのだ。天候が良くなってくる頃、時として第四のテーブルが登場し、庭やサンルームやヴェランダに据えられて、近くでバーベキューが行われる。それも同じ試みの流れなのだ。またさらに、様々なヴァリエーションも付け加えなければならないのであるが、それは、もうちょっと隠れて用いられるもの、あるいはもっと個人的なものである。それはもちろん、一種の小さなテーブルで、移動できる小型の（テレビの前で使われてもそうでなくとも）プラトーテレとよばれるものである。もっと放浪的なものなら、単にお皿だけというのもあり、お盆やお皿をベッドの上まで持っていくということもある。指でのつまみ食いには触れないことにしよう。

このように、家全体が変化自在の食事の道具に変えられ、極めて多様な条件で即席にしつらえられるのである。

食べることを通じて社交することが大いに流行して多様性を増しているが、食卓の数が増えるというのは、その多様化していることの最も目に見える側面であるにすぎない。行動が個人化しており、他方でグループの融合がある。自由もあれば規律もある。お祝いのブレイクもあれば習慣化されたものもある。短時間でのこともあれば長い時間をかけることもある。長い時間をかけた手料理もあれば、冷蔵庫というシステムもある、等々。場所や調理のしかたや会食のスタイルやに合わせてアレンジすることは無数にあって、絶えず再調整されている [Gacem, 2001]。新しい出来合い《プレタマンジェ》の食品やすぐに調理できる食品が提供されて、しかも、いつでもどこでも「手に入る範囲」にあることが、行為のモードが多様化している中で重要な役割を演じている。そしてそれはサーヴィス業（会社や官公庁などの共同レストランや町のレストラン、また宅配サーヴィス）でも同じことなのである。

速く出すレストランは粗雑食品の象徴となったが（特にマクドナルドの商標）、それは同時に、行動の個人主義化の理由だけではなく、使い方が自由に変えられるという理由でも、強い需要に対応するものなのだ。たとえば各種のファーストフードは、しばしば両親たちが小さな子供たちといつもと違った交流の体験をするために使うものとなっている。詳しい調査によると、混雑と周囲の雑音の中で会話は内容的に乏しいものである [Badot, 2002]。しかしながら本質的なことは、目下のところかなりの数のコードが転倒しているということや、子供たちによって支配され子供たちが中心になっている世界で、一緒に居て退行的になっているということなど、別のところに存するのである [Gacem, 1999 ; Singly, 2000]。

子供が中心

家庭の外で起こっていることも、家族の形成と密接に関わっている。それが極めて個人主義的な行動であるとしても、なにか家族に関係することを語っているのだ。いわんや、各種サーヴィスが家庭内に導入されるときはなおさらである。フランソワ・ド・サングリとジュリー・ジャネ・ショーフィエが、三人の小さな子供の母親であるソフィーの、極めて興味深い例を示している [Singly, 2000]。父親の仕事が忙しいために、家族全員が食卓の周りに集うことができる食事の回数は減った。週、わずかに二回である。ソフィーはそれを好都合として、手間をかけて家族のために手料理を作るであろうか？ 彼女は時間が余っているのではない。特に余分なやる気もない。そもそも、そうやってみた時でも、それが熱狂を呼び起こすことも全くなかった。彼女の目に見える重要なことは料理ではなく、食事によって呼び起こされる家族生活の経験なのだ。「日曜日のお昼は、家でマクドナルドを食べるの」。店でではなく自分の家で。それはお互いにもっと多く話をするためなのである。マクドナルドは（ほとんどなじみがないので）彼女にとっては「デラックス」なのだ。「私のデラックスはマクドよ。だって、何もやらなくていいんですもの。で、週末に何もやらなくていいということは、朝からずっとポトフを作るより、もっと感じがいいのよ」。彼女に後ろめたさはない。なぜなら、子供たちが、夫でさえもマクドが大好きだからだ。「だから、私はそこで、何もしなかったのに喜びを手に入れるわけ。それに、私は彼らがよく食べることを知ってるわ。だってあの人たちはそれが好きなんだから」[同前、p. 122]

我々はそのことを第三部で見ることにしよう。マクドに直面してポトフが言う言葉は、それでお終いではないのだ。またソフィーは、その料理の選択に関しては、単に少数者の極端な傾向を代表しているにすぎない。しかし、食べ物と料理の問題を別にすれば、彼女のケースは、今日求められている新たな食事の形態を極めて象徴的に現しているのだ。それは、とりわけ次の三つの軸をめぐって、そうである。中心に子供がいること、新たな儀礼化があること、そして特に、家族の会話があること、である。

食事における子供の位置は、わずか数十年前のことに過ぎない昔の規律のモデルとの関連でいえば、目覚しい変貌を遂げた。昔子供たちは明白に「副次的な地位」［Marenco, 1992, p. 222］を占めていたし、「大人たちと同じ必要も、同じ権利も」［同前］持っていないと見なされていた。料理は簡単で量もつましいものであった。はっきりとそう促されなかったら、話に入ることも禁止されていた。彼らは、第二ランクの会食者だったのだ。全員に課された規律でも、おそらく大人よりも苦しかったことだろう。スゼットは、その昔子供たちと闘いをしたことを後悔しており、いつも彼らが流した涙を思い出す。彼女は今では、その涙を全く違った風に理解しているのだ。自分の役割と規律に囚われていて子供たちの言うことを聞くことができなかったのだ。「バカで、私は、料理を全部食べなかったら子供たちに席を立たせたくなかったの。でもそれは愚かなことだったわ。だって、ある年齢になるまで子供たちが好きになれないものってあるのよね」。今日持ち札は逆転した。反対に子供が中心なのだ［Fischler, 1996］。だからといって、子供が家族のことのすべてにおいて権力を握ったという意味ではない。むしろ子供は、自立的な立場を得ているのだ［Queiroz, 2004 ; Singly, 2004a］。しかし食事の時に子供が会話の中軸であることは、議論の余地がない。親たちは子供に話させるように気を遣い、必要なら話を促すために質問をする（子供の方は、しょっちゅう学校の成績のことがテーマになり、それが親の期待に適っていないと分かっている時は、それを大して歓迎していない）。子供は、もっとはっきりと規律を和らげる方向に皆を駆り立てることができるし、退廃的なタイプの食行動の方向に駆り立てることもできる。子供は、影響の方向を逆転して、家族が食べるもののかなりの部分を極めて活動的に評論する人になったし、宣伝愛好者で、メーカーの道具にされている［Heilbrunn, 2004］。しばしば自分の好みを押しつけ、教育的な食の規律を損なって、「壊れやすい小舟」［Muxel, 1996, p. 66］を転覆させる危険がある。というのも、軟化してきたといえる規律のその残滓も、個人主義的な食べる人の際限のない自由との関連においては、我慢できないものと見える可能性があるからである。子供は時折、逃避の欲求を抑えることができない。とりわけ一〇代になると、食事時には体が組織的に接近させられ、顔と顔を合わせて直に目と目を向き合わせるために、その時の家族の拘束がもっとはっきり感じ取られるようになる。それゆえ、規律を和らげるぐらいでは、家族が揃って食事を取るのに充分ではないのだ。家族は魅惑的な中身を考える必要があり、各自を引きとめる新たな儀礼をこしらえなければならないのだ。

新たな儀礼

昔の規律モデルは多くの痕跡を残しており、柔軟さという大洋の中で散乱した断片となって漂い、分散的なシーンの上に再び定着している。単なる残滓が問題なのでは全くない。断片が家族によって意図的に維持されて、毎日調整と交渉が行われているということが問題なのだ。それは最低限の手がかりであって、それがなくては、あらゆる社会化が不可能となることだろう。スゼットと同様にバベットも、（時間に関する）昔の規律を覚えている。それは見たところ極めて厳格なものであった。「ええまあね。私たちの家では、お昼は一二時半、夕方は七時半。もしその時間に居なければ、皆は食事をする。子供たちの方は、それを拘束と思ったの。だけど、私たちは、あらぬ時に食事をするような人たちではないのよ」。時間はいつでも、分刻みで細心綿密に守られ、古《いにしえ》に相応しい規律の印象を与えていた。しかしながら、食事自体だけがそのように固定され、両親によって守られていたのだ。子供たちの方は、年かさが増すと共にますます自由を獲得していって、正式に食事が始まった後に帰宅したり、さらには食事に来なかったりした。それで大人の感情が激発したというのでもなかった。「彼らは、冷蔵庫で自分勝手にやったのよ」。両親は絶えず、子供の自立と教育的な原則を伝えることとの間で、調停をはかっている。その原則は一般的にいって、具体的な規律によって形になるものなのだ。両親は、勝手にやらせたいという気楽な欲求と、拘束を課すことによって伝わる教育的欲求の間で、ためらっている。今日その拘束は、昨日以上に子供たちによって受け入れられ難くなっているのだ。二五歳になるクロエは、それをくどくど言われたことが、ひどく逆行的なものに思われたことを憶えている。「手をテーブルの上に置いて、背筋をのばして坐りなさい。ナイフは右の手に、フォークは左です。手で食べてはいけません、などなど。そういうことがみんな規則で、くどくどと、食卓についている兄と私に向かって言われたの」[Garabuau-Moussaoui, 2002a, p. 87]。だが、いかなる家族も、数が多くても少なくても、否応なく最低限の秩序の規則を必要としている。しかも、あちらの家族とこちらの家族で、同じ側面を対象としているのではないのだ。こちらは時間で、あちらはマナーで、また他では食べるもので、という具合である。

フランソワ・デュベ[Dubet, 2002]は、いかにして社会が、二世紀に渡って、学校などの大きな制度を中心にして、共和国の膨大な秩序プログラムを練り上げてきたかを分析した。それは、確立された価値体系を基礎とする安定したもので、共和国の領域の中の個々人を、合法的なやり方で形成する諸規律を産出したのである。テーブルマナーのモデルは、その「制度的なプログラム」に私的な領域で対応するものとして登場したのだ。そもそも、この二つの領域で急変が起き、個人的自立の促進と組織の緩和の方向に向かったのは、まさにほぼ同時代の、一九六〇年代頃のことであった。学校と同じように食事も今日未だ制度として留まっており、諸価値を伝達し、拘束を課すことによって個々人を形成する社会化の枠組なのである。逆説的であるのは、歴史において規律のモデルが、何かすばやく動いて感覚的な、全く別のものを出現させる諸条件を産み出したことだ。それは、家族の会話であり、情動の表現であり、快楽の表出であった。たとえば、高くて厳格な食卓の姿勢が、長い時間顔と顔を突き合わせる状態を作り出し、それが、時間の流れに沿って会話を自由なものにした。規律の断片を維持することはしばしば、改革を受け入れるよりも弱い足かせなのである。

特に、その断片が昔の規律の厳しい修道服を脱ぎ捨てて、新たな儀礼という陽気で彩り鮮やかな新しい衣服の中にそっと身を滑り込ませる時に、そうである。新しい衣服はこうして、制度化する枠組という特性を役者たちの目から覆い隠すのである。明らかに、ダヴィッドが思い出しているような「フォンデュ〔チーズフォンデュ。白ワインでチーズを溶かした鍋の中に、各自が串刺しにしたパンの小片などを突っ込んで食べる料理〕」の夕べほど、自由なものはなかったのだ［Garabuau-Moussaoui, 2002a, p. 90］。それは、ルーティーンを壊すお祭り的な瞬間なのだ。「それはすごい時間だったよ。それは僕たちがなにか楽しいことをしたい時だったのさ」。だが、この場合のコンテクストに特有な、多くの細かい点を見ると、会食者たちに組織化の手がかりが刻印されている。「僕たちは木の色をした皿を持っていた。ベージュがかった茶色だ。突き刺した串も木で、各自色が違っていたのさ。僕のは緑だったね」。ソフィーの場合は、マクドナルドのサーヴィスを使ってはいるのだが、そのマクドナルドのスタイルからはとても遠い一定のテーブルマナーの考えがある。そもそも彼女の説明では、その理由によって、子供たちとファーストフードを食べることが全く好きではないのだ。彼女の権威主義からして、その場所の雰囲気とのギャップを感じるのだ［Singly, 2000］。日曜日のお昼の「家でのマクド」は、それはそれでいいとしても、通常の行動に反映することはできないものであり、したがって、（一方は厳格なマナーの点で、また一方は緩んだ触覚の点で）、極めて正確に定義された形で妥協的なやり方を作らなければならなかった。そしてその妥協は、二つの相反する力の戯れの間で微に入り細にわたるものであるだけ、一層目立つのである。包みは剝ぎとって、各自お皿で食べる。が、ナイフとフォークはない。ナプキンは紙製だが、相応しいように置かれる。水の代わりにコカコーラだが、いくつかの慣例は守られる。「手で食べるのだから、いつもと違う。たとえその他の場合にはやっていけないとしても、そのことははっきりしているわ。いつもと違うの。だって、布のナプキンじゃなくて紙のナプキンを使うんですもの。でもそれ以外は、ノンよ。それでもテーブルを立たないし、立つときは許可をもらう。小さい子は自分で飲み物を注がない。それって、やっぱり大切なことなのよ」[同前、p. 123]。本当に日曜日の昼食は、他の食事とは別ものだ。ソフィーの家庭でも他の家庭と同様、通常の食事の儀礼はもっと目立たないものになってしまっている。それは毎日繰り返されて、もっと意識的でない習慣の中に組み入れられ、会食者たちが、自分たちがこのようにして制度を作り出し、逆にその制度が自分たち自身を作り出しているのだということを実感できないほどになっている。食卓の周りの場所は一番気取らない場所の一つを表している。それはもはや公式にはなんら義務的なものをもっていないし、アンケート調査に応える人たちの最初の言葉も、「場所は誰にも割り当てられてはいない……」ということであるが、後になってようやく彼らは、実際にはそれが極めて固定しているということを再認識しなければならないことになる。各自は、「自分の」席に坐ることに関して、充分に手がかりを見出しているのだ。マチルド・ペロー[Perrot, Mat., 2000]も同じことを確認している。彼女がある夫婦に尋ねた時、その妻は声を荒げて夫を現実のことに引き戻さなければならなかったのだ。場所を動かしてはならないということは、ちょっと口に出せない現実だったのだ。「もしちゃんと見つめれば、私たちはいつでも同じ場所に坐っているわ。ええ、ええ、そうよ。あなたは先端の所、私は台所に近い所よ。ええ、そうだわ」*。自分自身の繰り返しを抑制できないということが意識化されると、ペシュー家では特異な苛立ちが起こった[Gacem, 1997 ; 2002]。ペシュー家の人たちは、ルーティーンに似たものはすべて大嫌いなのだ。「アライグマみたいに習慣を続けるのが、私たちはうんざりなのよ」と、パスカルが言った［Gacem, 1997, p. 91］。だから彼らは、生活のルーティーン化に対して闘いを挑んだ。「食卓の坐る場所は故意に再配分して、ゴチャゴチャにするの」［同前、p. 90］。それは一種の家族ゲームになった。まだ全員が来る前であっても、不意に誰かが「さあ回そう」と始める。「時々朝に。まだ朦朧として食卓に来る人にはちょっと変ね。自分の場所がいつもの場所じゃないってことが分かってね」。そうしてしばらくの間、ひとつの新たなシステムが定着する。その遊びは理論的には破壊的なものだが、実際にはそれ自体、とても意味のあるひとつの儀礼になったのである。

＊ Perrot, Mat., 2000, p. 44 に引用。男性が食卓の先端の所で女性が台所に近い所という二つの位置は、長い歴史を継承したものでもある。

夢の家族

ソフィーは「家での」マクドナルドを選ぶ。それが家族内の会話をもっと良くするからだ。夫婦の会話やいつもの家族の会話は希望の高さにはない。各自が、全く自由に全く真剣に話せて、気持ちを打ち明けて、他の人の話を聞ければいいのにと夢見る。メディアがその考えを宣伝して、それが今日の現実にぴったりしているという印象を与えている。だが実際はそれはひとつの理想に過ぎないのであって、普遍的な現実だと受け取られているために、個人的にそれに到達できないことによって一層不幸になるのだ。夫婦の会話や家族の会話は難しいものだ。それが普通なのである。というのも、家族は個々人を統合したものであるのに、その個々人はますます自立的になって幸福を渇望している人たちであり、妥協の必要性（現在あるものを生きること）と、もっと強烈に別のあり方で自己を実現したいという渇き（現在あるものをメチャメチャにすること）との間で引き裂かれているからである。会話はあらゆる瞬間に、秘められていた不満のパンドラの函を開ける危険がある。そこで人は、言うことをコントロールしながら話をする。いつでももっと多く、しかも決して多すぎず話をするためである。話の量という角度からではないが、家族のお喋りは豊富である。それはそもそも極めて役に立つ。それが共通の世界を作り上げるのを可能にするからだ。ニュースを批評すること、あるいはもっと良いのは（会話のテーマとしてよく出てくることだが）、友達や両親の批評というのもある。すなわち批評では一つの観点を強固にすることが必要であり、その一つの観点が共通の価値や思想でもってグループを結合するのである。いいや、困難さがあるのは話の量という点ではない。むしろ内容にかかっている。言い換えれば、様々の苛立ちを生じさせ、（小さくとも大きくとも）口に出せない苦しみを生じさせる、話のテーマ全体にかかっているのだ。人が言いたいと夢見ることと実際に言われることとの間には、構造的なギャップがある。

そのことが不足しているという状態の繰り返しに直面するので、食事が特別な時間として現れるのである。食事のもつ長く驚きに満ちた歴史によって、背の高い食卓の周りに各自が顔と顔を見合わせて位置に着き、あるやり方で、ある一定の時間会話を義務づけられる状態に置かれるという、肉体的規律が確立するに至った。食事は、決まった条件と近接的親密さをもって行われる家族の会話を制度化した。それゆえそれは、精神の中に、潜在的な欠損を埋め合わせする唯一の機会として登場しないわけにはゆかないのだ。それは、結束していて温かみがあって会話のある家族、という夢を実現する貴重な機会を提示するのである。そのことは、食事が提供できる以上のことを要求するところまでいくが、経験は、その期待を調整することもできる。つまり、マドレーヌが言っているように、ただ単に「呑み込む口」であることを避けて、目標をあまりに高いところに置かなくとも、話をする口でもあるように、物事を調整することが必要なのだ。「大切なことは話し合うことよ。私たちの場合は、食卓では黙らなければいけない世代だったわ。父と母が話し合って、子供たちは黙っていたわ。今度私たちが子供をもった時に、それは、学校のこととか仕事のこととかを話し合う特別な時間になったの。それは一緒に過ごす時間なのね。さっさと食べてテーブルを立ってそれでお終いという時間じゃないのよ。テレビの前にいて、呑み込むだけの口になっていることも望まないわね」

　そもそも、平和で居心地の良い幸せな家庭という理想が、会話のあり方をコントロールするように押しつけている。あまりに急いで話し合いをして口論に陥ってしまったりすることを避けるためである。パンドラの函は完全に開けてしまわないほうがいい。食事はすべての不足に応えられるわけではないのである。「それは、対話をして、その日一日に起こったことを話し合う時間なの。そして気持ちを緩ませる時間なのよね」。アネットの願望は限られたものである。というのも食事の機能は、会話の不足に対応することだけではないからである。食事は、もっと見えないやり方ではあるが同じように重要なこととして、各自に対して、皆の中に柔らかに包まれて問題も軋轢もなしに居られるという状態を与えるのだ。だから会話はあまりに遠くへ行ってはいけないし、ある一定のコードを守らなければならない。会食している各自のために精神的なバランスが回復されるという、その結果を期待する目的があるのだ。最も大切なことは衝突を避けることである。「それは、食事時なのに夢中になっちゃうということだわ。それは全く問題外ね」と、プリュンヌは断定的に言う。スイスで行われたアンケート調査の末尾でブノワ・バスターとローラ・カルディア＝ヴォネッシュが、「家族は食卓での口論を忌み嫌う」［Bastard, Cardia-Vonèche, 1986, p. 47］と、同じ結論に達している。しかし、もし仲たがいさせる話題をすべて避けるなら、いったいどうやって本当に話し合うということができるのだろうか？　家族は各々、次第にその好みのテーマに焦点を合わせるのだ。たとえば政治のテーマに手を着けるのは、家族のコンセンサスがあるという条件下に限られる。もし意見のくいちがいが深刻であれば、それを話すことは避けられる。

それをはっきりと言うのは外でということだ［Stevens, 1996］。家庭は、いつでも最高に打ち解けた話を実行できる場所というわけではないのだ。三面記事的事件の批評がもっと問題を生じない。あるいはスポーツのテーマがあって、しばしば男性軍によって盛り上がる。テーマが何であろうと、理想的な図式は、コンセンサスを背景にして、とるに足らない違いで対決することであって、それが対立を引き起こすことなく会話をダイナミックにするものなのだ。「たとえ完全に一致することは稀だとしても、結果として皆を相当に近づける精神状態とか価値があるものさ」と、ペシュー家の息子の一人クァンタンは言う［Gacem, 1997, p. 71］。コンセンサスという基盤があれば危険もないし、小さな違いに賭けをして興奮し、もっと遊びの多いシナリオでもって芝居的なやり方で舞台に乗せることが可能なのだ。「おまけに僕たちは皆、ちょっと反論好きな気質なものだから、たとえ大体は一致していても、まるでそれが超重大な違いでもあるかのように、あら探しをすることになるんだ」［同前］。にもかかわらず、その賑わいは競走を必要とする。そして、全然休息ではなく、ローテーションで努力をさせる各自のアンガージュマンを必要とするのだ。クァンタンの兄弟も確言している。「なにか面白いことを言おうとして充分努力をする者が誰もいないということは、ほとんどないね。リレーがあって、かなりうまく引き継がれるのさ」

会話スタイルのほころび

その会話遊びは、食事での表現が特有な質のものであるので、よく食事に調和している。家庭生活の他のどこにも見られないような、もっと自由で具体的で直接的なものである［Serfaty-Garzon, 2003；Frain, 2004］。そもそも、充分に構成された文と洗練された言葉の言いまわしという印象を与える「会話」という言葉自体はまやかしである。というのも、話し言葉のスタイルということに関して我々は、往時の規律あるモデルから大変遠いからである。文はぶつ切れで、連続がなく、脱線の多い決まり文句や遠まわしの常套句が一杯で、各自がお互いの話をさえぎっては、一続きにすれば一種のモノローグとなるものをつなげる。若い会食者たちで人数が多いときは特にそうだ。盛り上がっている家族の会話の話題を解読しようと試みる観察者が、その意味を再構成するのに大いに苦しむほどである。その意味は、はっきりと言われたことの中に捜し求められなければならないが、しばしばそれ以上に、ほのめかしや身振りの中に捜し求められなければならないのだ。マリアンヌ・モダック［Modak, 1986］はそれを実行したのであるが、そうすることにより、かなりの数のテーマに手が着けられ、それらがすぐに取り止めにされるということを確認した。またその他にも、短くて周りの雑音に混じっているためにはっきりそれと判別できないものもある、ということも確認した。その音の混乱ということに加えて彼女が気づいたことは、もっとしっかりと構成された議論が登場する場合、しばしばそれは、その家族が解決しようとしている問題をめぐるものであり、それゆえ食卓の会話を真の話し合いの方向へ向けようとするものだ、ということである。だが、その問題がそれほど深刻な問題でもなくそれほど緊急のものでもない場合には、会食者たちは、ユーモアをいじくりまわしたり嘲弄したりして、ためらうことなくその深刻な調子を壊す。深刻さは会食者たちを、あまり快適でない雰囲気の中に引き入れるからである。「深刻な調子は明らかに一緒に食べている人たちの邪魔だわ。だから皆、皮肉を言ったり笑ったり脱線させたりして、表に出るのを邪魔するわけ。だって表に出たら、周りで聞いている人に邪魔で、気持ちが通じ合っている軽妙な雰囲気の場面を演出することができないわ」［同前、p. 65］。実際には、良い言葉を使ったり、逆に秩序に戻るように注意したりすることを通じて、スタイルの闘争が行われているのであり、それによって、食事がもっと開放的な会話を目標とすべきなのか、それともその瞬間の神経質なことの中でとぐろを巻いているべきなのかを、決定しようとしているのだ。

家族はそれぞれに、率直に交渉するのか、劇場的に盛り上げるのか、もっと穏やかな雰囲気にするのかで選択を行っており、それぞれの習慣を確立している。ある家族の食事は他の家庭の食事と全然似ていない。シャルロットにとってはくつろいだ雰囲気と、とりわけ、その雰囲気を豊かにする働きをもつ話題の交換が肝心なものである。「それはちょっとしたいい時間なの。テーブルに坐ってくつろいで話をする。他の人たちが言う必要があることを聞いて、自分たちの考えを言って、言われたことに応えるの」。クレマンティーヌにとっても、会話の内容よりも一緒にいることそれ自体がもっと重要なのであって、特に、会話によって食べ物の周りに作られた、家族の時間の安らぎの平穏を乱されてはならないのである。「それは皆が一緒に居る楽しい時間なのよ。物のこととか人のこととか、なんでも話すわ。でも、すべてのことをもう一回問題にするっていうことじゃないの。家でそういうことをするのは料理を前にしている時ではないのよ」。反対にペシュー家では、料理を食べながらすべてのことをもう一回問題にすることが好きである [Gacem, 1997]。一般的にいうと、小さなことに関する不和を大げさにするのはただの遊びである。しかし時としては、将来に関わる本当の問題をめぐっての話題もあるのだ。たとえば若い女学生であるクァンタンが、遊び気分で大学の一年目を始めて友達と音楽をするほうが好きだったときが、そうであった。そのテーマがますます押しつけがましくなって避けられなくなり、食事の楽しさを乱してしまった。それは、クァンタンが音楽の友達と一緒に居るために家族と一緒に食事をする回数が少なくなるまで、続いたのだった。話し合いを押し詰めすぎることはいつでもデリケートな問題なのである。容易に楽しい雰囲気を壊してしまうし、誰かが逃げて出て行ってしまうことになるかもしれない。それでも言いたいことを言うのを抑えられないと、それが元でどのような限度でも超えてしまう。話が解き放たれて、顔と顔をすぐ近くで見合わせることが表現を助長する限り、そうなるのだ。

そのような会話を規定するはっきりしたゲーム規則はないし、食卓の長が法律を押しつけるということも稀である。それゆえ会食者たちは自分で調整しなければならないし、調子が上がりすぎたと判断したり、反対に、話題の精彩のなさが言い合いの空っぽさを示していると判断したときには、修正するために介入してこなければならない。ジャン＝ヴァンサン・ピルシュ［Pfirsch, 1997］は、その比較分析の中で、そこでもまた「穏やかな」食卓を好むドイツの若者と、食卓の「盛り上がり」を好む若いフランス人との間に、かなりはっきりとした違いがあると指摘している。特に食べ物への関わりでコントラストが際立っており、一方は他の人たちに対する気持ちを感じ取る手段と見ているのに対し、他方はむしろ、他の人たちに対して「はっきりとものを言う」ためのきっかけと見ている［同前、p. 177］。

食卓の話題

我々のアンケート調査で確認されたところでは、食べ物自体に関する話題が会話の中で最も多いテーマである。料理に関するコメント（上手にできていれば褒め言葉が出るし、失敗すると非難が如才なく言い表される）、各自が何を食べたいかの問題、味覚の表現等々。どの発言も家族内の小さな事件の形となって盛り上がりの元となり、不意にその事件が話題にさらなる輝きを与えるのだ。それは、記憶の中に痕跡を残して、予期しないありふれた出来事の小さな伝説を作り上げるほどになる。バベットは証言する。「彼ったら、いつでもなんでも美味しいって言うの…ああ、この間はそうじゃなかったわ。アンチョビーでなにか作ったのよね…白状しなくちゃいけないんだけど…本当に、それって全然おいしくなかったのよ。その時は彼はそう言ったわ」

「で、何が起こったんですか？」と質問者が聞いた。

「それで、私たちは笑ったの、すごく笑ったのよ。それから彼は、それでも全部食べたわ」

今進行中の行為をコメントするとなれば、食べ物の話を優先することになる。たとえば一般論が昂じて食べ物の問題に達するのである。「彼はしょっちゅう指摘するわ。すると私たちは脂肪とか、砂糖とか、ダイエットとか、そういったことを全部議論するの」（アマンディーヌ）。あるいはそれよりもっと多い話題は、この次からの食事のことだ。もちろん我々は第三部で、一番解決困難な問題が食事の「アイデアを見つけること」であるのを見るであろう。つまり食卓での議論は、料理担当の人（女性の方が多いが）にとって、情報を拾い集めるための貴重な機会なのだ。「私はしょっちゅう夫と、次に何を作ろうかって話すの。一週間の間は、日曜日に何を作ろうかしらって言って、自分たちの考えを出すのよ。もし夫が、いやそれはだめだって言えば、私は作らないわ」（シャルロット）。バベットは一か月後の宴会という、もっと先の計画をする。「たとえば今日の午後に私たちはクリスマスの話をして、なんの料理を作るかについて話したわ。ちょうど広告をもらったところで、それを見て話し合ったのよ。多分変えなければばってね。そうなのよ。いつもフォアグラとスモークサーモンと七面鳥…相談し合ったけど、なにも思いつかなかったわ」

バベットが出した例は、もう一つのよく出るテーマで、強力にグループを組織化するというテーマを示している。それは家族の計画ということである。これからの食事ということはもちろんだが、外出や、ヴァカンス、買い物のアイデア、日曜大工仕事や部屋の内装等々。会食者を小さな企業に作り変えて戦略を発展させるものすべて。あるいはまた、脈絡のない夢の中へ逃避させるもの。なんであろうと、大切なのは、暫しの間グループを可能的な他の所へ結びつけたということであって、それはそのグループ自身に、自分たちは活動的で創造的だと見せるものなのだ。だがその飛翔もそうしょっちゅうであってはならない。夢の力を疲れさせ鈍らせる危険があるからだ。それゆえ普通の雑談に戻ることは挫折ではない（沈黙が長く続かない限りは）。会食中の会話はそれ以外に、もっと目立たない、無限に多くの働きをもっている。が、それをここで詳述することは不可能だ。けれども、その日起こったことを語ることについては言及されるべきである。それは極めて普通に生じるので、真正の儀式に見えるほどである。各自が自分に関する一連の小さな災難と小さな物語をひもとく。小さな話が肝要だ。というのも今日我々は、自分のアイデンティティーを構成して、それを物語の形に流し込むように強制されているからである。だから、小さな物語が我々自身という大きな物語を養う。我々自身が食事の席で家族というグループによって有効と認められ、家族がその大きな物語を、家族自体の集団的歴史の中に記載するのである。小さな災難も話すのに肝要である。というのも、公の世界に晒されているストレスと評価して欲しいという期待は、会食者たちが思いやりを込め気持ちが通じ合った状態で聞いてくれるおかげで、心理的なバランスの回復が与えられることを必要とするからだ。話の中では実にしばしば、「意地の悪い男性」あるいは「意地の悪い女性」が、その審議の雰囲気をひどく悪いものにしつつ繰り返し登場するし、おまけに強迫的である。ここでもまた、もし微妙な限界が破られて、聞き手たちがその共感の能力を失っては調節は働かない。会食時の会話はずっと快いものでなければならないし、過剰の努力を前提としてはならないのだ。このため会話によって癒されるのは、深刻ではない精神上の苦しみでなければならないことになる。だからといって、それがいつでも表面的なままであるということではない。反対に、会話が醸し出す自由な声の調子や、何でも言える雰囲気は、打ち解けている時にもっと緊張した部分や夢の部分が飛び出すことに好都合なのであり、親密なコミュニケーションという理想化された夢にとって好都合なのである。「いつだったか彼が、ある友達のことを話したことがあったわ。その友達はあるとき仲間が行ってしまったので泣いたというの、引っ越したのよね。それで彼ったら言ったの。僕はそれまで友達が泣くのを見たことはなかったんだってね。そういうわけで、そこで私たちは感情ということについて話したの。ものすごく個人的なことまで行くことができるのよ。夫は、テレビの前でソファーに坐っている時より、食卓のほうがずっと簡単に話すわね」。プリュンヌはそのことを話しているうちに、さらに一層感動した。彼女の夫は、そのような感情の深さに行くような危険を冒すことは、めったにない人なのだ。通常の食卓が、そのロマンティックな奇跡をもたらしていたのだった。

子供たちの話しぶり

子供たちは他の人たちのような対話の相手ではない。今日でもまだ昔の規律的で階級的なモデルに影響を受けている家族もあり、そういう家族の中では、子供たちは相変わらず発言権を持っていない[Fischler, 1996]。しかし大多数の家族では反対に、今では子供たちが会話の中心に居る。彼ら自身が討論の主題であったり（必ずしも子供たちに発言を許さないで、彼らについて議論する）、いろいろなからかいや冗談の対象だったりして、それが雰囲気を盛り上げる。* けれども、どこかの瞬間に直接子供たちに質問するという事態にならないことは、稀である。その日のことを話すという儀礼的な義務に関してはとりわけそうである。子供たちは「学校でどうだったか」（カンディー）を言うように促されるのだ。すると親たちはしばしば返答の短さに失望し、もう少し多く知りたいために詮索するようになってしまって、残念に思うのだ。すでに子供たちはテーブルマナーの規律を強制されているのに、そうした尋問調の会話に変わってしまうことで、さらに強く圧迫感を感じるようになる。そこで子供は、逃げ出したい願望をどうしても抑えられないことになるのだ。こういうケースで両親は、とりわけ充分に話し方をマスターしなければならないし、質問を巧みに按配することができなければならないのだ。逃げ出す習慣が定着しそうな時には特にそうなのだ。アマンディーヌの上の男の子の場合がそうである。彼女にとって料理をすることは簡単ではない。夫がしょっちゅう変わる気まぐれをやり出したし（目下のところはクレタ式ダイエットだが）、息子はピザ＝マヨネーゼに没頭しているからだ。しかし彼女の生活の中で、また、喜びに満ちた家族という理想にとって、食事の時間は相変わらず最重要なものである。「食卓では、皆が集まって、お互いがちゃんと向かい合って、いい具合よ。当然のことに、事が起きるのは食卓に着いている時っていうことになるのよね」。なんということか、会話の強い調子が息子に焦点を当てたときに、期待していたのと反対の結果を産み出すのである。「皆やってみるの。そういう時息子は簡単じゃないのよ。しょっちゅう食卓を立つということが起こるのよね。ええ、それはしょっちゅうよ。彼は自分の皿を取って、行ってテレビを見るの」。カンディーは子供二人だけと暮らしている。そこで彼女にとって食事を一緒に取ることは極めて重要なことで、それによってお互いの心が具体的なものになり、家族生活に息吹を与えることができる。「私たち三人が一緒にいられるのはその時だけなの。その日のことを話し合うわ。彼らは大学のことと高校のこと、私は仕事のことよね」。しかし彼女の娘は「食卓に坐っていない」のである。ケンカにならないように気をつけながら何度も話し合いをもちかけた。「いいの、私は彼女に三〇分坐っていてくれとは頼まないわ。でも一五分くらいはね」。それでも多すぎたのだ。「子供たちを見てると、食べることは義務なんだって思えるの。私はすばやく五分で食べて、それから、パッと上へ行ってしまうのよ」。カンディーも逃げ出したい気持ちを感じているのだ。もっとも、彼女が子供たちに課している規律はものすごいものではない。そういうわけで、食事の間の数分間テレビを禁止するために長いこと闘った挙句、彼女は結局だんだん妥協する回数を増やすことになった。禁止を続けても、テレビの娯楽で得られた習慣のせいで、会話の糸を結びなおすことができないのである。「一言もないということがしょっちゅうあるのよ。しょうがないわね」

＊ 私はヴィルジニー・デスパント〔フランスの作家〕が自分のブログ（二〇〇四年九月二七日）に載せた、次の素晴らしい言葉を引用したい気持ちを抑えられない。「若い男の人が食卓に居て、楽しい。質問したり、からかったりする相手になるし、実際子猫みたいなもの。でも食事中によ」

幸い、必ずしも子供たちと一緒の食事がそれほど問題ではないという家族もある。反対に、遊びのような雰囲気によって子供たちが引きつけられ、彼ら自身がますます盛り上げることに熱中するように仕向けられている（時々は、両親があまり歓迎しないスタイルのユーモアも押しつけられる）。子供たちがそれほど裁かれることもなく主役を演じていると感じている時には、会話の雰囲気もあまり尋問調ではない。フランソワ・ド・サングリ〔Singly, 2000, p. 128〕は、四人の子供の父親であるエティエンヌの例を取り上げている。「私は子供たちが話すままにさせています。週日のあいだ子供たちとあまり会わないので、週末は特別な時間なんです。大人たちが会話を独占しないようにして、子供たちが考えていることを話すことができるようにしています。だから、昨晩はどうだったかと聞きます。上の子は博物館に夢中で、ヴィレットにいつ連れて行こうかと聞くんです。また別の子は、自転車のタイヤを見てもらいたいと言います。全く支離滅裂な会話ですが、私たちは子供に話させるんですよ」。そういうタイプの会話によって、特徴的な人物が登場してくることになる。その人物は役者であって、自分の役割を他の一緒に食べている人と混同させ、それをもっと良く演ずるためにその特徴を大袈裟にすることをためらわない。喜劇を登場させたり、いかさまや、ハチャメチャ劇だったりする。エティエンヌは、家族に割り振ってある役割のことを語っている。「ひとりの娘はなにも言うことがありません。なぜって、この子は本当に静かで、礼儀正しく食べているからなんです」。その兄は、多少とも無意志的に慢性的な不器用で、馬鹿なことをやってテーブルの皆を笑わせる。「彼は何かに触れれば必ずひっくり返して壊してしまうんです。それからあとの二人が会話を独占します」［同前］。子供はその食卓の遊びを通して「社会と家庭における自分のアイデンティティーを構成する徴」［Muxel, 1996, p. 77］を発見するのである。だがその遊びは、笑いを越えて残酷であることがはっきりすることもある。特に「寡黙な子供」と「花形の子供」の間に対立が生ずる場合に、そのことが起こる。食卓は「他の人たちの目に晒される舞台であり、その人たちの判断と期待に晒される舞台なのである」［同前］。寡黙な子供にとっては、「黙っていないで」という指令は親切なからかいの調子で言われても、とても耐えられないものであって、饒舌な兄弟や姉妹と比較されることによって深いところで動揺させるものであることが明らかだ。逆説的なことに、会話が豊かで自由で楽しい時が、とりわけそうである。というのも、集団の包み込みと相互の慰めがその場の支配者でいられたはずなのに、危険を導く新たな線が解き放たれ、それによってそれぞれの間の競走がはっきりとするからである。すごく盛り上がって面白い食卓でさえ、危険がないわけではないのだ。

テレビ、養うが貪欲なもの

食卓の会話の調子が自由だからといって、そのことによって、高度にデリケートなことが実行されていて、いくつもの踏み外しの危険があり、またその理由から絶えず制御の外に出てしまうという問題が覆い隠されるのではない。家族のその時間を充分生き生きとさせるためには、仲たがいをさせる、話題の詰まったパンドラの函を開けないように注意しながら、ものを言うことができなくてはいけない。長い食事の時間中顔と顔を見合わせている姿勢は、親しい会話を義務づける諸条件を作り出す。それゆえ毎回の食事は、家族がお互いに対してなにか言うことがあるのかどうかをはっきりさせる、テストのような機能を果たすのだ。言うことがあるということが、家族が生き生きとしていて、制度であるというだけではなく人間関係が活発であるという証拠になるのである。逆に、全く押し黙っているということは、残酷にもネガティヴなメッセージを放つ。ある家族にとって、フォークの音が話が空っぽであることの証明になっていること以上に、悪い事態はない。「一〇秒はOKよ。食べることもしなくちゃいけないもの。でも、一分では、すぐに皆が具合悪さを感じるわ。すぐに、何でもいいから、なにか言うことを見つけなきゃいけないのよ。で、時々は、それは何だっていいの。古い言いまわしがあるわね。『天使が通ったぞ』って、笑いながら言うやつよ。あれはそんなにうまくはないわ。だって、もしもそれを言った後で二人目の天使が通ったら、もっと具合悪さを感じるもの。そうするとそこで、カタストロフってわけね」（カネル）。

ラクロワ家では天使が団体で通る。ロドルフは言う。「家での問題は会話のテーマを見つけることなんだ」[Gacem, 1997, p. 25]。そこでテレビの介入となる。無能な人たちを救済し、覆い隠して、家族の雰囲気を和らげてくれるのである。「それが少々、我々に解決策をくれるのさ」[同前、p. 41]。テレビは、家族の食卓に招待された第三の人物で、会話の調節器として使われる。その瞬間と会食者たち次第では、単にバックで音を出しているものであったり（フォークの音を隠す）、コメントを与えるきっかけとなって討論を助長したりする。それがどれくらい使用されるかは各自によって絶えず調整される。ラクロワ家で特に受け入れられているのはクイズ番組である（家族の者たち自身がクイズに答えたり、出場者のことをあれこれ言ったりする）。父親は、会話が苦手なので一番画面に引きつけられている。反対に母親のマチルドは、テレビが単なる道具のままでいるように気を配り、あまりに会食者たちの注意を捕らえ過ぎないようにしている。「実際は、多かれ少なかれ全員が見ているわ。なぜって、私が思うに、テレビがついていると催眠術がかかっているの。でも、誰かなにか言いたければ、それは邪魔にならないわね。話さないってことはないわ。そういうことなのよね。それどころか、話すことは大いにお勧めよ。全部各自のユーモア次第ね。本当に話したい時はテレビなんか気にしてない。食事していてテレビがついてても、誰もそれを聞いても見てもいないって時だってあるのよ。時々テレビは会話とか口論のテーマね。何かを見て各自がそれに意見を言うの。だから賛否両論あるけれど、それは私たちを完全に虜にするものではないわ」［同前、p. 42］

家族の食事と一緒に見るテレビに関して、他に付け加える話はなにもない。テレビは重要な役割を演じているし、食事というその時間に演じられることに対して極めて示唆的である。食事は家族生活の建築家であり、その時以外には出てこない偶然の会話を迫ってくる。しかし、沈黙を隠したり話を再開したりするのに、テレビという人工臓器の助けを借りなければならない多くの家族の中では、その会話は困難である。このことから、テレビの多用が説明されるのだ。一番家族が集う夕食時に、二人に一人がテレビを見ており、その数字は増えつつある［Guilbert, Perrin-Escalon, 2004］。もっと一人一人で取ることが多い朝食の時には、その数字はもっと低く、このことは、厳密な意味でのテレビの誘惑が二次的なものであることをよく示している。食事時のテレビは第一に家族的な機能をもっているのである。

マチルドが上手に言っているように、問題は「テレビがついていると催眠術がかかっている」ということであって、画面が我々を奪い、我々をそちらのほうに吸い込んでしまうということである［Tisseron, 1996］。諸刃の剣なのであって、話題を助けるこの道具は、会食者たちが純粋な観客という気楽な役割に変わるにまかせて家族的会話の要求を忘れるや否や、たちまちひっくり返って逆のものになる。テレビは、解放するものとして登場して生活を楽にすると同時に、恐るべき進歩でもあるのだ。その間に支払うべき代価は、元に戻ることが極めて難しいということだ。つまり、家族の会話が永久に死んでしまうのである。そして家族自体が、固有の声がないルーティーンの中で凝り固まってしまう。スゼットは、食事とテレビを結びつける複雑な関係を、長い間仲裁してきた。最初は子供たちが一人で逃げ出してしまうのを制限しようと試みた。「子供たちがもっと小さかった時に、テレビの前にお盆を持っていくということがあったの。でも私は食卓で食べるほうがいいと思うのよ」。テレビは台所の食卓にもあることは確かである。だが、音の大きさは弱いもので、集まっている家族の会話を窒息させるものではない。「私たち皆が集まっている時には、それはいいの。バックにテレビをつけていてもね。台所はよくそうなっているからよ。それでも私たちが話し合う妨げにはならないってことなのよ」。例外の時がある。それは「サッカーの試合がある時で、さあ、その時には話し合いは問題外だわね」。そこで家族は移動して、サロンのテーブルで、衛星放送の映る大きなテレビの前で食事をとるのだ。そうなったら、スゼットの気持ちの中では最後の一線が踏み越えられ、テレビが家族生活を貪り食うことになる。にもかかわらず、夫と息子たちは全く違った意見で、家族で「食べ物の快楽」と「見る快楽」をない混ぜて楽しい時間を過ごしていて、会話を交わすことも自分たちの考え方を戦わすことも自ら禁じてはいないと考えているのだ。たとえ会話の中でサッカーのことしか問題にならないとしても、家族が（少なくとも男性軍の中では）完全に消失したわけではないのである。それゆえ、テレビに捕らわれているとしても、それが必然的に、重要な家族の時間としての食事が消えてしまうということを意味するのではないのだ。ウジェニーにとっては、（テレビがない）台所で取る毎日の食事が、一緒にいる特別な時間を作り上げるのではない。「私たち二人には、食事は複雑じゃないんだもの。頭を悩ましたりしないわ」。時々は反対に、「いい映画がある時は」、もっと遅い時間にサロンで食べて「テレビの前にちょっとしたものを持ってくの」。食事は全く簡単であって二人は黙っているが、いつもとはすっかり違っているために、もっと並外れた時間という状況が作り出される。一緒にいるという単純な幸福の、慎ましやかな秘密の宴会なのだ。「もしいい映画だと、二人ともこうやって食べて、具合がいいのよ」。それゆえ、テレビの正確な役割は、常に解読が簡単だというわけではないのだ。ヴァンサン・カラデック［Caradec, 2004］は、テレビがどれほど強力に高齢者層に定着しているかということを強調している。夫婦の会話のなさを埋め合わせているのである。しかし、年齢が高くなるほどもっとひどくなる結果としては、番組に対して払う注意力が低下してくるということがあり、それは、生活全体から離れていくということを示している。テレビは、生き生きとした目で見られる時には、それなりに好奇心と活発なエネルギーが維持されていることを顕示するのだ。

テレビは必ずしも家族の会話を殺さないし、もっと暗黙のグループ的コミュニオンの可能性を完全に消し去るのでもない。しかし我々がもっと前の所で（テレビの侵食に警戒を怠らない）プリュンヌとカンディーの場合で見たように、テレビは、食事という家族生活の核心を脅かす危険と見られることが多いのである。テレビの前で食事を取ることによって通常のあり方を大きく変えるということが常態化してしまうと、集団という制度の効果は薄れる。そしてもし、話し合うことよりも画面に固定することが習慣になってしまうと、もう一度話す能力を回復することは極めて困難になる。具体的な指標は、家族生活の建築家としての食事が、徐々に変化して死に至ることを示している。食卓の周りの場所の配置がそうである。（中世への驚きの回帰であるが）顔と顔を見合わせることがひっくり返って、もっとよく番組を見るために一列に並んだ配置になると、テレビは論理的に言ってもっと貪欲なものになる。また別の指標として、音の大きさがある。控えめな音が耳を聾する大音響になると、全く単純に、話すことが不可能になる。「何か聞きたいことがあった時には、私は食事の間は聞いてみることさえなかったわ。あのテレビがいつでもついてまわったからよ。実家に帰っても、テレビが強力にあるわね。私たちは話すことができないの。私の両親も全然空いてないのよ」*

＊　農家の若い娘の言葉。Muxel, 1996, p. 81-82 に引用されている。

一緒に食べるということ

現代の食事は振る舞いに関する規律から生まれた。つまり、家族制度を再構築するという思想を中心にして有機的に構成される、テーブルマナーから生まれたのである。今日その規律は緩和されているが、それは、家族生活のモードが変革されて、以前ほど義務の枠組によって規定されなくなったのと平行してのことである。しかしながら、形式のこの変化を通じても、食事によって家族を形成するという思想は元のままである。ただ、マナーの厳格さという規律が、コミュニケーションという目標に取って代わられたのである。お互いに話をすることが、私たちは充分に生き生きとした家族なのだという証拠になるのだ。プリュンヌやカンディーは、真の立派な会話をするというその夢を形にしており、そのために反テレビの闘争を続けている。しかし、しばしば現実は、家族的会話のモデルの類から相当に遠いものである。会話がそんなにも貧弱だということではない。むしろ会話がモデルからずれているのである。すでに我々はこの「ずれている」ということの一側面を、話題の取られ方の諸形態ということで見たのである。話題の取り方と言っても、巧みに言葉を操った立派な演説というよりも、愉快な混同ということである。これから我々が見ようとしているもう一つの側面は、会話がすべてではないということ、会話は、多様で時として目立たないすべての項目の感情と交じり合うということである。

最初に一番簡単で一番基本的なこと、それは、食べるために皆が一堂に会するということ、そしてたったそれだけの事実によって、皆がなにか基本的なものを分け合っていると感じ、昔のように「煮たものを通じての親近性」を作り上げていると感じることである。友達関係においてもそうであるが、家族の者たちが近くに居るというだけですでに、拡散するコミュニオンを救い出している。そのことをツヴェタン・トドロフは「だれかが居るというだけで、その人に何も頼まないとしても、穏やかな喜びの源になる」と分析している［Todorov, 2003, p. 97］。しかし、一緒に食べるなら、さらに追加的な次元が付け加わる。「それはいつだって、集まれば食べるものがあるからというのが事実なのよ。テーブルの周りに集まる時によ。そうでなかったら集まらないわよね」（バベット）。プリュンヌは、自分の子供時代のように、テーブルに集まった人たちの中で親密で暖かい会話があるようにという彼女の夢は（それは少なくとも、その思い出を彼女が持ちつづけている、ということではあるのだが）、夢のままに留まっているということをよく承知している。恋愛の出会いの最初から彼女は、家族や子供たちや楽しい会食者たちというイメージをいくつか持っていた。「私が夫と出会った時最初に思ったことは、家族を作れるということだったの」。それ以来彼女は、快適にそして静かに一緒に居ることという、もっと控えめな現実に自分の夢を合わせることを覚えた。「それはリラックスさせるの。気持ちを良くするし、もっと楽に話し合うわ」。食事は平和の時間だ。平和にする手段である。「私たちが息子のことで怒っている時で、具合が悪いとしても、食卓に着いたらいいの。それでお終いよ。そのことは忘れて別のことに移るわ」。極端な状況があると、食事の基本的な機能を明らかにすることができる場合がある。たとえばクレマンティーヌは昼食をとらない。娘が食卓に着く年齢になった時に彼女は、自分自身も食卓に着かないと問題を生じるかもしれないと、直観的に感じた。そこで彼女は食べるふりをすることに決め、唇だけを動かし、時としては実際にコメディーを演じた。「娘と一緒に食べるためよ。一緒に食べる相手として居るためなの。彼女はそれが大好きなのよ」。「一緒に食べる相手として」というのは、重要なこと、創設するもの、そして連盟を組織するものが、一緒に食べるということだからだ。「食べて話し合うのは心地良いことよ。重要なことは、食べるために一緒に居るってことなの」（マリーズ）

食べることは快楽を得させる。単に満腹だという快楽もあり、いろいろな感覚によって実験するもっと洗練された快楽もある。それゆえ食事が、象徴的な家族の形態と安らぎの時という、基礎的な役割のみに留まることは稀である。しかし、アンケートで取り上げられたものの中で唯一の反対例がある。それは、マイテが日曜日の昼の食事を準備する時である。家族のメンバーが（その時はハムサンドイッチを止めて）食卓の周りに着席するのであるが、それでも（食べ物を摂取するという機能にしっかりと固定されている）彼らの習慣を変えるのではない。彼らは食べるのである。料理の中身が何であろうと、ただ食べるのだ。「彼らは批判しないわ。指摘されたことも一度もないわね。彼らは出されたものを食べるのよ」

小さな快楽の融合

多くの場合、いくつもの快楽が共有される分野で、なにか別のことが起きる。必ずしもはっきりと表現されるものではないとしても、である。「皆が食べる満足を表さずに食べていても、それは感じられるものよ」（スゼット）。言葉には出さなくとも、各自が他の人の喜びを感じ取る。空腹が満たされる喜び、味覚を発見する喜びを感じ取るのだ。ある瞬間には、沈黙それ自体ももはや問題とはならず、逆にポジティヴなメッセージに変貌することがある。その時フォークの音が満足を表現するのだ。気持ちは表面上感じ取られないが、しかしそれは会食者たちを取り囲み、さらに一層近づける。そして、親密な満足感を集団で共有している世界の中に彼らを包み込むのだ。「まずは食べる喜びで、一緒にその喜びを持たなくてはいけないの。それって大切なことよ」（マルジョレーヌ）。小さな喜びそして大きな喜び、その振幅は極めて大きなものである。「それが美味しい時は、ああ、それって——私は大きい言葉を使うわよ…（マリーズは言いよどみ、それから大きな笑い声と共に続けた）…そうねえ…それって悦楽よね。その時人生の価値が分かるのよ…オルガスムスっていうか。極端に言えば、話しかけてほしくもないわ。すごくいいから」。マリーズは「悦楽を感じている」時は人に話しかけてもらいたくない。秘密の喜びを心ゆくまで味わいたいからだ。しかしながら一般的にいえば、話すことでその強さが増す。特に言葉は、分かち合っている喜びを示してみせることで、各自が個人的に感じていることを皆に向かって放出するのである。しばしば、充分に確信して発せられた「うむ、これはうまい」というような短いコメントで充分であり、そのことで会食者たちは、気持ちを共有するという集団的体験の中に入り込むのだ。この点でも再び、古いテーブルマナーのコードとの亀裂は極めて深い。というのも昔は「感覚的喜びの、あまりに直接的であまりに生な表現」［Picard, 1995, p. 137］を抑えることが相応しかったからだ。今日では反対に、家族の術はそれを表現することにある。食道楽の罪は美徳に変わった。メルバは食事の前や途中に娘が見せる、含み笑いの幸せに感動している。「彼女は食いしん坊なの。夕方、それは喜びよ。彼女が鍋の中を覗きに来るの。彼女は本当にものすごく好きなのよ」。娘の喜びが彼女の喜びなのだ。

食事はいくつもの快楽が微妙に混合する機会である。すべての感覚がそれに加わるが、精神や知性や感情のカテゴリーもいくつか加わっている。プリュンヌあるいはメルバの一番大きな喜びは、料理がうまくいったときに家族が活気づいて感動することである。おいしいものを食べて、個人的な喜びを体験することもとても好きである。しかし、このもう一つの気持ちの総体は、全体的な家族の象徴と切り離すことはできず、様々なものによって豊かにされる全体の中に組み込まれているものである。快楽の融合がある。匂いがその好例を提供するであろう。嗅覚は、他のすべての感覚同様、快楽の融合に強力に参加するものである。もちろん匂いは食べる人一人ひとりに訴えかけて食欲をそそり、欲求を起こさせる。しかしそれはまた、グループを包み込むものにとって必須の要素でもあり、会食者たちを取り巻き、結合的な雰囲気を作ることに貢献する。逆に言えば、その二つの側面にはなんらアンティノミーはない。食べる人一人ひとりのコミュニケーションの喜びも、他の会食者たちの喜びを強める。集団的包み込みが食いしん坊に力を与え、さらには自己表現を促す。オリヴィアは大層器用に料理の匂いを働かせる。彼女は、料理の匂いが、食事においてグループを被覆するものを準備しているのだと心得ている。匂いが、時には食事の始まるずっと前から、嗅覚的な雰囲気の中にこれから食べようとする人たちを浸し、閉じ込めるものであると、知っている。彼女は「悪い匂い」（彼女によれば、とりわけキャベツと塩漬けタラである）のためには、ガレージの奥に補助の台所を設置した。反対に、強い匂いではあるが、良い匂いだと知られている料理を煮込む時は、故意に大きな台所で料理をする。もちろんお菓子の時もそうである。「こういう風にいい匂いがする家に帰ってくると、いいものよ。心地良いものなのよ」。嗅覚も、そして同じように視覚、触覚も、また当然味覚や聴覚も、食事を通して家族を形成することに参加している。「こういう風にいい匂いだと、そもそも料理は確実よ。全部同時においしいのよね。周りに集まった皆に本当に喜びを与えれば、食事は成功だわ。雰囲気を分かち合うって、本当に思うわね」（マチルド・ラクロワ）[Gacem, 1997, p. 50]

聴覚は、味覚や嗅覚と比べて、食べる行為と直接に結びついた快楽の形成に与ることが少ない。逆にそれは、会話にとって主要なもので、それ以外の快楽と密に交じり合っている。「それは私たちが集まる時間で、私たちはそれ以外にあまり集まるチャンスがないの。それと同時にコミュニケーションがあるし、それもまた喜びに違いないのよ」（マルジョレーヌ）。なにひとつ分離していない。こういう理由のために、新しい家族理想である、純粋で枠にはめられすぎた会話のモデルは、今日的問題の現実を表現することが難しいのである。自由で支離滅裂な会話は、しばしば単なる手段なのである。他のいろいろな手段の中の一つであり、極めて漠然としているが重要さの点では劣らない諸感覚と混ぜられているのだ。まさに夢は、いろいろな快楽と会話と家族の象徴そのものとが混合し融合しているという、夢なのである。コミュニオンの夢なのだ。供犠の食事という神聖なる願望を復活させることであり、もはや、精霊や天上の神々を復活させることではない。むしろこの新宗教は、混合主義であって、極小の儀礼によって、またとりわけ幸福の振動によって、家族というものを神聖化する。

　古代における供犠の饗宴のように、最も密度の高い祝祭的な時間に行われる、その神聖なコミュニオンはしばしば、魂の高揚を手助けするいろいろなものによって容易になる。ある程度軽い酩酊がグループをつなぎ合わせ、快楽的融合の全体の中に加わってくる。そしてしばしば、洗練された味覚体験と絡み合う。たとえば銘醸ワインを味わうことは、芸術的で享楽的な出来事の形態をとることができる。アマンディーヌは最近その世界を発見した。食事に関しては当然失敗と見なされなければならない事態に直面して（一方では息子がピザ＝マヨネーズ、他方で夫はクレタ式ダイエットに立て籠もっている）、利き酒という新たな儀礼がほとんど予期せぬ仕方で登場して、統合者となり、家族を結晶させるものとなり、ついには、かくも夢見られたコミュニオンの手段となったのだ。つまり彼らは、分かれて別々の料理をしているが、ワインが共通で、強く喜びを共有しているのだ。「ワインは、夫と始めたのはとても遅かったの。おお、銘醸ワイン、それって美味しいの、最高よ。以来私たちは急速に好きになったの」。彼女はその熱狂に突き動かされて、一三歳の娘に始めさせることをためらわなかった。「おお、あの娘ったらそれが大好きなのよ」。そして彼女は、その小さな家族的冒険に息子たちも加わるように説得することを、諦めていない。

小さな冒険

フランソワ・デュベ［Dubet, 1994］が明らかにしたところによると、今日私たちは社会的な役割によって規定される度合いが低くなった。前もって書かれたのではないシナリオによる経験の中に突き進んでいく主体となっている。またさらには、押しつけられた枠組からもっと開かれた実験作業に移行する変化の中にあるが、その実験作業は繊細で数が多く、集団全体にとっても個人的に関わっている人々にとっても、関心の高いものである。そして、味覚的な感覚も感情的な感覚もそのゲームの中に引き込んでいる。だがまた（会話と話し合いということによって）人間関係を調節すること、現在を分析すること、そして将来を見通すことも巻き込んでいる。同じ家族の中で二回の食事が、完全に同じで、全く同じ機能を果たすということはない。

食べ始めるとすぐに、いくつもの選択肢が開かれる。たとえば食事は、最初の段階では自分のアイデンティティーを求めるという問題の中で役割を演じるが、それは絶えず矛盾を起こす役割である。自分は何かという問いは、個人が社会的な役割によって規定される度合いが低くなっていく程度に応じて、また開かれた実験に入っていくと同時に、絶えず大きくなっていった［Kaufmann, 2004］。このようにして現代における哀れな個人は、立ち向かうのが困難で、理解するのさえ難しい試練に直面させられている。すなわち、絶えず対極的な二つの闘いを遂行しなければならないのだ。というのも個人は、自分自身に対して同じことを繰り返して言うことによって、自分とは自分が思っている通りの存在であると証明して安心することが必要なのである。単なる社会的な役割の産物に留まらないために、違った風に自分を思い描くことを恐れてはならないのだ。さてそこで、フォークを使うごとに、それは、こちらの方向をとるかそれともあちらの方向をとるかという、選択なのである。

食べる人は、空腹を和らげて緊張を消し去り生物学的なバランスを回復する、その特別な時間に、自信を取り戻す方向を選択することができる。気持ちを鎮める調和の感覚は、その充足からやってくるのだが、それを強化するものがルーティーンであり、自分をあるがままの存在にする親しい味覚を取り戻すことなのだ。毎日厳密に同じものを繰り返すということによってではなく（今日それは極めて稀なことだ）、規則的な儀礼のリズムと限られた食べ物の変化に組み込まれることによって、なのである。思いがけないこととは、せいぜいのところ、家族が見失っていた味覚を再発見することを意味しうる程度のことである（その象徴はプルーストのマドレーヌであろう［『失われた時を求めて』の中に出てくるマドレーヌの話。我が国で言えば、思いがけずオフクロの味に出会ったというようなこと］）。「この間私はピュレを作ったの。本当のやつよ。おお、そうしたら娘が言ったわ。『あらあ、随分永いことこれを作らなかったわよね』って。彼女は大満足だったわ」（バベット）。食事は、人生の確実なものに係留させることで意味がある。体の方を、気持ちを和らげる「感覚的な経験」［Sauvageot, 2003, p. 278］の中に迎え入れ、グループの方を習慣の規則性で支えるという、二重の包み込みによって、各自が疑いと疑問から逃げ出せるようにし、「各自の中で、共有物に土台を与えるものを維持するようにさせる」［同前］のである。

その反対に、食べる人は冒険の方向を選択することもできる。ペシュー家の人々のようにテーブルの坐る場所というルーティーンを壊すこと、（大小はあっても）即興的に祝宴をすること、新たな食品を試す大胆さをもつこと、奇妙な味を発見すること、等々。現在のエキゾティックな食べ物の流行は、完璧にこの傾向に組み込まれたものだ［Régnier, 2004］。（接待のために）極端までやると、経験上、「招待者たちが申し分のない気分転換の中に入る」［Garabuau-Moussaoui, 2002b, p. 303］ように促すことができる。しかしながら、最もよく起こる大きな冒険的な変化といえども、最後には、普通の食事から少々離れた程度の安楽な習慣の中に定着するものである。「そこで、イヴェントを作り上げるということがあるが、それも極めて儀礼化され、極めてルーティーン化される」［同前、p.302］。安心を再認識することが、冒険の趣味より強いのである。習慣の中で食べ物よりも道筋をつけることが難しいのは、食事の間に進展してゆく極めて自由な会話の方である。今日、会食者たちが全く望んでいない時でさえも、ますます驚きが押しかけてきて、それが、不意の苛立ちや、連続的に効果を引き起こそうとする単なる指摘の言葉の曲がり角で待ちうけている。たとえばラクロワ家では、土曜日の夜がそうであって、前もって予告されているにもかかわらず、爆発がどういう形を取るのかは予測不可能なのである。彼らはその冒険をやりたくなかったのかもしれない。

私と私たちのゲーム

今日の夢は、食事というシンクレティズムによって家族の現実を結晶化することであり、快楽と共有の言葉とを通じて一緒にコミュニオンを作ることである。すでにゲオルク・ジンメル［Simmel, 1997 ; 1910］が触れたように、逆説的なことは、味覚の喜びという最も強く一緒に結びつける側面の一つが、徹底的に個人的で秘められたものであるということなのだ。食べる人は他の人たちの間に居て自分自身に留まる。そして快楽の融合は、その人の存在とグループの溶解を意味しない。そもそもそれがコミュニオンの原則なのだ。「コミュニオンにおいては、相手が他者であるということは無視されない。共生の内部に属しているが、同時に二人のパートナーの間には〔その人はその人であるという〕継続性がある。相手によって受け入れられるということが絶対の確信であって、それはいかなる疑いをもいれないことである」［Todorov, 2003, p. 97］。

自身に留まってグループの中で一体化するこの能力は、各自と家族がそれぞれに特有な期待を結びつけることが容易である、という印象を与える可能性がある。さらに広く言えば、（食べる人個人個人と融合的な食事という）相反する二つの思考法が苦もなく共存できる、という印象を与える。最初の段階の分析はその印象を固くするように見える。二つの様式を関連づけるために、各自が絶えずお互いに適合していることが示されるからである。たとえばデルフィーヌ（売り子、二二歳）[Corbeau, 2002, p. 34]は、母親が作ったデザートに関して問題を感じている。あまりに濃密なのだ。彼女は個々人の嗜好という論法に賭けてみた（軽いヨーグルトの好みを口実にしてである）。そしてそれから、自分が家族の食卓から離れてテレビの前に坐り、（家族のデザートの代わりに）自分でヨーグルトを食べたところ、対立が大きく軽減することに気がついた。逆説的だが、もっと距離を隔てたことによって、対決が前より目立たなくなったのだ。マルジョレーヌが、食事に関する二つの思考法の間での平和共存という原理を、要約して述べている。「私たちはいつでも一緒に食べたの。もちろん食事の間、各自勝手につまみ食いのように食べるのよ。でも私たちは食べるために一緒になっているわ」。あたかも、家族の時間が保たれているものの、食べる人は全員、家の中や外の食事の裏舞台で個人的な自由を獲得したかのように、すべてが進行している。家族の時間は家庭によって大変まちまちで、特に、言葉で表現されると、具体的な現実と比して相当大袈裟になる。実際のことを厳密に記述すると、おそらく（「私たちはいつでも一緒に食べた」という）マルジョレーヌの結論は無効となるだろう。だがここで重要なことはその思考の中にあり、家族の食事が守られていたという考えなのだ。だから、一人で朝食が取られているということは無視されてよい。昼食が外で同僚たちと一緒だということも、同じことだ。同様に、グループが集まるという理想化のおかげで、食卓の周りに集まった個々人の行動が個人主義化していることも、冷蔵庫からついばむために出たり入ったりすることも、日曜日のデザート等々のことも、気づかないでいることが許される。家族をグループ化するために保たれることは、家族が食事を通じて一体化するというイメージの形成だけで充分なのである。しかし、この第一段階の分析は見せかけである。物事の一つの側面に即応してはいるが、もっとずっと対立の原因をはらんでいる別の側面を覆い隠している。つまり、食事で各自と家族が繰り広げる激烈な闘いである。それは、家族のメンバーが問題を巧みにかわそうと努力し、また接触を和らげて表面に出ていない抗争の現実を目立たなくしようと努力する限りは、いつも見えるというわけではない。つまりそれは穏やかな闘いなのであるが、だからといって恒常的でないというのでもない。現在の食べ物に浸透している二つの大きな社会的思考法が、各家族の中で、食事の度ごとに、ごく小さなことに関わりながら、対立の中に入ってくるのである。

その二つの思考法は、抽象的なやり方で個人とグループを対立させるのではない。ここで提出されている問題は理論的見地から極めて興味深いものである。というのも、争いが昂じるのはただ、家族の内部に感情的な端緒とアイデンティティーに関する端緒がある限りでのことだからだ。アンソニー・ギデンス［Giddens, 1987］は、現代社会において反省的な思考が変化の主要な要因であったと強調している。個々人が自分自身の生と向き合った姿勢をとり、数多くの疑問を自らに投げかけたのだ。しかし、その反省的思考の仕事を強めれば強めるほど、個々人は、自分に土台を与えている感覚の明証性を認定するために、その反省的思考と正反対の行為をしなければならない［Kaufmann, 2004］。自分は自分自身であると十全に感じるためには、自分を疑いの中に投げ入れることを止めなければならないのだ。反省的思考は知性的な仕事であるが、個人的な生の感覚を閉じるという反対の行為は、むしろ繊細で感覚的な仕事である。そしてそれは集団を包み込むものを用いる。その包み込むものの中では、愛、夫婦、家族が特別の手段であるが、そのどれにも義務的なものはなにも無いのである。個々人も各文化もそれぞれにそれを選択している。少しの間立ち止まって日本社会の例を見よう。それは、現代生活の中で家族と食事が演じている役割という角度にとって、極めて益のある例なのである。

現在の日本社会の観察者が最初に驚くことは、数多くの伝統がむしろ保存されている社会なのに、夫婦と家族の絆が弱いように見えるということである。最も注目されるのは出生率の崩壊であって、政治経済の計画に大きな問題となりつつある。性的な交渉の頻度が世界で一番低いことと無関係ではないのは、明白である。もし食事を家族行為の密度の指標と考えるならば、結論は疑問の余地がない。家族が一番下にあるのだ。「妻たちはもはや礼儀作法すら尊重しない。夫が仕事に出かけるときに、こういう場合の表現を使って一日元気でと言わずに、せいぜい顔を向けて『今晩お食事要る？』と言うくらいである」[Jolivet, 2002, p. 92]。家族が集まって食事を取ることは極めて少なく（これはプレタマンジェの食べ物が効率的に売られていることで容易になる）、会話も比較的少ない。「いつでも父親が居た」時代は、すでに遠ざかったようだ。「皆が父の帰りを待って夕食だったわ。食卓では父は子供を教育して、子供たちが話したら直したの。言葉使いを直したり、箸の持ち方とか食べ方とかを直したりしたわ」[同前、p. 172]。今では子供たちにとって「父親は毎晩寝に帰ってくるタイプの人で、時々黙りこくって夕飯を食べる人なの」[同前、p. 189]。日本人はこの変革の時代をかなり悪く生きており、なんとなく罪を感じているものの、目覚しい成果を生み出した経済分野での自分の活動はプライベートな生活を大きく犠牲にしたことで可能だったのだと、納得している。しかしながら心の底では、そのことは望まなかったし、自分はほとんど個人主義者ではないとしているけれども、逆説的に彼らは、本当に自由になった個人という適度なプラグマティズムに立脚しているように見うけられる（とりわけ男性たちがそうであって、女性は子供の教育にエネルギーを注ぎ、重い家事の不公平さを耐えなければならない）。この自由な個人は、契約で成り立っている現代社会の中の、一種の純粋自立のアトムである [Rawls, 1997]。また、制度によって枠組に入れられているものの、触知できないほどに極めて無気力な愛 [Bauman, 2004] の上で、サーフィンをしているのだ。これに反してヨーロッパ社会が約束したものは愛情と家族的な誓約なのであって、進んだ現代性の冷たい論理とは対極にある。感情が、自己による自己のコントロールと競合しており、諸価値の序列の中でも上位に位置する傾向がある。時としてはさらなる自由を夢見そうな個人は、その代価を支払っている。すなわち、家族という集団における誓約の義務、食事の規律の遵守、集団的熱情の定期的な共有、である。友人たちとあまり祝宴をしすぎないこと、テレビの前に一人でお盆を持って行かないこと、である。

アイデンティティーを決めることが、より多く家族という思想に焦点をあてており、個人＝集団の対立が食事をめぐって問題化してきている。つまみ食いのように食べることが並行する舞台で演じられてはいても、それはもはや受け入れられる補完物とは見なされておらず、二者択一を迫られているもの、さらには家族それ自体を脅かすものと見られている。些細な差し障りが数を増やしている。たとえば、時間が守られないこと、あまりにもすぐに食卓を立つこと、自分勝手に食べ物を選ぶこと、集団の生活に身を投じることを拒むこと、会話を遮る電話、等々が我慢できないものになった。アマンディーヌはもはや、集団的制御からの小さな逸脱に対して、軽い苛立ちなどというものではすまなくなっている。というのも、彼女にとって状況は相当に破損しているからである。別々のメニューが三つ、息子はテレビの前でピザ＝マヨネーゼ等々。「実際に、同じものを食べる人は誰もいないの」。彼女は降参して、ハムサンドイッチのマイテのように、一人一人自分勝手の食べ物という原則を一般的なものにするべきかもしれない。だが彼女は娘に支えられて、食事を通じての家族のルネッサンスという希望を捨てない。個人とグループの戦争が終わらないのは、まさにそういう理由からなのだ。しかも彼女は時折ある程度の勝利を得ている。たとえば、ワインを賞味するという新たな儀礼がそれである。

食事中の子供たち

現在、家族の理想が考えの中で強化されており、親しいコミュニオンの夢がもっと強くなっている。

しかしそれと同時に、具体的な行動のレベルでは明らかに、（味覚や自分だけのリズムや場所といった）個人主義化が不断に大きくなっていることが確認される。それゆえ、社会における二つの考え方の対決は、ますますもって隠しようのないものになってきているのだ。それは、子供に関連してとりわけ強烈に顕れている。果たして両親は（規則正しい時間、テーブルマナー、集団での食事、種々の味覚の習得、食べ物に関する知識等々の）教育的原則を伝え押しつけるか、さもなくばそれと反対に、（つまみ食いのような食べ方、甘いもの、プラトーテレ等の）子供の欲求を尊重するか、どちらかをしなければならないのだろうか？　価値の枠組の中に記載されているような誰しもが共有する良い答えは、もはや存在しない。というのも、子供たちの欲求を聞くことは、ただ、健康を損なうようなソフトドリンクとキャンディーに対して譲歩することではないからだ。子供であっても、ある程度の自主性を持つ権利を有した人間と見なすべきだ、ということもあるのだ［Singly, 2004a］。この個人の自主性という傾向は我々の社会全体を大変強烈に掻きまわすため、なにものもそれを止めることができないほどのものだ。全く納得がいっていない親たちでさえも、それを受け入れる以外になす術がない。納得しきっている親たちの方はどうかというと、是が非でも、自主性に制限を設け、最小限の集団的原則を押しつけるぐらいのことはしなければならない。ペシュー家では、極めて活発な食卓の会話が、集団を統率するものである。だが全員に対して同じやり方でというわけではない。若い息子のシモンは、しょっちゅう出てくる政治のテーマに全く関心がない。そこで彼は、論争が嫌になったらすぐ逃げ出せるように、「半腰掛けの窮屈な状態で」（シモンの母親、パスカルの言葉）［Gacem, 1997, p. 73］坐っている。シモンは、本当にそこに居て集団に関わっているのだろうか？　それとも、単にそういう印象を与えているだけなのだろうか？　状況は絶えず変化している。そして各自による解釈は、それ以上にずっと多様なのだ。家族生活の信奉者たちにとっては、たとえ「半腰掛け状態で」いたとしても、シモンがそこに居るということとで、彼が加わっていることの証明として充分なのだ。逆にシモンにとっては、その半腰掛け状態はしばしば単なる目くらましなのであって、心は他の所にありながらも家族に対して与えている質草なのである。親と子は教育上の原則に関して対極にあるが、抗争が対立させるのはその親と子供の間だけではない。時代を経た世代間をも分離させるのだ。テーブルマナーと食べ物に対する考えが大変違っていたからである。たとえば祖父母は、大変な善意をもっていても自立性が高まっているとしても、それは、自分たちの子供が教育上のけじめを持っていないせいではないということ、あるいは、子孫に最低限の規律を教え込めないほど無能であるせいではないということを、理解することができない。子供たちの食べ物に関する問題は、祖父母と父母の間で、最も大きな対立点の一つなのである［Attias-Donfut, Segalen, 1998］。

家族全員が、軋轢を和らげて平和共存を確保しようと巧妙に試みており、また、本当の騒動は散発的にしか起きないのではあるが、戦争は（個人の自由と家族のコミュニオンという）食行動に関する二つのモデルの間で密かに開始されている。それは普通両親のもとでは、戦略と戦術の間の明瞭な区別の形で現れている。抗争の状態がどのようなものであろうと、戦略の方は頭の片隅に保持されており、家族的理想に固定されたままである。戦術の方は反対に、日常生活の緊急時に用いられ、ずっと簡単に種々の妥協に甘んじている。カンディーは、食卓の周りに家族が集合するという夢を持っているけれども、一〇代になった子供たちが、「出かけて友達と一緒に食事をする」と最後の瞬間に告げる時には、それに従うしかない。「ああ、それって困る、困るのよ。あの年齢では、それは分かるのよ。でも、それは我慢できないんだわ」。出来事に押されて彼女は、他にやりようもないが、後で巻き返しの攻撃ができるように、すぐさま計画を立てる（子供たちを引きつけるための美味しいデザート、これからは最後の瞬間に言わないように計画を立てなさいと教えること）。マルジョレーヌは、はっきりと強く言う。「私は彼らの気まぐれにつきあうつもりはないわ。それに、私は給仕の奴隷じゃないんだから」。しかし彼女は野菜料理の隅っこにこっそりジャガイモをいくつか付け加える。「だって、特別には料理を作らないの、そうでしょ」。マドレーヌも、戦術上は柔らかなビロードの手袋をはめながら、戦略上はその手袋をはめた手が鉄でできてでもいるかのように、断固たるものだった。極めて断固たる教育原則を大声で言うことを止めなかった。「私はよく言ったわ。これか、それとも、何もないかよって。全員同じものを食べなくちゃいけないの。娘たちが嫌いだからってメニューを変えはしなかったわ」。実際には彼女は、娘たちが全然好きではない肉とか野菜とかを作った時には、それよりも彼女たちの好みに合うと知っていたアントレを出して、補完していたのだった。交渉と少々のごまかしで、二派はそれぞれに得点していたのだ。ある時期娘たちは、学校の食堂の昼食がひどいと不満を言うことがあった。すぐさまマドレーヌは教育上の要求を減らして、娘たちが晩御飯をたくさん食べて満足するようにした。家族の戦略だけは不動のままであるが、反対に戦術の方はコンテクストに適合するし、個々の欲求に順応するのである。アマンディーヌはそのことをよく知っている。彼女も、戦術的に大いに妥協すると、食べ物の個人主義も、しまいにはその法則の押しつけを止めるということを知っている。なぜなら、家族の目標は平穏に生活するということであって、何かにつけて戦争を開始することではないからである。「私たちは、子供たちがもっと小さかった時は少し苛立っていたわ。今はそうじゃない。随分時間がかかったものね」。無駄な闘いをして随分時間がかかった後で、疲労が勝ちを収めて、両親は少々平穏を切望しているのだ。「もし子供がそれを食べたくなければ、冷蔵庫を見に行くでしょう。そしてそれだけのことよ」。彼女は（ピザ、フライドポテト、パン粉をまぶした魚などの）料理を、子供のために特別に作ることは拒否して、勝手にやらせておきたいと言う。しかし実際は、彼女自ら、抵抗するんだというその最後のセリフを破って台所に立つのである。最近下の息子が上の子の反抗に感染したからである。

「どっちにしても息子は二人とも、私が食卓に置いたものを食べたがらないの。ほんとに、ほとんどないわね。ゆうべはオムレツとサラダを作ったわ。でも彼らは食べたがらなかったの。フライドポテトとパン粉をまぶした魚を作らなくちゃいけなかったのよ」。彼女の埋め合わせは銘醸ワインと、友達を呼ぶことである。そこでは彼女は、思う存分料理の情熱を発散させることができるのだ。そういう晩は、上の子は「なんとかして自分で外で食べる」のである。下の子はどうかというと、「彼はあっちの方の隅っこでお盆を持って、テレビの前に陣取るの。またパン粉をまぶした魚か、ハンバーガーか、ピザね」。家族一緒の食事の場合と同様、個人の食行動に結びついたテレビも、コンテクスト次第でいろいろな役割を演じている。集団でいる時にしばしば皆を飲み込んでしまうことがあるように、一人で食べている人にも食らいつき、つまみ食い式の食べ方としっかり結びついて、中毒させるイメージを放出するものになっている［Ehrenberg, 1995］。見ている人を包んでいるのはテレビという外の世界だが、つまみ食い式に食べている人は中がいっぱいになっている。肥満が進行していくことに関して知られているように、その結果、アイデンティティーに関する退行が確実に起こるという、同じ論理なのだ。

（家族に高い目標を設定する）戦略と（妥協の上で我慢する）戦術はしばしば平行して進行し、一方は思想の秘められた部分に身を隠すが、他方は逆に行為の明るさの中に自らを顕わにする。しかし両方とも時としては、調整を明確にするために一緒になることができるのであって、その調整によって個人主義の顕現も、戦略と戦術を受け入れたりそれからはみ出したりする、もっと大きな家族の計画の中に組み込まれるのである。（あまり近くもなく遠くもないところから）よく観察すると、食事は、子供たちの恣意に任されている場合は、そうすることで本当の「自主性の実験室」［Diasio, 2002, p. 258］となることさえ可能である。自由は必ずしもアナーキーなものではないのだ。おやつの時間を管理することは意見の一致によって可能だし、家族の「本当の食事」からは遠くとも、子供たちに「食べ物と社交的な状況を結びつけさせ、それゆえにコンテクスト次第で食べ物の問題を操作する」〔同前〕ように仕向けることができる。時間と空間を構成すること、個人と家族の関係を構成することは、今現在の子供たちが極めて洗練された能力を身につけて、「いつ、どうして、どのように、どこで、誰と」〔同前〕という、食べ物に関するコードを認識するということを意味する。集団は、個人が自由にできる空間をコントロールし、また折衝する集まりであるが、その集団の内部で「一緒に生活するということはどういうことであるか」〔Singly, 2000〕を子供に覚えさせるのだ。

アメの引出し、冷蔵庫、食卓

コントロールされている状態で自主性を学ぶことは、子供時代の早い時期に始まる。それには、アメの引出し、部屋の中のお菓子や飲み物の貯蔵場所といった、一見重要ではない極小スペースの管理も含まれる。そのスペースは黙認されていて、子供に対して正式に権限を与えられた領分での、そうした小さな断片的食行動を内蔵しているのである。アメの引出しは「快楽の箱」[Diasio, 2002, p. 254] であると同時に「自己規制の証明」[同前] でもある。というのは、中から取り出す自由を与えられているからといって、両親が決めた一定の規則を破ってはならないからである。もっと後の一〇代になると、その訓練の成功のおかげで（あるいは両親が脱退することによって）、自立性を具体的に支える物の範囲を拡張することができるだろう。部屋の中にお盆を持ち込むことや、パソコンで映画を見ながら友達とおやつを食べること、等々である。そして最も良いことの極みとして、一〇代のもう少し後になって、自立性の絶対的シンボル、すなわち、冷蔵庫がやってくる。「本当に自分のところに小さいやつを持つためさ」とジュリアンは言い、「自分の部屋の中に小さいアパートをさ」とセバスチャンがはっきりと言う［Elsa Ramos, 2002, p. 120］。（まだ数は少ないが）その機器を自分の部屋の中に持っている若者にとっては、使い勝手が良いことを越えて、その機器から自分たちが子供時代を終えつつあるという感情が発散されてくるのだ。それは、事実上それがあるということによって示されるように、ある程度の食行動を備えた自己管理の領分が定着することによる。

しかしながら、シンボル的には強烈であっても部屋のこの小さなスペースは、家屋全体の中での自立ゲームと比べれば二次的なものである。家の中では時間帯によって、いくつかあるテーブルは固定した使用者というものがなく不法占拠されやすい。お盆や手でつまみ食いをすることをさておいてもである。もちろん、個人のスペースや時間を広げるためには交渉が必要だし、それは長い神経戦を経た後にようやく獲得できることである。私がアンケート調査で確認したように、またエルザ・ラモス［Elsa Ramos, 2002］も指摘しているのであるが、（各々が自分の時間とやり方で取る）個人化された食事は、家族が同じ時間に正当に食卓の周りに集まらない場合には、ずっとたやすく容認される。そのわけは、一日の勤めがずれている時には単に機能的に便利なものに過ぎないと見えているものが、家族が同じ時間に家の中にいても別々のテーブルで食べるとなると、その神話が疑問視されることになるからである。たとえばオーレリーは、両親の前で新しい儀礼を押しつけようとしている。日曜日の夜にテレビの前でピザを食べるのだ。彼女にとっては残念なことに、それは「いつもうまくいくというわけではない」［同前、p. 202］。彼女の両親は、同じ一つのテーブルで食べる考えを捨てていないのである。

はっきり宣言されているのではないが、家族は二重のシステムを作って、食べ物に関する二種類のダイナミズムに仕切りを設けて、個人主義化が家族の食事に伝染しないようにしている。自主的な行動の権利は認めるが、それは子供たちが集団に加わる時には集団の規律に服従するという条件下での話である。つまり子供たちは、食事に来ない時には前もって言わなければならないし、（他の場所での食事は自由にするとしても）家に居るときには時間通りに食べなければならない。また、（他の場所ではテーブルマナーを覆して面白がるとしても）家では最低限のマナーを守らなければならず、（個人で食べる時は各自全く別々のものを食べるとしても）家では皆と同じ料理を食べなければならない。彼らはこのようにして、大幅に対立している二つのコード的システムの間を絶えず行ったり来たりする、規律に関する一種の精神分裂を管理する術を覚えるのである。役者たちの表現の中に奇妙さを産み出す、極めて特異なポジションである。両親の側ではそれほどのことはない。両親は、個人主義化がすべてを奪い去らないようにするために、自分たちの抵抗運動を倦《う》まずたゆまず続けている。問題は若者の側であって、相当に驚くべきたやすさで、その精神分裂状態を受け容れているのである。確かに彼らは絶えず新たなゲリラ活動を起こして、自分たちの解放された自主性の領域を広げようとしている。また、手でもってつまみ食いのように食べるあり方の軽さが、陶然とさせる自由の感情を彼らに味わわせているのも確かである。しかしそれでも彼らにとって、家族の食事がいつでも耐えられないものだというわけでもない。食事に関わる第一の生活は、拘束があるとしても、相変わらず抗い難い魅力をもっているのである。フレデリックは言う。「いいや、正直言って僕は好きだよ。それは平穏だと思うんだ。確かにそれは面倒でもあるけどね。時間が決まっているしね」〔同前、p. 205〕。食事は、どれほど厳格でもお腹一杯にさせるし、包み込む力がある。そして、若者の不安定さを休めてくれる。またさらには、若者たちにはせいぜいで垣間見るしかできないものがあるのだ。彼らは、別の時代のその規律を受け容れているのは、ただ単に家族への愛と服従からだと考えている。しかし実際は彼らは、あまりそうとは知らずに多くの細かい点を習得しているのであって、もっと後になってから自分たちの人生のもう一つのエピソードの中で、再びそれを用いることになるのだ。その時には彼らも自分たちなりのやり方で、もう一度食事という家族の世界を編み出すことだろう。今のところはあまり考えられないだろうが、彼らはそういう将来には、一緒に食事をとるコミュニオンという時代遅れの魅惑に直観的に繋ぎ止められるのだ。そしてその繋ぎ止めは、我々の現在は自主性に土台を置いているが、そこでも親子関係の絆はその力を維持していたということを証言するものになるのだ。

やっと一人

しかしながら、この流行遅れの魅惑は苦しいものである。というのも、そこでの心理上の安逸は、基本的には瞬時「自分自身であることの疲れ」[Ehrenberg, 1998] を忘れて、幼児的な状態に退行することから得られるものだからだ。それに反して、食事に関する二番目の生活は自由という興奮させる魅力、若い時代の軽さや、自分一人だけで将来を作り出すことの魅力をもっている。本当に独立した住居で自立する引っ越しの最初を特徴づけるものは、規則の破壊、羽目を外したアナーキーな楽しみである。「一番気に入っていることですか？　それは、気にかけるのは自分しかいないということですよ」と、セヴェリーヌは言う。「決まった時間もないし、一〇時に帰ろうと一一時に帰ろうと、言っておかなくちゃいけない相手は誰もいない。やっと好きな時に食べられるの」*。また、アンヌ＝リーズがはっきりと言っているように「何でも食べられる」[同前、p. 267] のである。関心事はただ、欲求と、時間が自由に使えることと、チャンスがやって来るということだけなのだ。そして主として、即席の食べ物に向かうチャンスがあるということである。アンヌ＝リーズが「何でも」食べるのは、自由奔放のシンボリズムだけではない。時間を家事や食事の行動に注ぎ込むことが、若い時代の一時には時代錯誤に思えるのだ。「食事というレベルでは、私はなにも努力していないわ」[同前]。それゆえ、人生の他のどんな時よりも冷蔵庫が王様なのである。それは豊穣の角なのであって、ドアが開きさえすれば宝物を供給し届けてくれる、というだけで充分なのだ。「食べたいものを冷蔵庫の所でついばむのが好きよ。ソーセージとか、サラダの残りとか。それに、チーズ、トマトね」（ヴァレリー、二五歳）[Garabuau-Moussaoui, 2002a, p. 204]。行動が刹那的であるということと、すぐ先のことが分からないということが（それはすぐに、極めて肉体的で根本的な感情になっていくものなのだが）、その行動が見かけ上平凡で機能的なものであるに過ぎないという、象徴的なあり方の上に付け加わってくる。一人で食べる人は、食事の拘束的な規律から急激に解放され、骨の折れる料理の仕事から解放されるのである。回答の中でしょっちゅう繰り返される言葉は、自由な鳥のように「ついばむ」という言葉だ。勝手気ままに冷蔵庫やその他の貯蔵場所（果物籠、スナックやビスケット、クッキー類の棚、甘いものの箱など）をあさる。それらは住居を（慎ましいものではあるが）エデンの園の代替物とするのである。「私は時々、食事代わりにチョコレートを食べるの。どちらかというと晩によくあるわ。果物もたくさん食べるわね。時には果物が食事の代わりね。二つか三つ。バナナ一本、リンゴ一個なんかのようにね」（イザベル、二〇歳）[同前、p.303]。鳥のようについばんだり採取したりするのは、若い娘にとって全く特別な趣があるのだ。私が他のアンケート調査で明らかにできたように [Kaufmann, 1999]、それは独身者ではかなりの年齢の人でもそうであり、料理と共食の行動を故意に乱すことによって、漠然としてはいるが根の深いひとつの高揚した気分が手に入るのであって、それは何世紀にもわたって女性が台所に釘づけになっていたことに対する埋め合わせの形式なのである。今日女性は歴史上初めて自立した個人たりえており、軽い夕食をその瞬間即席に手で摑んで食べることによって、毎日そのことを自らに証明するのである。そしてまた、その実存の喜びをもっと感じ取るために、さらなる要素を付け加えていることも確かである。そういうわけでダニエルは一つのゲームを考案したのであるが、それは、冷蔵庫の中に何があるかを知らないままに、夕御飯に、ヨーグルトだけとかチョコレートとか、パンがなくてもパテ一缶とか、何でもいいから、なんとか工夫することなのである。もっと前の（食事を作っている、空気のような存在の母親に触れた）箇所〔「第三の物語」参照〕で、精神分裂的な状態に陥った女性のことに触れたが、一人だけで食べ物に向かっている状態は、そういうよくある精神分裂から若い女性たちを解放できているし、重い食事やソース料理とはかけ離れた、食餌療法とダイエットという合理的な世界の中だけに彼女たちを押しやっている〔Ciosi-Houcke, et. al., 2002〕。しかしながらアンケート調査〔Kaufmann, 1999〕で示されたことは、（多少なりともダイエットを実行していると思わせるような）軽さを感じるのは、とりわけ、鳥のようについばむ食べ方から来ており、実際は、ダイエットのために選択された食べ物の質に関してはかなり疑わしい、ということである。チョコレートやデニッシュパンの類は、しばしば、カロリーゼロのサラダとヨーグルトで得られた得点を、台無しにしてしまう。

＊ Gestin, 1997 に引用。Singly, 2004b, p. 266 にも転用されている。

若者の反抗は、制度としての厳格で尊大な家族的シンボルである食卓にも狙いをつける。もっと低くてもっと柔らかでもっと遊牧民的な場所を見つけるためならば、何でもよいのである。規律の思想を打ち壊すこと、平穏であるようにこしらえられた場所の快適さという確実性によって自分自身を感じ取ること、なのだ。「私はテーブルで食べるのはすごく例外的だわ。テーブルって、私の仕事机なんだけどね。いつでもソファーベッドの上で食べるの。お盆でよ」（ジュリエット、二二歳）〔同前、p. 226〕。お盆が統率をとる中心的なものであり本当の食卓であって、しかも移動するのである。「僕はお盆をとって、食べる部屋に全部持って行くんだ。料理、ケチャップ、マスタード、ピクルス、チーズ、全部さ」（ポール）。「私はお盆よ。その上に全部乗せるの。全部同時に食べるわ」（ジュリエット）。クリスティーヌ（二六歳）は反対に、食事を二回に分けて間に三〇分の息抜きの時間を取るが、もっと大きい

ほうの気晴らしにはデザートがついている。「私はゆっくりソファーに陣取って、ヨーグルトを食べるの」［同前、p. 227］

鳥のようについばむことの最たるものは、主として冷たい食品と即席の食品を用いた食事である。「それは料理を準備するということに関してはゼロレベルである」［Garabuau-Moussaoui, 2002a, p. 203］。それより少しばかり上のレベルは単に温めることであって、電子レンジによって代表され、それを補完するのが冷蔵庫である（時としては冷凍のための引出しがついている）。その次の段階では、（パテ、フライパンでのステーキといった）簡単な過熱料理に着手される。動作のテクニックは相変わらず初歩的で、出来上がりは速い。それでも、ちょっとした個人的なタッチを付け加えて創造したいがために、初期の頃から料理の練習が行われている。それは一般的には、いろいろな材料（主に香辛料であるが）を付け加えることで、時々は極めて奇異なもの、結果がどうなるか分からないものである。食事破壊の極みは、これとは対極的な、次に述べるような食べ物に関する二番目の考え方である。しかし、ここに現れている側面によって破壊はすでに始まっているのである。

魅惑する

そもそも破壊が完璧であることは決してなく、一人で食べる人（ついばむ人）が自己実現するのは不完全なあり方でしかない。実際には食事の一部が、大学の食堂というような集団的構造の中で取られている。またしばしば週末は、アンヌ＝リーズが言うように「パパ＝ママの良い食べ物」に戻る機会である。*自分の所では「何でも食べる」ことの熱狂的信奉者であるのに、である。どんな時でもどんな物でも食べることには、時として限界があるのだ。家族の中で習得した規則やマナーは、相変わらず使い勝手の良い取っかかりであって、さらなるリズムや構えに枠組を与えて生活を容易にする目的に適う。ある範囲では時間さえ固定化することができる。そして友人たちと一緒の祝宴があるが、その祝宴は、食べ物を分かち合えばもっと一貫性をもつものとなるのは疑いを容れない。しばしばそのような機会に、食事の興味や料理をすることの興味さえ再発見するのである。その上、家族の古いメニューを実際に作ってみるということも起こるが、そのやり方は以前に無意識のうちに観察していたのであり、機会がやってきたので、形を変えて自分の得意料理の中に顕れたものなのだ。背の高いテーブルだけは相変わらず嫌がられ、低くて柔らかい椅子や絨毯の上でのピクニックと競っている［Lehuédé, Loisel, 2004］。

＊ Gestin, 1997 に引用。Singly, 2004 b, p. 267 に転用。

しかし、一緒の食事と料理のことで真にドッキリさせることが、おそらく予想だにしていないところからやって来る。それは、恋愛に熱中することと二人での生活を開始することから来るのである。そこにおいては、味覚の喜びを満喫することがおそらく無駄なことではない。愛されるために上手に作ることともっとよく作ることとは、魅惑の文法の中に書き込まれている［Etchegoyen, 2002；Frain, 2004］。その家に居る人の普段の基準がかき乱されてしまうには、パートナーが、全く簡単な食事ではあっても、その食事のために帰ってくるというだけで充分である。本当の食事に似たなにものかを作るためにその人は、やり過ぎの即席料理や破壊的なことを卒業することが絶対に必要なのだ。もっと質の良い、もっと値段が高い食品を使ってである［Ciosi-Houcke, et. al., 2002］。また、一層型通りの構造に近づくことにもなる。その際にはテーブルでさえ、威厳をもった仕方で突如として復元される。結婚の絆のほのかな輪郭が入念に描かれ始める。それは、食べ物によってもたらされる錬金術であり、もっと正確に言えば、形式のある食事をとることでもたらされる錬金術なのだ。愛は感情と言葉と愛撫だけで養われるのではない。もっと普通の活動を共有することの中に根を張ることも、必要なのだ。できれば心地良いものである方が望ましいし、さらには、官能性に欠けていないほうがよい。そういう範囲では、食事は比類ないものだ。食事は、毎日の生活の中に密かな愛のコミュニオンを作る。同様に、もっと後になれば家族を作るのである。「最初ボーイフレンドとは、それほど頻繁には会わなかったわ。でも、会うとすぐに、二人のためにちょっとしたおいしい料理を作ったの。そういう時期が一年半続いたわね。それから私たちは一緒に暮らすことに決めて、その途端にわずかの資金でこれをまた定着させたのよ。二人の食事と、友人たちとの食事よね。食事を作るのは好きだわ。彼もそうよ。それは本当に大切なことなの」（二七歳、女性）[同前、p. 324]

一緒に食べるのであれば、「いつでも何でも食べる」ということはもはや不可能である。自由は相変わらず重要であっても、そもそも、いつでも何でも食べる気にはあまりならない。たとえば、時間は（弾力的だが）なにかの手がかりで決まってくる。「以前はね」と、一人でいた過去を思い出してクレマンティーヌが言う。「以前は、私は、お腹が空いたときに食べたの。今はね、そんなにはっきり決まってはいないとしても、夕方七時から九時――それでも弾力的なんだけど――、分かるのは、夕方七時から九時には食べなくちゃいけないってことなの。昼は一二時と二時の間ね」。時間を定めぬつまみ食いはお終いである。真のシステムの下書きが始まり、もっと規則的で緻密な行動に枠組を与える。ジュリエットは最近二人で生活を始めたが、変化が強烈でスピードが速いと感じている。「彼が来てから一週間で、以前と比べものにならないくらい食事を作っているわ」。ものすごい即席の料理もお終いだ。初期的な将来の予測と（一緒にいる）計画が輪郭をなしてくる。「それってつまり、二人で買い物に行くっていうことで、二人で一緒に、一週間食べるものを選んだり品定めしたりするわけなの」（ジュリエット）[Garabuau-Moussaoui, 2002a, p. 190]

食前にちょいと

結婚の結びつきが生じると同時に、毎日の食べ物が形を変える。一人で生きていた時から比べれば、普通の食事が規則的になり密になる。しかし、普通のことだけがあるのではない。結婚の最初の瞬間から、習慣は極端に速く定着するのであるが［Kaufmann, 2002a］、その普通のことと断絶したいという欲求や、生活を工夫したり強化したりしたいという欲求が、強い愛情の内容となっているのだ。カップルになったら、何らかの方法で共振することができなければならない。そこで、コミュニオンの錬金術を創るために、初歩的な料理の能力が魔法の杖のように使われることになる。ローラ（二五歳）はまだカップルの魅惑の最中にいる。「月曜日の夜帰ったら、驚いたわ。彼ったら、私のために、コニャックでフランベしたエビとインド米の食事を作ってくれていたの」［Garabuau-Moussaoui, 2002a, p. 191］。飾りつけも重要で、料理の出し方、テーブルのデコレーション、場合によっては音楽で雰囲気を盛り上げることもある。その考えは、小さなイヴェントを作り、一緒に食べる二人を結びつけ、興奮させることなのだ。トニーは想像を溢れさせて、そこにすべての気持ちを注ぎ込む。料理に色彩を結びつけ、即席でテーブルの配置とデコレーションを作り、その場にあった音楽を選んで小さな蠟燭を付け加える。「こうすると雰囲気が出るんだ。僕はすごくこだわるんだよ」。夕餉《ゆうげ》は本当の祝宴で、彼ら二人の会話をとても豊かなものにする。この二人の場合特異なのは、このお祭りの破裂が毎晩行われるということなのであって、そこまでしょっちゅうだと、例外性がルーティーン化して身動きがとれないことになってしまう恐れがある。彼らはまだそこまでは行ってはおらず、ほんわかした瞬間の全くもって無邪気な幸福の状態だ。だが一般的なあり方では、一緒にいるときの密度の濃さが将来の制度を創設するものである。祝宴から家族も生まれるのだ。

結婚生活という社会的関係が義務的な社会化という灰色の枠組からはみ出すのは、儀礼が、どんなに微小なものであっても、感情的なものを付け加え、もっとはっきりと感覚を見せつける時なのである。その観点では「食前の一杯」が極めて代表的なものである。夫婦の健康には幸いなことに、すべての若いカップルが夕食にアペリティフを飲んでいるわけではない。しかしそうではあっても実際には、常習性に多少の違いはあっても、アンケート調査の間に大変な回数が示されたのである。というのも、カップルの構成はともかくも進むのであるが、そのプロセスの中で、結婚生活を結晶化するための時間を考えだし、その時間のお陰で結婚の親密度が増していくよう刺激するということが必要なのだ。トニーにとっては、蠟燭の灯火での夕食の前段階としてその儀礼が毎晩行われる。クレマンティーヌにとっては、「食前の一杯」がもっと手短で、しかもほんの時々行われるものである。人生のサイクルの中でもっと後になって（日常の行動から離れるために）アペリティフをとろうと決めることによって、あるいはアマンディーヌにとっては銘醸ワインを味わおうと決めることによって、結婚生活をもう一度ダイナミックにし、「カップルを作り上げる」意欲がさらに頻繁に示されることになる［Brenot, 2001］。

二人の生活の開始当初に多少なりとも即興で行われる祝宴は、急速に定着する習慣の中に少々の狂気を導き入れる。しかし、習慣の定着はそれ以後もっとずっと長く続くのである。たとえば時間は、一人でついばんでいた時代よりずっと枠に嵌《は》められ、お互いの一致事項の中に書き入れられるのではあっても、相変わらず流動的であって、トニーが言うように、遅い方の時間帯に「しばしばずれ込む」のである。ちょっとアペリティフをやる時間と蠟燭の灯で晩御飯を食べる時間は、彼の料理のインスピレーション次第なのだ。「僕たち、あり得ない時間に食事をするってことが、よく起こるんだ。一〇時とか一一時とか、そんな時間さ」。クレマンティーヌは七時から九時の間と、時間の幅を決めている。しかし、それを守るのが難しい時は、彼女はテレビ番組欄を見る。「もしいい映画があったら」、彼らはためらわずに時間をゆっくり取って、サロンの低いテーブルで食べるのである。食事はいつものやり方と縁を切って、その前に「ちょいとアペリティフ」なのだ。

家族の誕生

日ごとに、あまり意識することもなく、若いカップルは家具の中に腰を据えていく。そもそもその家具自体、行動に規則を与える日常のシステムの中へと、徐々に同化していくことを示す指標なのだ。しかし、同化のプロセスに抵抗して若い時代の人生の軽さを長引かせようとすることは可能である。マドレーヌは覚えている。「私たちは五年間子供がなかったの。私は料理をあまり大切だと思わなかったわ。人を招いた時は、各自自分の食べ物を持ってきたのよ。私たち、ものすごくスポーツをしたわ。ショーにも出かけて、しょっちゅう外出したわね」。変革の幅はカップルによって極めて広く、それは食べるマナーの中に読み取ることができる。あるカップルは構造化された食事をかなり急速に組織するが、他のカップルはそれほどでもない。けれども、多少なりとも良く食卓を設《しつら》える人たちは皆、毎日のことの単なる繰り返しによって少しずつ、自分たちがカップルになっていくことを感じる。今では自分たちの人生の行程が安定し、共通の枠組の中に組み込まれていると感じるのだ。夫婦の歴史の中で極めて独特で、しばしば切り抜けるのにデリケートな時間である。無分別の輝きが少し薄れ、アイデンティティーの手がかりである新たな安逸が人生の意味を固定するけれども、未決定であることのあやしげな魅力の喪失と、熱烈なコミュニオンの不足を埋め合わせするには、すこし物足りない。特に会話は共振的なものが少なくなる可能性があり、その上、奇妙に型にはまった音調をとるようになって、特に食事時には重々しくなる。食卓できちんと顔を見合わせていることが定着することが、少々問題となる。「沈黙の状態になっちゃったら、間抜けな二人ということになっちゃうのよ。『それにしても、あたしたちって年寄りじゃないんじゃないの』って、自分に言うもんだわ。食卓じゃ、まるで年寄り二人って感じになるのよね。頭を絞って、なんか馬鹿げたことを言おうとするもんだわ、べらべらとね。頭を絞るまでのことは私たちには起こらなかったわね。たぶんお祭り騒ぎの中でオーバーにやったのはそういうことだったんじゃないかって、思うの。私たちは一週間ずっと水を飲むけど、土曜の晩は、もう結構よね、こん畜生よ。そうすると、問題はないの。飛び立っちゃって、とことん話が出るの。黙ることがあるのかもしれないけど、土曜の夜はそうとも分からないのよね」（カネル）

「飛び立たせる」ために量を増やしたり、トニーのように毎晩を土曜の晩にしてしまうことは、単に一時凌ぎに過ぎないし、ただ一時のみ関係の空虚さを覆い、親密な会話が難しいという現状を隠すことでしかない。恋愛の出会いの最初の頃に常に会話が中身の濃いものであるかどうかは、そもそもはっきりしない［Kaufmann, 2002a］。しかし、様々に共振することや相手の奇妙さを発見することは沈黙を隠蔽するものだ。食事の儀式が地位を得ると、沈黙は逆にもっと目立つやり方で顕れ、会話のやりとりの中で不足しているものを指摘するものであるが、その不足しているものを月並みな行為で満たすことはあまり長く続かない。理由を持っていて訴えかける、真の会話のテーマを見つけなければならない。そういうわけで、結婚と子供という二つの考えが（時には時期を同じくして）起こってくることになるのだ。

その瞬間から、食事は新しいダイナミズムに取りかかる。それは、カップルが、その歴史の極めて重要な一ページをめくったということを示すものでもあるのだ。刹那の暮らしの暢気さと恋人同士の生活はお終いである。カップルは、将来関わってくる家族計画の中に組み込まれ、そのことによって、自立していたいという欲求は、人生の中でこれまでなかった強さで克服されて消し去られる。食事の気詰まりは忘れられる。家族という未来の小さな企業に関わっている二人の間では、今では言うべきことが極めて多くあるからだ。毎日の会話を通じて、恋人のカップルは親としてのカップルに形を変える。買い物や必要な改装のことをよく考えたり、生活の変化を想像したりする。その時点で夢想がよく起こる。それより数年前に恋人と出会った際、夢は、生活の中の何も変えずに、その生活にパートナーを付け加えて自分はそのままでいることであったが、それと同じように、今では夢は、若さの特権はそのままで赤ん坊だけ付け加えることである。トニーは、古いバイクで夏のヨーロッパ旅行を続けると宣言している。赤ん坊？　問題はない。トニーはなんとかしてバイクの上に場所を見つけるだろう。トニーは未だ、赤ん坊がどういうものか知らないのだ。生まれた次の瞬間から、目立たないうちに、いかほど若い両親のアイデンティティーに深く変化をもたらすものであるか、どれほど価値の体系が覆されるものかを知らない。来る日も来る日もこなさなければならない大量の家事の連鎖の中で、望もうと望むまいと、いかほど新しい仕事がどっと占領するものか、未だ知らないのである。めくられるのは、ただ人生の一ページのみではない。これから始まる人生の一章がまるごとめくられるのだ。

　アイデンティティー的な変化を特徴づけるのは主として、子供が中心になることによる。世界で他の何ものもそれほど価値のあるものはない。しばしば自分自身の存在すらそれほどの価値を持たない。その変化によって、食べ物の観点で最初の激しい変化が引き起こされる。反省的思考に特別に適しているこの時期に（子供に関係することはすべて読まれ、話し合われ、分析される）、食事の問題に没頭することは激しい感情的高まりを見せる。その没頭状態は、ダイエットに関連して若い娘たちのところですでに見られたものである。それが、ここでは反対に、栄養的な機能や（赤ん坊の健康に良い食品という）衛生上のテーマに関して新たに展開するのだ。たとえば、衝撃的な指摘であるが、一人暮らしの若者やカップルの食卓でも新鮮な野菜は極端に少ないのに（仕事のせいもあり、それに要求される家事が厄介なものであるため）、その新鮮野菜が好まれる食品のトップに跳ねあがる［Ciosi-Houcke, et. al., 2002］。それは、子供がポタージュスープやピュレを食べ始めるやいなや、両親もそれを食べることをおぼえる。それは、家族が集まった食卓の中心に子供が居るという、見事な開花の状態にまで達するのであって、真の家族が誕生する最も重要な時代なのである［同前］。家事仕事の濃密さと、それによって引き起こされる疲労にもかかわらず、食卓という家族のシンボリズムとそのマナーが抗い難く押しつけられてくる。「今のところ、娘は別の所で食べているんだ。でも、一緒に食べるようになったら変わるだろうね。まず、テーブルが必要だよ。あの伝統が全部あるだろうね。ナイフは左で、フォークは右という」（二九歳、男性）[*]［同前、p.327］。「ほんのちょっと前からよ、私がきれいなテーブルを置きたくなったっていうのはね。前は『ナイフ＝フォーク』、それだけでたくさんだったの。でも、チビがテーブルに坐れるようになってから、私たちもっと気をつけているの」（三二歳、女性）［同前］。皿の中身も変わる。若い人たちが本当に組み込まれていた戦略は、ローストとかじっくり煮込んだりしたものとかの、中心となる料理を回避するということである［Garabuau-Moussaoui, 2002a］。カップル誕生の最初の頃に無視されるのは、とりわけて調理に時間がかかるものである。が、子供が食卓にやってくるとともに、逆にそれが花開く。ココット・ミニュット（圧力鍋）は、以前は稀にしか用いられなかったのに、今や中心的な道具として頭角をあらわす［Kaufmann, 未発表］。それは完璧に一緒になっている家族の、輝かしい暖かさの象徴なのだ。そして、避けがたいものとしてそれに付随するのが、食べ物を与える母親というシンボルなのである。[**]

＊　彼はその伝統を伝えたいのだが、明らかに自分自身それを充分には理解していない。なぜなら、彼はテーブルウエアの配置を逆にしているからである。

＊＊　この観点で意味深いのは、フランス語の語彙の中に「ココット・ミニュット」という呼び方が維持されていることであ

る。その機器が登場したのは（蒸気圧力のテクニックの）工業化時代への移行によるもので、一九五〇年代のことであった。それを完成させた（男性の）技師たちは、十数年の間もっとテクニックの感じがする「オートキュイズィール（自動調理器）」という用語を押しつけようとした。しかし、なんの効果もなかった。「ココット」が、とりわけ母親が調理してもっとよくじっくりと煮こむ、家族の柔らかさという考えを表現したのだ。

ホッと一息

このようにして、枠組にはめられた重い制度である食事が家族の建築士として働く、人生の重要な時代が開始される。しかしながら、実際の行為とイメージの間には急速に不一致が現れる。なぜなら、両親の観点からみてコミュニオンの理想がどんなものであろうとも、子供は、一緒の儀式を拒否したり特異な食べ物を要求したりする形で、とても小さな時から自立したいという欲求を言い始めるからである。家族と個人の自立の間に繰り返して現れる戦争の開始だ。一〇代に、次いでは青春の時代に、次第に子供は自立の領分を拡張し、ついには独立した住まいに居を移すに至る。それは両親にとって、新たに家族の食事を大改革する機会である。すなわちそれは、会食者たちの数が減るにとどまらない。普通「空の巣」と呼ばれ、リズムの弛緩が著しい人生のこの時期は、社会関係のダイナミズムによって産み出される原動力が勢いを失う。食事はもっと静かなものになり、同時に、もっと少なくなる。「料理をする人」（ほとんどの場合女性であるが）は、この年月の間、とりわけ子供たちが小さかった時代に注いできた膨大な努力の自覚を失い、時々、このことに関して、いったいどうやって山のような障害を乗り越えることができたのだろうと自問する。子供が思春期になって自主性が大きくなるにつれて、すでにプレッシャーは少し落ち始めていた。特に、家族の活動を犠牲にして個人主義化が徐々にその法則を押しつけている家族において、そうである。その点でのマイテの例はもちろん極端なものである。「子供たちが小さかった時、私はもうちょっと多く食べるものを作ったわ。皆が食卓にいたからよ。でもこの頃は、めったに食卓で一緒にならないの。だから……」。だから、ハムサンドイッチと、皆のための冷蔵庫なのだ。

家族が活発だった時代をさかのぼってみると、台所の責任者だった女性は少々驚いてしまう。いったいどうやって彼女は、あの必要なエネルギーを手に入れていたのだろうか。その上、仕事を片づけなければという重圧が重荷にならなかったのはどういう理由からだったのだろう。というのも、解放される（あるいは解放されたいと願う）今になって、彼女には、それがもっと重いものに思われるからだ。だから、それをもっと少なくやっている（あるいはもっと少なくやりたい）ということが、彼女には逆説的にもっと困難に思われるのだ。しかるに、まさにその時代にこそ、年老いた両親の世話を開始しなければならないのである。特に女性である場合が圧倒的なこの「ピボット世代〔老いた両親と子供たちの両方にくるくると向き直らなければならない世代の意〕」が、再び、うんざりの気持ちを引き起こす恐れのある、網の目のような数々の仕事をこなす主力となっているのである［Attias-Donfut, Segalen, 1998］。イヴェット（五八歳）は神経的な危機の瀬戸際にいる。「私が、決まった時間に食べるおじいちゃんの世話をしている時に、子供が『面倒をみてくれ』って孫を連れてくるの。いやとは言えないわ。だって、そうしなかったら私は非難すべき祖母ってことになっちゃうじゃない。この全員に食べるものを作る時には、私は時々、寝て死んだふりがしたくなるわ」［同前、p. 70］。マルジョレーヌの考えていることもそれとあまり遠くない。「なんといっても、大勢を抱えるってのは、言わずにおれないけど、辛い仕事よ。そして年をとると、それがもっとずっと辛い仕事になって、もうあまり心配したくなくなるのよね。でも随分やったわよ。相当の年月の間よ」。もっとも彼女は、やっと五二歳だ。しかし、料理が好きだということと食事を一緒に食べるという衝動のもと、彼女は本当に長い間身も心も捧げてきたのであり、皮を剝かなくてはならない山のような野菜を前にして、〔家族に良くしたいという〕モチベーションに動かされる時は、再び自分を働かせるのである。彼女が疲れやすいのは過去の努力の大きさから来るのだ。また、子供たちが家族で集まって食べるのをとても好きだ、という事実からも来るのである。「でもそれは、食卓の下に足を入れるスタイルなのよ〔テーブルにつくだけで、何も手伝いをしないという意味〕。そうするのが習慣になっちゃったのね」。マルジョレーヌはただ一人で、卓越した良妻賢母であったし、今でもそうである。夫も子供たちも彼女を手伝ったことは一度もない。彼女は相反する二つの厳命によって引っ張られている。二つとはつまり、食事を通じて家族を作り上げていきたい願いと、ちょっと休息したいという欲求である。現在強いのは明らかに後者の方であって、なかなか自立が固まらない子供たちの状態に直面してのことである。今訪れているのは、リズムを小さくすることが必要だと直感的に感じられている時期であって、かたや、同じやり方で働こうとする家族的活動の構造の方は少々過剰に継続しているのであるが、あたかもこの二つのことの間にずれが存在しているかのようである。逆にマドレーヌにとっては、〔その二つのことの間に〕協調が存在していて、彼女は、毎日の仕事の軽減に否めないほどの喜びの感情を体験している。「ええ本当に、昔子供がいた時は頭を悩ましたのよ。それが、今じゃクールなものよ。言ってもいいけど、時には一〇時に、あら何を食べようかしらって、自分に言うのよ。それで冷凍庫から何か取り出すの」。この新たな軽さを体験しているという、かろうじて告白してよいほどの密かな幸せは、疑いもなくダニエルのことを思い出させる。冷蔵庫の中に何があるか知らないことを楽しんでいる、あの独身女性である。なにしろ、マドレーヌが解放されているのは主婦としてなのである。

ここにあるのは物事の輝かしい側面である。だが、もっと暗くて苦しい、もう一つの側面があるのだ。生活が軽くて静かなものになった、それは確かである。だが、支払うべき代価があるのだ。それは、もはや食事がかつてのようなものではない、ということである。常に簡単だったというのではないが、会話は盛り上がったものだった。今では、料理の仕事すらも、この縮小の論理の巻き添えになっている。「この前の晩、私たちは話し合っていて気がついたの。まだ娘たちが家にいた時には、私が作る料理の全レパートリーは大変なものだったってね。それを忘れてしまっていたのよ」（シャルロット）。会見での語彙を急いで分析してみると最も頻繁に出てくる言葉を指摘することができる。「以前の」食事について話す時には「たくさん」と「面白い」であり、「以後の」食事に関しては「簡単な」である。「私たちの食卓はもっと人がたくさんだったし、もっと面白かったわ」（マイテ）。「第一、私はもっと時間をかけたわね。それから、作ったものはもっと…今では、私の料理の決め手は、簡単ということよ。今は、私たち二人だけの時は、もっと少ないのよね」（オルタンス）。生活は、もっと簡単で、控えめになったのだ。

子供たちの帰還

子供たちが（週末とか、あるいはもっと不定期だが、何かの祝宴とかの機会に）やってきて会食者の枠が大きくなる時は、別である。結婚したパートナーが加わり、次いで孫たちのお喋りが付け加わる時には、もっとずっと盛り上がる。その時、静かで簡単ないつものちょっとした食事と突然の大騒ぎの会食者たちとのコントラストは、驚くべきものである。二つの家族の形態が食事の生活を際立たせる。二つの形態は同じ強烈さで体験されるものではなく、大きな会食者の頻度が少ないだけに、そのことが感じられるのだ。大きな会食者は家族のシンボリズムを一層濃縮させるものだからだ。「今では、大切なことは、子供たちがいる時だわ。今は、祝宴の時に子供たちと会うのよ」（オルタンス）。大げさな儀礼はないが、それでも食卓はマナー通りに設えられ、量も多く選定されたものである。そしてとりわけ、料理をする人がまた新たに時間を気にせず昔のように、家族を作り上げる欲求によって突き動かされている。「私は喜んでなにか特別なものを作りたいわ」とバベットは言う。それでもバベットにとっては何ら祝祭ではない。食事は簡単で、家族的なものだ。料理に要する仕事は、一秒もかからないものだ。ウジェニーはポトフを儀礼化し、再会の象徴に変えた。「おお、ポトフを、私たちは大好きなの。まあ、長い間作らなかったわ…私たち二人のためだと、それはねえ…」。それゆえ彼女は子供たちに電話をする。彼女は、「土曜日に来ない？　ポトフを作るわ」とは言わない。順序をひっくり返して、ポトフ自体が話を切り出す口実になる。「土曜日にポトフを作るの。来る？」と。そしていつでも子供たちはやって来る。彼らはポトフが大好きなのである。その変種のポテ〔キャベツ、ジャガイモ、カブ等の野菜を、塩漬けの豚肉で煮込んだ料理〕も同じことだ。「そうでなかったら、別のときはポテだわね。子供たちはそれがとっても好きなのよ」。子供たちが自分の料理を食べる強烈な喜びが、密かに彼女を幸せと活力で満たす。家族の血がもっと生き生きと血管の中を流れる。

抗いがたい力に押されて両親はもっと多くのことを行い、自分たちでもっと小さい平穏な食事を取るという新たな簡略性と袂を分かつ。少しは義務感もあり、悪く言われたくない気持ちもあるのだ。そこで彼らは、どんな過ちも犯さないように精一杯の努力をするのである。家族を呼ぶ間隔が空けば空くほど再会で儲けたいものがもっと大きくなって、彼らは、いかなる非難も招かないように場面をしつらえるよう促されるのだ。上等の食べ物、しっかりしたテーブル配置。そのことは、私が別のコンテクストの中で指摘したような、恋人たちが会うときのパラドックスに通じるものがある〔Kaufmann, 2002 a〕。すなわち、相手に対してもっと強く存在をアピールしたいという欲求、そばにいて本物でありたいという欲求のせいで、自分を効果的に見せることや、策略や、嘘が引き起こされるのである。自分を一番良い角度で見せたいがために「自然」でなくなるのだ。シャルロットが語った逸話はこのテーマに関して極めて示唆に富む。娘たちが小さかった時代、彼女は家事にかかわる大騒ぎの中で、夢見ていた料理をする時間が常にあったわけではない。彼女はそのことを夫と一緒に笑い飛ばすことに決め、そのテーマが繰り返し口にされるからかいの言葉になっていた。どの家族にも見られるようにある種の呪文のようになって、繰り返すには貧弱なものだが、いつでも皆の爆笑を誘うものになったのである。子供たちが先頭に立ってイニシアティヴをとり、決まり文句を言うことさえあったのである。「ええ、ええ、チビのほうが言ったものよね。『ちょっと、彼女は何を作ったの？　瓶のやつか、アルミ容器のやつか、それとも袋入り？』ってね」。しかし、今では両親のほうは全く笑わない。そもそもおそらくは、昔そのからかい文句を誇張するに任せたことを後悔しているのだ。今ではそれに触れられるのにバツが悪くなって、数年前からは精一杯の外交的努力をして、家族の記憶にあるその魔法のような言葉を消そうとしているのだ。そしてとりわけ彼らは、細心の注意を払って、ごくわずかの嫌疑にも出まかせを供給しないようにしているのである。「私は、夫と二人だけの時は、出来合いのものを買うわ」。しかし、子供たちが戻ってくる時は、何があっても、決して瓶詰だのアルミ容器入りのものだのは買わないのである。

「だからその時は、私は作るものに注意を払っているのよ」

しかしながら、義務感と悪く言われるのではないかという心配は、二義的なものである。根本的な厳命は、それと表現できないような欲求の深みからやって来るのであって、その欲求は、疑問を呈することなく行動し愛情を通じて献身するようにと駆り立てるのだ。けれども、高まってくるものはその別の欲求とは正反対のもの、すなわち少々休息したいという願いなのである。それゆえ、すべては家庭と人間関係のコンテクスト次第なのである（料理の仕事を一人でやりたい性格かどうか、子供たちに飛び立っていく能力があるのかどうか、祖父母たちの状況はどうなのか、等々）。社会関係が出来上がっていくことと辛い仕事で苦労することとの弁証法の中で、やりたい気持ちが再び生まれるためには、圧迫感があまりに重くあってはならない。スゼットはまさに、たぶんそれは不可能だろうと考えていた。そこで、息子が毎日昼食を食べにくると言ってきた時には本当に取り乱してしまった。「私は怖かったわ」。もう料理の仕事に押し潰されていたということではない。むしろ、子供たちが小さかった時代にたくさんやってあげた後で、徹底した長期の休息を取り直す段階に入っていたということなのである。夫は昼には帰宅しなかったので、彼女は偶然に、つまみ食いと軽い味覚の幸せを再発見していたのだ。料理はほとんどか全然せず、リズムは少々無軌道だ。彼女は、忘れたと思っていた昔の熱望との交際を再開した、新たなもう一人の自分と一致をみていたのだ。息子が言ってきたことは、かくも魅力的な実存のありかたと真っ向から衝突した。彼女はまず落胆し（どうしたらいいのだろう？）、失望し、失望したことを恥じた。だが、家族のことを反省的に考えることが彼女をその悪い考えから解放し、最初の食事から彼女は美味しい料理を作りたくなったのである。以来毎日情熱に新たに火がつく。息子のために、息子が満足するように、彼女の手はほとんど昔と同じくらいに易々と作動する。「今では息子が昼に食べに来るの。最初は、あらら、拘束されるわねって、自分に言ったのよ。私一人だったらハム一切れで充分なのにねって。結局私は自分で驚いているの。だって私は、ブランケット〔子牛、羊、鶏などのホワイトシチュー〕とかオッソブーコ〔子牛の骨つきすね肉を白ワインとトマトで煮込んだイタリア料理〕とか、そういった、ちょっと時間がかかる料理をしているんだもの。息子がそこにいるから、昼に来るからなのね。その方が彼にはいいのよ、食事があるんだから。そして、その方が私にもいいの。全部が、そういう風に一緒なのよね」

家族の宴会

再会して一緒の食事がしたいという欲求が生まれるためには、しばしば、若者の自立が一定の距離を作り上げてしまうことが必要である。最もよく現れる図式は、人生上の軌跡が三つの時期を刻む図式である。最初に、家庭内での強烈な活動と核分裂の傾向に抵抗するゲリラ的な活動が日常的に見られる。次いで、それとは反対に、休息したい欲求があり、若い者たちの自立が遅れてはっきりしないときの苛立ちや疲労がある。そして最後に、改めての帰還が起こる。いつもの食事は簡単なものになるのに、会食者たちが盛り上がることで（大きな）家族を作り上げたいという欲求が再び生じるのだ。

子供の立場からもこの大きな変化は目覚しいものである。家で過ごす彼らの一〇代と青春時代は、自立をもっと大きくする問題によって特徴づけられるが、それが、独立した住まいに引っ越すまでになって、この時代彼らは、なんの拘束もなくついばみ食いの快楽を持つのだ。しかし我々が指摘したように、この個人主義化の希求の高まりの中で、それと並行的に家族的な食事の方も、常に嫌悪すべきものと考えられているわけではない。何かが彼らをそれに引きつけている。その何かが、彼らが自分たち自身の家族の構造を作り上げた後になって、はるかに大きな力で自身を表現するのである。もはや彼らは逃げ出そうとしない。そして戻ってくることが嬉しいのである。引きつけられる理由は様々である。もちろん、一番具体的なレベルでは最低限食べ物への考慮がある。事実、ついばみ食いはすぐにその限界に達するのだ。定着させたシステムは（あるいはむしろ反システムは）、それを希望する時であっても、良く食べるということをなんら可能にしない。そのため解決策として、サーヴィス業者の制度と機能を利用することがある。つまりレストランであるが、あるいはもっと良いものとして、パパ＝ママがあるのだ。両親も同じように似た考えでいっぱいである。子供たちの食事がメチャメチャであることを漠然と心配しており、多少でもその埋め合わせをしようとするのだ。家庭菜園で採れた食べ物をあげたり、料理を届けてやったりするが、とりわけ食事に呼ぶことである。「子供たちは時間がないのね。出来合いの料理とか、時々はサンドイッチなのよ。だから、彼らが家に来るときは、私はわざと母親から伝わった伝統的な料理を作るのよ」（マドレーヌ）。彼らは食べ物を与えられ、無理やり食べさせられ、そうして満腹になる。「私はガツガツ食べるの。ありえないくらいね。母は笑ってる。いつもはそんな風には食べないんだけど」（カネル）。彼らはお腹を空かしている以上に食べる。その満腹が彼らを安心させ、人生の疑いを消してくれるからだ。満腹感もあるが同時に、元々の味覚がぴったりくることを再発見することにもよるのである。そこに、家族の懐の中での暖かさの証拠がある。ツヴェタン・トドロフは、子供は「再強化される」ために縮こまる必要があると指摘している。この「原初的な行動」[Todorov, 2003, p. 93] は、若者になっても完全に消えたわけではないのである。破壊的な自立化の絶頂期に、少しばかり、少しの間、縮こまることが、もっと具合良くするのだ。それは家族の手がかりを再発見し、動じなかった習慣の中に、そしてとりわけその「雰囲気」の中に、とぐろを巻くことである。「家に戻ってくると具合が良くなったのよ。なぜって、また見つけたからよ…家の雰囲気をね。それはちょっと港のイメージで、安定感なのね。私が母に愛着を感じている、それもはっきりしているわ。弟たちのレベルでもそうよ。しばらく会っていないと、寂しいわ。帰ると、ちょっと繭のイメージね。なんか静かな避難所にいるって感じよ」（マリー＝アンヌ）[Elsa Ramos, 2002, p. 209]。家族の雰囲気が最高度の密度と抱擁力に達するのは、食事時である。その時、集まっているグループにとってすべてが調和していて満たされているように思われる。料理さえこんなに美味しかったことはないのだ。「戻ってくると子供たちは、ものすごく美味しいって言うのよ」（バベット）。それは、味覚が、子供時代の味を超えた、かなり表現することが難しい別のものを伝達するからだ。同じ喜びを共有しながら、会食者たちは再び家族に生命を与える。アガペー（agapē）は（エロスとともに）愛を示すギリシャ語である。それゆえ、テーブルを囲んで会食者たちが行う宴会《アガップ》〔フランス語の宴会＝agape は agapē に由来する〕は、根源のところで恋愛感情や兄弟愛を表すのと同じ表現なのであり、それは偶然ではない。＊というのも、家族はコミュニオンをし、その際に、最高度に強烈な時間を作り上げるからである。そのことがさらに立証されるのは、もっと後になって随伴者の枠が広がり、若い親となった子供たちが大きな会食者に赤ん坊を付け加える時である。彼らはアイデンティティーに関わる変貌を遂げたばかりで、家庭内での変革の最中にある。そこで、食卓の価値やその規律とマナーの価値すら再認識している。だから、直感的に感じ取られた感情によって新たな次元が付け加えられたのである。新たな親となった子供たちは自分の子供時代を見直し、自分たち自身の両親の役割を自分たちの観点から別のやりかたで思い描く。そして、伝達するということや親子関係という思想を、ほとんど手で触れられるくらいのものにするのである。時間の流れがその一瞬の中に読み取れる。

＊　歴史的にはアガップは、食べ物が満ち溢れた饗宴のことであって、神聖なコミュニオンにおいて兄弟のように仲良く集うことであった。それが聖餐式のシンボル化の後に禁じられることになる。

もちろん、食事が常に調和と充足であるのではない。両親の側では、家事負担の重圧が、料理を通じて家族を作り上げたいという欲求を台無しにするが、それと同じように、規律の厳格さと世代間の文化の違いが、子供たちの欲求を弱める可能性がある。リズムとマナーの点であまりに大きな違いがあったり、家に呼ぶことが頻繁すぎたりすると、しまいには欲求が弱くなってしまう。そもそも、その欲求を現実化することよりも、それを高めることのほうが、何にも増して重要なことなのである。一方では家族の会食のイメージがあり（その会食が、心にかかっているシンボル的なものを伝達するものなので、それは理想化される）、他方ではその会食が展開される現実があるが（人に向かっても自分でも喜んで貢定するほどには、いつでも愉快な体験だというわけではない）、この二つのことの間には明白なズレが存在する。あたかも各自が絶えず、自分の幸福は完璧だと自分に言い聞かせるがごとくに、すべてが経過する……だが、また一〇代のときのように、しばしば逃げ出したい欲求に捕われているのだ。イメージと現実の間のこのズレにとって、年末の祝宴は全くもって暗示的である。都会の装飾がイメージの飛翔を促すこの時期の雰囲気の中で、再会の場面が、幸せの煌《きらめ》きとコミュニオンの暖かさの間で、前もって長い時間をかけてチェックされる。しかし、現実のほうは抵抗し、夢をあまりに完璧に具体化することを拒むのである。「でも私は、もう七面鳥の味をほとんど口の中に感じるわ。母は私のためだけに、栗の横にジャガイモをつけてくれるのよ。世界のどんなものより美味しいわね。でも言わなくちゃいけないの、言わなくちゃね。クリスマスって、なんてつまらないものでもあるのかしらってね。以前に信じていたのと同じことは一回もないのよ。私たちが家に帰るのは、クリスマスカードだの、あらゆる音楽だの、雪だの、星だの、おとぎ話だの、そういったもののためなのよ。それから、ガシャンよ。くだらないわ、なんて退屈なのって、自分に言うの。最悪なのは後ろめたいってことよ。うまくいかないクリスマスカードなのよね。でも、次の年になると、またそれを信じて、毎年それが繰り返されるの」（カネル）。組織者としての両親の側でも、熱狂が、できれば体験したい程度に、いつもキラキラしているわけではない。クローディーヌ・アティアス＝ドンフュ及びマルティーヌ・セガレン［Attias-Donfut, Segalen, 1998］が指摘するところでは、彼らのアンケートの中で質問された人の全員が、その祝祭の食事は家族にとって重要なものであると述べた。しかし、彼女たちはまた、血族関係が一部族の規模にまで拡大し、両親が年老いた時の仕事の困難さについても強調している。別の問題——ピボット世代の誰が、そのリレーを引き継ぐべきなのか。緊張と苛立ちが、食卓の周りの美しい調和を引き裂く可能性がある。ある女性は、質問者のマイクに向かって、自分一人で祝宴の仕事を負わなければならないことになって激怒し、次のような過激な結論に到達した。「いつだって働いたのは同じ人たちで、他の人たちは何もしなかったの。クリスマスは廃棄すべきだと、私は思うわ。そうすればもう、問題はなくなるんだから」［同前、p. 12］

離脱か再度の結婚か

子供たちが独立した住まいに落ち着くと、両親にとって新たな章が開始される。その章の中で彼らは、二つの家族領域で食事に対処しなければならないのである。一つは、魅惑的だが同時に疲労も与える、複数世代集合の大きな会食である。「祝祭の時も子供たちを招く時も、何かすぐにできるものとは違った食事を作ろうというので、頭を悩ませるってことはもうないわね」（マドレーヌ）。そしてもう一つは夫婦だけの小さな構成であって、両親としてのエピソードが長く続いた後で、再び真正面からの顔と顔の向き合い状態を打ち立てることである。それは一種の青春時代の軽さへの回帰だ。年かさは増して創意と不確定要素は数を減らす。習慣が強固に定着しているからである。「今は家族の輪が小さくなって、私たちの方はもう、少しばかりルーティーンでやる人になりだしているの。それは疑う余地がないわね」（マドレーヌ）。全人生の料理経験によって効率的に簡単にできるというのに、どうして革新を試みる必要があろうか。マドレーヌは言う。「ああ、今は私は、もっとバリエーションを少なくしているわ。どちらかというといつも通りのものを続けているわね。それから、私たちの年では…新しくやるのは、少ないわ、新しくはね。本当よ。なんて言ったらいいか、私はね…私もよ、つまり、経験で生きているのよ」

しかし、よく聞いていると、経験とルーティーンの積み重ねだけが問われているのではないということが、すぐに理解される。オルタンスは、熟年になっての習慣の負担を強調している。「今、私たちの年齢で、生活のやり方を変えるってことにはならないわ」。だが、その後から彼女が詳しく言うことを聞いてもらいたい。「新しい食べ物を試してみるですって？　いいえ、私たち二人になった今では、もうそれはないわね」。子供たちが出て行った後の二人の生活は、新たな関係を作らなければならない状況の中で革新と努力が促された、若い時代の二人の生活とは逆である。ここでは、顔と顔を突き合わせる状態に限定されることが、逆に、原動力の喪失や、解消や、関係の動機づけの喪失を生み出すのだ。そもそもそれが、ルーティーンの強化を説明するものである。社会化の枠組がより一層個人個人を成り立たせている。なぜならその個人個人が、主体的に努力を傾注する能力を失って、社会化する理由との間にズレを生み出すからである［Kaufmann, 2004］。「二人だけで、夫が難しくないと分かってる時は、心配もしないものよ」。そこでアネットはもはや心を砕くこともなく、生活はもっと簡単になる。しかし、その代価として支払わなければならないものは極めて大きくなるのである。つまり、ルーティーンによって簡単にするために緊張が緩み、自分自身の生きる実感に関して観客の立場に置かれてしまうのだ。子供たちが出て行った後に、人生上の二番目の出来事、すなわち引退ということが生じる（しばしばこの二つの出来事の間にはほとんど時間的間隔がない）。その引退は、解消と体験された習慣による自己防衛という、まさに同じ方向に人を推し進めるものなのである。こうして「離脱」のプロセスが開始されるが、その離脱をヴィンセント・カラデックが詳細に分析している［Caradec, 2004］。食事は、その離脱が到達している程度を極めて正確に示す指標でもあり、同時に、その離脱の速度を緩めたりあるいは加速させたりする主要な手段でもある。というのも食事は、熱狂した活動期に家族を作り上げるのと同じやり方で、ルーティーンの中で硬直化する時には、突然の関係消滅をもたらすからである。アンケートの中では、人生上のいろいろな時期について話す時に用いられる声の調子は、とりわけ示唆に富むものであった。食卓での大きな会食者のことに触れる時には、快活で熱を帯びてさえいるのに（その中には、疲れを表現する声も、さらには、時折感じ取った激しい苛立ちの表現もあったが）、子供たちが出て行った後の食事の様子を語る時には、突如として声量も落ち、単調でほとんど陰鬱な呟きに変わってしまう。ウジェニーは色合いも起伏もない、短い言葉で応える。生気が無い。まさに、生気の少ない人生の時期のことを語っているからなのだ。突然、彼女の口調が速くなってリズムが出て、声に力と情動が現れる。「あれは、特に夫が働いていた頃で、出張に出かけて、金曜の晩に戻ってきた時なの。ええ、まあ、その時は、本当に…本当に…私はちょっとしたものを作ったわ。サーモンのグリル焼きとか…いつものようなのじゃないものをね」。今日ではもはや「ちょっとしたもの」はない。今もあるのは、「いつものようなもの」だけなのである。マドレーヌは今ではあまり新しいことをしない、ということを今しがた引いたが、彼女の声の調子も同じように大きく変わる。会話の中で、ついこの間までのことに言及して、それを振り返って気持ちが盛り上がった時、突然彼女の体がシャキッとした。「おお、私たちしょっちゅう、仕事仲間の間でレシピの交換をしたわ。ちょっとあなたたち、私ったら、あれも見たしこれも見たわ、とか、うそよ知りっこないわ、なんてね。で、私たちはそのレシピのことを話し合って、写すの。それから、月曜日の朝は、会社で品評会よね。ああ、あれはおいしかった、ほんとにおいしかったわ、とかね」

いくつもの要因の総体が収束して、離脱へと向かってゆく。休息したい欲求、新たに顔と顔を見合わせる状態に慣れることの困難性、会話を貪るという役割がより明確になって定着したテレビ。また、食餌療法に夢中になることや、医学的なことから出てくる食べ物に関する処方もある。確かに、年齢が進んだことと関連する健康上の小さな痛みがはっきりしてくるのは、まさしく、家族から解放されるこの時期なのだ。食いしん坊の快楽を減らして量を少なくするように勧める同じ助言が、しばしばそれに伴っている。減少することが人生におけるこの移行期の合言葉で、あらゆるものが小さくなるように見える。すなわち、創意工夫、活力、量、半分になった食事準備の時間［Guibert, Perrin-Escalon, 2004］、テーブルの大きさ、やりとりの緊張感、食いしん坊の快楽、すべてがである。すべてがもっと味気なくなり、もっと少なくなる。ただ、食べ物の疑問を反省的に思考することだけは別であって、それが精気の中心に陣取るのだ［同前］。他の諸要因は単純に、食べる量を少なくするように促して離脱する方向へ推し進めるのであるが、この反省的思考は、もし初歩的な段階の喚起力のままにとどまるなら、そういう他の要因との協働関係に入ることができる。会話中のある瞬間に、ウジェニーがとてもうまく言い当てたことがある。「夫は、以前は働いていて、とてもきつい仕事だったの。今は何もやっていないわ。私みたいにね。だから、これから私たちはたくさんは食べないでしょうね。それに、私たちの歳では気をつけなくちゃね」。しかし、もし反省的な思考が少々暴走すると、結果は彼女の言うのと反対のほうに向いて、革新の原理が導入される可能性もあるのだ。（第一部で見たように）一人暮らしで食べる人の反省的思考は、手がかりの喪失に脅かされて不安定化し、その人を悪習に導いていってしまう可能性があるのだが、それとは反対に、硬直化する傾向にある社会的関係を再活性化させる能力ももたらすのである。第一、同じウジェニーが、陰鬱な調子で量を減らすことについて話していたのに、何かの改革にとりかかるということに言及した時は、少々活気づいたのである。「退職してからは、私たち、もっとバランス良く食べているわ。私は、サラダとかそういった類の、あまり重くないものを作るようにしているの。面倒なものを作ろうっていうんじゃなくて、ちょっと変わったものをね」。バベットは、この点でもっとずっと進んでいる。彼女は医者の助言で、夫と共にダイエットをすることに決めたのである。反省的思考は、二人が食べ物の問題に関して強化してゆく重要なものであるが、彼女はそれに加えて、そのダイエットを利用して料理の術を改革し、軽い料理を作るレシピに飛び込んだのである。夫婦の間で、保健衛生上の思考が、新しいタイプの活動をもたらすものになっているのだ。つまり、二人の生命の質を守るために、健康な食事をすることである。さらにその思考は、料理に関する離脱を仕向けることがない。その新しいレシピは彼女にとって、昔以上の時間を取りさえする（日曜日の朝、ほぼ二時間である）。

それゆえ、離脱に至る不可避性は存在しないのだ。子供が出て行った後の人生上の移行は、普通カップルにとって乗り切ることがとりわけ微妙なものであるが、逆に、再びダイナミックにする機会へ反転させることさえ可能なものである。子供たちがやりとりを統合する役割を演ずることは少なくなるが、実は、本当の意味で夫婦が交流し、もっと幅広く「アイデンティティー的なものを更新」[Caradec, 2004]する動きの中に組み入れられる時代を打ち立てることが可能なのだ。それゆえその時期は、人生がぐらついて離脱の方向に傾くか、あるいは、カップル自身の内部で再びダイナミックになる方向へ向かうかする、特別に決定的な時代なのである。良い感じの方向では、複数の活動を用いることができる。スポーツ、文化的娯楽、旅行、それに性生活がある。しかし食事は、その日常性によって、テーブルを囲んで顔と顔を見合わせる状態を打ち立てるものであって、おそらくは最も決定的なものである。通常の食事と、そして二人の会話の質とが、である。さらには通常のことが大きく変わって祝宴の時間となり、二人のパートナーの身の入れ方と関係が生き生きとした性格のものであることとが、明確にされることにもよるのだ。そして、ここでアンケートの中の初期の恋愛時代のカップルに見られたように、「食前のちょいと一杯」が、再び登場してくるのだ。この手段は一定のリスクを含んでいるが（激しい変化の想念をすべて消し去る慢性的なアルコール中毒の状態になって、退廃的になる可能性がある）、容易に使えて極めて安直にコミュニオンを作り上げることもできる。「週の終わりは充分協調しなくちゃね」

と、バベットは言う。だから、ダイエットをしているにもかかわらず、「土曜の夜と日曜の昼はシェリー酒」なのだ。オルタンスの場合は金曜日と、土曜日と、日曜日であって、その儀礼は彼女の人生で新しいものだが、「いつもと違う時間」を強調したい意欲と極めて明瞭に結びついている。しかもその時間はカップルの時間なのであって、別のやり方で常に簡単に表現できるものというわけではないのだ。「昔はこれは、つまり、一杯やるのはなかったのよ。毎週というわけではなかったわね。今じゃ私たち、金曜の夜と、土曜の夜と、そして日曜の昼よ。それは二人でくつろぐ時間なの。それは違う時間なのよ。一杯やるのはいつもサロンね。それから後で食堂に移るのよ」

しかしながら、通常と大きく違うことを造り、食事を通じて夫婦の関係を再びダイナミックにすることは、人生の特徴として、同じ時期に食べ物に関する減速傾向がちょうどめぐり合わせる中では簡単なことではない（大変具合の良い食前の一杯が成功するのは、そのことから説明される）。精神分裂状態を解消するためには、微妙な筋立てを考案しなければならないのである。シャルロットを見てみよう。週日の彼女の料理はすばやく処理される。「正味の話、もう夫と二人っきりなんだもの、ポタージュ、パンとチーズ、ヨーグルト、それでお終いよ」。だが、その簡単なスープかヨーグルトを食べながらも、二人は絶えず料理のことを話し合って、子供たちと一緒に食べる将来の食事の計画を立てるのである。それゆえ彼らは、夫婦でのつましさと家族での豊富さの、二つの生活を平行して持っているのだ。この二つの生活を彼らは、真の問題を引き起こすことなく結びつけることができるのだ。困難なことになるのは子供たちのいない日曜日で、その場合は縮小されて二人だけになって、習慣では祝宴であるはずの食事をとるのである。彼らは何を決心するのだろうか。つましさか豊かさか。簡単なものか手の込んだものか。二人は解決策を見出した。それは、保存用缶詰。どんな缶詰でもいいわけではない。この前バカンスで行った先から持ち帰った、スペシャル料理なのだ（だから彼らはいつでも、山のような荷物を抱えて帰宅する)。それゆえ、すばやくできる料理ではあっても、通常のこととは大きく変わっていて、夫婦の強烈な時間を呼び起こす力を持っている料理なのだ。その缶詰を味わうことによって、食事は満たされた会話の機会となり、別の舞台装置の中に居た二人の人生の瞬間を、もう一度訪れることが可能になるのだ。マドレーヌの場合はこっそりと、料理に関するある軍事クーデターを、しかも彼女自身に向けたクーデターを夢見ている。家族に関する戦意喪失によって、食べ物と結婚生活からの本当の離脱が引き起こされたのである。もっと前のところで我々に語ったように彼女は、もう新しいことはやらずに経験で生活している。しかしそれと並行して彼女は、独創的で今風で軽い料理に夢中なのだ。彼女は、レストランに美味しいものを食べに行くのが大好きなのである。それではどうして、それを自分の家に持ち込もうとしないのだろうか。「それはパラドックスよね。でも、私たちの年齢だと、それが理想なのかもよ」。なんともはや、「それは複雑なの」である。複雑であるとは、人間関係のコンテクストと切り離した意味での、技術的な決定では全くない。マドレーヌは、社会的な構造の中に深く組み入れられていて、結婚の反復的な生活によって心理的な安逸を確保されている。そのために、密かに夢見ている発奮を実行に移すことが困難になっているのである。日曜大工のようなつぎはぎによって一定の再活性化が可能であるとしても、それは、夫婦が深刻に離脱のプロセスに取り込まれていない時に限られるのだ。

家族と食事

アンケート調査のデータが集積されるにつれて、家族と食事の関係がどれほど密接なものであるかを実証することができるようになってきた。つまり、最初私にとっていくつもある仮説の中の一つに過ぎなかったものが徐々に頭角を現して、研究の主たる軸になってきたのだ。人生のいくつかあるエピソードの曲がり角ごとに、食事が、関係を操作するものとして、また関係の質の指標として登場するのである。とりわけ、子供を中心にした動員から子供が出て行った後の離脱の危険に至るまで、家族のサイクルが、一緒に食べることのリズムをどれほど決定するものであるかということを我々は見てきた。ビスコットの話だけでその問題に関するレジュメを得ることができる。二人での生活の始まりは、料理の面でも夫婦生活の面でも無味乾燥さが支配していた。母はもっと作ってみるように勧めたが、彼女はその言葉に逆らい、台所であまりに力を入れることを拒否した。女性の運命は鍋の中にはないというわけである。カップルとしてはどうかというと、パートナー同士の二人とも、通常の食事とコミュニオンの儀礼とに大きな違いを見出さなかった。そのことはおそらく二人の恋愛感情が小さかったことと無縁ではないだろう。しかしビスコットは、子供が生まれた時には確実にまともな料理を作ることができたのである。子供たちのためには、である。しかし、活発に動こうとしたのは彼女だけであって、カップルとしては無味乾燥さから言い争いへと移っていき、そして二人は離婚した。彼女が、残った者たちと一緒に家族を作り上げようとして本当の料理熱にかかったのはそれからである。「私は、朝から晩まで料理を作ったわ」。特に、つながって踊るファランドール舞踊みたいに〔行列をなして次から次と〕、たて続けにお菓子を作った。自分では全然好きではないのに、である。勢いがぱったりと途絶えたのは子供たちが台所から去った時である。一度、ちょっとした料理を作ってみたことがある。「一人っきりでお皿を前にしたとき、それは喉を通らなかったわ」。そこで彼女は、チーズ一切れやヨーグルト、果物を、手でもってつまみ食いのように食べる方を選んだのだ。そして発見したのは、実際は自分はもともとほとんどお腹がすかないのだということだった。もはや料理をすることになんの興味もなく、大きなテーブルにつくことには拒否反応を引き起こした。記憶の中によみがえってくる場面とのコントラストが身にしみる。「私には、美味しいものが好きな会食者がいたわ。あの人たちに喜びを与えようとしてるんだと分かっていたの。そして同時に私は、自分に喜びを与えていたのよね」。彼女には、喜びを与えるという喜びがあった。家族の生活と食事があった時代に、である。

人生行路の軌跡とは別に、家族と食事との密接な関係はいくつもの特異なコンテクストの中に存することが見られる。たとえば、よく知られていることだが、大きな家族が集合する際の強烈な時間を結晶のように固めて記念とするのが食事である。オリヴィアは、クリスマスのためにする仕事でも疲労を感じたことがない。「私たちは二五人か三〇人よ。でも、私ができる間はやるわ。皆が集まって、再会できて、それって幸福なことよ」。その家族神話のアルバムを際立たせている数多くのイヴェントが食事風景を撮った写真の中で不朽のものとなっているのであるが、そもそも、そのことを認めるにはそのアルバムのページをめくりさえすれば足りるのだ［Kaufmann, 2002b］。「私たちの人生の中で大切なことを、私たちはいつでも食事でお祝いしたの。たとえば、家のローンを払い終わった時とか、試験の結果が出た時とか、そういったことよ。いつでも食事で記念日を祝ったわ。子供たちもまだ覚えているのよ」（マドレーヌ）。それほど堂々としたコンテクストでなくとも、その密接な繋がりは読み取られる。毎日の生活で集団を作り上げ、個人主義化という分散の力に対抗する場合がそうである。ジョエル・メソニエ［Meissonier, 2002］は、通勤に長時間を要する郊外住民の興味深い例を挙げている。彼らは昼食を外で食べ、夜遅くに帰宅する人々である。いちばん機能的なのは妻と子供たちが早い時間に食べ、通勤する者が場合によっては車中でつまみ食いをすることかもしれない。しかしながら、家族のシンボル的な機能性が関わっていることは、問題外なのである。「それは縮小できない最低限のことなんだよ」と、ラニム氏は言う［同前、p. 231］。一緒に食事を取らないとすれば、家族を一つにする結びつきが他にあるものだろうか。ギリギリのところまで家族集団は我慢している。もし「子供たちがそばにいて、『お腹がすいた』と、言ったとしてもよ…」（レスキュール夫人）［同前、p. 230］。スゼットの夫も帰宅が遅い。彼女の家では、子供がお腹がすいたと騒ぐ問題はない。もう夜は「二人きり」なのである。しかし、多くのことがあって、彼女は夫を待たないことになったらしい。一人で、もっと軽いやり方で食べる趣味を身につけたのが事実である（息子が昼食に戻ってくるようになる以前のことだが）。夫の方も（軽い食べ物を取るということではないが）同じく独立の傾向を示している。熱烈なテレビ視聴者なので、喜んでテレビの前に一人用のお盆を据えて間に合わせているのである。結局食事の間、やりとりの度合いは弱いものになってしまった。コミュニオンの儀礼は本当には問題にされていない。しかし、夫婦の関係が衰退していることを示す、まさにその軽さこそが、そのカップルを少しは生き生きとした状態に保つある種の堡塁として、夜の食事にしがみつくように促すものなのだ。「夜、彼は遅く帰宅するわ。それは私にとっては遅いと思うのよ。でも私は待つ努力をしているわ。だって…私たち二人で居るのがもっといいの…たとえそれほど会話は交わさないとしてもよ。それでも食事をしている間には何かしら話すことがいつでもあるものよ」

強烈な関係と壊れやすい関係という二つの両極端の関係は、それをダイナミックなものにするためにとりわけ食事を活用するように促す。強烈な関係は愛している者同士の魅惑の関係だったり、子供を中心とした動員だったりする。壊れやすい関係を引き起こすものは、離脱や個人主義化や集団の細分化である。カップルや家族が弱くなる時には、カップルを作り上げたり家族を作り上げたりするために、さらに一層試みる必要がある。クローディーヌ・マレンコ［Marenco, 1992, p. 248］は、別居中の女性を取り上げている。「パパがいないんだから、もう家庭的な雰囲気はないわ…私は、私が望むことは、それでも娘のための家庭的な雰囲気なの。そこで晩には、それでも娘と一緒に坐るの。自分はお腹がすいていなくてもよ。するとその時は、それは本当の食事よね。ちょっとした前菜と、メインディッシュと、チーズと。それは本当の食事なの…私は自分自身に強いて坐って、娘と一緒に食べるのよ。それでも家族を作り上げるためにね」。しかし、関係が壊れそうな状況では食事を手段として用いることは、常にたやすいことではない。衝突が起こる時には特にそうである。というのも、近しい関係で食卓の周りで接近している状況はコミュニオンを高揚させるものであるが、それと同じくらいに、不和を激化させるものでもあるからだ。ジャクリーヌ・ビュルゴワンヌ及びデイヴィッド・クラーク〔Burgoyne, Clarke, 1986, p. 41〕が指摘するところでは、彼らのアンケートで質問された人たちは、離婚や再婚の話に触れる際に、「極めて自然発生的に、食べ物に関わる、時としては長く詳細にわたる物語に頼った」のであった。食卓で食べる気がしなくなったこと、痩せたこと、壊れた皿。それから、新たにカップルとなったら、食欲が戻り、一緒に食べる喜びが戻ってきたこと。なんということだろうか、哀れなグラハム夫人にとってはそうではなかった。離婚した後に彼女は三人の娘とともに、食事を通して家族を作ろうと工夫を凝らした。娘たちのための食事を考案し、おやつの時間を長くして晩御飯の代わりになるようにした〔英国のファイヴ・オクロック・ディナーのこと〕。彼女は再びマルタンと恋愛を見つけたと思ったのである。しかし、食事のテストをやってみてそれが夢でしかないことをつきつけられることになるのである。彼女は、彼のために食事を作ってあげるという気にならなかった。彼は、彼女たちのシステムに馴染むことができなかったのである。つまり、平凡で小さいことに見えるものが大きな難点を明かすものであることが、はっきりしたのである。

家族もなく、食事もなし

家族と食事の間に存在する密接な関係は、ネガティヴに証明することもできる。すなわち、家族が居ないという状況によって共に食事をする習慣の破壊が誘発されるということが、極めて明瞭なのだ。そもそもアンケート調査を受けた人たちが、問われるまでもなくそのことを認めており、そうして積み重ねられた事例のおかげで、彼らが体験した様々な状況を比較することができる。「私たち二人だけなら、どちらかというと簡単なものになるわ」と、メルバは言う。カップルは、子供たちが出て行った後の家族より希薄だ。だが、一人で生活している人は（あるいは一人で食事をする人は）カップルよりも希薄である。はるかに希薄なのだ。「ええ、一人で居るときはあまり心配しないものよ。二人だと自分を強いて、食べるものを作るわね」（マリーズ）。「料理は家族のためのものなのよ。だって、一人のときはあまり作らない傾向があるもの」（アネット）。「ええ、私一人のときは、自分一人だけのために、二時間かけてなにかぐつぐつ煮るなんてことはないわね。さっとできるものだわね」（ベランジェール）。人生における様々な局面が、料理からの離脱と皆で食べることからの離脱を際立たせる。若さと生活実感の軽さの喜びあふれた陶酔感、それは簡単なついばみ食いに向かわせる。あるいは、すべてを縮小させる離脱がある。だが、これらの局面以外にも、特に中間的な年代において料理と食事に対する愛着が決定的に薄れてしまうことがあるのだ。料理することと通常の食事に対する愛着が、である。というのも、独身者たちは活発な人間関係をもつ機会がかなり多く、友人たちを招くことや、また特にレストランでの集団の食事によって、その通常では欠けているものを埋め合わせするからである［Kaufmann, 1999］。自分の家ではというと、すべてが簡単でさっとできるのだ。料理は手短か、量は少なく、テーブルはぞんざいに据えられる。それも、テーブルがあればの話である。このテーブルは事実、家族のシンボル的なものを発散するので、彼らにはしばしば回避されるものだ。独身者たちは、若い時にそうだったように、しばしば長期間にわたって、もっと低く、もっと柔らかで、もっと放浪的な食べる場所を探し続ける。第一、ソロの生活の特徴は深いところで、若さや、若さが持つ軽さや将来的な自由を失わないことを目指す企てなのだ。そしてその問題がはっきり出るのが、料理の仕方と食事のとり方においてなのである。

家族の中でもある者たちが一人で食事をとることがよくある。だからといって、冷蔵庫で武装してつまみ食い式に食べる人たちにとっては、普通何の問題も生じない。しかし、もしその状態が料理をする人に起こったらどうなるのだろうか？　料理をする人は、たとえ何が起ころうとも台所に立つことを習慣にしているのにである。ほとんどの場合彼女は料理に対するやる気を失い、お腹がすいても食べたいのは軽いものだけだと自覚して、突然減速する。金曜日の夜メルバは、夫がスポーツをしている間一人である。「週末なのよ。ちょっとうんざりだわ」。彼女はつまみ食いに甘んじる。スゼットは、昼食に戻ってくる息子のためにもう一度料理に取り組んでいて、喜びがなくもない。だが記憶の中にはまだ、全く違う喜びをもっているのだ。「それは大したことじゃなかったのよ。果物、チーズ。本当の食事じゃなかったし、料理じゃなかったわ。私は、テレビを見ながらたった一人で静かに食事をすることに慣れていたのね」。ビスコットの場合孤独の段階はもっとはっきりしており、食べ物の世界全体に対する凍結もはっきりしている。つまり料理をすることに対してである。「興味ないわね」。食べるのは最小限のものである。「私は食べないわ、何もね。興味がないのよ。チーズちょっと、ヨーグルト、果物一つ、でも、調理したものは何もないの」。テーブルとその家族的シンボリズムにも抗している。「お皿を前にして一人で坐ったら、食欲は完全に塞がれるわ。チーズ一切れを食べて、テレビを見ながらそんな風に食事する方がいいの。そんな風にすれば、拒絶反応も過ぎてっちゃうの」

今述べたことはモデルケースを提供して、大多数の行動を図式化するものである。だが、独身者たちの（あるいは一時的に一人でいる人たちの）すべてが、手でつまみ食い式の食べ方をしているわけではない。中には、食べることが好きで料理をすることさえ好きな人たちもいるのだ。その人たちの欲求は極めて大きなものなので、家族的な感情のほとばしりがなくてもその欲求が壊されることがないのである。そもそも、その欲求がどのように現れ得るものかを見るのは興味深いことである。男性たちの場合は大食いと空腹のせいで、ともかくも食卓に大盛りにする傾向がある。ジャン＝ピエール・コルボー[Corbeau, 2002]が、ものすごく食欲旺盛な四〇歳の男性、ボリスの例を挙げている（彼の体重は一二〇キロを超える）。しかしその彼でも、家でテーブルにつくことは全くなく、独りのつまみ食いや友人たちとのレストランでの食事を好む。女性たちの場合は、どちらかというと料理術への情熱があり、そのせいで、抗いがたく突き動かされている。カンディーは、時おり子供たちがいない時にちょっとした料理を作る。「それでリラックスするのよ」。プリュンヌはいつでも料理をする。料理が彼女の全実存を構成する行動なのだ。「私は独身の時だって、新鮮なグリーンピースとニンジンを使ってポピエット（野菜などを薄切りの肉で巻いて蒸す、手間のかかる料理）を作ったものよ」。それゆえ、食欲を失わない人たちもいれば、料理をする趣味を失わない人たちもいるのだ。しかし、全員が、もしくはほとんど全員が、家の中心部にしっかりと据えられた食卓には根深い警戒心を失わない。家族と食事を一つにする紐帯を一番に象徴するものが、その食卓なのである。

土台を据える食事

新たに具体的な家族関係を（またはそれより後の正式の結婚生活を）確固たるものにするための最初の食事について分析することは、とりわけ興味深い。というのもその最初の食事は、問題を抱えた二重性を通じて体験されるものだからである。それは、他のすべての食事と同様集団を作り上げるものでなければならない。また、生活の全体を突き動かすことができると思われている親密な関係が問題であるだけに、必要性と緊急性を伴っているのである。しかし同時に、個人主義と反省的思考のこの現代社会にあっては、各自がそれに飛び込む前に躊躇しないということは稀であり、一人あるいは複数のパートナーを観察しようとしないことも、また、関係が結成されていく途中でその質を鑑定しようとしないことも、稀である。それゆえ食事は、家族化の過程を推進すると同時に、その状況のテストを可能にする批判的な手段としても用いられるのだ。もちろんそれは、相矛盾することである。恋愛の時期の最初の朝食を取り扱った以前の本の中ですでに指摘した通りである［Kaufmann, 2002a］。ほとんどの証言が、その相矛盾する二つのプロセスのことを語っていた。すぐにカップルになりたいという欲求があっても、今までに経験したことのない食習慣や困惑させるようなテーブルマナーに躓《つまず》くのだ。たとえばアガテの場合である。彼女はジョンに心から夢中になっていたけれども、乱れたベッドの上のジョンの横で巨大なホットドッグを食べつくそうと試みたときには、いったいどんな世界に陥ってしまうのだろうかと自問したのだった。彼女はそれと反対の、陶器の食器と贅沢なデザートのほうが好きなのである。あるいはヴァンサンの場合、自分の都会的な習慣とアグラエの田舎の世界との間の、文化的な亀裂を発見して困惑してしまった。「僕が全然好きじゃなかったのはミルクなんだよ。それは牛のやつだったから、全く好きじゃなかったんだ。味が強すぎてね」。アグラエの方は大きな食卓の端っこに坐り、グラスの水とアスピリンの錠剤を前にして、しかめ面をして黙りこくっていた。本当にその時が、喜びに満ちた恋の始まりだったのか？

昔の結婚式の饗宴は二つの家族を一つに融合するものであったが、反省的思考を備えている個人主義化は、そうした結婚式のような、土台を据える昔の儀礼が有する制度化する特性を乱している［Segalen, 2003］。今日では（ちょっとした食前酒のような）儀礼が、勢いと充実度を増すために、日曜大工のつぎはぎ仕事のように後から付け加えられた。しかしながら一回の食事で新たな関係が一挙に決定される、とりわけ興味深い状況がまだいくつか残っている。特に、子供が恋愛関係にあるパートナーを紹介するために家に連れてくる時が、そうである。恋愛の相手はもう決められたのだから、両親は、全くそうするつもりもないのだが、干渉することのないように努力する［Cosson, 1990］。それゆえ紹介は、公式にはなんらテストの意味をもっておらず、純粋な通過儀礼か親類縁者の中でのもてなしと見なされている。「煮たものを通じての近親性」の伝統への回帰である。つまりここでもまた、家族集団の拡張をもたらすであろう食事なのだ。マチルド・ペロー［Perrot, Mat., 2000］が、この極めて特別な食事に関するアンケート調査を行った。彼女の仕事から見ると、その土台を据える食事が保持されているのはおそらくは演ずる者たちの認識錯誤に起因しているに違いないということが、まず明らかである。その食事が、普通の会話に自由でくつろいだ性格を与えると認識されるために、それを演じている者たちは簡単で真正の、柔軟でリラックスした、この時代にふさわしい小儀礼を作り出すことができると考えるのである。「お皿を前にしていると、グラスを前にしているときよりもずっと簡単に会話をするわ。正面を見ないで食べていると、充足して、ちょっと豊かな気分になって、会話に道筋をつけてくれるのよ。それはもっと相互親和的よね」（シモネ夫人）［同前、p. 36］。そもそもしばしばすべてのことが、深刻に扱わないように儀式化しないようにと按配される。あたかも儲けのための賭け金は小さなものだとでもいうかのように、また、ただ単に一時を一緒に愉快に過ごしてお互いを知ることが問題なのだとでもいうように、按配されるのだ。「それは人生のための大プレゼンテーションではなかったの。まるで特に選んだ人ではなくて、一緒にいるだけの人としてよ」（デルフィーヌ）。「公表するっていうのは、ちょっと言葉として強いわね。それは、私が好きな人と一緒に暮らしているって、この人と人生をやっていくつもりだって、見せることだったの。そういう言葉では言わなかったとしてもよ。それって…それでもそれって、公表すると言えるわね。言葉はちょっと強いけど、他の言葉もないし」（マリー）［同前、p. 29］。実際は、食卓はすぐさま社会的メカニズムの恐ろしい強烈さを暴露して明るみに出すのである。そこで用いられているリラックスした普通の会話の調子は、会食者たちの間の睦まじい生活実感と密接に結びついている。ところで、まさしくその睦まじさが、ここで急遽こしらえられなければならないものなのである。そこで驚くべきことは、共に食べるということが、人が思うほど適合力のあるものではないと分かることなのだ。現実には食事というものは、長くて硬直したプロセスを展開するものだと、分かるのである。「食事は、かなり展開の遅い、動きのない場面を構成するものだわ。そのことで、あちらの人たちもこちらの人たちも、思うままに観察することができるのよね」[Javeau, 1984, p. 93]。顔と顔を見合わせる状態を押しつけられ近くで親密にしていなければならないことによって、期待されたこととは反対のことが生じる。リラックス状態は表面だけに過ぎず、苛立ちと緊張が明瞭だ。場面効果は複雑に増幅し、夢に見た単純さと真正さからは程遠いものとなる。

本当のことを言うと、決定的な瞬間が訪れる以前でさえもすでに緊張は深刻に高まり始めていたのである。ポーリーヌは、徐々に彼女の母を襲っていたストレスのことを覚えている。「それはざっくばらんなものと思われていたわ。気を張らずに食事をするはずだったの。でも、その気の張らない食事の下には、それでもなにかそれ以上のものがあったのよ。母は、ちゃんと作ろうとしたわ。いつものオニオン・トマトのサラダじゃだめだったのよ。なんだかしっかりしたメインディッシュをというわけで、ブフ・キャロット〔牛とニンジンを主体に煮込むシチュー〕を作って、日陰でも三〇度もある日に、私たちに出したのよ。惚れ惚れするようなものだったわ。でもたまたま、バンジャマンは普通のときでもそれのファンではなかったのよね。それが、あの暑さでしょ。ママは決まり悪そうにしてたわ」[同前、p. 35-36]。エミリーは、あの名高い食事のために恋人の両親の家に着いたとき感動した。食卓はクリスマスで使うテーブルで、本当に飾りつけがしてあった。逆説的に両親の方も評価されるのだと感じていて、失望させてはいけないと思っていた。彼らはやりすぎる傾向があるのだ。若い恋人たちの側ではその試験前夜の感情がもっとずっと強く、あらゆる可能な質問を想像して備えをする。連れてくる側の家の子供が家族の文化と一人一人の性格に関する正確な見取り図を作り上げ、求婚者が良い印象を与えるように、そして罠の裏をかくように準備するのだ。ジュリエットは父のことを強調していた。「ママに関しては何も特別なことはないわ。でもパパのことは前もってバンジャマンに言っておいたの。パパは面倒な質問をするかもしれない、きっと通過のための小さなテストを避けられないわって。ちょっとした質問、ちょっとしたテストよ。バンジャマンが私をどう思っているか、頭がいいか、繊細か、そういったことを感じ取って、知るためなの」［同前、p.38］。シルヴァンはグウェノラが再教育指導者としては少々弱いということが分かっていた。いらいらする気持ちを鎮めるためにもっと緻密なブリーフィングがあればいいのにと思っていた。「何について話せばいいのか、言っといてくれなくちゃいけないんだよ。どんなテーマについて話せばいいんだかをさ。僕には全然分からないんだからさ」「だから私は彼に言ったの。『私には分からないわ。ヴァカンスのことを話せばいいじゃない。父は旅行が好きだし。株のことでもいいわ…父に株の話をできない？　ああ、ええ、だめね。あなた株のことは全然知らないものね。そうだわ、サッカーのことは話しちゃだめよ。父はサッカーが好きじゃないから。そうねえ、分からないわ…やってみましょうか』」

会話とテーブルマナー、この二つは家族生活の建築家であり、通常は食事の中心となるものであるが、それは特にデリケートなことであるのがはっきりする。まず最初に会話である。お互いを知らないのに一種の即席の家族的親密さを作るべしとの厳命には、仲たがいを生じるかもしれないような極めて多くのテーマを避けるという意味が込められている。「批判のテーマには手をつけちゃだめよ。政治とか労働運動とか宗教とかね。偏向しそうな論争も、少なくともその日は避けてね。たとえば、僕は教皇に反対ですとか、コンドームに反対ですとか、『何のお仕事をしてらっしゃるんですか？』『僕は失業中です』とか、『お注ぎしましょうか？』『昔アルコール中毒症更生会のメンバーでした』なんていうのは駄目よ。うんと注意してね」。他にタブーであるテーマとしては、両親の側では、はっきりしすぎる質問をするということがある。そういった質問は、許婚者の相手の男性あるいは女性を見積もっているのだと相手に思わせるかもしれない。特にその相手の仕事の将来に関する質問がそうである。だいたい両親というものは、知りたいという欲求を抑えるのに苦労するものだ。「彼は友達のような関係を作りたがっていたのよ。でも、それでも質問は『これから何をなさるんですか。学歴は？　これからは？ずっと先は？』なんて感じだったの」（ソフィー）。それゆえ一番いいのは、食事のあいだ耳によそ事のように響くつまらない話題に終始することである。その食事を土台を据える儀礼として自然発生的に過ごして、事の重大性は、それが醸し出すストレスによって感じ取られるようにすることである。このような決定的な時間に、すべてを話してしかも何一つ話さないということができるのだろうか。取るに足りないことをはっきりと話すということに関しては、すでに〔他の著作で〕、一緒になった最初の朝の食事のときに、賭け金があまりにも大きいことがその理由であると指摘したし、また、それが引き起こすトラブルについても触れた〔Kaufmann, 2002a〕。マテューは、その状況の外交辞令的な微妙さが分からず（しかもカメラマンという自分の職業を悪く判断しているのではないかと疑って）、爆発寸前だった。「彼らが僕のやっていることに興味を示さないので、だんだんうんざりしてきたんだ。そのことを話そうとすると彼らは、『ああ、オーケーだよ。いいじゃないか、うまく行くさ。結構だね。そうだ彼に鶏を出したら？』なんて言って、話を変えるんだよ」〔同前、p. 48〕。会話が問題をはらんだ時に救いの手を差し伸べるテーマは常に、一緒に食べている食べ物のことなのだ。

その次は、良いマナーである。招かれた者はその家の習慣を知らない。その上に両親は悪く評価されることを恐れて、いつもより良く食卓を用意する。つまり、若き志願者は家族の騎士叙任式で、極めて高く掲げられた儀礼上の理想に合わせて行動すべきなのであって、すべてがそのことに向かって協力態勢をとっているのだ。その理想たるや、想定されている柔軟さとリラックスの状態からは、何光年も遠い存在なのだ。「私はきっちり坐っていようとしたわ。椅子にもしっかり腰かけていたし、食器を正しく使うように気をつけていたの。頑張ってワインも飲んだけど、飲み過ぎないようにしたわ。果たさなくちゃいけない役割があるんだから、酔っ払いで通す気にはならないものよ」（グウェノラ）〔同前、p. 41〕。「へまをしないこと。アペリティフを飲むけど飲みすぎないこと。三分ごとに汚い言葉を使わないこと…もし、その家の人たちがやるんだったら別よ。自分を解き放ってもいいという徴があるまで待つこと。そしてお代わり、必ずお代わりをすること。美味しいって言いながらね。フォークをスコップみたいに持たないこと」（デルフィーヌ）〔同前、p. 40〕。マチルド・ペローが挙げているのはその反対の例である。明らかにその求婚者はいくつものへまをやってしまっていた（重いバイク用のブルゾンを椅子の背に掛けて椅子を倒してしまったり、等々）。何度かびっくりする瞬間があったがその家族は、それを笑うという打開策をとった。彼はとても若くて、それが深刻なものに思えなかったからである。この不幸な人に降りかかった厄介ごとは（そして相手の女性の打ちひしがれたリアクションは）、まさに、問題なのは本当に土台を据える儀礼ではないということの証拠である。各自が自由になって、出来事をからかいの種にすることができたのだ。反対に、土台を据える意味の本当の儀礼は驚くべきスピードで集団の結合を作り上げる。そこで言うべき大したことがないとしてもである。しかしながら本質的なことは他にあるのだ。すなわち、双方共に格別の意識はないとしても、確立されている集団的規律がそれなのである（それは長い歴史を持つ遺産であって、そこからその厳格さが説明されるものである）。重要なことが変化を遂げたのだということを見抜くことができるための手がかりの一つに、食卓の席の問題がある。「最初はそのことにぶつからないのさ。でも、二回目の食事からは、そのことが分かるんだ」（バンジャマン）。「次の食事でまた自分の席に着くという事実は、その家族集団の生活と習慣に同化したことを、かなり明瞭に示す行為である」〔Perrot, Mat., 2000, p. 44〕。

集団の選択

「ショックよ…カルチャーショックだわ」〔Perrot, Mat., 2000, p. 67〕。ポーリーヌは、バンジャマンの両親と会ったことを思い起こすだけで、まだ気持ちが揺れる。結婚相手の家族がいかに自分の家族と違っていて未知で奇妙であるかを、瞬時に明らかにするのが食事なのだ。マテューは、ソフィーの両親のお金に驚いた。そこから出した結論は、マナーの点からとりわけ近寄りがたい人たちに違いないということであった。それは間違いだった。彼は状況を把握してその場の文化に溶け込むことができなかったのだ。「食い物のことばかり喋るのがうんざりだったんだ。全く会話ってものがなかったんだよ。ソフィーの両親はずっと金持ちでずっとブルジョワだけど、物腰はもっと平民的でもあったんだ。食卓で罵りあうんだよ。僕のうちではテレビなんか見ないで、食べて話し合いをするんだ。あそこの家では皆すぐ坐っちゃう。僕の家はもっと古いフランスだね。最初から僕は、いい奴だと見せたかったし、教育もあると見せたかった。だから、彼女の母親が席に着くまで、僕は椅子の後ろに立って待っていたんだ。彼女のお父さんが坐ってくださいと言ったよ。だけど僕は笑って、この家のマダムが坐るまで待ちますと言ったんだ。食べ始めるのを待ったんだけど、すぐに彼らのコードは違うんだって分かったね。どうすればいいか分からなかったよ」〔同前、p. 66〕。その逸話で彼は、すぐに反感を覚える。逆説だが、良くやりたかったのに、非難されたと感じたのだ。そのような状況における普通のリアクションは、自尊心を再起させてアイデンティティー的な経験に凝り固まること、そして、周囲に対して批判の視線を強めること、である。マテューがやったのはそれであった。「結局僕は距離を保つことにしたんだ。僕はちゃんとした教育を受けたんだから。脱伝統をやりたくなかった、カッコつきの伝統だけどさ。僕は自分を尊重してもらう手がかりを守ったんだよ。僕の個性をさ」［同前］。即席の家族化、「煮たものを通じての親族化」は、失敗した。マテューは、ソフィーの両親の家族文化に共感して溶け込むことができなかった。食事はそれが不可能であることを総括し、証明する手段だったのだ。ソフィーは、できつつあるカップルか元の家族かの選択を迫られた。一般に認められている考えとは逆に、自分の家族を犠牲にして相手方の家族を選ぶということは実際は結構稀なことなのである［Lemarchant, 1999］。すべては、同化していく中での二人の脆弱なバランスにかかっている。パートナーのうちの一人が相手の両親との不和を大きくして反目するまでになると、もう一人は自分の両親とカップルの間の仲裁に入らなければならない。どちらの方向に急変していくかという問題にとって、食事は決定的なものだ。この場合は、ソフィーが両親に刃向かってマテューを選んだ。「彼の両親とはうんと話をするわね。自分の両親とは、ずっと少ないのよ。彼の両親といるときはテレビを消すの。私の両親とは、相変わらずニュースを見るわ。どちらかというと浅いのよね」［同前］。

ポーリーヌの両親にとってもカルチャーショックがあった。しかしソフィーとは反対に、ポーリーヌは即座に自分の両親の側に与した。バンジャマンは、団結的で敵対的な集団に面して完璧に孤立してしまった。ポーリーヌは自分のリアクションに乱暴なものがあるということを認識していたものの、自制することができなかったのである。「私にとってショッキングなことがあるの。たとえば彼がナイフで刺して食べるということよ。神経を逆撫でされるわ。バンジャマンがそうするのは、その教育を受けてなかったからよ。私はすごく不寛容だわ、でもどうにもできないのよ」［同前、p. 42］。もっとも彼女は揉め事のリスクを示して、双方の側の一人一人に限定した訓練を広げ、そのイヴェントに備えた入念な準備をしていたのであった。両親に対しては一般的な手順と倫理。「バンジャマンの家はかなり質素だから、何かの振る舞いであまりショックを受けないように、両親にそのことを言っておいたの」［同前］。バンジャマン向けには、もっと実際的な狙いで、テーブルマナーをものにさせることを目的とした。「そのことをまた彼に話して、二人で喧嘩になって、また話して、また喧嘩になって。私は彼に、それはあまりやらないことだと早口で言ったの。ともかく、私の両親の家では、とりわけ祖母の家では見られないって。だって祖母はその点ですごく厳格なのよ。それは彼のためだったし、マナーの悪い人間だと決めつけられないように、彼が溶け込むのに悪い出発にならないように、ということだったのよ。彼はそれを、直接的な個人攻撃と受け取ったのね。彼の教育とかの全部をひっくるめたものとして。つまり彼の両親をひっくるめてのね」［同前］。ポーリーヌは、自分が（良いマナーという）一種の普遍的な真理の中にいるということを確信していた。また、かくあるべしと彼女が思っている自分たちの将来にバンジャマンを仕向けるために、愛情によって行動していると確信してもいた。バンジャマンのほうは、個人としても家族全体としても、裁かれ、貶められ、辱められたと感じた。彼は、自分を守るために自分の家族を批評することを、一瞬ためらった。「確かに僕の家では、ちょっとばかりざっくばらんだよ」［同前］。しかし、攻撃はますます募り、ナイフが元となって食事の最中にドラマが爆発する。いつものように彼はチーズ一切れを切ると、その道具で直接それを口に入れたのだ。ポーリーヌは初めからわずかの動きでも監視していて、その間違った振る舞いをすぐさま指摘したのだった。だが両親のほうは、それを見ても何も言わなかった。皆の前でバンジャマンに教訓を垂れ、彼女の両親の視線が何にも増して優先するのだと、バンジャマンにすら優先するのだと示したのは、他ならぬポーリーヌだったのである。「彼女に言ったんだ。『これが教育なのかい？　皆の前で人を咎めることがさ』ってね」［同前］。だがそのことを語る口調は、肝心なことで自分と自分の家族は負けたと認めたことを示している。そのカップルの一つの側面は一回の食事で決着がついた。食卓を囲んでのミクロの闘いで、さっという横目での監視と食器の取り方で、決着がついたのである。単なるナイフが運命を決するのに寄与した。

天気予報シンドローム

食卓、その食卓が打ち立てる会話、そしてそれらと一体化したマナー。それらは、具体的に家族の関係を作り上げるものであり、諸集団の形態を描くものである。その達成の仕方は、日常的なことを繰り返すこと、強烈さや活力を表す祝宴によって大きな変化を与えること、人間関係の再構成に方向を示すための土台を据える儀礼を行うこと、等々である。食卓と会話とマナーはまた他に、職業上の、あるいは友人間の社会的な諸関係も作り上げる。家族とは別個に友人たちとレストランで食事をとること、あるいは、家族がネットワークを広げる際に家にゲストを招くことがそれである。

友情とは生きている関係で、時と共に変わる。各自の核心的な関心の当然の成り行きで共生を維持することができなければ、友情は死ぬ、少なくともその活力は衰える［Bidart, 1997］。その時にもまた、関係の状態の如何を確認することができるのが食事なのである。招待の性質がどんどん制度的、義務的でなくなってゆき、今では一緒の時間を過ごしたいという欲求にもっと多く頼っているだけに、料理による確認が必要なのだ［Lehuédé, Loisel, 2004］。テーブルマナーの原則も、比較的厳格でなく儀礼的でもない。ある場合には、最後の瞬間に（パスタとかオムレツとかの）型にはまらないちょっとした食事が、あわてて準備される。またある場合はそれと反対に、熟考と準備を重ねてディナーパーティーが行われる。だがそれは、むしろイヴェントと雰囲気を作り出すのが目的であって、テーブルウエアが要求する厳密なレイアウトが目的ではないのだ。デコレーションも料理の領域でも、その日の肝心な点は創造性なのである。

会食者たちの夢は、一緒に（快適で）強烈な時間を持ちたいということ、すべての感覚を通じてコミュニオンを作りたいということなのだ。口の快楽も欲しいが、包み込む柔らかい雰囲気もまた欲しい。それゆえ会話の中では、家族の場合と同様、（政治のような）仲たがいさせるテーマや（仕事のような）うんざりさせるテーマを避けなければならない。家族の領域の中でよりもずっと強く、軽い論争が抑えられるのである。つまりこの場合、いかなる状況以上にも、優しさと前向きさという標識の下に集団を接合するものが最重要なのだ。二つのテーマが重要である。すなわち、子供と休暇である。いろいろな家族が集まって彼らの喜びの神話を対面させ、幸福に没頭する同じコミュニオンの中でその神話を一体にする。この集団的論理が特に確認されるのは、一人だけでむやみにでしゃばる傾向のある者たちを罰するように駆り立てる、自己規制においてである［同前］。完璧に「集団となる」ことができるためには、また、コミュニオン的なその食事を通じて、できるだけ長く友情関係を作り上げると同時にその瞬間を強烈に体験するためには、支配的でなければならない傾向はでしゃばりではなく、自分のことは忘れる態度と寛容さなのである。

友人たちの集まりは時々にしか起こらない。それゆえ、食事という賭け金は絶対無視できないものなのだ。友情の関係が続くかどうかは、それから引き出される総括次第なのである（参加した各家族はすぐさま別々に自分で総まとめをするのだ）。それゆえ、その時間の強烈さと集団的コミュニオンを、ことん掘り下げようと試みることが理に適っているのである。（オリジナルなデコレーション、凝った料理、良いアルコールといった）多数の技巧が必要である。そしてとりわけ、お互いが必要不可欠だという気持ちをさらに一層強くし、親しいやりとりをもっと進めること。そこで、通常の会話では不充分で、優しさや快活さでも足りない。完全に一つになりながらも、深く真摯なやり方で専心することができなければならない。皆が一致して排除するような話題は、無残な失敗を示す。天候といった当たり障りのないつまらない話題、見知らぬ人との会話や単なるご近所挨拶で使うようないつもの話題は、とりわけ失敗の証明である［同前］。数秒以上天気について話すことは、表面だけにとどまって食事がコミュニオンにかみ合っていないことの明白なサインである。そして、友情関係の将来の兆しは明るくない、というサインでもあるのだ。

テーブルに関する小話（その2）

家族の場合と同様友人たちの場合でも、食卓はあいもかかわらず関係を作り上げる中心的な手段であるし、私は第一部でそれに関した目立たない物語を始めていた。それを二つの言葉で要約しよう。第一に食卓は、天に向かって供え物を盛りつける供犠の祭壇の遺産である。けれどもキリスト教西洋においては、最後の審判という土台の基準があったにもかかわらず食事の意味がはっきりと決められなかったがために、食卓の意味をそれ以上に高めることは長い間未決定のままであった。食事の意味が、共に食事をする喜びと宗教のシンボル的なものの間で、引っ張られていたのである［Verdon, 2002］。第二に食卓は、テーブルマナーを中心とする文明の過程が始まることによって社交的大劇場の道具となった。しかし束の間のうわべの見世物によっては、そのものが堅固で継続的な仕方で設置されるということには至らなかった。祝宴の間に、単に、脚の上に数枚の板が置かれたのみであった。機能が特定され、恒常的で周囲に椅子を配した、今日我々が知っているような本当の食卓がやっと頭角を現すのはずっと後になってから、ほぼ一八世紀頃のことである。「中世はある意味椅子を無視した。それは神聖なるものに属していたのであり、王のためのもの、また聖人の肖像のためのものであった。大衆は地面の上、暖炉のへり、クッションの上、箱の上、ベンチの上と、身分次第で近くにあるものの何にでも坐った」[Roche, 1997, p. 190]。一五世紀に三本脚の椅子が現れ始める。しかし、テーブルに近づくためにはまだ時間を要したし、決まった用い方が確立したのは一八世紀のことであった。その一八世紀に、以来我々が知っているような（テーブルの周りに対面式で椅子を置く）型どおりの一揃いができたのであって、それを我々は今日当然のことと思っているのである。それはその世紀の初頭の、デュフロの版画によるルブラン作のベネディクトゥスに見られる。「そこに見られるのは家族の集合で、父親と子供たちは坐っており、母親は立っている。気高い雰囲気があり、おそらく最後の晩餐に拠ったものであろう。ありきたりの食べ物は、すべてを神に結びつけるものの見方と無縁ではない。以来（長期にわたって我々がなしに済ますことができない）近代の創造物である食卓は、いくつもの社会的な状況を結集しているのである」[同前、p. 191]。キリスト教世界は新しいものに頼ったが、それは、神聖な基準を混ぜ合わせた象徴的なものを押しつけるためであり、また、己を知ろうとしているがまだ自分の道を知り始めたばかりの一つの社会形式を押しつけるためだったのだ。すでに第一部において見たように、小さな家庭の集団という極めて技巧的なあり方で、厳密に顔と顔を突き合わせる方法を創始する原理を中心として、食事が家族中心主義の問題を結晶のように固めるのは、もう少し時代が下った一九世紀のことであった。しかし我々がここで分かることは、物体という手段によってこの結果の達成を可能にするということが、その考え方がまだ完全に形をとる以前にすでに行われ始めていた、ということなのだ。歴史的にも食卓が中心的な役割を果たしたのであって、近代的家族の形成に関するパイオニアだったのである。

家庭という領分と並行的に近代化の初期から、（おそらく興味深い偶然だったのであろうが）仕事の世界においてもテーブルが同じように間断なく力を増していった。反省的思考をもつ社会にとって本質的な要因は行政や官僚制であるが、それらのものにとってテーブルが基本的な手段なのだ[Weber, 1922]。

すべての知的職業とサーヴィス業も強度の発展をみたが、テーブルはそれらの仕事にとっても同じように肝要な道具である。土や鉄や石炭に手でもって働きかける職業は衰退し、それと反対に、テーブルを用いる多少なりとも頭を使う職業が絶えず増え続けている。仕事の組織とやり方も同様に変わった。ヒエラルキー的に指揮するやり方がなくなり、代わりに議論と交渉のテクニックが現れる（養成期間も必要となる）が、それらはテーブルの周りで展開されるものなのだ。手短にその発生を見たように、型にはまったあり方で坐り、顔と顔を見合わせるのである。

今述べた相乗作用によって、その物体に権力が付与されるということは否定しがたい。物体は実効のないものであるだけに、そのことを余すところなく考えることは難しい。しかし、その物体は、演じている者たちが意識しないままに、構成的物質性によって社会形式を産み出している（会社でも家庭でも、社会全体でも、日常的にそのことが起こっている）。基本の役割は直接的なものであるが、少なくともテーブルは、実効なしとはしない象徴性を引き出さずにはいないのだ。そういうわけで、植民地の文化は（官僚的な、教育的な、あるいは宴会のための）諸モデルを押しつけるためにテーブルで武装することとなった。地面に坐って手で食べる習慣の社会の中で、西洋的なレストランで背の高いテーブルを囲む厳格なマナーが、社会的に分離された空間を作り上げたのである。植民地主義は去り、テーブルは残った。地球上でテーブルが、西洋的モデルの影響たる他者としての指標を成しているのだ。その点での総括ははっきりしており、テーブルを据えることが一般化している。それには、別の姿勢をとることに慣れているアラブ社会やアジアの社会も含まれている。それを詳しく見てみると、あからさまで系統立ったヘゲモニーが問題なのではないことが知られる。たとえば日本では、今日、家の中にいろいろなタイプのテーブルが一緒に存在することがよく見られる。中国では、背の高いテーブルの広がりが衝撃的なほどではあっても、それは食堂を占有しているのであって、サロンでは低いテーブルが活躍している［Desjeux, et. al., 2002］。
指摘して面白いことは、テーブルが非西洋的世界に足を伸ばしているのと同じ時代に、西洋の方はというと、低いテーブルの、新しくもっと柔らかな快楽を発見していることだ。それによって、あまりに規律立った食事の命令と縁を切ることができるのである。それはあたかも、覇権主義的な権勢の時代の後で世界的なコンセンサスが位置を占めて、家の中に様々なテーブルを置くことになったかのようである。しかしながら、それらの意味合いは同じではないのだ。テーブルを高くさせたり低くさせたりしているものは、あちらの地域とこちらの地域とで、極めて異なる［同前］。各自にそれぞれのテーブルが、そして、食事を通じて家族を作り上げるそれぞれのやり方があるのだ。

食卓だけか？

我々は第一部において、食行動の個人主義化が極めて強いこと、また、（女性解放の便宜のために）女性の役割が弱くなっており、そのせいで、出来合いの食品と短時間での調理の開発が促進されていることを見た。次いでこの第二部において、それにもかかわらず様々な騒動と様々な使い方を通じて、食卓のテーブルが家族集団を形成するものである度合いが高かったことを見た。今や料理の問題に関してさらに考察を進め、台所の奥で織り出されるものを見るべきである。が、その前に、果たしてテーブルのみが（冷凍庫、冷蔵庫と一緒になって）明日の家族を形成するものなのかどうか、それを知るという課題を提出すべきだ。つまり次のことが問題なのだ。食事と栄養に関わる側面の他に社会的関係を作り上げるという観点から見た場合に、料理は、いったい何を付け加えるのか。今日、料理はまだ「家族を作り上げる」ために必要なものなのか。もしそうだとすればその理由は何か。

アンケート調査で質問を受けた人たちの中には、かすかにネガティヴな答えを示している者もあり、その人たちは、食卓のテーブルは今では料理の仕事を伴わないでも、それだけで充分なのではないかと確信している。カリム・ガセム［Gacem, 1997］は、ペシュー家の場合で、それに関する象徴的な実例を示している。彼らの話をそれほど細部にわたってさかのぼらずとも、共に食事をするその家族の生活様式の中で大きな役割を果たしていたのは母親のパスカルであることを示すのは有益である。女性が家事に縛られていることを拒否するフェミニストであって、その上過去において拒食症の体験もある彼女は、ちょっとした料理を煮込むために時間を費やすという気持ちは持っていなかった。「たとえすっかり出来合いのやつを温めるだけとしてもよ、そのせいで、お腹の底からむかつくのよね」［同前、p. 76］。彼らの家で構造化するものは、料理の仕事なしのテーブルであるばかりではなく、ほとんど味覚の快楽に機軸を置いていないテーブルでもある。「うちでは、食生活は重要ではないの。重要なのは食品よ」［同前］。テーブルそれ自体が、皿の上に盛る内容物にその家族がほとんど関心を示していないことを示している。そのテーブルは庭で使っていたものの使い回しで、不当にも「テーブルクロス」と呼ばれているビニールシートで覆ってある。グラスは単に、元はマスタードの瓶だったもので、ナイフ、フォークもいい加減に置かれている。シモンが言うように、それは「本当の乱雑さ」［同前、p. 79］である。しかし、マナーのそのだらしなさがあるせいで、食事での会話の機能が、テーブルの特性のおかげで強度に制度化されるものだということが見えなくされているのだ。テーブルは丸くて小さいので、接近しての口論の状態に集団を置く。「そこでは皆がテーブルの周りで完全に顔を突き合わせているの」（パスカル）［同前、p. 67］。はっきりと感情を出す騒ぎと、大きな声を出す強烈さに慣れている集団に栄養を与えるものは、味覚以上にむしろそこで取り交わされる会話なのである。それは、ほんの少しの沈黙があってもすぐさま空虚さの印象を与えるほどだ。「ハエの飛ぶ音が聞こえる［くらい静かだ］」と、それは、本当にものすごく具合が悪いわ。私は、皆がテーブルに着いて、誰も一言も話さないというのは、好きじゃないわ。逃げ出したくなるのよね」（パスカル）〔同前、p. 70〕。ペシュー家では、テーブルだけで「家族をつくる」のに充分であることがよくうかがえる。それは、生き生きとしたやり方であり、真の霊的交流の気風なのだ。事実集団の制度化は、外見が思わせる以上に強力なのである。家族は各自の個人的な自立に大変関心があるが、食事の時間は集団的倫理が支配している。そしてその倫理は一定の規律すら含んでいて、とりわけ、全員が一緒になることを可能にする時間の遵守ということを含んでいるのである。パスカルはそのことを不承不承に認めている。「一分間に何回口に入れるかを差図しようなんて考えないわ。規則に縛られて苦労なんかしないの」〔同前、p. 83〕。しかし彼女は、誰か一人がテーブルに着くのが遅れると、集団がとても苛立つということは認めなければならないのだ。一人一人が他の所では自由であるので、テーブルが一層家族的な時間を形成するのである。

しかしながら、（共に食事をしながらの会話が自立を相殺するという）二つの対照的な時間の中で生活するこのモデルは、一般的ではない。時としては行動の個人主義化が進んで、家族的な戦闘を具体的に見つけられないことがある。そのことが進むと、マイテの家庭で見られたような極端な状態に至ってしまう。そこでは一週間の間、各自がサンドイッチを作って別々に食べていたのだ。そこまでは至らないにしても、即座にできる料理や出来合いの食べ物によってテーブルのみが働きをまっとうするということが可能である状態は、多くの家庭でよく見られることだ。もっとも、テーブルのそういう働きは、どちらかといえば防衛的なものであり、集団に関して残っているものを保護するものである。「たとえたったの三〇分だとしても、それで皆がまた会うわ。皆が一緒にね」と、メルバが言う。それ以外の野心は何一つ掲げていないのである。そもそもペシュー家では、自分たちのモデルの高さを維持して生活することが困難である。顔と顔を突き合わせることと強烈な会話を交わすことが義務になると、否応なく、逃げ出したいという欲求が引き起こされる。とりわけ、子供たちの側でそうである。そこで、サロンのソファーの上に持っていかれるプラトールパ〔一人用トレーにのせた食事〕の便宜のために食卓は見捨てられ、サロンでは他の形の食事では厳禁のあの怪物、テレビが現れるのだ。両親は、集団での生活を最小限維持しようと、その動きに歩調を合わせようと試みる。「それでも飲食物で近くなるということがあるからね」［同前、p. 67］と、父親が言う。しかしながらそれは、丸いテーブルの周りで盛り上がる口論からは程遠いものだ。

実際には、食卓のテーブルがそれだけで「家族を形成する」のは極めて難しい。会話が、微妙な操術を要するつなぎ剤なのである。会話は、多くの要因の一つであるが、快適なお喋りにまで程度を落として、問題を引き起こさないものになることもできる。だが会話は、あまりに多くを要求すると、それと反対に疲労と緊張を引き起こす恐れがあるものだ。すでに見たように、霊的交流の理想は今ではむしろ、会話が自分の場所に留まって一定の限度を越えない、ひとつの繊細な融合に基礎を置いているのだ。その融合に第一義的に参加するのは、食欲の充足と味覚の快楽なのである。特に、食事が通常のものとは大きな違いを見せる時にはそうである。共に食べる者たちがそのイヴェントに捕えられていると感じるだけで充分なのである。それゆえ、皿の中にあるものは無視してよい要素ではないのだ。その食べ物が調理された仕方も同様である。その理由は、食べる者たちに語りかける（長い記憶と最近したことの）話題の中に、その調理の仕方が組み入れられているからである。家庭の料理は、融合を密にすることができるひとつの次元を付け加える。

今のことを確認するために、最後にもう一度ペシュー家に戻ろう。父親のローランは記憶の片隅で、全く違うタイプの家庭の食事へのノスタルジーをもっている。その料理では匂いが立ち込めて美食的儀礼の開始を告げ、強烈に家の中を満たしたのだった。彼は現在の選択を後悔しているのではない。夕食のテーブルを囲んで話をし、たくさん言うことがある口を、彼は大好きである。自分が台所に立っていると想像してみることが難しいから一層そうである。「それにしても僕は、食べるものを作ることを雑用だと思うんだ」〔同前、p. 101〕。しかしながら彼は自分でそれと気づかないうちに少しずつ、秘密裏に、食べるものを作り出し、そうして新しい儀礼を作り上げてしまったのである。「朝、僕たちは一緒に食べるんだ。そうすることになった家族の伝統なんだよ。僕の両親の所でも同じだったのさ」〔同前、p. 102〕。何年もの間朝食は各自がめいめいでとっていたが、その後ローランがこの新しい集合の時間を設立したのである。「それが本当の家族の時間であることを、僕は大切にしているんだ」〔同前〕。彼は何も押しつけなかった。それは料理を作る仕事から少しずつ出てきたことであって、その料理を作ることは、作りたいという抵抗しがたい欲求から来たのである。（焼いたパン、オレンジジュース、多くの温かい飲み物などの）ヴァリエーションに富むたくさんの食べ物、テーブルの飾りつけ、和やかな光、BGM。味気ない夕食の食卓のだらしなさとのコントラストは、驚くべきものである。奇妙にも家族の一人一人が、その基本的な感情の世界によって、甘んじてなすがままにされているのである。そして最も驚かされるのは、彼らが、その雰囲気に呑まれて、話すことをほとんど忘れていることなのだ。ペシュー家の人々は見違えるほど変わった。「遅れていても、それでもゆっくり朝食をとっているの。急ぐのはその後ね。それはとても心静かなの。あまり話し合いはないけど、皆がその日一日のために舟出するのよ」（パスカル）〔同前、p. 103〕。料理は、「家族を形成する」もう一つ別のやり方を編み出すことができたのである。クレマンティーヌは確認する。最初に瞬間の感情があるのだ。「また一緒になって、食べたくない料理を前にするのって、それって、本当にまた一緒になるってことじゃないわね」。味覚で引きつけられるならば、やろうという気にさせられる。食べる人は、その言葉が用いられる最初の意味で、もっと一層「皿の中に居る」〔「居心地が良い」という比喩〕のだ。そして料理の仕事はもっと多くのことをする。食事の場面に先立って集団を動かし関係づける、ダイナミズムを造るのだ。「料理をやって以来、私は自分の小さな世界を自分に引き寄せようとしているわ」（クレマンティーヌ）。

一人だけの仕事が家庭という「小さな世界を」引き寄せて、家族的なものを作り上げることができるというのは、いったいどのようなマジックによるのであろうか。今や、台所のドアを押して、オーブンレンジの前に立ってみる時が来たのだ。

第三部　お台所で

第五の物語　料理もあれば台所もある†

〔† フランス語では料理も台所も同じスペル（cuisine）の言葉〕

シェフ

料理の活動が家族関係を作り上げるのに大きく作用することは明白である。しかし、その活動はそのことだけでもって要約されるのではない。料理をする人はまた、豊かで複雑な、もっと個人的な夢と興味も持っているのである。我々は料理をする人の、その考え方の細部にまで入っていくであろう。その人に対して、明瞭でぴったりくる名前を前もって与えておかなければならない。私はここまでのページで便宜上、その人を「女性料理人《ラ・キュイジニエール》」と呼ぶことを自分に許してきた〔日本語では「料理をする人」「料理を作る人」と訳出したが、原文では女性名詞 la cuisinière が使われている〕。ほとんどの場合女性だったからである。しかし数の多さは、根本的な点では問題の何事も変えはしない。両性の平等という観点からすれば、その働きを女性族に帰することは政治的公正の点で極めて不適切であろう。男性がオーブンレンジの前に立つことはかなり稀であるとしても、男性族にもその仕事の資格があることには議論の余地がない。

「料理人《ル・キュイジニエ》」の精神に現れてくる、あらゆる種類の代替品の多さは莫大なものであることを我々はすぐに見ることになる（「料理人《ル・キュイジニエ》」という言葉は男性名詞であっても、実際は女性であるのだが）。料理人は絶えず、いろいろなタイプの食品を選択しなければならず、それをすばやく調理するやり方や念の入った調理法、さらには食事のスタイル等々を、選ばなければならない。それらによって栄養の面でも、また家族のこれからの形態にも、影響が及ぶのだ。料理人は、しばしばそうとは知らずに、絶えず決定を行っており、その決定の射程は自分で想像する以上に重大なものなのだ。料理のために仕事をする人であるという以上にその料理人は、何よりもまず責任者であり、ほとんど指令というものは発しないが、その台所から家族という小集団の運命を導くシェフなのだ。ときに、その「シェフ」という言葉は料理の世界ではとてもよく知られている言葉である。（料理班を率いる際の半ば軍事的なヒエラルキー構造など）いくつもの理由があってその「シェフ」は、プロの世界で責任を担う人の（この場合極めて男性的な）働きを示す言葉なのだ。しかし、我々はこの後すぐに見るであろうが、この同じシェフという言葉を家庭料理の責任者を示す言葉として用いることは、シェフが（時折相談をするが全般的には全く一人の統治によって）強烈に決定を下す人である限り、決して不当に与えられる呼称ではないのだ。そのように呼ぶことの唯一の欠点はその語が男性名詞だということであって、その仕事が極めて女性的なものであるという具体的な現実をうまく表現していないことである。それゆえ、このことをよく頭の中に置いておくべきであろう。私が今後の記述の中で〔男性名詞で〕「シェフ」と書く時には、現在の家事の分担の現実をより具体的に表すために、しばしば「ラ・シェフ（女性シェフ）」という言葉に翻訳してみる必要があるだろう。

二つのカテゴリー

質問を受けた人たちのほとんどが、初めの方の質問に対して同じように反応したということは、極めて示唆的である。ある人たちは、アンケートのテーマはどんな料理についてなのかと聞いた（もっと詳しく言えば、二種類の料理のうちのどちらなのか、つまり自分を強いて処理する毎日の料理なのか、それとも、喜びと興奮で時間をかけてやる料理なのか、ということである）。またある人たちは、興奮して作る料理のことしか話さなかった。実際は料理は、二つの極めて異なるカテゴリーのものから成り立っているということが即座に明らかとなり、質問調査が進むにつれて、その二つが一貫して対立しているものだということすら明らかになったのである。「何について話しているのかということ次第だわ」と、クレマンティーヌはすぐさま言い返してさらに言葉を続け、「通常の食事」というものがあって、それを彼女は家事に匹敵させており、もう一つの全く別の世界に組み入れられる「ザ・クッキング」というものがあるのだと言った。カンディーは、いささかうんざりの日常的な活動を表現するためのものとして同じ料理という言葉を用いることさえ拒んだ。彼女は別のものの方を本当に求めているのである。対話の中で彼女は、自分の話が二つのカテゴリーのどちらに入れられるべきかということを明示することになる。その他多くの人たちも、絶えずその対立をはっきりさせており、第一番目の料理を、繰り返し行われる通常のものの世界に帰して、それは時間に逆らっての用事であって、自尊心を満足させる暗示的な意味がほとんどない、「家事の雑用」であると言う。それに対し二番目の料理は創造と欲求の世界のもので、通常のものとは大きく異なるものである、と。「それは他の家事と比べて、もっと創造的なのよね。反対に私は、毎日の料理は好きじゃないわ。毎日の料理、一日二回の、昼と夜の食事は、辛い仕事よね」（ビスコット）。「毎日の食事の仕度は、あまりやってて愉快なものじゃないわ。それは他の家事の雑用と同じものなのよね。でも自分としての資格の料理では、*それは別物よ。ただ私が、通常のものと違う料理を作りさえすれば、そしてその時間が…」。このメルバが発した言葉の後半の部分は取るに足りないものだと言っては、間違いである。通常のことを変えるのは単なるヴァリエーションではない、それは、家族の生活にもっと活力を与えようとする試みであり、それを目指している大きな変化なのだ。時間への関係をひっくり返すことに関しては、さらにずっと深いミステリーが関わる。すなわち、時間というものはいつでも短かすぎて、まさにそれが足りないというせいで、通常の料理が苦痛になる状態を産み出している。その時間が、いったいどうして、その逆の状態を産み出すことができるのだろうか、つまり、もう一つの料理における喜びの条件を提供する時間的豊かさを、どうして産み出すことができるのだろうか。

＊　ここでの彼女の文法的な言い間違いは、おいしい。彼女の言いたいのはもちろん「料理それ自体は」ということである。「自分としての資格の料理」（la cuisine en tant que soi）という言い方が、料理に打ち込んでいるアイデンティティー的な深い投資を明かしていないと考えることは、できないのではなかろうか。

質問を受けた人たちの頭の中では、その対立は非常にはっきりしている。完璧に対立している二つの料理の世界が、生活を分断しているのである。思考と行動の矛盾する二つの領分が働いているのが本当なのだ。しかしながら間もなく我々は、その二つが固定した守りの堅いあり方で分断しているのではないということを見るであろう。二つは、微細な振る舞いの細部において、絶えず交じり合っている。そして、各瞬間ごとに対立するポジションのどちらかを選ばなければならないシェフにとって、決定の際のプレッシャーを増しているのだ。返答がはっきりしていて力を込めて言われることによって、シェフが頭の中に二つのモデルをもっていること、その二つのモデルが違ったやり方で彼女たちの思考と行動をリードしていることが、表現されているのである。理論的なモデルを与えるこの図式化によって、対立の諸ポイントが一層見えやすくなる。そういうわけで、時間への関わり方が逆転することは、極めて頻繁に、週日と週末との対立に関係させられたのである。だが、最も一般的な話によってそう考えさせられるほどに、この対立が決着済みだというのではないのだ。たとえばサヴァランが認めているように「さっと終わるウィークエンド」もあるし、逆に、「チャンスが出てきた時には」週日に料理の興奮状態が起こる場合もあるのだ。ポール＝ドーフィーヌは頻繁に、「ルーティーンを壊す」という同じテーマに戻ってくる。だが、彼女の料理行動は、驚くほどルーティーン化されていて、しっかりと確立している行動システムの中に組み込まれており、彼女はそのシステムと一体化しているのである。「私はとても伝統的な料理よ」。彼女のケースは、社会的な複雑性が、物事を単純化するモデルの陰に隠れている様を示している。なぜならば、彼女が言うルーティーンとは、食事によって支えられる夫婦関係の状態という、別のところにあるからだ。彼女は、夫に強いてレストランに連れて行かせ、変わったものを食べて未知の味を発見することでルーティーンを壊す。だが彼女はその経験を家で再現するということをせず、軌道に乗った行動様式に安住している。日常的な出来事の現実は、はるかに錯綜したものであるため、この二種類の料理は、その現実の中で対立しているというよりもむしろ、理論的なモデルでもって対立を表現する頭の中で、一層対立しているのだ。第一アネットは、返答する際に全く矛盾したことを言って少々もつれる。「料理は、他の家事の雑用と同じ雑用だわ。他の家事より快適だというのは、料理だと、やりたいと思っていることをやることができるからよ。そして、友達とか家族とかに与えることができるものだからなのね」

二つの料理のモデルのコントラストは力を込めて言われるのだが、その言われ方が顕著である理由は、この二極化が歴史上新しいものであり、まだ広く人々の間で確立されたものではないからである。無視できない割合のシェフが（ポール＝ドーフィーヌのように）、未だはるかに規則的で継続されている行動的枠組の中に位置しており、思考と行動の体制における真の激変に出会っていない。その枠組は、義務感と行動の必要性を特徴としたものであり、全身全霊で献身するという伝統的な女性の役割の上に成り立っているものである。

まさに二極化が出現したことによって、料理をする人がシェフの役割につけられるのであって、家族の未来がそのシェフの決定によって絶えず形成されるのだ。女性の伝統的な役割が衰えたことによって、もっと素早く料理をすることが必要になっており、他方では、時間との関係を逆転する激情的な力の傾注もあるのだが、確かにシェフはこの二つのことを調停しなければならないのだ。しかしその二つの場合で、中心に居るのは主体たる個人である。すばやい料理の中で自立し、解放されている個人だ。また、情熱の料理の中で自身の生活に意味を与える時間の創造者だ。そのことは、第二の近代における相補的な二つの人物像に、極めてよく対応するものなのである［Kaufmann, 2004］。それゆえ、このように料理が二つに分断されたことがごく最近の一九六〇年代においてようやく現れたということは、なんら驚くべきことではないのである。また、その分断の進み具合が加速されているとはいえ、それが同じ程度の強さで社会全体に行き渡っていないということも、驚くべきことではない。それゆえ、アンケート調査の中で、たった一つの形の料理を保持しているという例がいくつか見られるが、それは、消滅していく途上にあるスタイルを証言しているという点で興味深いものだ。それの最も顕著な特徴は義務の構造の重さであり、その構造が設立されたシステムから発してその人を「捕まえ」、その身体を行動につかせるのである。思考の体制と具体的にやることの体制の間に大きな変化はないし、あるとしてもわずかなもので、料理の生活と食の共同生活は予期されたように展開する（日曜日の時間も強度に制度化され儀礼化されている）。しかしそうであるからといって、そのシステムの中心に入る人物が思考ももたず特異な感情も抱かずに、ただ単にその構造によって支えられているだけだということではない（この場合その人物は女性である。なぜなら、時間を貪り食うこの行動論理は、女性を台所に縛りつけることなしには成り立たないからだ）。反対に昔も今も、料理をすることが好きで上手な人たちもいたし、また、あまり好きでなく上手ではない人たちもいた。むしろ欲求と能力のばらつきは昔は相当のものであった（そして今でもそうである）。そもそも今日そのばらつきが、一人一人の打ち込み方を説明する、鍵の要素となっている。料理の旧体制では、そのばらつきは行動義務に対して何も変化を与えなかったからである（今のコンテクストでは女性料理人という言葉を言うことが可能だが）。その女性料理人が、どんな状態であれ、やらなければならないことを確実に行ったということなのだ。多少のセンスの違いや出来不出来があったことはもちろんである。田舎におけるスープのあの遠い時代には、あちらの家庭とこちらの家庭で、そうした違いが口に出して言われるということがほとんどなかった。けれども、生活のレベルが向上し食品の数が多くなって自由な時間が増えると、最低限の義務を満たすだけで足れりとする料理人たちと真正のアーティストたちの間の違いが、はっきりとしてきたのである。昔は今日のように、主観的激変によって一つの料理の世界から別の料理の世界に大きく転換するということもなく、料理をする女性の一般的な立場は、家族ごとに多少なりとも強制された活動を特徴としていた。ここに二つの場合を選んでみた。その二つはいずれも特異性をもつものではあるが、その特異性を越えて、今日でも未だ大いに旧い料理の体制に似ているという点で、役割の果たし方の等級を示している。低い方のヴァージョンでウジェニー、食いしん坊の頂点にあるものとしてプリュンヌを選んだ。

ウジェニーは、命令法的に行動の義務を課してくる、生存的枠組の中に組み入れられていると感じている。その命令は（「夫のためには」）ぴったりしたものであり、同時に（「あれら全部のことのためには」）何からも影響されない、もっとゆっくりしたものである。「時として、それは本当に家族的義務よね。ようし、食べるものを作らなくっちゃ、って自分に言うものよ。夫のために、それからあれら全部のことのために。けれども、もし一人だと、料理はしないものだわ。つまりは、義務を課されているのよ」。彼女は義務を課されていると感じているのだ。やりたい気持ちがないにもかかわらず彼女は、その労苦を誠実に遂行することに専念している。「私は、それをやる時はやるわ。上手にやろうとするの。でもね、それは自分の趣味じゃないのよ。本当の喜びではないわ。辛い仕事ではないの、でもね、それはやらなくちゃならないこと、そういうことよ。それは一度も夢中にさせることじゃなかったわね」。彼女は、自分がやってきたことの継続の中で、行われなければならないことをすることで満足し、あたかも本を読む際にページからページへとめくっていくように生活を展開している。「簡単にやること」、「自分で実生活を複雑にしないこと」、彼女の話の中には、そういう言葉が絶えず繰り返され、彼女の行動に指令を発する倫理的原則が音節を区切ってはっきりと発音される。「私は自分で生活を面倒にしないの。一番いいことは一番簡単なことだと自分に言い聞かせるのよ。私は、自分ができると知っていることをやるの。レシピの本とかそういうものに、そういう、ぞっとするものに取り組もうとは思わないわ。流れの中で過ぎていくのよ。すぐに出来上がるわ」。料理はすぐに出来上がるのだ。そして彼女は、自分ができると知っていることに関して、義務としてやらなければならないことを「流れの中で過ぎていく」に任せるのだ。彼女をやる気にさせる熱狂というものがほとんどないのだが、自分の生活を別のあり方で想像してみるということが彼女の脳裏にやってくることはないであろう。「もしも、もう料理をしないとしたら、もう家事をしないとしたら、いったい何をやるっていうの？」情熱もなく遂行されるのではあるが、家庭の義務が彼女の実存の本質をなしている。

プリュンヌも一度として疑問を抱くことなく、家事に身を入れることを決まったやり方で展開している。しかし彼女はそれを、たやすく力強く、能力と情熱をもって行うのだ。彼女にとって義務は、義務であることも必要性であることも忘れさせるような、独自の欲求に応えるものとなったのだ。「野菜の皮を剝くことだって、それが嫌になるってことはなかったわ」。彼女は自分のやっていることに大変夢中になるので、小さな台所に一人になって誰にも邪魔されない方が好きである。彼女の愛のすべてを彼女の手の動きの中に魔術的に集中させながら（彼女の愛とは、料理への愛、食卓の喜び、家族への愛である）。彼女が長い調理時間を要するゆっくりとした料理を好む理由も、まさにそこにあるのだ。「煮込む料理で、味を与えるのは自分自身なのよ。自分が入れる材料、自分でかける時間、自分こそが…」。愛情をもって、けちらないで時間を注ぐことによってプリュンヌは、単に食べ物ではない料理を作ろうという情熱をもっている。彼女は頭一杯にイメージを溢れさせている。（子供時代の楽しかった会食者たちのような）過去のいろいろなイメージ、（これからの食事の）すぐ将来のイメージ。家族のイメージ。毎日、食事のたびごとに彼女は、自分を「情熱を傾けて料理を作ることで家族を作り上げる人」と見なしているし、その上、伝統の中に組み入れられている人と見なしている。それは、革新的な料理やエキゾティックな料理に対する彼女の敵愾心を説明するものでもある。「結局、広東焼飯って何なの？オムレツとグリーンピースじゃないの。煮込み料理はね、自分が味つけをするものなの」。プリュンヌは三三歳である。その若さにもかかわらず（そしてまた、彼女の愛着をもっている対象が、強度に情愛が関係する家族という現代的な存在であるにもかかわらず）彼女は、最も豊かで満たされたヴァージョンで旧体制の料理モデルを保存しているのだ。料理をすることは聖職である。

料理の軽減

ウジェニーやプリュンヌは各々独自のあり方で、今日では稀になった姿勢を示している。それが稀になったのは、義務的な献身は今では耐え難いものと感じられているからである。食べ物を出すことはイエスだが、倦まずたゆまず献身することはノーなのだ。そもそも職業的な重荷と結びついている時間の拘束それ自体がとりわけ、献身の可能性を禁じるのに充分である。だがそれに付け加わって、特に女性たちにとって個人の解放という問題がある。個人的に選んだある時間に情熱の迸りがあるか、あるいは、料理が絶えず重圧的である状態をやめるようになる術を心得るか、でなければならないのだ。それゆえ、営みの一部を軽減することができる新たな食品やサーヴィスが大幅に用いられる。まずまずの料理を数分間で調理することができる。この簡単に料理ができ、すばやく遂行されるという第一番目の料理の世界に取り組む人は、伝統的な料理の役割と、かなりきっぱり縁を切る。極めてはっきりしている一つの徴は面倒な手順が頻繁に現れるということだが、そのことは、ほとんど何も要求しないこの料理にとって逆説的に見えるかもしれない。ウジェニーはこの迅速さの営みを全く好まないのだが、それでも、（彼女が例証している旧体制の枠組の中に居て）それを辛い仕事と呼ぶことを受け容れない。なぜなら彼女は、とにもかくにも義務の考え方と意見を一つにしているからであり、それと別のアイデンティティー的なものの中に自分を投影したりしないからである。彼女の全人生は彼女がしていることの中にある。逆に、第一番目の料理の世界という近代性の中では、迅速さという理想のモデルがあまりに強く押しつけられると、少しばかりの時間を要求するごくわずかの手順も（たとえばサラダの野菜を洗うとか、瓶の蓋が開けにくいとかの手順も）、突然肉体的無気力化を起こしたり苛立ちを引き起こしたりする。面倒事があるとそれは常に、アイデンティティー的なものが二重になるシグナルである。人は、数分を要する予期していなかった仕事にびっくりし、進行中の営みから精神的に手を引く。そして、外からの目で見て、今体験していることは自分の個性の別の要素から来るものだと推定する。別の自分自身が、時間を浪費しているぞと言い、その時間を仕事とか休息とか別の用途に使えたのに、と告げるのである。

それゆえ、新たな食品やサーヴィスの機能表示は人に何事かを考えさせたいのかもしれないが、素早い料理はそれに反して極めて微妙な戦術を働かせることを強いるものなのである。（各自が自分でサンドイッチを作るマイテの家庭のように）各自が出来合い食品《プレタマンジェ》を極端に用いる場合を除けば、素早く作るというモデルはシェフの頭の中で誇張されてはならないし、その迅速さの夢は実際の現実に適合しなければならない。その脱線を避けるためには、シェフは最低限、家族的な義務という考え方を維持しなければならないのである（それゆえ、昔の役割から大きく変わったといっても、それは本当に根本的な変化ではないのだ）。その義務は、おそらく本当の料理を作るということではないかもしれないが、少なくともまずまずの食べ物を出すこと、テーブルの上にきちんとした食べ物を出すこと、なのだ。ルーティーンの問題に関しても、変化は絶対に根本的なものではない。ルーティーンは近代以前のシステムの中で営みを形成するものであったし、体には習慣が染みついていた。その習慣自体が、伝統の規律の中に組み込まれていたのである。ギ・テュイリエ［Thuillier, 1977］が「振る舞いに関する旧体制」と呼ぶものである。理論の中では近代化が個人を解放し、個人は自由で創造的になった。だが、現実において近代化がそのように出現したのは、ただ一定の生活場面においてのみである。むしろ多くの場合近代化は、諸習慣を再構築して精神的なプレッシャーを和らげ、個人の営みをスムーズにしようとしている。

しかし不幸なことに再構築すべきその諸習慣は、迅速な料理の中では安定しがたいものなのだ。シェフが（時間を浪費するな、しかしまずまずの料理は確実に出せ、というような）相矛盾する諸厳命の間で引き裂かれ、絶えずその身の入れ方を変えているからである。間もなく我々は見るであろうが、突然にシェフは、一番普通の料理の中に短時間ではあるが情熱的な場面を導入する。しかし、その営みのモードを継続的なやり方で統一することができるのは、稀なことでしかないのだ。時間のコンテクストや成り行き次第でシェフは、極端な迅速さのモデルに統合されたり、最小限の家族的義務を確保する思想に統合されたりする（その場合シェフは再び営みを容易にするルーティーンを打ち立てようとしているのだ）。あるいはまたシェフは自分の欲求から、もっと創造的なやり方で熱中し、もっと個性的な「ちょっとしたタッチ」を付け加えたりする（その場合シェフはルーティーンを壊している）。アンケートが示すところでは、しばしば最低限の義務を確実に行うという考え方が、最も頻度の高い基軸となっている。シェフは、けちらないで少しばかりの時間を使うことを当然だと自分に言い聞かせ、いくつか簡単なルーティーンを復活させる行動を起こす。「たとえば頭の中で『ピュレ』というスイッチを押すと、機械が動き始めるの。ひとりでに進んでいくのよ」（カネル）。どちらかというと気難しいが充分にルーティーン化された手順（カネルの場合はピュレ）がひとたび動き出すと、シェフは、時間に関する自分の姿勢をひっくり返すことができなければならない。シェフは迅速さを求めていたのだ。が、突然、彼女はもはや時間を問題にしないで、完全に「自分を突き動かすリズムにとりつかれた」［Giard, 1994, p. 216］と感じるのだ。料理の旧体制の中でのように、である。だから、（時間がないとか、突然疲れてしまったとかの）状況に迫られれば、ものすごい迅速性が急場の代替的手順の形で登場するのだ。「おお、何回も私は自分で言ったわ。今晩はさっと行くわよってね。ハム一切れと青いサラダ、それで出来上がり。できちゃうんだわよ」（オルタンス）。迅速さは、行動が個性的になり、冷蔵庫が新たな役割を演ずるようになることによって、ますます激しいものになる。「どっちにしても冷蔵庫があるわ。もしだめだったら、家族の皆は自分でなんとかするのよ」（アマンディーヌ）。シェフは貯蔵食品の総体を意のままに用い、結果としていろいろの程度の違いがある料理行動をもたらすことになるのだ。たとえば冷凍庫は、状況によってもっと時間をかけることが禁じられる時には、極めて迅速な料理を可能にする。冷蔵庫は、程度が極端になることの典型だ。なぜなら、シェフは冷蔵庫のお陰で、シェフとしては完全に消え去り、他の家族のメンバー同様、単に食べる人になることができるからである。

その人の営みがどの体制のものかということと、個人的にどれほど身を入れているかというヴァリエーションによって、迅速な料理に結びついた潜在的な苦痛度の本質が説明される。私はそのメカニズムを（家事ということに関連して）前の著作で分析した［Kaufmann, 1997］。よくルーティーン化された手順の数を増やす能力が拡大するが、その理由は、行動の図式が脳の下層にストックされているからなのだ。カネルの場合にピュレでもって「ひとりでに進んでいく」ということは、全然マジックによるのでもなければ、単なる抽象的な習慣によるのでもないのである。むしろ、極めて正確な図式が存在していて、それが彼女の手順の脈絡を構成しているという理由によるのだ。というのも、営みの体制にヴァリエーションがあるということが意味するのは、（ピュレを作るよりは保存用の缶詰を開ければよいというように）他にいくつもの可能性が想像されうるということ、（意識的にせよ下意識においてにせよ）営みに関する各種の図式を参照しうるということ、である。その際そこからの結果として出てくることは、諸図式が競合して対立が生じるということであり、それによって、面倒くささという感情の根底に巣食っている認識の矛盾が引き起こされるということなのである。カネルの場合はそうではない。というのも彼女は、そのピュレによって極めてやる気が出るため、一たび行動が開始されると体と動きに対して精神的にブロックしてしまうからである。しかし一般的には、もっと迅速な代替物の仮説がいつでも手の届く範囲にあって、ほんの少し躊躇が起これば、進行中の営みに不調和が導き入れられるのだ（たとえば、ピュレを作るためにジャガイモの皮を剝いている時などに、である）。（強烈であることはめったにないが、ひそかにイライラさせ）しつこく悩ませるこの面倒くささに付け加わってくるものが、迅速な料理をしている際の（ネガティヴな）モラルの響きであり、それが気苦労を一層ひどくするのだ。最低限のことは確保しようという家族的な義務心は、もはや夢の高さにはない。あれやこれやの理由からシェフがさらにもっとすばやく作ろうと決心すると、そのズレが一層ひどくなるからである。自分に利があるのだと納得しようとするものの、シェフは自責の念を覚えずにはいられないのであって、それもまた大きな苛立ちの元である。アマンディーヌはそれに関して驚くべき例を提供する。実際彼女はどうしたら自責の念にかられることができるというのだろうか。彼女は、毎日三種類の違った食事を作っているのであり（その中には夫のための有名なクレタ式ダイエットも含まれる）、息子たちは決まって批判的な態度をとる（彼らは、いつでも同じものだけせっせと食べるくせに、料理のヴァラエティーが足りないと告発する）。それなのに、自責の念とは。しかしながら、一言の指摘がありさえすればもっと別に頑張りようがあったかもしれないと、また、もっと強い身の入れ方を選べばよかったのにと、自分に向かって言うのに充分なのである。「本当だわ。時々私は自分を責めるの。その時には、大げさよって、自分に言うの。そしてすっかり出来合いのものを買うのよ」。彼らはそれに気がつく。そして、「ああ、そいつは、一日前にもう食べたじゃないか」と言うのだ。アマンディーヌは、想像もしていなかったのに期待されていたのだということに驚かされる。迅速料理がもつ問題の一つは、共に食べる人たちの欲求にぴたりと応じることであり、算定が難しいそれらの欲求を先取りするような仕方で献身し愛情を与えることなのだ。ある欲求を理解しそこねたり、もっと逆説的だが、欲求が多すぎたりすると、自責の念や辛さが引き起こされる可能性があるのだ。シャルロットは、夫が退職しているのに働き続けている。夫は、極めて食いしん坊であるのに台所に入ることはめったにない。彼女は「口出しするために私の鍋に鼻を突っ込んでくる」夫の新たな習慣が嫌いである。なぜならば彼女は、かなりすばやく処理できる料理を作らなければならないために、そういった欲求に応えられないことが分かっているからだ。シャルロットは、コンテクストが許せばもっと愛情をこめて努力することができる、もう一人の別の自分がいるということが分かる。新たな辛さがやってくるのは、そこからなのである。

心へのショック

制度化された強固な料理の旧体制は、営みに関する相反する二つのモデルに取って代わられ、多くの逡巡に疲れているシェフは、相反した方向へ引きずられる。第一のモデルは迅速にやる料理であるが、それが単純だと考えるのは間違いである。なぜなら、それは質を異にするいくつもの論理によって突き動かされているからだ。第二のモデルはそれとは逆に、人を自分自身の上に統合させ、ようやく心と体がただ一つの確実性によって突き動かされるのだ。営みの中にいる個人のこの独特な状態は正確なメカニズムの上に安らう。認識の不調和によって説明される仕事の辛さに関しても、同様のことである。ここでは、筆頭の役割を演じるものは情動の勢い、すなわち、情熱としての料理なのである。大きな情熱もあるが、クリスチャン・ブロンベルジェの著作のタイトルを繰り返すなら「通常の情熱」もあるのだ[Bronberger, 1998]。通常の情熱が、第二の近代にある社会の主要な素材をまとめ上げる。というのも、反省的思考を持つ個人が自らを疑問の中に投げ入れると共に、とりわけいくつもの疑問を自らに投げかけながら、実存の核分裂によって脅かされているからなのである。彼は、なんらかのやり方で自らの人生の分散した意味のかけらを再結合し、たとえ暫定的なものであっても自分の統一性をこしらえ上げなければならないのだ［Kaufmann, 2004］。いくつものやり方が存在するが、最も効果的なものは情熱である。たとえ極めて簡単な事柄に対する小さな情熱であっても、効果的だ。情熱は、意味を作り上げる運動の中で人を突き動かし、はっきりしたものを形作り、反省的思考の現代の致死的な冷たさと戦う。

質問を受けた人たちは、この第二の料理の体制の情動的な性格を極めてよく言い表した。特に、「欲求」という、中核となる言葉を繰り返し用いることによって。欲求は、内容的にはっきりと定義されずに揺れ動いているものであり、創造性に対する願望と個人的な味覚の喜びに対する期待、そして家族に向かって愛情を注ぐことを、ない混ぜたものである。欲求は普通突然に起こり、予期せずにいて捕えられてしまう最も強い感情の一つである。「週日でも、ある考えやある欲求が起こることがあるの。私はこういうふうに欲求を持つということがよくあるのよ」（マルジョレーヌ）。通常のことの重苦しさを忘れさせてくれる欲求。スゼットは、欲求が「心へのショック」として働くと言う。あるいはむしろ、昔そうだったと言う。なぜなら「今はそれは終わった。それはもはや起こりえないし、私は計算している」からである。今では彼女の料理はもっとやるのが難しくなったし、夫婦の関係も幾分弱くなったので、なおのこと彼女は、心へのショックがあった昔の時代を懐かしむのである。情熱は生活をもっと軽快にする。しかしそれは自制しない。

それゆえ新たなパラドックスであるが、情熱的な料理によって家族の絆を緊密にすることが、個人的に感じ取る感情からやってくるし、もっと言えば、もっと密やかで、はかない感覚から、つまり情熱からやってくるのだ。昔の料理において欲求は、ただ単に料理の仕事をもっと簡単にするということに限定されていたが（それゆえテーブルマナーのブルジョワ的モデルでは抑圧されるものであったが）、今日においては、強烈に社会化するための主要な手段となったのだ。構造全体の中で料理の占めるポジションの変わったことが、極めて示唆的だ。昔は料理人によって規則的に再生産されて、料理はためらうことなく中心にあった。今日では逆に料理は、大きな変化を示す例外として提出される。つまり、料理はまさに、シェフが迅速な料理を止めて情熱の中で取り組んだということを示すものなのである。そのためにはシェフが他の人たちの期待に遭遇するということがなければならない。返報がなくて愛することは、全然やさしいことではないのだ。アマンディーヌはそのことをよく知っている。彼女は、もっと多く与えられたらと思うし、その鍋のマジックによって家族を打ち震えさせられたらと思う。ああところが、娘を別として、彼女が出会うのは無関心と手荒い拒絶なのだ。つまり、シェフ一人では何もできない。しかし、ひとたび会食者たちに欲求が芽生えれば、躍動はただシェフ次第なのである。

愛情の場合と違って情熱の料理は、常に継続的な努力も忙殺的な努力も意味するわけではない。ごく小さな心へのショックも瞬間的欲求も数多く存在し、ある場面を開いてはすぐさま元のように閉じる。一つの料理を飾りつけたり一つの要素を付け加えたりすることで、軽い操作が生まれるのだ。営みに関する第二の体制はしばしば、人があまり期待していないところに、マイテの家庭にすら現れる。週日は全員、ハムサンドイッチである。反対に日曜日は、「いつもサンドイッチばかり食べてはいられないでしょう。私もいつもより少し時間があるので、なにかもうちょっとマシなものを作るのよ」。残念ながらもっと詳しくと促されても彼女は、日曜日のその豪華な料理の長いリストを提示することができない。ステーキ、エスカロップ（肉、魚などを大きく薄切りにしたもの）、フライドポテト、パスタ、ぐらいなのだ。もちろん本物の食事ではある。だが、全然情熱を掻き立てるようなものではない。突然彼女の声がもっと生き生きとしてくる。「それに時々は…」。ああしかし、それに続く話は声を上ずらせるほどのことではなかったのだ。「それに時々は…肉のローストよ。それって、すぐにできるわ。オーブンに入れるでしょう。それで安心よ」。返答が貧しいために少しばかり公然の非難を浴びていると感じてマイテは、何か素晴らしいものを出して見せられないかと探す。「パスタは、いつも同じというわけじゃないのよ。スパゲッティーとか、タグリアテッレとか、そういうの全部なのよ」。マイテが偶然にデザートという言葉を発したときには、もう会見が終わりかけていた。デザート？　そう。彼女は毎週末に自家製のデザートを作るのである。だが、デザート、それは同じようなものではない。彼女は時間を惜しむことがない。彼女はそれが大好きなのである。「それはね、作るのが好きなの。どうしてだか分からないんだけど」。彼女は、それを作っていて他のことを何も考えないのが大変好きである。だからまたそれを忘れてしまっていたことが、大変好きである。もう一つの料理の世界にいて週末のデザートが彼女を大きく変えた。そして、会食者たち全員を引きずり込んだのだ。「そしてそれって具合がいいの。なぜって、家族の中では皆が食いしん坊だからよ」

マイテの家庭では、情熱の場面は極めて限定的で、厳密に儀礼化されている。その儀礼化は、少しばかりその情熱を弱めるものである。というのも、すべての情熱においてそうであるようにこの場合でも、炎をあおるのは意外性ということだからだ。そしてまたそのことから、営みのこの様態が、個人的な創造性の誘惑と極めて頻繁に結びつくものだということも説明される。その創造性が発明する興奮の中にシェフを引き入れ、さらには、食卓に着いている会食者たちに驚きの効果をもたらすのだ。「私はなにか新しいものを作ろうとすると、かなり喜びを感じるわ。そうすると、そのことで変わるのよ」（マルジョレーヌ）。オーブンレンジからテーブルに至るまで、第二の営みの体制はルーティーンを壊す。シェフは発明をするために精神的に熱中し、食事は小さな新しいイヴェントの周りに展開されるのだ。夫婦と家族の論理は、抵抗できないほどに習慣的なシステムを打ち立てることである。家族のメンバーは、望もうと望むまいと、精神的に生活を疲れの少ないものにするルーティーンの中で自らを防御する（しばしば彼らは、隠してはいるが、そのことに真っ向から反対するというわけではない）。だが、ルーティーンは、生活をもっと退屈にするものでもある。その際に便利な手段として姿を現すのが情熱的料理であって、それによって、そのルーティーンに小さな変化をもたらすことができるのである。それは大変目立たない変化であることは確かだ。しかしその程度の変化でも、その手段をたやすく用いるようになる状態に慣れるということを始められるのだ。カップルを別の形に作り変える代わりに、発明的な料理によって少々の変化をもたらすことができる。オリヴィアとの会見はクリスマスの三週間前に行われた。彼女はもうクリスマスのことで頭が一杯であった。彼女は「伝統的な七面鳥を変え」たがっている。七面鳥を変えることとは、少しばかり生活を変えることである。雑誌の中のレシピをめくりながら、ある考えが彼女に浮かんだ。鶏のココナッツミルク煮である。その言葉を唇から大切そうに漏らすその姿から、そのレシピが、彼女にとってどれほどの連想を掻き立てるものであったかが分かる。連想を掻き立てるものであると同時に、ミステリアスなものでもあるのだ。鶏のココナッツミルク煮、それはもはや鶏ではない。鶏は超越されるのだ。その前の年にオリヴィアと夫はアンティル諸島に旅行した。当然のことにココナッツミルクはその島の太陽と香りを運んでくるのだ。加えて彼女は、ここで思い切って一つの勇敢な挑戦をするのである。すなわちココナッツミルクで鶏を調理することは、彼女の家の中で未だに行われたことがなかったのである。彼女はイヴェントを作り上げようとしている。「お祭りなんだから、少しばかり多くやりたいのよ」。しかし、不安は遠くない。どうやって肉がココナッツミルクの中で調理できるのだろうか、危険は存在しないのか、味が甘いものになりはしまいか？　そこで彼女は、週末を二回使って準備のテストをやってみることに決めた。今やカップルはココナッツ鶏の実験に動員されている。雑誌を読んでいて現れたたった一つの欲求が、数週間にわたる二人の行動を開始させたのだ。

カンディーの場合は、鶏のココナッツミルク煮はあまり好きではないし、エキゾティックなものは何も好きではない。エキゾティックなものを食べないというのではない。しかしそれは週日のことであり、調理済みの料理か冷凍食品を使う場合なのである。彼女の好みは「伝統的な料理」だ。そのためには彼女は週末に必要な時間をとる。それでも彼女は、喜びだの情熱だのということと同じくらい、発明ということも我々に語るのである。「週末に料理をするのが私の遊びの一部だわ。たった一人でも作るの。自分のためにちょっとしたやつを作るのよ。私が『料理をする』と言うときは、それは私にとっては発明するということよ」。彼女は自分流に、レシピも見ず味加減もおおよそで、直感で食品を操作して発明する。しかしながらここでの問題は、伝統を尊重しながらの制御された即興なのである。「アッシ・パルマンティエ〔牛挽肉とバターで炒めたタマネギ、ジャガイモのピュレを重ね焼きにしたグラタン料理〕、それを私はいつでも、母がやっていたのと同じやり方で作るの」。カンディーは、自分の話を貫いているのが相対的な矛盾であるということに気がついていない。それは直感的即興のせいなのである。しかしまたそれは、自分でもっと正確に言うということもできないのだが、彼女が、自分は発明をしているととても深く思い込んでいるという理由にもよる。その理由が特に大きいのである。ルーティーンに反した、生き生きとしていて強烈な家族を作り上げていると思い込んでいるのだ。彼女にとって、言うところの発明がさらに一層強いものとなるのが、伝統の尊重ということを多く口に出して、過去の世代との結びつきが一層体験される時であるというのは、まさにパラドックスである。カンディーは、彼女の母親が作ったようにアッシ・パルマンティエを作る、ただそのことによって、現実に何ものかを発明しているのだ。情熱的料理の道は無限である。

辛さの隠蔽

料理に関する二つの体制は、時々週末に情熱が優勢になったり週日は迅速な料理があったりして、絶えず混じり合っている。それにしてもどうして迅速な料理が、完全に一つになっているモデルの中に統一されないのかという理由については、すでに述べた。その体制のヴァリエーションが尽きることがなく、どれかを参照するのに妨害が生じるからである。また、それが辛さの源なのだ。辛さは（ちょうど窓ガラスを拭く例と同じで）鋭いものでも重圧感のあるものでもないが、しかし、揺れ動くもので、しつこく悩ませてイライラさせる。もっともすべての人が、窓ガラス拭きの辛さを、たとえ頻繁に感じ取るとしても耐えがたい難儀と感じているわけではない。同じように、料理の辛さを感じ取るには個人個人によって極めて大きな違いがあるのだ。バベットは、記憶の中にほんの少しの辛さでも見つけ出すには、努力してじっくり考えなくてはならない。「そうだったとしたら、私は本当に体調が悪かったのに違いないわ」。反対にメルバやスゼットは、絶えずこの不愉快な感情におかされているのだ。「それは辛いわ。しょっちゅう辛いのよね。無理して料理するのよ」（メルバ）。「毎日の料理って、本当に面倒だわ。本当にうんざりよ」（スゼット）。しかしながら平均すれば、これから我々が見ようとしている特異ないくつかのコンテクストを例外として、アンケート調査の中で辛いという言葉はほとんど重要なものではなく、後悔の言葉のように弱い声で短く発せられた。このことは、私が家事に関して行った別のアンケートと明瞭なコントラストをなしている [Kaufmann, 1997]。あのアンケートの中では、大きな声で、率直にしかも断固として、辛いということが宣言されたのだった。迅速な料理に伴う（イライラさせるけれども知覚しがたい）辛さに特有の特性が、部分的にこの違いを説明するものだ。苛立ちを見えにくくする可能性があるこの特異な特性の他に、通常の料理は回答から仮定されるように全体的にそれほど辛いものではないものなのかを知る、という問題が起こってくる。基本的な点では、質問は方法論的な手順をもつものである。するとそこには、インタヴューを受ける人に対して全部を言わせないようにさせるバイアスが存在しているのではないだろうか。アンケート調査の手段は対話であって、それは、社会的なプロセスの理解にとって非常に高性能であることが知られるものであり、また、各人はその中で驚くほど真摯に取り組むことのできるものである［Kaufmann, 1996］。各人は、故意に嘘をつくことはほとんどない。しかし、しばしば自分に向かって嘘をつくのだ。それゆえ研究者は、その隠蔽効果が現れたときにはそれを解読しなければならない。ところで、そのことがこの問題で明らかになるのだ。幸いにして私は、対話の一覧表にある一つの質問からそのことを目につくようにすることができた。それは偶然に得られた成果である。というのも、そのアンケート調査の最初の頃に私は、別の見通しのもとに質問を作成していたからである。対話を締めくくるにあたってその質問が、現時点でのあらゆる連関を離れた全くの夢の中に被験者を誘った。たとえばプリュンヌは、鶏やウサギやヤギのいる夢のように美しい大菜園の中へ飛翔した。昔風のやり方でチーズも作った。しかし、プリュンヌは他とかけ離れている一例である。大多数の人たちの返答は別物で、常に同じこと、すなわち料理を片づけるということであった。すぐさま、しかも徹底的に、である。「なにか他のことをやる時間をもつためよ」（ベランジェール）。「ただ食卓に坐って食べる人になりたいわ」（カンディー）。トニーは情熱の料理に夢中で、週日でも毎晩傑作をものするアーティストである。対話の間中、喜びということしか話さなかった。ところが最後の質問で突然に彼は、声の調子を変え、自分の料理に関する現実の側面を明かしたのだ。「できれば人を、あらゆる類のコックを、雇いたいものさ。そうすれば、どうしてあういう面倒なことを…?」瞬間彼は躊躇した。おそらく情熱の料理の世界のことを思ったのだろう。だがすぐに、その立場を再確認したのである。「その時は多分、ゆっくり坐って食べるだろうさ。むしろ飛び跳ねて、また他のことをやりだすだろうね。もう一回写真をやりだすだろう」。もう一つ別の情熱で、かくも精力的に料理に打ち込んで以来少々忘れ去られていた、情熱だったのだ。

潜在的な辛さの隠蔽を説明する理由は、少なからずある。まず最初は、料理のパノラマ全体を思い描くのに、バランスのとれた冷静なやり方で行うのが困難だということがある。情熱的な料理は、感情的に強烈で魅惑的なものであるので、精神を突き動かして、義務的な振る舞いのもつあまり輝きのない平凡さを、思考の影の部分に追いやってしまうのだ。喜びをもって料理をすることがアイデンティティーを形成する極なのであって、各人はその極を中心として、家族の絆を愛情こめて作り上げるために献身するというヴィジョンに浸り、かくして自身を統合するのである。極めて分散的で漠然とした他の料理をどうして無視することができようか。反面第二のカテゴリーの料理は、想像の領域で大いに理想化されている。理想化されるのは、情熱ですべての辛さが消失するわけではないからである。シェフは感情の迸りに突き動かされて、自分ではその大きさもその結果も計測しなかったような（モチベーションが落ちたときの恐るべき皿洗いなどの）冒険の連続に突き落とされるという事態が起きる。だが、後から思い出していることの中では、そういう側面的な不愉快ごとは忘れられてしまうのだ。情熱は純粋なままでなければならない。サヴァランの例を挙げよう。彼も、口に出すものといえば情熱という言葉のみという点で、トニーと同じである。料理は創造的にして愛情一杯の遊びなのであって、わずかの辛さも彼は感じたことはないのだ。「それは全然辛い仕事じゃないさ。僕は本当にそれを喜びと思っているんだ」。それならどうして彼は、時おり冷凍ピザで我慢するのであろう。「帰りが遅い時は、本当に遅いんだ。そういう時は料理をする気にならないね。夜は一緒に過ごしたい感じだし。夜を台所で過ごしたくはないものね」。ああ、真の生活とは、決して截然と二つに区別できるようなものではないのだ。サヴァランは、充分早くもなくひどく遅くもない時間に帰宅して、どっちにしようか決められないままでいることが、極めて頻繁に起こるのである。冒険の連続に突入して、後になって野望が大きすぎたと後悔したり、それとは反対に、多分冷凍ピザよりはマシなものを作れたのじゃないかと独り言を言ったりすることが、極めて頻繁に起こるのだ。料理の営みは他の営みとは違うものだからである。多少なりとも愛情を込めた献身をして、家族の絆を作り上げるものだからである。しかしながら、食べ物を与えて家族を作り上げることが辛いとか、家族が食卓を囲んで集団になるようにすることが辛いとか、独り言を言う。そのようなことがいったいどうしてありうるのだろうか。全く罪の意識を抱かせる考えであり、受け入れがたい考えだ。だから、通常の料理の小さな苦痛は追い返してしまう方がよいのである。

アイデア探し

小さな苦痛を大きな苦痛によって撃退すること。大きいほうは、否定するには強烈すぎるのだ。反対に、はっきりと指摘できるある種の状況では、潜在的な辛さがもっと開かれ、むき出しになって確認される場合がある。たとえば、時間がすごく逼迫したり、家事をしていて孤独の感情が起こったり、家族へのモチベーションが落ちたりして、それらのことが交錯する時がそうである。その時には、内蔵のルーティーンがあまり機能しなくなり、二キロの豆の皮を剝くことが際限のない辛苦に変貌するかもしれない。しかし、辛さが出現するということにとって最も好都合なコンテクストはもっと明確なもので、質問を受けた人たちほとんど全員に共通している。肉体的に感じられる苦痛が問題なのではない。それは精神的なものからやってくるのである。そして、過度の負担となって疲労させる不毛な思考と内面的空虚という面倒な感情とを、逆説的にない混ぜたものである。つまりそれは、シェフが「アイデアを見つけること」ができない時なのだ。「おお、そうよ。何度も私は自分に言うわ。お昼に何を作ろうかしら、それにしても、何にしようかしらってね。それが辛いことなの、それが辛いわ。アイデアがない時がね」（ポール＝ドーフィーヌ）

手順は単純で技術的なものだと共通にイメージされているが、それに反して、「アイデアを見つけること」は、料理の錬金術がもつ複雑さの核心部分に我々を投げ込むのだ。まさにその時に、可能的選択の幅が巨大で多種多様であるということが明らかになるからである。シェフは、何がストックされて手元にあるかを知らなければならないし、一人一人の味覚に気を配らなければならない（味覚は家族の者それぞれで、同じということは稀である）。また、（ダイエットに関するもの、味覚や人間関係に関わるものなどの）基準の総体を優先させなければならないし、食事という可能的建築物を想像し、共食者たちのダイナミズムがどのようなタイプのものかを想像しなければならない。さらには、長い期間にヴァリエーションを組み入れなければならず（つまり、以前に行ったいくつもの選択を覚えていなければならず）、機会を捕えなければならず（商業上のサーヴィス品）、等々である。本書の第一部で分析されたように、料理に関して反省的な思考をする機会が増えたために、今では相当の重大さがその精神的圧迫に付け加わっている。どの一つの食品も疑問に付される恐れがあり、栄養情報がメディアに溢れかえっている。しかし、この点が肝要なのだが、完全に満足を与える選択はないのだ。なぜなら、すべての基準が、根本的なところで矛盾によって突き動かされているからなのだ。味覚は対立するものであるし、快楽と健康がしっくりいくことはめったにない。買い物で倹約をすれば質が損なわれる、等々。それゆえ、選択は何かかにかの理由から、すべて潜在的に不満足なものなのである。食事という形態で実現される「アイデア」は、共に食べる者たちから批判的な発言を招じ入れる恐れがある（家族の中で共に食べる者たちである。というのも、友人というものはいつでも、美味しいと言うものだからだ）。そして、その矛盾の総体に対して、一人一人が自分自身の解釈をもつことになる。ある一つの家族を助けて一つの完璧な選択をするようにさせる目的で、諸人間科学の研究室がその家族のところに動員されるというようなことを想像してみても、基準の複雑さの幅が大きい限りそれはできないだろう。さらに私は未だ、最も頑固な困難を取り上げていないのである。実際最大の不決断の中には、（迅速な料理か情熱料理かという）シェフの身の入れ方の度合いということや、（個人個人か集団か、ルーティーン化されたものか発明的なものかという）社会関係の形成ということが含まれるのだ。「もしルーティーンの中に落ち込んでしまいたくなければ、毎日絶対に頭を絞らなくちゃならないの。それは私は全然好きじゃないわね」（スゼット）。（情熱によって突き動かされていない時に）一番疲れさせるもの、それは愛情である。

ところでシェフは圧迫感を減らすために巧妙な戦術を発達させる。たとえば（情熱的飛翔の助けがないならば）あまりに長期の計画は避けることである。緊急性や即興の崇拝によって選択の多様な幅が小さくなってくるのだ。プリュンヌでさえ、このやり方を使う。「私は冷蔵庫を見て、手元に残っているものを調べるの」。トニーは、ものすごく洗練された戦術を一かたまり持っている。主要な戦術は分裂だ。彼は計画を立てる。だが、ちょっとした機会があれば即興で別のものを作ると分かっているので、その精神的な仕事にあまりこだわらないのである。計画は緊急の際には作成しなおされるか、あるいは取りやめになる。「僕はもう一回考え直すんだ。冷蔵庫の中にあるもの次第だし…欲求とか次第だし…ポトフをしようと考えていたんだけど、結局ラザーニアに行き着くんだ」。第二番目の戦術は、新鮮な食べ物という、物質的指標に基礎を置いている。彼は、食事の組成をあまり考えることなく、一週間のために大量の野菜をストックしている。その次に彼は、「野菜から発して切り抜ける」のである。新鮮さが失われていくその順に選択をするのだ。複数の人たちがそれに近いやり方を語っている。根本的にはそのやり方は、厳密な意味で技術的で、食品に関わる領域の問題を前面に押し出すことにある。だが、それは、関連する諸決定の重要性を付随的なものにするためなのだ。なぜなら、こちらのほうがはるかに「切り抜ける」のに微妙な問題だからである。二つの方法が不可避的である。一つは技術的な特性をもつ緊急時の即席であり、もう一つはそれと反対に、考えを巡らすことを喜びに変える情熱的飛翔である。最も問題を孕んでいるものがまさにその二つの間にあるもの、緊急と情熱の間にあるものなのである。プリュンヌは、「残っているもの」が答えを与えてくれないかどうかを見ようと冷蔵庫を覗く。だが彼女はとても気難しい別の基本方針も持っている。それは、少なくとも一か月を空けないで同じ料理を二回作ることは絶対にいけない、というものである。「しょっちゅう、そのことが困りものよね。だって、どうすればいいか分からないからよ。やる気がない場合は特にね。何を作ろうかしらってね」（クレマンティーヌ）。本当のところシェフがその精神的重圧から抜け出すことができるのは、ようやく、何らかの基準を一つだけ選んだときであるが、その選び方は時々極めて恣意的であり、物事を単純にする明断さの、閃きのようなものがあるのだ。「それは、料理をしている時ということもあるし、あるいは全く単純に、あれよりもむしろこれを食べたいという欲求なのよね」（クレマンティーヌ）。この後我々は再三にわたって、この様態の動き方を見るであろう。料理は、耐え難い複雑さを決定する世界を機能させるが、それは何よりもまず精神的に、この複雑さを減少させる技術なのだ。料理の選択において複雑なことは本当は何もないと、納得することが必要なのだ。かくして、アイデアを見つける際に長い時間決断できないでいるのがかくも辛くなる、ということが説明される。不決断が、隠されていなければならない真理を明らかにするからである。精神的な努力がなお一層不愉快になるのは、シェフがその真理を真正面から見ようとしないからなのだ。「頭を絞らなくちゃいけないの。それをやりたくないのよね」（カンディー）。夢ということに関する最後の質問に対してマドレーヌは、独特の仕方で返答した。彼女はほとんど全員の被験者とは反対に、夢であっても料理の手仕事の側面を止めてしまうということはなさそうである。彼女が本当にやりたくないのはただ一つ、何を作るか考え出すということなのだ。「ええいいわ、私は未来派人間になりましょう。多分コンピューターを持ってね。私はコンピューターをそんなに好きじゃないわ。でもこのためにならウイよ。つまり、今日は月曜日、ほらこれが私が持っている野菜、そして肉…って言うの。で、ボタンを押すのよ。どんな違ったメニューを提案できるのってね。そうすればコンピューターは理想的なメニューを、一つか二つ出すでしょう。それを私が選ぶわけよ。たとえば、夜は残りのものがあるでしょ。そこでボタンを押すわけよ。するとコンピューターが、あなたはこれか、あるいはそれかあれかを作ることができますって、私に言うんだわ」

シェフは困難を解決するために各自、自分に独特の戦術をもっている。スゼットはどちらかというと、緊急性で勝負する。が、その方法はある危険を含んでいる。というのは、突然にインスピレーションが空っぽになるのだから、実存の空っぽさという不愉快な後味が残るのだ。「なんだってまあ、いったい何年前から料理をする習慣になっているか分からないというのに、突然ブロックされちゃって、もうどうすればいいか分からないの。でも、その日に限ってどういうわけで何も思いつかないのかしら」。それゆえオルタンスの場合は、規則的な計画のほうを好むのである。「私は、最後の瞬間になって調理するってのは稀ね。朝食をとっている時に、昼ご飯は何にしようかしらって自分に言うのよ。買い物に行くのに一一時まで待っているってことはないわね」。彼女には、「二日前に」そのことを考えるということさえ起こる。いつも朝食時にである。ベランジェールは時々もっと先まで考える。次の週のメニューをイメージするのだ。「その場合私はその考えを保っているの」。ノートも取らず頭の隅に覚えておくのである。しかし彼女には、すぐこれからのことを確保する必要もある。それに対しては彼女は極めて明確なやり方で備えをするのだ。「自分に言うわ。じゃあ、あれを作ろうって。自分の頭の中でリストを作るのよ」。頭の中でアイデアを見つけなければならないという事実と結びついた辛さは、その精神的な努力が強制的な特性を持っているということにもよっている。「辛いこと、それはアイデアがない時ね。そして、それでもなにか想定しなければならない時だわ。ああ、五時から六時に帰ってきて、これから何を食べるかまだ分かっていない時は、本当に心配だわ」（マルジョレーヌ）。その不愉快な精神への過度の負担の後に、さらに別の負担が続くからだ。ようやく「アイデアを見つけた」後でも、いろいろな作業の計画プランを立てる必要があるし、それらの協調を組織する必要があるのだ。「それからその後で、また別の心配事よね。それは、すっかり先を見通すということよ」

情熱は持ち札をすっかり変える。つまり、辛さは喜びに変貌するのだ。必ずしも本当に情熱的な料理を問題としないまでも、（休日や引退といった）もっと楽な時間の関わりがあれば、すでにしばしば、考えを見つけるという問題をもっと不愉快でないものにするのに充分だったのだ。たとえばオルタンスは一週間の間のんびりとレシピをめぐって過ごして、次の週末に作るものを見つける。週末の食事は「グレードアップされた料理」というカテゴリーの中に配置されているのだ。マドレーヌはデザートのことになると、もっときっぱりと情熱の領域に飛び込む。何を作ればいいかを言ってくれるというコンピューターの夢のことはもう忘れたのだ。それどころか、デザートを考えることは最も趣のある放浪なのであって、彼女は何の留保もなくそれに身を任せるのである。「私はデザートに関して思考するのが好きなのよ」。思考にもいろいろあるのだ。

「明日何食べる？」

シェフは何の考えも浮かばない時はすごく一人っきりだと感じる。その孤独が精神的な辛さをもっとひどくするのだ。短い言葉が、必ずしもそうは言わないが、助けを呼ぶ形でシェフの口を突いて出るのはその時なのである。「ああ、あの人たちは本当には手伝ってくれないわ。しょっちゅう穴が開くのよ。『ああ、何を作ったらいいの？』って彼らに聞くの。『うーん、分からないわ』ってね」。ベランジェールは共に食べる人たちの一人に向かって、わざと聞こえよがしにSOSを発する。特に心理的なバランスを取り戻す効果を持った、解放の叫びなのだ。家族が、成し遂げられる仕事の強烈さや複雑さを分かってくれるように、という希望を託して言い放たれる叫びでもある。だが何ということか、叫びが抽象的であるために家族のメンバーは、余計に関係ないという気持ちになるのだ。彼らも密かには嗜好も欲求も持っている。だが、返答が要求するであろう努力を、漠然とながら面倒くさいと感じるのだ。その返答が家族全員を巻き込むものだからである（自分の個人的な欲求を掲げるとしても、他の人たちに関係するポジションをとることになる――エゴイストだ）。それゆえ彼らは後になって選ばれたものに失望するとしても、いつものようにその責任をシェフに委ねるほうを選ぶのである。沈黙と無関心しか受け取らないのでベランジェールは、なにかもっと明確な質疑を試みる。不幸にして、共に食べる人たちはすでに快適な引きこもりの姿勢をとっており、撤退を繰り返すのだ。「ああ、どうしたらいいんだか分からないわ」。そうすると彼女は、なおのこと孤独の重みと精神的な過重負担を覚えるのだ。助けを呼ぶことが、期待していたのと逆のことを産み出したのである。

そこでシェフたちの中にはその言葉を、大いに用心して治療の目的で操らなければならないのだと、理解した人たちもいる。特に避けなければいけないことは、抽象的なことと実際に巻き込むこととを一緒くたにする言い方である。返答が返ってくることを全く期待せずに、解放的な叫びを選ぶほうが妥当である場合がある。あるいは反対に、特定の相手に向かって、明確な要求の言い方をしなければならない場合がある。バベットが採用したのは後者のほうだ。何を作るかのアイデアを見つけることが「本当にただ一つ、私にとって面倒なことなの」。彼女は夫に向かって、静かで落ち着いていて、強調的で直接的なやり方で話しかける。

「何度も私は彼に言ったの。なに食べたい？　ってね。『君が食べたいものを…』。さあ、それよ。それが困りものなのよ」

それにしても彼女はとても上手だったのだ。精神的な努力を要するような、なにか「一つのアイデア」を聞くことをしないで、どうすればあなたの欲求を満足させられるのかと、彼の欲求を尋ねているのだ。（あなたの欲求を満たすという）真の愛情であるものと、（あなたの欲求が私にアイデアを与えるだろうという）微妙な駆け引きとを、区別するのは難しい。それはともかく、問題なのは、そのような巧妙さも全く同じように非生産的であることが明らかになるということだ。「君が食べたいものを…」と夫は返答する。パートナーのやる気のなさが、苛立ちを絶頂に至らせる。しかも、質問を繰り返しても、しばしばそれ以上に何ら良いことは出てこないのだ。というのも共に食べる人は、自分は善意で言っていると信じており、自分の好みをシェフに押しつけたり命じたりしたくないのであって、控えめに食卓に出てくるもので満足することができるのである。かくほどの無関心と無理解の孤独の中に閉じ込められることに直面してポール＝ドーフィーヌは、自分では抜かりがないと思った方法を想像で作り上げた。一般的なフレーズよりも、また、欲求を尋ねるというよりも、むしろ彼女は、何らかの一つの提案をして夫の欲求に反応させるようにするのだ。「しょっちゅう私は一つのアイデアを投げかけるの。『そうだわ、これとかあれとか作ったらどうかしら』ってね。するとと答えがあるわ。『ああ、別に…』って、熱意がないの。すると私は『それなら何か別のアイデアを言ってみてよ』って聞くのね。『ああ、君の好きなものを作って…』。私の方はね、もう何時間も探しているのよ。全く、もうたくさんって時があるわね」

その一方通行のやりとりの中で苛立ちと辛さが、極めて感じやすい琴線を震わせる。シェフはたった一人だと感じて途方にくれたから、助けを呼んだのだ。精神的な疲れだけが問題なのではなく、厳密に個人的な問題なのでもない。料理は食事を通じて家族を作るものである。だからシェフは、いろいろな欲求に応じるということで、ようやく愛情ある自己献身をし頑張ることができるのだ。しかしそのためには、その欲求が自身を明らかにしてくれなくてはいけない。いろいろな欲求がなければ、愛情を込めた自己献身は不毛でやりがいのない、辛い自己犠牲になる。シェフはしばしば実際には質問することによって、ひょっとしたら料理と家族のダイナミズムを刺激するかもしれないような欲求に、自己表現するようにと要求しているのだ。「時々その欲求が、おや、これを食べたいもんだとか、あれとかこれとか、喋ってくれたらいいのにと思うわ」（バベット）。欲求が自己を表現して愛情のやりとりを活発にしてもらいたいものだ。しかしそうは言っても、過度に強制的だったり厳密だったりはしてもらいたくない。そういうことはシェフを、自由にこき使われる奴隷のような働き手に変えてしまう危険があるのだ。「なんともまあ、子供たちとか夫とかが、『そうだ、君は長いことあれを作らなかったよ』と言う時はいいわよ。ああそうだわねって、私は言うわ。でもね、だからといって、私がそれを作るというのではないのよ。だって、そうよ。しょっちゅう何かを考えている途中だったりするのよ」（オルタンス）。料理は揺れ動く錬金術なのであって、そこでは愛情のやりとりがいつでも、耐え難いほど辛い仕事に姿を変えてしまう恐れがある。四輪馬車がカボチャに姿を変えてしまうのは、おとぎ話の中だけではないのだ。クレマンティーヌはこの危険を回避するために巧妙な戦術を考え出し、助けを要求することと愛情のダイナミズム、それに、個人的な自己防衛を混ぜ合わせる。「しょっちゅう私は彼に聞くの。これを作ろうかしら、それともあれにしようかしらって。でもそのどっちも、その時に私が作りたいものなのよ」

シェフの頭の中

考えが訪れない時にそれを見つけることは、辛さの中に埋没してしまう。なぜなら、その不愉快な経験は、料理行動を制御する確実さの理想に逆らうものだからだ。伝統的なものであろうと迅速なものであろうと、あるいは情熱のものであろうと、料理行動はすべてそうである。旧体制が押しつけたものは、規則的なやり方の営みを制御する枠組であったが、その中で（どちらかというとルーティーンの手順という形で）残っているものが身体をオートメーションシステムの連鎖の中に向かわせることができるものであろう。迅速な料理は選択の範囲を狭めなければならないのであり、その選択されたものを共に食べる人たちの欲求に近づけなければならないであろう（それはピッツァ・ナポリタンとかチーズピザとかであって、シェフの精神的な疲労は限られたものに留まる）。情熱の料理のことは言うまでもない。それは飛翔によって疑いを打ち消すのだ。何を作ればよいか分からないということが示しているのは、人がこれらの領域のどれにも位置していないということ、また、同時にすべてに位置しようとして、結局どこにもいないのだということである。確実なものを再形成することが急務だ。アイデアを見つけることもまた、しっかりとした枠組の営みという体制の中で身体を動かすものなのである。

　再び動きが始められるやいなや、頭の中の諸々の内容が新たに思考の中に入ってきて、しかも過重負担も不快も起こさないということが生じる。しかし、どんな内容でもよいというわけではない。なぜなら料理の努力はそれぞれが、それに特有の認識的な営みを含んでいるからである。情熱の料理が突き動かすものは想像力である（その想像力は、家族、食事、そして傑作の料理を表象する）。それは、ヴァーチャルなアイデンティティーを舞台に上らせるものなのであって、料理が内面的な味わい深い短編映画に魂を吹き込むのである［Kaufmann, 2004］。ルーティーンは、しっかりと確立された下意識の図式に依存し、（夢想、雑然たるイメージの想起といった）苦痛のない放浪のための使い勝手の良い思考を解放する。ここに登場する可能性のあるのがバックグランドミュージックであり、あるいはもっと注意を傾けてラジオを聴くということなのである。* ポール＝ドーフィーヌは週日にそれをする習慣を身につけた。いつも好きな番組にあわせて動く（彼女の通常の料理は一日に一～二時間かかる）。手は習得された振りつけで作業をするのだが、その間に頭は別のところにあるのだ。シャルロットとマリーズは精神を充分に解放できる時はすぐに、歌を歌う方が好きである。「最初私は集中しなければならなかったの。でも後になってすべてのことを考えることができるようになって、歌うことさえできるようになったのよ」（シャルロット）。「知らないレシピだと集中するわ。そうじゃなかったら、私はなにも考えないし、歌を歌うわね」（マリーズ）。

* 注意を傾けてラジオを聴くのだが、テレビではない。テレビはあまりに視覚を奪うので、シェフは充分に手を動かすことができないのだ。テレビは食事時のためにとって置かれる。それに比してラジオのほうは、食事の場にあることが少ない。

シャルロットとマリーズはいつでも歌うというわけではない。そのためには、内蔵されているオートメーションシステムによって精神が解放されていなければならないのだ。しかし、複雑で機能不全の革新的な状況はすべて、それとは逆の集中力を要求する。つまり、意識をもって行動を進めることを要求するのだ。「私は自分がしていることに集中する。他のことは何も考えないの。ソースのことを考えるでしょう。ソースのとろみづけのことを考えるでしょう…『弱火で…これこれの時間…』。本当に私の手には…私はそれしかしないの。前にもう作ったことがあるものでも、それはいつも新しいのよ…。『焦げつくかもしれないわ…、どうやったら挽回できるかしら？』ってね」（プリュンヌ）。シェフは実現しようとしているものに全身全霊を打ち込んで、その行動の中ですっかり一つになっているのである。

「私は、料理をするときは、すっかりその中にいるわ。やっていることの中に深くいるのよ」（ビス・コット）。極めて深くなので、ここでも精神的なプレッシャーは強烈なものになりうる。しかしアイデアは不在でも、普通そのプレッシャーは不愉快なものではないのだ。それどころか、頭からいつもの不協和音を驚くほどに取り払ってしまう。「私が思うに、そうなるわけは、私が料理が好きだということだわ。自分の料理に縛りつけられていて、レシピのことしか考えていないということから来るのよね」（カンディー）。集中は、なにかの単純な考えの上に人間を取りまとめる。その考えは確実さを与えるもので、極めて具体的な結果へと道を開くものなのだ。

精神集中の中のたった一つの要因が精神の攪乱をもたらし、その上、辛いという気持ちをもたらす可能性がある。それは、計画立案と来るべき行動の手順を編成することである。その理由は簡単だ。この営みが現時点の統一を打ち壊すからである。シェフは複数の時間を管理しなければならない。未来の行動手順の中に自分を投影させなければならないし、次いで、自分がしていることに集中したままその展開をコントロールしなければならないのだ。シェフがこの総体を割合うまく支配する限り、この持ち札は精神集中を高めることになるし、一層多くのことをシェフにもたらすのだ。しかし、不協和音によって不安と動揺が高められると直ちに、計画立案の遂行は辛い仕事に変わってしまう。そのリスクが極めて大きいためにシェフは、絶えず種々の戦術を編み出し、計画という知的作業に近づきそうなものはすべて縮小し、オートメーションシステムを強化して繋がりをスムーズにするのだ。このことから説明できることは、たとえば、（レンジ、コーヒーメーカー、ロボット等の）高度の複雑なプログラミングを含む機器は、突然に使用拒否の抵抗を引き起こすということだ［Desjeux, Alami,Taponier, 1998］。逆にタイマーだけは例外で、シェフを助けて、その特異な時間の連鎖をコントロールする際の負担を軽減させることができる。「それは私には絶対になくてはならないものよ。だって、私はしばしばたくさんのことを考えるからよ。なんというか、本当にものすごくたくさんのことなのよ」（マルジョレーヌ）。

我々が料理について考える際に、この側面はほとんど全く考慮に入れられたことがない。実際、料理をするということは真の「計画立案的知性」［Giard, 1994, p. 222］を必要とするものなのである。そのことが全面的に（ネガティヴな形で）明らかになるのが、新参者が突然にシェフの役割につけられるときである。チャップマン氏の場合がそうであり、彼は離婚後に子供たちのために食べるものを作らなければならなかったのだ。彼はこれほどの知的複雑さを以前には考えてみたことがなかった。「最初それは僕にはきつかった、とてもきつかったね。たかが日曜日の昼食といった簡単なものを作ることがさ。僕は四方八方走ったね。一つのものが他のものより早く出来上がって――こんな風にお話しするんだけどね――ジャガイモとインゲン豆が出来上がっても肉がまだでね。肉が出来上がったときは、野菜が冷たくなっているんだ。全部が同じ時間に出来上がるようにするためには、相当に試行錯誤を繰り返した後で、完成させなければならなかったのさ」［Burgoyne, Clarke, 1986, p. 36］。確かに、時間を関連づける図式を習慣によって組み入れ、一定の関連をオートマチックなものにすることも可能である。チャップマン氏でさえ、その後ではもっとうまく切り抜けたのだ。しかしそのやり方が有効なのは、ちょうど旧い体制の料理においてそうであったように、定期的でしかも繰り返し行う料理に関してのみなのである。ほんのちょっとでも即興があると、これから先の見積もりに関する困難と時間をコントロールする困難が前面に出てくるのだ。そこで、さらにもっと巧妙なプロセスを考え出さなければならなくなる。たとえば、ベルナール・コナンとエリック・ジャコパン［Conein, Jacopin, 1993］が示したところでは、シェフは、次の繋がりの手がかりとなって手順を忘れてしまわないようにさせてくれる、極小のサインの品物を絶えず準備する。たとえばバターを二つに切り分けておく。そして、その片方の上にナイフを置いておき、時が来たらその半分を小さく切り刻めるようにするのだ。ナイフが、やらなければならない操作を思い出させてくれるのである。目に見えるその情報のおかげで考えが変わらないようにするわけである。確かに、プログラムの手順の中の熱中している瞬間に、シェフがそのナイフをそういう風に置くという行為がなければならなかった。しかし、手作業で操作できて自発的に出る（ナイフを置くという）行為の特性によって、過度の精神的な負担は避けられたのである。「このようにして、空間にあって目に入る情報から発することによって、計画作成のために必要な努力が最小限まで減じられた」[同前、p. 68]。

泥マンジュウを作る

トニーもまた、異なる時間予測を関連づけなければならない精神的疲労を体験している。「特に時間の管理なんだ。最後に全部が出来上がって、熱いままで出せるようにすることだよ」。だがそのことを除けば、料理のそれ以外の側面はすべてトニーをリラックスさせる効果がある。「僕は何も考えないね。料理のことを考える。味のことを考える。本当に何も考えないんだ。僕がリラックスするのはそのためなんだ。集中しているんだよ」。何も考えないことと集中していることは（厳密に認識の観点から言えば、対立する二つの様態であるが）、トニーの頭の中では同価値なのである。なぜなら、そのどちらも、不安に陥れて疲労を与える実生活の思考から彼を解放するからだ。「料理が僕のストレス対抗策なんだ、僕のストレスを無くしてくれるもので、唯一見つけたものなんだよ。仕事から帰って、そのお陰で僕は息をつくのさ」。ちょうど他の人たちが「木々の下を走りに」行って、「テンションを和らげる太陽の安らぎ」を生じさせる極度の疲労がやって来るまで走り続けるように [Porel, 2003, p. 62]、トニーは（もっと遊び気分で）台所にもぐるのだ。料理は治療であるということが明らかになる。カンディーもそういう風に料理を使う。「料理はリラックスさせる。考えることがずっと少ないのよね」

しかしこの結果が得られるためには、いくつかの原則が守られなければならない。もちろん、辛いという感情や過度の精神的な負担を避けることが都合が良いのだ。それゆえ、しなければならないのは、感情の迸りの中で突き動かされるままでいることか、あるいはまた、しっかりと設立されたルーティーンの上に立つことかである。シェフは完璧に自分自身の上に統合されていなければならない。治療が最高度の強さを達成するには、シェフがさらに一層集中力を研ぎ澄まし、単純な触覚的操作にその集中力を注ぎ込む時なのだ。料理を忘れ、自分の生活さえ忘れることなのだ。「皮を剝いている間中、切ったり、こねたり、煮たり攪拌したりして、天然の食品の変身を画する間中」［Frain, 2004, p. 97］、もはや手でしかないこと、最も原初的な触覚によって、物質との接触によって、生きること。それらの動きによって、幼年期の張りつめた十全な喜びを再発見すること、「水で土をこねる小さな子供」［Châtelet, 1977, p. 30］の快感を再発見すること。しかし、「料理とはそういうことだ。つまり、捏ね回したものを泥マンジュウ状にすることなのだ」［Desbiolles, 1998, p. 24］。最も強力な治療は幼児性退行の中に存する。

子供は捏ね回すことによって魔法の世界を作り上げるマジシャンだ。しかしシェフとて違うことをやっているのではない。たった一つ違う点は、彼女（彼）のキマイラ〔ギリシャ神話に出てくる怪物で、獅子の頭、山羊の胴、蛇の尾を持つ〕たちが実際に現実のものになりうるということである。料理は食事を通じて家族を作り上げるのだ。たくさんの面倒事や苦悩や疲労を越えて。とりわけ、際限もなく矛盾する仮説の間での、絶え間のないためらいを越えて。最高度の料理術は、この複雑さを減らすこと、シェフをその瞬間の確実なものの上に統合すること、なのである。もっと良いのは、その確実性に具体性の重みを与えること、その確実性を最高度に鋭敏な触覚的操作の上に集中させること、なのである。一緒の食事を告げる指の動きによって家族に基礎を与える、新たなシンクレティズムを結晶のように固めることなのだ。シェフは、捏ね回しによって自分が作り上げているものは、家族の未来以外の何ものでもないという感覚をしばしば漠然と感じるのである。シェフは自分の手の中にあり、シェフは家族であり、家族はシェフの手の中にあるのだ。

時間の逆転

触覚の作業は他に、時間との特異な関係を課して現時点の中に没頭できるというメリットをもっている。その作業が時間を膨張し、時間の流失を止め、時間の圧制を無力にするのだ。人が絶えず時間を追いかけているのは時間があるからではない。むしろ、人が突如として奇跡的に時間を持つ理由が、時間を追いかけることを止めるということに他ならない。時間との関係の逆転が生じるのは偶然であって、逆転したと宣言するだけでは充分ではない。逆転は、料理によってしっかりと理解される、はっきりしたメカニズムから帰結するのだ。

旧体制から話を始めよう。そこでの料理行動は恒常的な社会化によって枠組を嵌められていた。料理をする女性は料理をするという役割に堅固に組み入れられていたが、その役割によって次々と行動の基準が示されたのである。彼女が夢想したのは確実だ。だがその夢は、営みの形を変えるかもしれないような、アイデンティティーに関わる将来予想ではなかった [Kaufmann, 2004]。そのため、空いている時間は、行動のシステムに適合する一種の柔軟で中立的な素材であったが、そのシステムは、規則的で普通はかなりゆっくりとしたリズムの中に組み込まれている行動から出来上がっていたのである。「伝統的な料理は、しっかりと作るためには、急いじゃいけないの。うんと時間が必要なのよ」（マドレーヌ）。そもそもこの姿勢の中で最も頻繁に現れる大きな問題は、時間が足りないということではない。むしろ反対に困難なのは、時間を使うことであった。それどころか、時間が有り余って実存を脅かす空虚さが生じたときには、その時間を「殺す」ことだったのだ。「時間も殺さなくちゃいけないの」と、今日でもまだマリーズは言い、そのため自動皿洗い機は持ちたがらないのである。手での皿洗いは料理と同様、「間がもつ」ということもあるのだ。その場合は必要性がメリットになる。「それって気持ちがいいのよ。時間をかけるのって好きだわ。私の場合は、一九五〇年代に生きていたらよかったのにって思うわ。あの時代はゆっくり時間をかけたものよ」

第二の近代は、時間との関係ということに関して大きな混乱を導入した。伝統的な単一性が選択の多様性に取って代わられたのである。各人は自由に時間を駆使するいろいろな様態を持つ。しかしながら、実生活の拘束によってその選択が狭められる可能性があるのだ。かくして、仕事を持っている年齢の女性たちは、家庭での活動の負担がそれほど少なくならないままに仕事との関わりを大きくした［Fagnani, 2000］がために、速いリズムと時間の不足を余儀なくされている。しかも、極めて極限的な状況の中でさえ、対立しているものを調停させなければならない場面が至る所にあって、それは大変神経質な特性さえ帯びているのだ。現代の社会は、アイデンティティーの予測を作り上げるように駆り立て、「いくつもの可能的な自己」［Markus, Nurius, 1986］の姿を想像力の中に映し出して、営みにおける将来予測に通じることができるように促す。問題が生じてくるのは、その可能的な自己が膨張して実際に現実化できる自己よりもはるかに数が増えることからなのだ。それゆえ各人はすでに、あまりに荒唐無稽な想像上のアイデンティティーは葬って喪に服したが、その上に、極めて可能性がある自己をも葬らなければならない。困った状況である。各人は手の届くところにある様々な人生のシーンを、すべて欲する。となると、時間はもはや柔軟で中立的な素材ではなくて極めて希少な価値のものとなり、予見されるシナリオから見ればいつでも不足なのだ。時間の流れが速くなればなるほど、それは逆説的にますます不足になる。というのも、時間はその加速によって新たな将来予測の興奮を引き起こし、身体の動きとの一致をますます困難にするからである。迅速な料理の奇妙な特異性が、このことから説明される。その料理は、もっと速くそして簡潔な仕方で人が動いているのに時間がないという理由によって、苦しいものなのだ。理由は、絶対基準で計れるような客観的な時間の不足ということにあるのではない。むしろ、行為と行為のイメージとの間の、ギャップにあるのだ。シェフは迅速にやっていても、さらにもっと速くやりたいと望む。速く他のところに、（食べるとか、のんびりするとか、仕事をするとかの）他の実生活のシーンに移りたいのだ。しかしながら時間が逃げていく理由はまさに、シェフが他のところに、他の自分自身のところにいるからなのである。時間が流れを止めて膨張するためにシェフがやるべきことは、これと反対に、全くここに居ないことか、あるいは完全にそこに居ることなのである。

触覚的作業の中で自分を忘れることは、地獄のような時の流れを止める。良く作られた簡単なルーティーンもそれ一つで、同じ効果を産むことができる。その時にはいろいろな身体の動きの間にズレがない。思考が消失したからである。そしてシェフは夢想にふけったりラジオを聴いたりする。複雑なプログラミングを管理することもまた、いかに辛いことではあっても、行為の中で同じように統一させる。つまり、シェフはすっかり自分がしていることに従事するのだ。本当に時間を膨張させるのではないが、プログラミングを管理することで時間の流失が止まるのだ。それゆえ時間の逆転の性質は、用いられる方法次第で極めて多様なのである。その観点から、情熱的料理は注目すべきものだ。作業がうまくいったりする場合やしっかりと組み込まれているルーティーンと比べると、情熱的料理がそれほどうまく時間を膨張させるものではないことは確かだ。情熱の興奮によって時間は早送りにされることさえあるだろう（しかしそうだからといって、辛いということを意味しはしない）。しかし、その時間は趣をもっている。優しく触れるような軽さによって、また、シェフには「過ぎていくのが見えない」（プリュンヌ）長い継続の不思議さによって、時間は愛情を込めた献身の味わいを持ち、いろいろな欲求に気を配って家族の強さを現実のものとする献身の趣を持つのだ。「『ううむ、これはすごくおいしい。でもどうやったんだい？　どうやって時間を見つけたのさ』。すると私は家族の者たちに言うのよ。『ぐつぐつと煮込まなくちゃいけないの。それだけのことよ』ってね。『ああそう、でも、こういうものは、作れたのはおばあちゃんだけだったよね』とか」（プリュンヌ）。とくにシェフは、情熱的取り組みに夢中になって、最高の条件下で時間を体験できるのだ。作業やルーティーンは意思によることなしに時間を膨張させるが、それらと違ってここでの時間的位置づけはよくよく考えられたものである。シェフは最初から、通常の時間の流失を逆転するある認識の条件を立てるのだ。「本当に料理を作る時は、本当の料理だったらよ、時間をかけなきゃ。本当に時間を取らなきゃいけないわよ」（オリヴィア）。

料理もいろいろである。質問を受けた人ほとんど全員が、対話の最初に、営みに関して対立する二つの体制を対比させた。一番相違の大きいのは時間との関わりである。この点に関する返答は極めて明瞭なものであった。しかし、一方では迅速な料理があり、人はそれをさらに速くしたいと望むが、しかし、時間がないために苦しいものである。「私は時々すっかり出来上がっているものを買うの。サラダ、ハム、ポタージュスープ、ビフテキなんかよ」（シャルロット）。だが他方には喜びの料理があって、そこでは充分に時間をかけるのだ。「土曜と日曜は時間をかける。ずっと多くの時間をかけるの」。シャルロットは（迅速な料理、それもすごく迅速な料理の）週日と、情熱に身を委ねる週末を対比させている。週日にも少し時間があるにはあるのだ。だが彼女はその時間も週末の準備に使う。レシピを探したり、夫と一緒にできそうなものを思い起こしたり、一日も前に買い物リストを作り出したりするのだ。ビスコットの計画はもっとずっと前からだ。「私は作ろうとしている料理を前から長いこと頭の中で考えるの。一週間ずっと準備するのよ」。ああしかしその瞬間が来ると、デッサンされた計画は普通捨てられる。ビスコットはプラトニックな情熱で満足するのだ。彼女はその料理の夢の中に逃避して、その間少々その独特な時間を味わう。それは生活の苦しみが消失する、愛に満ち溢れた時間なのである。時折情熱の激変はもっと束の間のもので、普段の料理をしている間に出し抜けに出現することがある。「もう一五分多くかかってもどうってことないわ。つまらなさが減るんだったらね」（クレマンティーヌ）。激変は時間の反転の中に組み入れられている。メルバは、料理に関する二つの時間性のコントラストを繰り返し述べている。かたや、「大急ぎでやっていて、夢見る暇のない」時間。かたや、それと逆に、自分はたっぷり時間があるのだという考えの中にまずは腰を落ち着けて、その考えが、夢が許されているばかりか奨励されてもいるのだと教える時間である。彼女はまた時間のその逆転が、どれほど身体のリズムを変えるものであるかも説明してくれる。「大急ぎで」やっているときには、身振りは硬く、激しく、情動がない。週末はもっとゆったりしていて、優しさがこもっていて、音楽の調子に合わせている。長い時間は同じように柔らかなのだ。

マドレーヌは昔のことを思い出す。生活に立ち向かうことができるようにすごいリズムで動いていて、通常の料理が犠牲にされていたことを思い出すのだ。「私たちは働いていて、週日に時間がなかったわ」。他の時間を確保するために、大騒ぎのほうが良かったのである。「でも週末には好きなだけ時間をかけて料理をしたのよ。そしてまた、それは話す機会でもあったのね。*詰まるところは、一緒に食べたり飲んだり、それだったのね」。今では退職して子供たちも家を出たので、拘束は消えてなくなった。しかしそれでもまだ、時間を大きく変化させることは、はっきり残っている。「週日は簡単なものよね」。マドレーヌは、冷凍庫に貯蔵されているもので生活しながら最後の瞬間まで待つことをためらわない。料理はさっと厄介払いされる。「でもね、週末は、それは思考することなの…。おお、もう金曜日だわって、自分で言うのよ。日曜日のために何を作ろうかしらってね。そして私は変化をつける。変わらなくっちゃね」。日曜日が祝祭であるということの伝統は、時間のこの二重性をある程度説明するものである。しかし、そのことですべてが説明されるわけではない。マドレーヌが料理を区別するやり方は恣意的である。彼女はもはや、リズムを急変させることを、つまりは二重になった生活を捨てられないであろう。

＊　彼女がここで思い出しているのは食事のことである。彼らも週末に長い時間をかけたのである。

ちょっとしたタッチ

インタヴューを受けた人たちは週日と週末の対比を強調する。根本では彼らは正しい。なぜなら、対極にある二つのモデルが実際に時間を分割しているからである。しかしその二つのモデルは、それほどはっきりと週日と週末を区分けしているのではない。かくしてマドレーヌの場合、「週末」ということを過度に語るけれども、それは誇張された単純化なのであって、週末二回の夕食が軽い性質のものであるということを（そしてしばしば迅速に作られたものであるということを）隠しているものであるし、また、日曜日の昼食が祝祭的であるというのも不規則なものだということも隠しているのだ。「週末の」料理が充実して完全なものであるのは、単に日曜日の昼食でしかない。そもそも情熱というものは規則的なものであることはできないし、それよりもさらに一層、制度化されるものではないのだ。情熱は自己制御できないものだし、それゆえまた、ヴァリエーションを免れないものである。週末におけるシェフの夢は長く穏やかな時間があるときの夢であり、リラックスした肉感的な料理の夢である。だが現実はもっとずっと不確定で変化するものなのだ。逆に言えば週日がただ単に、ルーティーン的で辛い、流失の時間というのではない。それとは全く逆で、情熱の取り組みが起きる束の間のシーンが突如としてその週日の時間を輝かせる可能性があるのだ（そしておそらくはその時こそ、もっとも密な強さを示すのである）。

優勢なのは簡単にすることと迅速さの考えである。シェフは自分で並外れた目標を立てることはない。ルーティーン化された手順と出来合いの（あるいはほとんど出来合いの）食品をどうにかこうにか結びつけ、時間に逆らうレースによって生じる辛さを追い払うのだ。すると突然シェフは欲求を持つ。「それは自分よりも強いわ。それって芸術なのよ。冗談を言ってるんじゃないんですからね。欲求を感じる、何かあるものを感じる、すると作らなくちゃいけないの。ミケランジェロのダヴィデじゃないけどよ。多分ただ、ピクルスで、それを薄切りにしてハムの上にのせるだけなんだけど。それはインスピレーションなの。だから作らなくちゃいけないのよ。時々はそんなに時間がないとしても、ちょっとしたタッチを付け加えなくちゃいけないのよ」。自分の話が一風変わっていることに突き動かされてカネルは、もう少し詳しく説明をした。もっとも彼女はその「ちょっとしたタッチ」の衝撃について極めてうまく表現したのだ（しかも根本のところで大変率直に表現した）。この分野で彼女の得意とするものは（ピクルスというよりはむしろ）たくさんの香辛料を使うということにある。それは、「ちょっとしたタッチ」を分析する彼女のやり方では結果的に間違ったことになってしまうかもしれない。というのも普通の考えでは、個人的なタッチというものは胡椒を付け加えたり塩を付け加えたりする場合のような、単なる付加ということだからである。事実しばしばそのことは事実だ。しかし個人的なタッチはその究極の形では、はるかにずっと興味深いものなのである。それは根本的には急激にポジショニングを変えるということであって、（束の間）時間との関係を逆転することなのだ。シェフは、情熱が彼女の日常をよぎるのを感じ取るのである。

情熱は、言うのも意味のないことであるが、制御不可能である。時折「ちょっとしたタッチ」が、予定していた以上にずっと時間を要する営みにつながることがある。そもそもカネルの場合の香辛料はそのようなことなのだ。彼女は単に付け加えると思っている。だが彼女は味見をし、修正を加え、新たに別の食材を考えたりするのである。「ちょっとしたタッチ」は根拠もなく不意に起こる性格のものであるが、それによって瞬時にして強い生活実感を与えられるのだ。しかもその実感は、長い時間をかけて計画されしかも長い間保持していなければならない、大きな料理の激情が持っている以上のものである。しかしほとんどの場合はその「ちょっとしたタッチ」は誘導されて、「慎ましやかな工夫」［Giard, 1994, p. 300］の項目の中に入っている。もっと実際的にはそれはルーティーンの有害な効果を壊したり、辛さを和らげたりすることができる加減の役割で使用されている。シェフは身体をダイナミックにするために情熱の活動をデッサンするのだが、それは、過度に引きずられないように充分留意してのことである。ミケランジェロは遠い存在なのだ。「私は料理をさっさと片づけるということはしないわ。でも、何時間もかけるなんてこともしないのよ」（オルタンス）。芸術的な手順は、取り組む活動がずっと支配している経済学全体に組み込まれているのだ。「私は良くするの。タッチを加えるのよ。なにか変化のあるものを見つけることができなくちゃいけないわ。すぐできてしかも高くないものをね」（クレマンティーヌ）。通常の料理は、考え方の諸体制と全く対立的な営みとの、絶えることのない捏ね回しなのだ。「ちょっとしたタッチ」は敵地における微量の情熱である。シェフがそれを完全に開花させるということはないのだ。

大変な手はず

情熱的な取り組みの作業は強烈で、かかる時間もまちまちである。「ちょっとしたタッチ」を加えることは短時間の様態であって、内容も様々だ（対象に対して距離を置いた単なる付け加えから、火のような芸術的インスピレーションに至るまで）。心へのショックはもっと継続する時間の連鎖を含むことがある。たとえばトニーが週日の夕方に儀礼的な雰囲気を用意する時が、そうである。だが例外的なイヴェントはもっと強烈なものであって、大きな仕事を要求し、同時に前もって考えられた長い準備期間を要するものである。年末の祝祭がそうであり、友人を招いたりすることもそうであるが、ある家族ではもっと通常のこととして祝宴の料理をととのえ、その強烈な時間に結集するのだ。

出発の段階は決定を下すことである。それは、ある者たちにとっては衝動的に起こって比較的楽なことだが、ある者たちにとっては長い熟慮の末のことである。そのため二種類の生活の場面が現れるので、その間で躊躇するのだ。やや退屈ではあるが平穏な慣例の生活を続けるか、あるいは料理の熱狂の中に飛び込むかの、どちらかなのだ。「私にとって一番苦しいのは決定することね。一度決定してしまえば、やり始めたことの最後まで行けないなんてことは考えられないわ。一度決定してしまえば、時間は問題じゃないのよ」（スゼット）。第二番目の段階は、人によって表明の度合いはまちまちだが、夢想に時間を費やすことである。つまり、実生活のその大きな変化に関して自由で楽しくて無償のやり方で想像の予測を立てることに、時間を費やすのだ。だがそこでは、本当の精神的な活動はまだ始まっていない。「本当にもう、私は一日中、土曜の夜のレシピのことしか考えてないの、それ以外のことができるもんかしら——どうお思いになる？　でも私は、それでリラックスするの。おかげで、仕事のファイルとかそういったものを考えないですむの。仕事のこと、会社の人たちの問題に関してよ。でも、だからといって、よく考えないで済むということではないのよ。合理的でなくちゃいけないんだもの」（カンディー）。実際純粋の夢想は一時に過ぎず、シェフは自分の思考活動の形を変え、心地良い想像の遊びは少々止めにした上で、もっと冷静で緻密な反省的思考に没頭しなければならないのだ。企画が形を取ってくる。シェフは自身を戦略家に変え、間もなく精神は完全に来るべき戦闘に引き込まれるのだ。

「ええそうよ。人を招待する時、その時は他のことは何も考えないんだから」（オルタンス）。戦闘に突入する前の最後の段階は、最終的なプランを仕上げることである。というのも、迅速な料理やちょっとしたタッチや心へのショックの場合と違って、ここでは営みは計画されているものなのだ。カンディーが何度も言っているように、それは「大変な手はず」ですらあるのだ。本当の辛苦だ。「人を招くこと、それは長い時間働くことなの。行動の手はずを整えなくちゃいけないのよ」（メルバ）。極めて真剣な営み、それは食事の時間になって（楽しい会食者たちという）その営みの結果として出てくるものとはコントラストをなしている。「私は早くに起きるわ。それは本当に真剣なものなんですからね」（シャルロット）。行程が展開するのはまず精神のレベルにおいてである（支えるものとしてのリストを作成するといった）。「手はずを整えなくちゃいけないわ。メモを作るの。必要なこと全部メモにとるのよ。ダブって買い物をしないように家にあるものを全部調べるの。それは大変な手はずなのよ。頭は一杯になるわ。私が思うに、それが一番辛いことよね」（カンディー）。次いでその日が近づいてくると、あるものは用意され始める。「事前にやるべき準備がある。大変な手はずなのよ。何を作ろうとしているのか、必要なものは全部あるのか、把握してなくちゃいけないわ」（カンディー）。アマンディーヌが土曜の夜の招待客のために始めるのは、金曜日である。「いろいろたくさんの細かいことを準備しなくちゃいけないわ。たとえば、たくさん野菜の皮を剝くとか。私は前の晩に小さいボールいくつもに準備するのよ」。一つ一つの食品は頭の中で、出来上がっていくある軌跡の上にのせられ、シェフはそれを最後のところの、完全に協調する理想の形で頭の中にある他のいくつもの軌跡と交錯するように試みるのである。前もって準備しておくということは、（シェフを最後の手間に備えさせるという）機能上の必要性に加えて、精神的なものの負担を少しばかり軽くする視覚的な指標をも構成しているのだ。

取り組みはクレッシェンド曲線に沿って上る。下準備の仕事で少し楽になっているもののシェフは徐々に、営みの強さの中の上昇の動きに捕えられていく。（とりわけ時間予測と調子を合わせることに関連する）集中の強さが、予告されたイヴェントを濃密にし刺激的にする。すべてが強固に連合するのだ。ソース、家族（または友人たち）、食卓のデコレーション、匂いなどのすべてが。シェフはあれやこれやのことを考えるが、そこには重要さの序列はないし、考えが反映される種々の現実の手順を区別するものもない。唯一優先されるものが与えられるとすればそれは、もっとも具体的で緊急を要するものに関して起こすアクションである。シェフの手が世界の中心であり、その動きによってただ一つの料理という作品を取りまとめ、結晶のように硬くするのである。「ああ私は好きだわ。とくにうまく出来上がって、いい匂いがするときにはね」（アマンディーヌ）。「私はそれにばかり没頭している時には、全部徹底的にやるの」（スゼット）。ついにすべてが整う時に、できれば会食者たちが到着して食卓に移動するその瞬間に、クライマックスがやってくる。それに続く場面は極めて興味深いものである。シェフは緊張が解けて、自分が作った料理の偉業と同じくらいに、お世辞の言葉も味わうことができるのでなければならないはずである。だがなんと、もはやシェフはお腹がすいていないのだ。「自分で作ったものを出して、自分では食べないでいることが、問題なくできるわ。それで嫌な思いはしないと思うのね」（シャルロット）。インタヴューを受けた人たちのテクニックの説明は様々である。彼女たちは、味見をし、つまみ食いをし、舐めるのだが、時々は必要以上にそれらのことをやり過ぎたのだ。そのためもはや、思いがけないという印象を持てないのである。「私は鼻の中が匂いで一杯過ぎて、その上それを食べるという気にならなかったわ」（クレマンティーヌ）。それらはすべて本当であるが、二義的なことだ。最も重要な説明は他にあるのだ。そのことを理解するためには、食卓に着いているシェフを観察すれば足りる。彼女たちは少々ぼんやりしている。興奮が冷めた後の回復段階にいるようで、なにか他の種類の情熱にひきつけられるのは不可能であるかのようだ。「後の、食卓では、不愉快じゃないけど、実際は終わっているの。お仕舞いで、もう同じじゃないわ。前の、準備しているときこそが、もっと喜びがあったのよね」（アマンディーヌ）。準備の手はずが複雑であって集中力が強く情動が生き生きしたものであればあるほど、シェフと食事の間に作られる距離は大きくなる。すっかり自分の皿に向かっているには、自分の本体があまりに他のところと結びついているのだ。肉体的にも精神的にも、もっと多く余裕のある気持ちになれるように、（簡単な料理にするとか、前もって下準備をするとかの）テクニックを広げるシェフたちもいる。しかし、食卓に着いてちょっとぼんやりしている私たちのシェフのところに戻ろう。現実には、アマンディーヌが言っているのとは反対に、シェフにとってすべてが終了したのではない。情動的には冷めたかもしれないが、まだシェフは動員されていると感じている。「私はいつでも頭の中になにかあるの。よく焼けているかしらとか、ああかしらこうかしら…ってね」（クレマンティーヌ）。最終的に緊張が解けるのはようやく、会食者たちが帰ろうとしている時なのである。「コーヒーを出すところまで来て、それが終わって、間もなく皆が帰ろうという時になると、その時満足するものよ。その時に休息できるの」（クレマンティーヌ）。それゆえシェフにとって食事の時間はかなり定義の難しい、ある種中途半端な時間なのだ。シェフは努力と集中力の一番大きな部分をやり終えたが、完全に自分を解放するに至っていないのだ。もはやそれほど「手はず」を整えるという考えではないが、本当にそれを止めてしまってもいないのである。弛緩を感じてはいるが、本当にリラックスする可能性も持てないでいるのである。つまりシェフはここに居てここに居ない。本当はどこにも居ないで、ちょっとぼんやりしているのだ。

ストレス

手が空くように準備をしておくことをあまりやらないシェフたちもいれば、食事より前に一人でいる喜びを絶対何ものにも代えがたいと思っているシェフたちもいる。クレッシェンド曲線を途切れないようにするタイプの情動に関しても、ヴァリエーションは極めて大きなものがある。とりわけストレスの強さと独特な性質に関して、そうである。シェフの全員、あるいはほとんど全員が、手はずが複雑であるときには少なくとも少しはストレスを覚える。というのもストレスとは、極端な集中の一つの帰結以外の何ものでもないからだ。しかし、精神的な圧迫によるそのストレスは、しばしばある人たちにとっては不安というストレスを増加させる。その不安は、自分たちの能力の評価が不安定であるということと同時に、イヴェントで取り組むスタイルということにも関係しているのである。モデルケースはいくつもある。料理の能力は実際限られていて、しかもそのことを知っているシェフたちもいる（その中でもある人たちはそれを大っぴらに告白して冗談にしてしまうが、ある人たちにとっては、それを認めることは受難なのだ）。また、はるかにずっと上手であるのに、自分に自信が持てないでいるシェフたちもいる。アマンディーヌもその一人だが、おそらくその理由は、家族から絶えず不愉快な指摘を蒙っているからであろう。「私は本当に失敗するのが恐いの。自分でいつでも少しアマチュアだと感じるわ」。そうかと思うと、自分の技に自信を持っていて特別にリラックスしているシェフたちもいるのだ。「僕は突進するのが恐くないね。友人たちを呼ぶときに作ったことのないレシピを作るのが結構好きなのさ。おかげで新しいやつを発見できるしね」（サヴァラン）。その点でビスコットは極端な場合の代表である。彼女はテストもしないで新しいレシピを作る。そして、どの辺を失敗したと思っているかということを、招待客たちの前で直接大いにコメントするのである。

そして次には、能力の程がどうであろうと、これから評価を受けるのだということを突然に感じ取るすべてのシェフたちがいるのだ。彼女たちは、決定した時にはそのことを考えていなかったか、ほとんど考えていなかった。むしろ一緒に食事をするイメージとか味覚の快楽とかに支えられていたのである。しかしながら、「大変な手はず」が膨らんでゴールが近づいてくるにつれて、不安が、抗いようもなく彼女たちの首を絞め始める。結局はかなり理解不能な不安だ。というのも、何が心配だというのだろう。ただ単に、楽しい時を一緒に過ごそうというのではないか、しかも友人たちと一緒に。いったいどうしてそれでこのように頭を悩ませるのだろうか。しかしながらあるシェフたちにとって、ついに不安は絶頂に達する。「それはまあ、なんてストレスだことか。すごいストレスだわ。もう前の晩に寝れないのよ。このことで、すっかり頭がかき乱されているの」（ポール＝ドーフィーヌ）。彼女の場合は、そんなことがあってもどうにか少し平静になることができた。「若かったときは全くのパニックだったのよ」。ただが最もよく起こる成り行きは、スゼットの場合のように、むしろ別の方向へと進むのだ。「大切なイヴェントの時には、私はもう以前ほどパニックにはならないわ。だって…私ったら、買い物する時間でさえ、たくさんのことをする時でさえ、ストレスがあるの。あまり喜びってないのよ」

不安に駆られたシェフは起こってくる事態をうまく理解できないし、時々は（無駄なことだが）自制しようと試みたりさえする。問題は、その抗いがたい感情の高まりが偶然にやって来るわけではないということなのだ。友人を呼ぶ際に支配的であるのが今では、グループでのコミュニオンという幻想の中における親切さであり、寛大さであり、穏やかさである。それは大変な程度だということを我々は見たのである。けれども私が指摘したように、会食者たちはその日のパーティーを総括するし、友情というものは生きているものであって、とりわけ食事によって示される強烈な時間のその質に依存しているのだ。友人たちは二重の言葉を遣う。食卓を囲んでは能うる限り完璧なコミュニオンの、極めて誠実な言葉を遣う。そしてその次には、各自が自宅へ戻った時に分析の言葉を遣う。それゆえ賭け金は相当のものなのだ。シェフは個人としてもまた自分のサーヴィスに対しても否定的な評価を受けるばかりではない。とりわけ、それが関わっている社会的な関係、つまりその人たちとの将来の関係も否定的に評価されるのだ。シェフの肩にのしかかる重みは単なる食事をはるかに超えていくのである。不安を感じない幸福な人たちは至福を保っているが、それはその人たちが料理の、この隠された側面を知らないからである。ああしかし、この無邪気さは、体験を通じてシェフの見たくないものが明らかにされる時に、もはや維持しがたいものとなる。ちょうど、マリーズが一人の叔母に関して語った逸話のようなものである。その叔母は数年前に、家族の慣例になっている大きな食事をした。彼女は一つの欲求を持っていた。変化をつけたかったのであって、そこでウズラのレーズン添えとなった。「誰もそのウズラを食べなかったわ。でも、私たちのためにその料理を作ろうなんて、いったいどういう考えだったのかしら」。マリーズの声は調子が高ぶって震えた。彼女は今になっても、その信じがたいエラーが理解できないのだ。ウズラの話を含む物語は家族の中で、ある種否定的な神話となった。ウズラのレーズン添えは、他の家庭では充分に賞味されていても、ここでは関係の希薄化の象徴となったのであって、おそらくウズラ料理は、単にそのことをはっきりさせたのであろう。

後片づけ

ひとたび招いた人たちが帰ってしまったら、シェフはついに気を抜くことができるのであろうか？いいや、ノンなのだ。シェフには皿が残るのである。「私は準備をするのが好きよ。でもその後で、洗ったり片づけたり、そういうことが嫌いなの。全然好きじゃないわ。全然、全く、全然よ。鍋の底をこすったり、そういった事柄は、私はすごく嫌い。そしておまけに私はきれいなのが好きで、それが問題なのよね」（アマンディーヌ）。シェフたちのコーラスは全員一致している。普段は皿が問題ではないというシェフたちも、突然押しつぶされるような辛さを覚えるのだ。体が重くなってしまう。雑然としていて臭い匂いを発する山が、通常のルーティーンを構造化している能力を大幅に超えてしまうからである。積み重ねられた物体の尋常ではない特性、その莫大な量、その日の異様なリズム、それらすべてが、日常の生活を容易にしていたルーティーンを破壊するのだ。シェフは、ほとんど食欲をそそらないその異様な世界の中で、手がかりを奪われて裸になっている。その時シェフに起こっていることは（シェフ自身には不愉快なことであるのは確実だが）、社会学者にとっては非常に面白いことなのだ。

以前の話を繰り返そう。まず決定があり、次いでうっとりするような想像が、そして「大変な手はず」を整える精神的な圧迫があって、最後に時間をすべて合わせる力の高まりと、集中力やストレスの働きの高まりがあった。それらすべての段階が、思考と行動の体制を大きく変えることの中に組み込まれていたのである。ある未来を実現する方向に向けられたアイデンティティーに関わる投企のために、社会化の普通の枠組や自動的に進行した昔の平穏な生活が、捨てられたのだ。その目的を絶えず思い起こすことによって、必要なエネルギーが産み出されたのだ。なぜなら、しっかりと打ち立てられているルーティーンとの違いとは、そのようなことだからである。アイデンティティーに関わる投企は、身体を動かすエネルギーを絶えず新たに産み出していなければならないのだ。ストレス、不安、理想化されたイメージ、自己の説得、テクニックの合理性。抵抗することのできない前進を明確なものにしていくために、それらすべてが役立つ。しかしながら招かれた人たちが全員帰ってしまった時には、とりわけて行動に指令を与えていたこの精神的な構築物が崩壊するのだ（それは、ある目的の方に向けられていたが、その目的が達成されてしまったからである）。シェフはエネルギーが空っぽで、それほどたやすく通常のルーティーンを取り戻すことができない。どうやってシェフは前進するのだろうか？　オリヴィアがとてもうまく表現している。「お祭りの後は乱雑で、それは辛い仕事だわ、本当よね。確かに鍋とか、そういったもの全部が…でもね、他にやりようがないの。それでも、それもお祭りの一部分なんだから。そして後になったら、そういうことは忘れるものよ。良いことしか残らないものなのよ」。戦術は二重である。すっかり軌道にのっているルーティーンであるかのように、できるだけ考えを止めるように試みて、義務だと自分に納得させること。しかしそれと並行して、最後まで行動を完遂することが重要なのだと吹き込む目的で、今日あったことのイメージを自分に浴びせかけること、である。「誰でもそうだけど、それを好きな人っていないわ。でも事を始めたその瞬間から、それも全体の一部なのよね」（ウジェニー）。たとえもはや心がそこにないとしても、勢いを長引かせることなのだ。

料理は並外れて複雑なメカニズムに依存している。質問を受けた人たちは、能弁にそして明白に、その仕組みをある程度説明することができた。だがその説明の仕方は必然的に、単純化する仕方でなされる。彼女たちはあまりにもはっきりと、週日と週末を対立させすぎる。そしてとりわけ最後に招かれた人たちが帰ってしまった時になって、辛い後片づけのことを思い出すのだ。しかし、力が高まっていく時にも楽しい興奮ばかり経験していたわけではない。残念ながら、手はずを整えたり時間を合わせたりする精神的な圧迫もあったし、様々なストレスの塊もあったのだ。それらは、エネルギーを産み出すためにリサイクルされるネガティヴな感情なのだ。（野菜の皮剝きや整理や途中での洗い物などの）物体や材料を前にした、肉体的に辛い場面もあった。それらはうんざりするほどの量であって、勢いを産むような想像的投企の中には組み入れられることのできないものだったのだ。「乱雑さ、それはいつだってあるんじゃないの。ええ仕方ないわ、私は片づけるの。それは通らなくちゃいけないことなんだから」（カンディー）。通常のルーティーンの支えがないのでシェフは、巧みに感情の錬金術を操りポジティヴなものを使ってネガティヴなものに立ち向かうか、あるいは、ネガティヴなものを興奮に転換させなければならないのだ［Kaufmann, 1997］。心は仕事に打ち込むのだ。というのも、たとえ一番普通の情熱であるとしても、誰であれある情熱的な営みの体制に打ち込んでいる人にとっては、そういうことが情動の面での支払うべき代価だからだ。「情熱は、苦悩と歓喜が錯綜する混合物から成るひとつのドラマであり、執拗な試練である」［Bromberger, 1998, p. 28］。「大変な手はず」のシジフォス的な山が高ければ高いほど、感情的に辛い後片づけはますます数を増し、シェフはそれだけ一層、頂上までの階段を登ってゆくエネルギーを与えてくれる想像力の源泉を見つけ出す必要に迫られる。ほんのちょっと気が抜けて自分がしていることの意味を見失うと、確かに続けるには続けるであろうが、しかし勢いは失われて、行動の重石が密かにその重みを増してくるのだ。「その時が負担よね。人数が多くて、たくさん皮を剥かなければならないとか、そういうことがたくさんある時なのよ。本当だわね。たくさん人がいるっていうのは、やっぱり辛い仕事よね」（マルジョレーヌ）。人がたくさんいるということは、常に辛い仕事であるというわけではない。シェフが通常のことを大きく変えようという実存的な投企に、ぴったり気持ちが合いさえすればそれで充分なのである。その冒険を体験したいという欲求をもち、そのイヴェントに没入する覚悟があれば充分なのだ。

戸棚の中のレシピ

「大変な手はず」の中に飛び込むシェフは通常の生活と決別する。（確立している役割と内蔵されている図式という）自分の営みに道筋をつけてくれているいつもの枠組を出て、想像と混濁した感情とに後押しされ、料理と人間関係の将来を作り上げる世界に取り組むのである。短時間の衝動である「ちょっとしたタッチ」と違って、この代替的な営みのジャンルは「手はず」というものを必要とする。つまり、よく使用される慣例的なものの代わりとなる意識的な手がかりを、とりわけて必要とするのだ。この複雑な建造物は（リストや目印の品物等々の）過重な精神的負担がかかるので、それを強固なものにするためならば他のどんな支えでも歓迎されるのである。ここに介入してくるのがレシピなのだ。それは営みを導いてくれる正確さのゆえに貴重なものである。それが用いられるのは、時折は、何も特別なものがない食事で通常のものを破棄する目的で使用される。その時に小さなイヴェントを作るものは、ただレシピひとつだけなのである。それとは逆にシェフは大がかりなパーティーのためには、自分が完璧に極めている料理を作り上げることを選ぶかもしれない。その時にイヴェントを作るものは料理なので、それを失敗するリスクをシェフは冒したがらないのだ。しかしながらアンケートは、大きな変化をもたらすその二つのものが頻繁に一緒になるということを示している。つまりシェフは、人間関係における賭け金がプレッシャーを高めているその時であるのに、革新的な作品に取りかかることを躊躇しないのだ。この好奇心を説明することができるのは、何よりもまず、そのプロセス全体のロジックである。つまりそれは、なにか別の実存的場面に入り込むということなのであって、通常のものを大きく変化させたいという傾向を特徴とするものなのだ。しかしまたこれを説明するものはとりわけ、この代替的な場面のもつ認識的様態の整合性である。自動的に進行するいつものことを捨ててシェフは（頭はイメージや感情や反省的な思考によって高ぶっているので）、精神の中にある手がかりを優先させ、はっきりしている原則に組み込まれる傾向を示す。このことによってアンケートの中で出てきたパラドックスが明らかとなる。つまり、大きな変革の時であるのに極めて教科書的にレシピに従う姿勢である。シェフの中にはもっと直感的な人たちもおり、レシピをいつでも自分の考えで解釈して、自分独自の認識の土台から出発する。しかしながらそういったシェフたちでも、取るに足らない小さな食事のためには、どちらかというと同様のことをするのであって（残り物にくっついていくオリヴィアの場合がそうである）、大きなイヴェントの機会でも追随的になる。スゼットは、直感で行うカテゴリーには入らない人であるが、シェフとレシピの間にある奇妙さを完璧に要約している。「私は革新的にやりたいのよ。でも私はあまり想像力がないの。新しい料理を作るときは何回レシピを見るか分からないわ」。完全にガイド本に従って盲目的に服従することは、革新的であるということにとってはパラドックスの状態である。「従わなくっちゃ。知らないときには従わなくっちゃね」（ベランジェール）。シェフは、従順に従えば従うほど、ますます未知の料理の世界に入り込み、通常のものを大きく変化させることができるであろうものに自分を合わせることになる。このような観察の射程は料理という枠組を大幅に超えてしまうだろう。各人がもっと自由になって創造的になるのは、ただ単に独りになることによるのみではなく、謙虚になって社会的な物事に没頭することにもよるのである。他の人々の経験が（この場合は本の中に閉じ込められている経験が）、我々に違った自己を創造することを可能にするのだ。

レシピにはまた他の使用方法もある。それは、初心者のシェフのマニュアルとなることだ。ここで問題なことは通常のものを破棄することではなく、それを打ち立てることである。クレマンティーヌの祖母は、家事についた手始めのために一冊の料理の本をクレマンティーヌに贈った。クレマンティーヌの方はそれを別の時代からの贈り物としてからかったのであった。祖母は時代を間違えた、今日では女性たちは大人の世界に入るためにもはや料理を習得したりしないのだ、と。そのためその本は、手の届かない棚の上で忘れられたままになっていたのである。ある日彼女はそれを開いた。そしてその日以来その本は彼女の「バイブル」となって、ほとんど毎日使われているのである。彼女は、最終的に何を作るのかということに関してあらかじめ考えを決めておくということをあまりしないままに、かなり大量のストックを貯えていて買い物をするのは月にわずか二回である。食事の時間が近づくと彼女は、何か一つの食品を選ぶ（たとえば鶏）。そして、すぐさまそのバイブルに尋ねるのだ。「鶏？　あらよっと。鶏ってどういう風に料理するのかしら？　つけ合わせは何がいいのかしら？」その際彼女はその教えに「すごく集中する」のだ。レシピを字句通りに追っていって、繋がりがレシピに書かれている通りにならないとすぐに動揺してしまう。彼女の本は、長い時間のせいではなくよく使われたために、すでに（油や砂糖で）垢がついているのだ。大変経験豊かなシェフたちでもしばしば、始めた頃の古いバイブルを保持している。それは少々古びてしまっているが、シェフたちはそれに大変愛着をもっていて、それを類稀な本だと思っているのである。「新しい本はとても綺麗ね。でもそれは同じじゃないわ。あの何冊かの古い本の中には実際に本当の基礎があるのよ」（マドレーヌ）。自動的な進行や記憶が弱くなるとシェフたちは、まだ時折それを参照するのである。あるシェフたちはもっと積極的にそれを維持する。ポール＝ドーフィーヌがそうであって、彼女は、好きなレシピを毎日ノートに書きためてあるのだ。

しかしながら使い方の中で今日最も抜きん出ているのは、それらとは違う使い方である。どちらかというとレシピが、生活実感を大きく変化させるための手段として用いられているのである。この新たな様態によって、レシピへの興味とその実際的な使われ方との間に存在するかなりのズレが説明される。というのも、別の生活に対する夢が強い分だけ、それを具体化することがいつでもたやすいというわけではなくなるからである。このため戸棚は本で一杯になり、切り抜いたページはなお一層多くなって（無駄に）自らの時を待つのである。「気に入ったレシピを見つけると、さっと、私はそれを切り抜くの。私が切り貯めたものを全部見なくちゃいけないわよ」（オリヴィア）。マリーズも切って切って止まることがない。その後で見ることもないのに、紙切れを貯めこむのである。そうはいっても、切り抜く時は後で必ず見ると思い込んでおり、そうする自分を想像しているのであって、そうであればこそ彼女は戸棚が溢れかえってもそれをし続けるのだ。「私は自分に言うの。いつかはこれを作れるかもってね」。彼女はまたテレビの料理番組も定期的に見ている。「ええ、簡単で、そして美味しいレシピがあるんだから。後から作れるやつがよ」。果たして彼女は、それらが美味しいことを確信するために時々はそれらを作ったのだろうか？　いいや、実際には全然なのだ。しかし、それらが美味しいものであることは明白で、それは感じ取られる。まるで彼女が実際に味見をしたものであるかのようなのだ。実際にはマリーズは、既得の経験で満足する方を選ぶ。新たなレシピを使うことは極めて稀なのだ。彼女は理屈に合っていないのだろうか？　もしそう言ったなら、人生は純粋な合理性ではないということを知らないことになるだろう。通常の物事を破棄するには、事前に強力な想像力の活動が必要である。その活動は、想像の領域がすべてそうであるように、勝手に無視されるのだ。代替となるシナリオが決まるためには、一時の錯乱が必要である。本当にプログラムされてそれが実現されるには、そのことを超えて錯乱することができなければならない。マリーズのようにその段階で止めてさえしまう人たちもいる。しかしそれでも、もしも少なくとも時々は具体化されるということがなければ、アイデンティティー的なことが不安定になる危険があるのだ。カンディーはマリーズよりももう少しばかり実行に移る。そのおかげで彼女は、実際のものと明らかに不釣合いなものであるのに、自分のキマイラを信じていることができるのだ。料理を通して別の生活を得るという夢が大いに彼女の時間を忙殺しているということは、言わなければならない。彼女もまたテレビの番組を見、多くの雑誌を読む。「一晩サロンに腰を落ち着けて料理本のページをめくっているということがあるわ。それで自分に言うの。あら、今度の週末は多分これを作ろうかしらってね」。アイデンティティーを変える想像は、限界がはっきりしている前段階に限定されてはいない。その段階が長く続くとしても、そうである。それは、営みの間中ありきたりのものに取って代わるものなのであって、たとえば「ちょっとしたタッチ」が出るときでも、すばやく出し抜けに、突如として現れるものなのである。そうであるからこそ、戸棚の中にあって見かけは無駄な蓄積に見えるものも、完全に過ちというわけではないのだ。少々黄ばんだレシピは具体的に夢をリザーヴする。手の届くところにある別の生活の場面をリザーヴするのだ。

シェフをその営みに引き込むきっかけの性質は様々である。カンディーの場合はレシピそれ自体に固有な側面が問題である。彼女は、解説されているテクニックの作用に心を奪われ、それをテストしてみたい、それを実際に自分の作品として作ってみたいという気にさせられるのだ。アネットはもっと快楽の論理に引かれる。彼女の嗜好上の欲求が、家族の者たちへの愛情から発してそれに打ち込んでみたいという欲求と、ない混ぜられているのだ。新しいレシピですか？「そうだわねえ、それを味わってみたいという欲求だわね。そしてそれを他の人たちにも味わわせたいという欲求ね。私は自分が好きなものを分からせたいという欲望があるのよ」。作品を作り上げることと愛情ある献身との間で、どれが優勢な理由であるのかを、シェフは常に正確に知っているのではない。すべてが密接に絡み合っているからである。シェフは自分独自の作品と社会的な関係とを同時に作り上げる。実現した独自の作品を通じて社会関係を作るのだ。時々作品は、ある一つだけの目的に向けられた手段に過ぎないことがある。つまり、家族を作るとか友人たちと交流するとかの目的である。だが逆に時々社会的関係は、どちらかというと利己的な自己実現のための、便利な口実であることもある。一般的にはシェフは、その二つの間で揺れ動いており、営みの融合性に捕えられてその二つを全く区別していない。

多様性と変化をつけること

営みの体制を大きく変えることは、ごく最近の近代の諸改革に内在しているものである。「アイデアを見つける」ことの困難さが増大するのは、提供される食品が数を増して多様になってきているからであるが、体制を大きく変えることもその理由として付け加わっているのだ。それとは逆に、はるか昔の（地方の伝統的な社会における）料理の旧体制では、使用可能な消費物資が乏しかったことと結びついている、行動的枠組の単一性というものがあったが、それによって、食べ物の規則的継続性が押しつけられていたのだ。毎日の食事は「反復的必要性」［Roche, 1997, p. 257］の形を取っていた。一九世紀には、それでも都市部では使用可能な食品が多様であったが、テーブルマナーを通じて家族を形成するというブルジョワ的モデルが厳格な秩序という思想を中心に形成されて、それがために多様性は制限される以外に可能性がなかった。「規則性が習慣を生み出し、逆にまたそれが規則性を、つまりは秩序を確固たるものにした」［Marenco, 1992, p. 127］。諸要因の結合が（とりわけ様々な保存技術の進歩に関する諸要因の結合が）この反復的秩序を決定的に動揺させるには、二〇世紀の初頭を、特に第一次世界大戦後まで待たなければならなかった［Vanhoutte, 1982］。新たな栄養学がもっと強く多様さを推奨したのがこの同じ時代であって、「最初は胃腸に飽きが来ないようにと推奨され、次いで、それが消化器系の分泌を促し、それゆえに食欲を増進させるという理由で推奨された」［Marenco, 1992, p. 159］。真相を言えば、食品の多様性に関する生理学的な関心がすでに、数多くの古い食餌療法の中に強調されており、クロード・フィシュラー［Fischler, 1993 a］が「雑食のパラドックス」と呼んだもの、つまり、未知なるものへの不安に抗する多様なものの希求ということが、強調されていたのである。シェフは（当時はまだ女性であったが）新たな複雑さが解きがたい矛盾の形で登場してくるのを見たのだった。ルーティーン化は通常の営みを簡略にするものであったのに（意識下にある諸図式をその中に内蔵していたので）、そのルーティーンを破壊する反省的思考とどうやって結びつけられるというのだろうか？　破壊は多様性を求めることの結果なのだから。シェフは（我々は今では彼女たちのお気に入りのやり方を見たのであるが）、言葉の意味に関して軽いインチキ無しとはしない微妙なつぎはぎ仕事を通じて作業した。特に語義上の横滑りを通じて作業したのであるが、その横滑りによって多様性（variete）があるべきところに、その代わりに、変化をつけること（variation）が出てくるのだ。「僕それほど『食餌療法的』ではないけど、それでもバランスは取るようにするね。一五日間もパスタを食べさせるなんてことはしないんだ。変化をつける試みをするのさ。通常の規則では同じものを二回続けないことにしているんだよ」（サヴァラン）。言葉の最後の部分にある規則は（二度続けて同じ料理をしないという）仕事の基準を表現したものであるが、宣言された栄養上の多様性の理論と並べると、いかにも不充分なものであることが明らかだ。極言すれば、サヴァランの場合その理論の遵守のためには、二種類の食べ物に限定すれば充分だということにもなろう。

質問を受けた人たちは、食品の多様さということに関してはほとんど正確に発言していない。その多様さは、もし絶対的に追求すれば、料理を精神的な疲労の地獄に変えてしまうことだろう。語義が変わってしまっているということに気がつかないでシェフたちは、実際に自分たちの行動を誘導してくれるもののことを話している。それは変化をつけるテクニック（ないしはもっと単純に、同じ食べ物を作らないということ）なのである。各自が、ためらうことなく自分たちの言い回しで表明した。両極端の例を挙げるならばスゼットとプリュンヌである。スゼットは何かいくつかの料理を反復する例である（ここではマイテとそのハムサンドイッチのことは忘れることとしたい）。「それは便利なのよ、悩みが少ないわ。たとえば土曜日にはローストビーフだと知っているわけ。土曜日はいつもローストビーフよ。子供たちもそれが好きなの。簡単だし」（スゼット）。プリュンヌはそれと反対に、少なくとも一か月を空けないでは同じ料理を作らない。これほどの変化の幅は、論理的にいって真正の多様性を要求するものであって、稀なことである。典型的なのはスゼットの方だ（彼女は料理を固定させない）。一週間で同じ肉を二度料理するのは避けるのである。「同じものは決して二度作らないわね」。しかしながら彼女は、よく肉と野菜の煮込み料理を作る。そしてそれは、もう一回次の日のためのものでもあると、彼女は認めているのだ。つまり、原則はいくつかの例外で傷つく。「よく言うじゃない。何度も煮れば煮るほどもっと美味しいって。そうじゃない？」マリーズが焦点をあてるのは「毎日肉を食べない」という事実であって、「私は肉、魚とか…ケースバイケースね。毎日同じものを作るのはいけないわ。でも、その途端に探さなくちゃいけない、それは本当よ」と言う。ポール＝ドーフィーヌが歩調を合わせている規則はもっと洗練されたものである。「私はいつも一週間に三度魚料理をするの。肉に関しては、もしビーフを作ったとすると、その次はポークとか子牛よね」と言う。だが我々に最も示唆に富む返答をしたのはバベットである。

「ああ、いいえ、続けて二回同じ料理ってことは、絶対ないわね」「どうしてですか？」「……」「よく考えてみれば、二度同じものを作ったとして、どうしてあなたは嫌なんですか？」「そうだわねえ、本当だわね、どうしてかしら？」

それでもバベットは自分の原則を声高に叫んでいたのである。それなのに突然彼女は、それがはっきりとした意味をもたない規則なのだということに気がついたわけである（そしてそのことを率直に言い表したのだ）。というのもその規則の特性は本質的には作業に関わるものであり、精神に過重な負担をかけることなく食べ物を続けろという（あるいは繰り返すなという）指令を、自動的に押しつけるものだったからである。

変化をつけるという原則は、ある矛盾の結果として生じる（多様性がもつ栄養上の効用と、行動を誘導する内在的秩序の必要性との間の矛盾である）。シェフはその矛盾から、どうにかこうにか漠然とした解決法をこしらえあげて抜け出すのだ。言葉のもっている意味にはそれほど注意を払っていない。しかしながら料理と食事に関する最近の進展によって、これまでやや抽象的なままであった原則に新たな内容が提供されている。変化をつけることが、ある合理的な意義をもつのである。今ではシェフは、食事を通じてグループの交流を計画する。だがなんとも、夢と現実の間には大きな隔たりがあるのだ。たとえば会話もいつでも期待の高さにまで達するとは限らない。それがだめなら代わりとして、もっと基本的な欲求に応えることによって愛情のこもった交流を育てることができるわけである。アマンディーヌの悲しい話であるが、このシェフは（テレビの前でのピザ＝マヨネーゼという）最も個人主義的で退行的な欲求に屈して、料理という仕事を捨てた。しかしながらシェフはまた、極めて用意周到に変化をつけることによって本当に驚きの効果を引き出し、教育的な計画を維持することもできるのだ。「ええそうよ。この間彼が私に言ったのよ。サーモンがおいしかった、あれはおいしかったよって。それでも変化が出るのね」（マリーズ）。変化をつけることは、あまりに規則的である反復を大きく壊すことによって、このように新しい意味を見出しているのだ。完璧な理想からは遠くても、それがとりわけネガティヴな指摘を心配するためであるということは、明示しなければならない（会食者たちは変化をつける原則を極めてよく受け容れている）。シェフは料理を交互に入れ替えているのだ。「時々は子供たちまでもが、これ食べたばっかりじゃないかって、言ったものよ」（マドレーヌ）。「私はいつでも変化をつけようとしているわ」とポール＝ドーフィーヌは言い、そうするのは夫の「ええ？　またこれかい？」という恐ろしい言葉を聞くのが恐いからだと、告白している。スゼットでさえ、日曜日に作るローストビーフのことで警戒しており、情勢を変えてしまうかもしれないようなほんのわずかの指摘にも注意を払っているのだ。「誰も何も言わない、誰も抗議しない、問題なし。いつも同じものは作らない方がいいのかもしれないわ、でもこれって便利なの」。シェフは、営みの簡便さを取るか他の人たちのために献身するかで、引き裂かれている。それがシェフの、絶えることのないディレンマなのである。

第六の物語　料理、カップル、家族

継承と自立

第二部において指摘したように、食事を分析する際にはスープの歴史の直線的な進行は欺瞞的なものではないのかということを、大いに疑う必要がある。というのも、古代における神聖な熱狂から今日の世俗的なコミュニオンに至るまで、食事を定義する戦争は荒れ狂ったからである。料理に関してもやや同じことだ。極めて科学至上主義的な進歩主義があって、薪ストーヴから電磁調理器に至るまでを、あるいは人の手で羽をむしられた鶏から企業によってあらかじめ切断されたヒレ肉に至るまでを記述するのであるが、学者たちがそういう科学至上主義に引きつけられるのはもっともなことである。まるで料理の変化が、ただ状況の変動と新たな食品の登場とにのみよったかの如くにである。しかし、深い変化が進行したのはとりわけ、営みの体制の内面性からなのである。料理が食事と違う点は、大がかりな変貌がもっと最近のことだということであって、大筋のところ第二の近代と関係しているということなのである。一つ目のポイントはすでに見たところであって、確立したやり方で行動に枠組を与えていた唯一の営みの体制から、料理における自分の運命を支配するようになって対立する二つの体制の間で右往左往するようになったシェフの自立へと、移り変わったことである。もちろん二つの体制とは、簡単迅速にやるか、あるいは情熱をもって取り組むかの二つである。もう一つの決定的な変貌は、世代から世代への直接的継承が断絶したことである。まさに、料理行動に関する個人主義化が大きくなったこと、特に継承が行われていた年代である若い世代で大きくなったことによるのだ。なぜなら二つの原理は対立したものだからである。個人の自立と継承が同時に行われることはありえない。

初期において、若き未来のシェフが自立することと食べる人が自立することとは、切り離すことができない。飴玉の引き出しから冷蔵庫へと移って、極小のテリトリーから出発する独立を基礎づけ、家族の料理に取って代わる戦略を発明するのは、同じ一人の個人なのである。彼らの基調は反抗的である。両親の世界に対して攻撃的であるのみではなく、固有のアイデンティティーを認めさせるために他と違っており、断絶的なのだ。若くて自立している食べる人は、自分の嗜好に固執する。それはまた彼の年代層の味覚でもあるのだ。この見習いシェフは、全くの最初の経験の時からはるかに強く破壊的であり、その上常軌を逸している。シェフは新しい世界を発明するのだ。「あるとき僕はラヴィオリの中にチョコレートを入れたんだ。一四歳か一五歳の時さ。僕はこういう風に常軌を逸していたんだ。それを一度やったけど、二度とはやらなかったね」（ティエリー）[Garabuau-Moussaoui, 2002a, p. 106]。イザベル・ガラブオ＝ムーサウイ［同前］はまたそのアンケート調査の中で、「ニュテラ塗りポテトチップス〔ニュテラはチョコレートペーストの商品名〕」や「ボロネーズソースかけコーンフレーク」も見つけた。「僕はどちらかというと発明好きだったね。どんなものでも全部混ぜたんだ。僕たちって、とっても実験好きだったのさ」と、パスカルは明確に述べた［同前］。この、気まぐれな発明癖が容易に昂じるというのは、それが二次的でたやすく取り扱える食品を対象とするので、なお一層のことなのである（二次的でたやすぐ取り扱える食品とは、ちょっとした冷たいアントレ、デザート、もっと経験がある人にはパスタなどだ）。ガラブオ＝ムーサウイが指摘するところでは、この中心的ではない周縁的な食べ物への興味は、中心となる食べ物に関する両親の禁止と、とりわけオーブンを使用することが禁止されていることと、完璧に歩調が合う。子供への危険を考慮するということが、シェフにとっては大変便利な口実になっている。シェフは、自分ではなんと言おうとも、方向を変えさせられる圧迫は全然感じていないからである。つまり、食事の中心に関して絶対の支配を保持しているからである。もっともその命令は若い人に容易に受け入れられている。重くて複雑で儀礼化されているその家族＝料理の中心は本当に若い人を引きつけるというものではないので、その命令が一層受け入れられやすいのだ。若者は主として、個人としてつまみ食い式で食べる人のままであって、自分ひとりのためかあるいは友達グループのためにしか実験をしないし、料理行動の中で冒険を試みるのもただ、半インスタント食品を食べてみるという目的でしかないのだ。さらにそれに続く実習段階で若者は、煮たり焼いたりというやり方を用いるのであるが、そこでの若者の「発明」なるものもしばしば未だ（香辛料、粉チーズ、クリーム、ケチャップといった）自分流の食材を付け足すという形を取ることになるのだ。それに続く料理の道程も、その直感的で発明的な付け加えという初期の行動から発して形成されることになる。それはアイデンティティーに関わる意味を持っており、自分の味覚に委ねられている二次的で周縁的な食べ物から、徐々に食事の中心部が復元されることへと至る、戦略なのである。

母親と娘

実習シェフの自立は抵抗されることもなく姿を現す。なぜなら、両親は先祖からの継承を再生しようとしないからである。特にシェフは自分自身の仕事に集中しているために、なすがままに任せる。本当のことを言うと数世代前から、その先祖からの継承は具体的な現実であるというよりも、むしろ神話化されたモデルなのだ。当時の料理人たちは、輝きを失い始めていた自分たちの役割に、そうであればこそなお一層固執し、密かにいくつかの秘密を隠していなかったとしても、すでに自分たちの娘を教育することを少しばかり忘れた。なぜなら、娘に取って代わられた料理人は年取った女性の地位に格下げされたからである［Verdier, 1979］。そこで彼女は、たとえば直接オーブンに近寄ることを禁止することによって、権限を剝奪されないままで教育しようと試みたのである（現在の両親の禁止がそれに由来するものであることは明らかだ）。そこで今のシェフにとって、すでに大きく着手されている動きを増幅させることに困難はなかったのだ。アンケート調査では、もっと上の世代の人たちの場合でさえ、女性が若くして料理の仕方を知らぬままに家庭を築いたという例は数多くある。そもそもマイテは、それがどうしてだか理解することができない。「私の母はものすごく料理をする人だったのに、私はといえば、何一つ記憶に採ってないのよ」。カンディーはビフテキの調理の仕方すら知らなかった。メルバは急いで用意した。「私はたった一人でなんとかしたの」。直接習得することがこのように稀であるのに加えて、力量の程度における世代間の断絶も驚くほどである。母親が料理の達人であるのにその娘が料理をざっと片づけたりほとんど才能がなかったりする場合は頻繁に起こるし、逆もまた成り立つ。オリヴィアは鍋類の芸術家であって自分の情熱に力を注ぐ。しかしそのことは彼女の母親から来たものではない。「彼女はなにも料理しなかったわ」。オリヴィアはすべてを試行錯誤を通じて急いで発明したのだ。「お私は、ローストを焦がしちゃったのを覚えているんだから」。母親が料理の達人でしかも継承させたいという欲求に突き動かされている時は娘に教育的プレッシャーがかかって、しばしば期待していたことと逆の効果を産む。娘は、母親が話しているテクニックや手の技のことをそれほど考えていない。彼女が見ているのは母親の背後にある社会的役割と、女性が家事に縛りつけられているということなのであって、娘は断固としてそれは引き受けまいと決めているのである。*娘が抵抗しているのは、料理のテクニックそのものというよりも、古い世代のような未来なのだ。「母はいつでも私に言っていたわ。まあ、料理をしなさい、料理をするのよってね。結婚することになってもあなたは、何も作ることができないってことになるのよってね。私は言ったものよ。ノン、ノン、ノン。私は見ている。あなたがどういう風に作るか見ているのよって」（ビスコット）。六〇歳のマドレーヌは母親のそばでおとなしく習得した稀な人の一人であるが、その母は、真正の通過儀礼の中で徐々に、日曜日の食事の主たる料理を娘が引き受けるように手助けしたのだ。しかしその彼女が自分自身の娘たちとは、その経験を再生することができなかった。「あの娘たちは、本だったの」。娘たちは、工夫して自分自身の道を作り上げたかったのだ。上の娘は赤ちゃんが生まれたばかりである。家族的な動員に誘われて彼女は、がむしゃらに料理の情熱に乗り出した。極めて独自のやり方で。

＊　逆説的であるが、料理能力が直接伝承されるのは時折、男の子との間でもっと容易である。

そうはいっても継承の断絶はすべてがそうだというわけではない。最も目につくのは若い人たちの反抗の動きであって、それによって若者は自分自身で自分のやり方を決めるように駆り立てられている。そして特に女性たちは、有無を言わせず家事の旗の下に加入させられることを拒む気持ちにさせられている。しかし口に出されない深みにおいては、あるいはただ単にもっと目立たないところで、継承は続いているのだ。意識の下の暗黙のところに相当の量の図式がストックされている（手始めとしてはテーブルマナーに関連する図式である）。そしてそれが、もっとずっと後になって再活性化されるのである。もう少しばかり意識的な様態では（強く意識されているのではないが）無数の細かい点が目の端で認められていて、眠っている記憶の中に多少なりとも記録されている。第一ビスコットが母親に対する返答の最後のところで「私は見ている。あなたがどういう風に作るか見ているのよ」と、言っている。彼女は観察していることを意識しながら見ていたのだ。もっと頻繁に起こるのは、子供たちが、そうしているのだと知らないままに、観察し記録していることである。「そ知らぬ顔で私たちは観察して、そういう風に習得するのよ。私たちは実際たくさんのことを記憶しているんだわ」（アマンディーヌ）。ルース・ジアール［Giard, 1994, p. 16］は自身の経験を語って、こっそりとやる伝承の才能のことを述べている。

「私は何一つ習得せず、何一つ観察しなかったと思う。なぜなら私は頑固に、娘への教育というその感染から逃れることを望んでいたからである。私は、母がせっせと働いている台所よりは、いつでも自分の部屋、自分の本、静かな遊びの方が好きだったからである。そうはいっても子供としての私の目は、振る舞いの仕方を見て記憶したし、私の感覚はいろいろな味覚と匂いと色合いを保存したのだ。私は、お湯が振動してシューシューいう音や、油が溶けるジュージューという音、また捏ねている手が当たる鈍い音などの、いろいろな音をすでに知っていた。一つのレシピ、誘導する一つの言葉がありさえすれば、奇妙な既往症が呼び起こされるのに充分であったし、そこで断片的に昔の知識や初期の経験が再活性化されたのだ。私は望まないままに、それらの後継者であり受諾者だったのである。私は、自分もまた女性の知を備えていると告白しなければならなかった。それが、私の精神の監視を欺いて、私の中に滑り込んでいたということを告白しなければならなかったのだ」

第一歩

両親の家に居ると一〇代の子たちは、本当に料理する人というよりは食べる人であって、即席でいくつかの突飛な経験をし、無数にある細かい点をどちらかというと密かに観察したのである。またそれに加えて、（電子レンジ、時にはフライパン類といった）いくつかの道具にも慣れたのである。後になって若者が独立した住まいにやって来ると、急いで習得の動きをすることになる。たとえ皿の上に卵を二つ並べるだけのことに過ぎないとしても、数日間で自ら急ごしらえのシェフにならなければならないのだ。「卵が底にこびりついちゃったのよ。バターをしかなくちゃならないなんて、私には分からなかったわけ。卵は超うまく割ったわ。超自慢だったわよ。でも、バターをしいてなかったの。すぐに覚えるものよ。次のときは美味しかったもの」（カネル）。若きシェフは一番簡単にやろうとするし、使える知識を急いで動員しようとする（思い出そうとしてみたり、箱に書いてある使用方法を読んだり、友達と相談したりするのだ）。それに続く習得はとりわけ、試行錯誤による実験の形を取る。若者は独習者であり、しかもそのことを自慢に思うのだ。自分の手の技が自動的になっていくのを感じる。料理の本当のスタイルが確立していくのを感じるのだ。自分独自のスタイルだと思っている。だが実際にはそれは多くの点で、独習しているという特異な位置に対応しているものであって、この同じ時代における料理の軌道にのっているものなのだ。イザベル・ガラブオ＝ムーサウイ［Garabuau-Moussaoui, 2002a］がその主要な特性を詳しく述べている。容易に扱える基本食品、コンビネーションの術、多目的のつなぎ剤、そして香辛料だ。基本食品は骨もなくトゲもない、種もない「流動的な」食品からなっていて、下準備も皮むきも洗浄も必要としないものである。基本食品にかける仕事はいくつかの簡単な操作に限定される。パスタならお湯で茹でるだけ、ヒレ肉なら切るだけだ。次いでシェフの巧みさは、急ごしらえで独自のコンビネーションを作ることだ。その際、（クリーム、粉チーズといった）つなぎ剤と香辛料を操るのである。香辛料はしばしば初心者の主要な武器である。自分だけの独自性という余剰分が小さな壺の中に隠されているのだ。トニーはどちらかというと料理の術に関して進んでいる。彼は香辛料の壺の他に、タマネギとトマトをいつでも使えるようにストックしているのだ。彼の好きな基本食材は鶏などのササミで、あとでどういう風に使うかは考えずに一週間分をキロ単位で購入する。「エスカロップは残ったら刻んでフリカッセ〔肉や魚介を生クリームで煮込んだ料理〕を作れるしね。中華風、メキシコ風、なんでもござれさ」。つまり買い物のための精神的プレッシャーが減らされる。食事の計画が決まっていないのだから。「私たちは食事のために基本食材を取ることに決めたのよ。そして後でそれを飾るわけ。お米、パスタ、野菜の瓶詰を買ったわね。それと、鶏。卵。この日はこれにするとか、このレシピのためにこれとか言わないで、後でどうとでも調理できるような食材をね」（ジュリエット、二二歳）〔同前、p. 172〕。基本の食材と装飾品のストックは状況によって、超迅速な食べ物を選ぶ際や独自のコンビネーションの手段として使用される。一〇代の頃のちょっとした無分別が完全に忘れ去られたわけではないのだ。しかしながら若いシェフは始まったばかりの経験によって強化され、自分の傑作が果たして食べられるものなのかどうかとかなり心配してはいるものの、革新を行う理想に導かれないではないのである。「私は行き当たりばったりね。それは想像で、革新なのよ」（クリスティーヌ、二六歳）〔同前、p. 246〕。「両親の元を離れると、少しばかり禁止を解くのさ」（ダヴィッド、二一歳）〔同前、p. 247〕。「僕はよく料理をするけど、それは伝統のものではないよね」（ティエリー、二五歳）〔同前〕。しかし独自の自己を強調する性向は、通常のものの基礎を相当密かに習得することと結びついている。本が参照されるし、友人たちと意見の総括が取り交わされる。時折は緊急の場合に、電話がママに（あるいはパパに）かけられることとすらある。「僕はパスタの茹で方を知らなかったのさ、全くね。母に電話をしたよ。そのやり方についていくつも質問をしたんだ。『パスタ、インゲン豆、それってフライパンの方がおいしいの？それともお湯でだとどういう風にやるの？』ってね。今じゃ、もっと考えが欲しくってだけどね」（マルク）〔同前、p. 195〕。素晴らしい料理の親子関係、継承だ。それは両親がもはや期待していなかったものなのである。

手はずがつく

土台となる技術はいくつか確立されるが、総体的な手はずが欠けており基準となる世界がない。若いシェフはまだ衝動に捕われ、それによって束の間のモードに突入させられて、なにかの考えや原則や倫理に支配されている。「私にはピザの時代があったの」と、ジュリエットは話す。「少し前はブリニ＝タラモ〔そば粉のパンケーキにタラモペーストを添えるロシア風前菜〕の時代だったわね」。変化をつけるのは単にまだ、食べたいという欲求が急に出てくる状態に近い。クレマンティーヌの場合は別の料理のレベルを連想させるが、その中で彼女はむしろ本当の料理の手はずを受け継いだのである。「私は一定期間ずっと、やり方を知っているものを作っていたわ。つまり大したものは作らなかったのね。すぐに堂々巡りみたいになったわね。そこで次に私はもっとお金の使い方を少なくしたの。大きなスーパーマーケットに行って宣伝の品を全部買ったわ。なんでも一〇フランのものを買ったの。一か月分のもので冷蔵庫を一杯にしたのよ。食べられるものもひどいものもあったわ。でももう、それっきりにしたの。次の月は、小さなレシピの本を取り出したわけ。家事を始めたときに祖母が私にくれたものだったの。私はその本の中に突入した。そして初めて『完全に出来上がった家庭の主婦』の買い物リストを作ったのよ（そのセリフを言うときの彼女は芝居じみた声で、突き放した皮肉を示していた）。逆に、それを調理したり、そういうことと全部にかかる時間はあまり計算しなかったわね」。その次には（それが彼女の今日の状態であるが）、もっと時間を重要なものだと考え、相変わらず祖母に贈られた小さな本で武装している。独自の習得が組み込まれるのを待っている間、小さなレシピの本がよく使用されることが頻繁に起こる。カンディーは、人生のそのシーンで書き物に集中していたことを覚えている。「ええ、そうよ。本だとか、綴じ込みのページだとかだわよ」。最後には、比較的安定している本当のシステムが出来始める。

「それは習慣を身につけるということでもあるのね。大体ぴったりとくる働き方が見つかったら、それが生活に便利になるものなのよ」(クレマンティーヌ)。手の技がもっと巧みになり、繋がりが流暢になって、以前の実習生は(一緒に食べる人も)あるスタイルが出来上がったと確認する。始めたばかりの若い頃に即興でちょっとした異常なことをやったことをはるかに超えて、登場するのは真正の料理の世界だ。見習いコックが本当のシェフになったのである。

そうすると、その視線が新たに両親の方に向けられる。緊急の際に電話してどうして卵がフライパンにこびりつくのかと質問した時とは全く違うことである。むしろ、何かもっと情愛のあるものや秘密のものを探し出すため、意思をもって過去との得も言われぬ関係を結ぶためなのだ。「料理をすることを覚えるのは大切なことさ。後では、食べたいものから出発して作るんだ。さもなかったら、そういう晩があるんだけど、あるものを食べたくなると、それを教えてくれるように母親に電話さえするんだ」(トニー)。このようにしてレシピの中のいくつかのものは、継承の断絶を逃れ強いシンボル的な力を与えられて、家族にとっての「アイデンティティーが集約されたもの」として、時を超えて機能することになる[Attias-Donfut, et. al., 2002, p. 257]。そして時としてはそのレシピがそれだけで、祖先の思い出と輝きを維持することになるのだ。老婦人ファルジョは、孫たちを大喜びさせている自分のアップルパイが(「でもおばあちゃん、これが一番美味しいよ。アップルパイはおばあちゃんの家でしか美味しくないんだ」)、家族の中で自分よりも長く生き延びるということを、確信している[同前]。愛情と人間の関係が、システムの革新のためにさらに引き続いて役割を演じるのだ。シェフは料理全体をしたし、技術の基礎ももっている。だがそのやり方の未来は、ただシェフにのみ依存しているのではない。なぜなら今では料理は、グループや家族を作り上げるのに役立つものだからである。たとえばカップルは共通の味覚は何なのかを発見しようと試みることができる。こうして、共通の食事と快楽を通じて結婚の単一性を密にすることができるのだ。「僕は共通の好物を料理するんだ」と、トニーは言う。ああしかし、違いは存続するのだ。その時料理は、あまり愛情一杯のものではなくなり、その上単一化を進めるために少々闘争的なものにさえなる。シェフは自分の正当な権利だと確信し、知らずにマキャヴェリズムを適用して、目的が手段を正当化すると考える。「人の味覚は変えることができるものよ。最初彼は毎食に肉がなくちゃいけなかったの、ジャガイモもほとんど毎食ね。今はオーケーだわ。家族の者たちを、あるやり方で食べるように慣らすのよ」（スゼット）。反対に、シェフが貧弱な戦略家であったり立ち向かっている逆境が強すぎたりすると、一緒に食べる人たちが自分の味覚の要求を強調するとそれに説得されてしまうことがある。ピザ＝マヨネーゼを食べる男の子たちをもったアマンディーヌの悲しい物語はそれであった。それはまたマイテの悲しい物語でもあって、彼女は最初は正直な料理人になろうとして賞賛に値する努力をしたのだった。しかしそれは、本当のモチベーションによるというよりはむしろ義務感によるものであったと言わなければならない。だが、その努力は一緒に食べる人たちに満足の兆候をなんら引き起こさなかったばかりか、もっとひどかったのであって、彼らは不平を公言し、こうして彼らの味覚の快楽は多様性が小さいものであることを示したのだった。「卵はあの人たちはあまり好きじゃない。鶏もだめ。ソース料理は全然」。マイテは、逃避する行動を取っても正当化されると感じている。「要求もないのよ。要求がよ」。提供や献身は要求にのみ応えることができるのだ。欲求が表明されないのに料理の寛大さは存在しえない。「私たちの今やっているやり方は、皆に都合がいいのよ」。マイテは家族の他の人たちと同じように食べる人となって、自分のためにハムサンドイッチを作るのである。

この例はもちろんのこと例外的である。一般的には、子供を中心にして家族的動員が行われる時期には、料理のシステムが集約されてくる（それと並行して食卓のテーブルの社会化する役割が高まる）。そして子供たちがいなくなったやや後に衰退するのだ。こうしたガウス式の動き〔J・C・F・ガウスの数学理論のように降下と上昇を繰り返す動き〕の間中、シェフは絶えず新たな経験に取り組み、いくつかの手がかりが定着するが、そうする間に、あるものは忘れてしまう。ずっと昔の料理の冒険によって、シェフが元々の発端を忘れてしまった一群の習慣が定着していて、しかも今ではシェフの通常のシステムに統合されている、ということが起こる。行動と料理の考古学があれば、実に多様な記憶を蘇らせることにもなるのかもしれない。それは、強烈な時間やもっと些細な時間でもあろうが、常に基盤を設置するものなのだ。カンディーは自分で「とても伝統的なフランス料理だ」と言う。質問者が彼女の得意料理であるパエリアとの関連で、そのことを質問した。彼女の答えは最初「それはちょっとフランス料理と同じだ」というのであった〔パエリアはもともとスペイン料理〕。後になって彼女は、実際にはその料理はある種の別の人生から、つまり離婚する前の人生から来たものであることを思い出したのである。当時の彼女の夫は地中海料理とエキゾティックな料理の愛好者で、他所の味覚を発見するという刺激の中に彼女を導いたのだ。すなわち彼女にそれを伝えたのは夫であって、今日の彼女の実生活のパズルの一こまになっていたのだ。今ではパエリアに親しむことが極めて普通のことになっているのである。システムはただ表面上同質的であるに過ぎない。それは、数多くのちぐはぐな人生の切れ端に由来するコラージュの結果なのだ。

家事の分担

数世代前から料理の継承が不調であるとしても、家庭内での女性の役割が再生産されることを妨げたわけではない。女性の場所は決定的にかまどの傍にあったし、女性は疑う余地もなく料理人であって、家族に食べ物を与える義務を一人で確実に行っていたのだ。個人主義の第二近代がその序列化された役割の機能を混乱させた。いくつものプロセスが錯綜してその変化を引き起こしたのである。もちろん第一には女性自身の抗争がある。公の闘争ともっと控えめな家庭内でのゲリラ闘争である。犠牲的な役割を引き受けるように強制する命令に対する抵抗。「ノン、ノン、ノン」とビスコットは言っていた。夫がもっと多くを望む時の、それに対する抵抗である。しかしこの抗争は、もしももっと広範な個人的解放運動の中に組み入れられていなかったとすれば、自分のものとしての成功を見ることはなかったであろう。とりわけ料理に関係する事柄においてそうである。今日もはや大人の世界に入ることは、役割の中に入ることによって、特に性によって区別される役割の中に入ることによって進行するのではない。若い人たちは（男性も女性も）まずは一個の人間なのであり、自立的な実存を形成し夢を企画に変えることを習得するのだ。押しつけられた存在の仕方をコピーすることによって始めるのではなく、逆に、モデルを破壊して新たに自身を作りたいという欲求に突き動かされている。チョコレート入りラヴィオリであり、絨毯に坐ってのピクニックなのだ。この気まぐれな軽さをもった人生の挿話の中で彼らは、料理人であるよりも前に食べる人（つまみ食い式に）であり、そのことによって行動の自立性が強化される。つまり、若い女性たちと男性たちの平等が強化されるのである。*次いで本当に経験を開始する時になっても（それによって家事のシステムが始められるということになっていくのだが）、操作的なコンビネーションや香辛料を付け加えたりする遊びと創造の性格が、まだ多くの男の子たちを魅了している。いろいろなやり方のマナーがもっと規則的なものになるのはようやく、システムが普通の生活に定着して長く続くようになってからであって、その時になって男性陣と女性陣は、あまりはっきりと言うこともなく、分岐する二つの軌道の上に乗り出していくのである。一方がもっと面白い遊びのほうへ爪先立ちでそっと引き下がっていき、他方が、空にされた場所によって強制されて、義務感を再発見することになるのだ。

＊　エリーゼ・パロマレス［Palomares, 2002］がそのことに関して興味深い説明をしている。男女別の役割が強固に制度化されているベナンで行われたアンケート調査によるものである。その区別は、女性がある男性のために料理を作るという単純な事実が、象徴的な重大性を強くもっており、結婚の申し込みに対する承諾を意味するほどなのである。「結婚した女性と料理をする人という役割は分離不可能である」［p. 341］。しかし若い男性たちは（特に学生たちは）、料理が本当に組織的になるまでの結婚の最初の頃の経験の中で、自分から手を突っ込んで仕事をしたい気持ちになってきている。

家事の分担は進んでいる。しかしそれはゆっくり、極めてゆっくりとである。あるいくつかの振る舞いは（意識下の図式の中にストックされて）とりわけ、重くて長い歴史的記憶の上に成り立っている。そのため、女性たちがそれに適応するという傾向を強く保持しているのだ。洗濯に関するすべてのことが、とりわけそういう例である。ヨーロッパの国々では、男性たちが（カップルで生活している人たちだが）主要なアクターとしてアイロンがけをする割合は全体の一パーセントから三パーセントである。料理は逆に、男性と女性の分担の割合がもっと平等な程度が高くなっている営みである。今ではヨーロッパの家庭のほぼ一〇軒に一軒で、男性のほうがシェフとして台所に立っており、確実に通常の食事の支度を担っている。必要ならば自分から手を突っ込んで仕事をする頻度も増えている。だがそのことは後で触れることとしたい。（何らかの仕方での）料理をする作業に費やされる時間を比較分析することが、さらにずっと有望な結論を導き出してくるであろうと思われる。とりわけスカンディナヴィアの国々で女性は、男性が当てている時間の二倍少々の時間を割いているに過ぎない［EUROSTAT, 2004］。だがなんと、データを細かく分析するならばすぐさま、少々欺瞞的な統計の平均をはるかに超えて、不平等が執拗に維持されていることが示されるのだ。というのも、一番大きな（スカンディナヴィアでの）進歩は、料理をする時間全体が最も少なくされている国々で達成されているからである。進歩が達成された原因は、特に結婚が定着した段階より後の家事における男女関係の平等化が進んだということよりは、むしろはるかに、（つまみ食い式に食べるという）個人の自立が進んだということ、および、迅速な料理を確実にする食品が普及したということ、なのである。「食事の準備をすることは、特にその営みに多くの時間が費やされる国々において、典型的に女性の仕事である」と、欧州委員会の報告書に述べられている［同前、p. 49］。家族が自分たちの家で暮らし始めるやいなや、今日でも未だシェフが女性料理人である頻度が極めて高いのだ。

観察タイム

家事仕事の分担は事実よりも頭の中で進んでいる。このことによって認識の誤りが頻繁に起こっている。各自の周りに居る人々の中に、現代の家庭的ヒーローたる勇気ある男性の例がいくつかあるものだが、それらの人は大変神話化されているために、執拗な不平等に関して木を見て山を見えなくさせる類のものとなっているのだ。それゆえ、絶えず現実に戻ってくることが必要であり、複雑な抵抗的ダイナミズムを理解することが必要なのだ。そして個々の革新の微妙な点を理解しなければならない。なぜなら、平等は小さな問題ではなく、技術的な問題でもないからである。それはまた、男性のグループと女性のグループが政治的に対立することによってもたらされるものでもない。それは、個々人がそのアイデンティティーの変革に取り組む、人間学的な深みを動かすものなのだ。

全体のパノラマは、男性を三種類に分類することによって、極めて図式的に展望することができる。その両極端にいるのが「足をテーブルの下に入れる」男性と、シェフとなった現代のヒーローである。その真ん中にすごい数の「二番手の包丁」の男性たちがいるのだ。現代のヒーローのことは最後に見ることにする。というのも、スターにふさわしい場所はそういうところだからだ。その前に強調すべきは、一番多人数のカテゴリー、すなわち「二番手の包丁」の男性たちなのである。しかし何よりも最初には「足をテーブルの下に入れる」男性たちに関して一言あってしかるべきだろう。オルタンスが自分の夫を名づけるのはまさにそれなのだ。「彼はね、足をテーブルの下にっていうジャンルなの」。男女が対照的に分かれた役割をしているモデルは、古い世代で未だ頻度が高い。女性に家の世話と男性の面倒見、男性には財政的供給とテーブルの下の足、である。そもそもオルタンスは、料理の分野での夫の無能さを強調する際にも、何らとげとげしさはない。どちらかというと親切にからかうのが好きなようである。「ええ？　いいえ。料理では彼はゼロ、ゼロ、ゼロね。せいぜい半熟卵ぐらい…ああ、いいえ…半熟卵さえだめなんだわ」。第二、性によって分離されたモデルは、まるで呪文か何かで自分から消えるという傾向にはない。抵抗する小さな集団がいくつも残っているのだ。とりわけ、最もつましい大衆的な階級の中に残っている。その集団に特有な文化に影響されてではなく、彼らの社会的なポジショニングのせいなのだ。除外される位置に滑り落ちる危険の意識に取りつかれて彼らは、正当性を形作るために、最も伝統的な役割にしがみつくことを余儀なくされているのである。男たちには本当の仕事、女性たちには本当の家族である［Schwartz, 1990］。女性たちは個人的な解放を考える前に、母親であり料理人であること。しかし、年寄りと貧しい人間たちのみが居るわけではない。男性がテーブルの下に足を入れていたいと考える傾向は、あらゆる階層において未だ充分に力があるのだ。現在それは、男らしさが弱くなったという口実のもとに、ある種の男性優位思想が出現して相当に流行ってきたことと関連して、再び活性化してきているように思われる。ローラ（二五歳）の恋人は、彼女に向かって暗に台所に立つように要求するような悪い意識は持っていなかった。「私たちは六か月間一緒に居たわ。それはパスタだったり、米だったり、目玉焼きやハム、茹でたジャガイモ、全く簡単なステーキだったわね。それしか食べる物がないことに彼はうんざりだったのね。彼は私に一冊の本をプレゼントしてくれたの。それは『私は料理を知っている』という本だったわ」[Garabuau-Moussaoui, 2002a, p. 195]。おそらく過剰要求だったのであろう。二人は別れたのである。

理由は、もはや女性たちが犠牲的な役割に最初から閉じ込められることを承諾しないからだ。個人の自立の時代に、そして平等が宣言されている時代に、どうして女性が、女性のみが身も心も捧げなければならないのだろうか？　パートナーの男性も少なくとももっと思いやりか、さもなくば抜かりなさをもたなければならないのだ。今日ではしばしば男性が自分から、コンビネーション操作や味つけのマジックをもてあそびたい欲求に捕われるということが起きる。それゆえカップルの最初の時期は楽しい錯綜の形を取り、各自が先を争って自分のソースを実験することになる。だがかなり早い時期に、立場の違いが生じてきて固まってゆくのだ。一方が（普通は女性のほうだが）もっと能力と欲求を持っており、他方はそれほどでもない。観察が錯綜しお互いの調整があって、二人のうちの、能力があって情熱のある方が多く台所に取り組むことになる。ごく小さな場面が次々と繋がっていき、そのことが働いてこの分担を打ち立てるのだ。オーレリー（二四歳）によって語られた次の逸話を聞いてみよう。「ある時彼が私にあることを言ったの。それが私には面白くなかったんだけど。こう言ったのよ。『君が料理をやったらいいんだ。君の方がもっとうまくできるんだから、君に任せるよ』ってね。私はタバコを吸いに外に出たわ。そして一五分経ってから戻ったのよ」[同前、p. 191]。ちょっとした間に多くのことが行われ、それに続いてある変化が起こる。具体的な結果を期待しないで苛立ちの言葉が発せられるのは、ただひたすら、ある精神的なバランスを取り戻すためなのだ（オーレリーのケースはそれであるように思われる）。主役の女性は、少し自由になろうと考えているのにその役割に没入する。対立があっても、自分が台所維持の仕事を受け入れるということを、彼女は明らかにするのだ。あとはすべて、パートナーの反応にかかっている。彼は我慢ができないで、自ら手を下して自分の考えを押しつけようとするかもしれない。そして役割の分担にブレーキをかけるかもしれない。だがまた彼は、やっていることを外から批判するだけという、便利な役割の中に快適に腰を据える可能性もあるのだ。オーレリーはおそらくその料理を仕上げるために戻ってくるだろう。テーブルの下に足を入れるということはしないだろう。害のない無数の摩擦を通じて、日々役割の機能が定着し、それがやがてシステムの中核になるのだ。（普通は女性である）シェフの人物像が前面に押し出されてくるが、こっそりと楽屋裏で、または突然の騒動を通じて、「二番手の包丁」の人物像が、その輪郭をはっきりさせてくる。

二番手の包丁

今日では男性たちはもはや、足を食卓の下に入れているだけでは満足しない。彼らも少し手伝いをするのだ。彼らが最も頻繁に引き受けるのは脇役である。それは多少なりとも上手な見習いの類であり、多くのことはできないことに漠然と恥ずかしさを感じている。彼らは、どんな風にでも介入するというのではない。彼らの主要な働きは補助的であることなのだ。代役を務めて、一人の時に自分のために料理ができること、さらにはシェフが不在の時に子供たちのために簡単なものを作ってやれること、なのである。「彼は、私が居ない時に自分のレシピを作るのよ。でも、私が居る時には手伝わないわ」（アネット）。「もし独りで食べなければならないとすると、彼はどうにかこうにかやることができるでしょう。でもそうじゃなかったら、何にもよ。彼はそれを自分のこととは考えてないの」（マルジョレーヌ）。昔の役割は死んではいない。アネットの夫とマルジョレーヌの夫は、自分たちの能力によってこれ以上前面に押し出されることのないようにして、それを果たしている。反対にその特権を決して譲ることなく防衛するのが、シェフその人であるという場合が稀ではない。そういうわけであるから、マドレーヌの夫は豊富な補助を確実に与えているのに（彼はレストランの息子で、もっと責任を引き受けることになっても拒否はしないであろうと思われる）、彼が協力していることをマドレーヌが思い出したのはようやく、質問者が執拗に求めた時だったのである。

補助的役割性に加えて「二番手の包丁」の人の大きな役割は、シェフを助けるためにその命令に従うということである。自分に任されている決まった仕事をめぐって規則的な仕方でやるか、あるいは、シェフがひとりで立ち向かうことができない時に、一時的な求めに応じてやるか、である。あるいはまたそのシェフが、仕事の複雑さと精神的な負荷の重みに押しつぶされて、何かのときに心理的な領域での支えを必要とするからである。シェフの献身と卓越さを考慮し認めてもらいたいということが目的であるが、また時折はただ単に、独りっきりだという感じを減らすためでもあるのだ。だから、パートナーが実際そこにいることだけで充分助けになるのだ。「一番惨めなのは独りで台所に居ることね。彼が仕事をしなくても、そこに居れば、たとえばテーブルの準備をするとかね。そうすれば独りという気持ちが少なくなるのよね。自分ひとりが努力しているんだという感じがあっちゃだめなの。たとえそれが、ただの感じに過ぎないとしてもよ」（クレマンティーヌ）。彼女は、任せられるような別の仕事を探した。しかし彼女は、自分自身のやり方を大切にしていて、他の仕事は何一つ見つからなかったのである。テーブルの支度はすぐに済むし、精神的な支えとなる仕事の中で恋人がすることは何もないので、彼女は、恋人があまりに長いことそこに居るのは退屈なのではないかと感じる。料理をしている間に「ちょいと一杯」をする慣例が強まったのはこのようにしてなのである。「料理をしながら彼とちょいとアペリティフをするのが好きよ。そうするとね、いい感じになるのよ」

シェフである女料理人は、他の人に操縦桿を任せる気持ちはほとんどないのであるが、パートナーがあまりに足を食卓の下に入れたままの傾向が強いと、しばしば苛立つのである。「何回も私は夫に言うのよ。ほらあれを出して、とかこれを出して、とかね。それは辛い仕事ではないけど、私は他の人が助けてくれるのが好きなのよ」（シャルロット）。そういうわけだから、彼女が正式に助けてくれるように要求を発する時それは、重荷を取り除くためでもありまたその隠れた不満を思い出してもらうためでもあるのだ。「たとえ彼がなにかするとしても、それはいつでも私が頼むからなの。イニシアティヴがないのよね」（クレマンティーヌ）。彼女はさらに次のように付け加える、「なんだってできちゃうんだけど、プレッシャーがあってはいけないのよ」。もちろん、「二番手の包丁」の人が命令に応じるやり方は、その後の出来事にとって決定的である。しかしながら、改革が良いほうに向かわないというのは、ただ男性側の意欲がないためだけではない。時折はシェフである女性料理人の要求が見習いコックの能力を超えてしまったり、その見習いのやり方を認めることができなかったりするのだ。だがまた、やる気が足りないのも稀ではないということも、言う必要がある。「二番手の包丁」の人は食卓の下に足を入れないまでも、嫌々ながらやるのだ。皿やナイフ、フォークなどを並べる仕事でも、極めてわずかなことだと認めなければならない営みであるが、クレマンティーヌの恋人はまだ自分のその仕事が習慣になっていない。「彼は大体はテーブルをするのよね…もし私が頼めばだけど。いいえ…皿洗いをするのも私だわ。だって、あれをしてとかこれをしてとか、いつでも誰かに言わなくっちゃならないというのはイライラするものね。多分待っているのは無駄なのよね。多分そういう風にはならないと思うわ」。しかしもっとひどいのもあって、パートナーは陰険な戦術をたくましくするのだ。たとえば、捕まらないことをよく知りながら、見せかけの善意を示す。プリュンヌの夫はある妙策を見つけ出した。「なにか手伝わなくていいのかい？」と、大きく出るのだ。しかしその言い方は用意周到なものなのであって、ネガティヴな質問の性格が抑えられており、露骨に、こちらは他のことで手がふさがっているのに、遠い所から叫ぶのだ。プリュンヌができることはといえば、その質問の中に含まれている返答を追認することのみである。そして、彼女の返答する声の調子が弱いものであっても夫は、その小さな声の意味が分からなかったかの如くに振る舞うのだ。プリュンヌは本当に手助けを必要としているのではない（彼女がそれ以上に強く言わないのはそのためである）。彼女は料理をすることが無条件に好きだからである。彼女が夫に望むことは単に、パートナーであるという印象を与える、何らかの象徴的な振る舞いに過ぎないのだ。「彼の方からそれが来なくちゃいけないんだけど」。そのことが夢なのだ。不幸にして、隠れた罪悪感だけではイニシアティヴを発動させるのに充分ではない。そのことのための唯一の真の動力は情熱である。

しかし、「二番手の包丁」の人の負担を軽減するために付け加えなければならないことは、シェフを手助けすることはいつでも役に立つわけではないということである。というのもシェフは、固まった考えと極めて自分のものとなっている手の展開の仕方を持っているからである。それらのことがあるために手助けは、やって面白味のない仕事に格下げされる。バベットが夫にやらせる仕事は決まって野菜の皮剝きなのだ。しかも何よりも、手助けしてもらいたいという欲求も様々なのだ。それらの中で精神的に支えてもらうという要因が強いせいで、見習いシェフにはそれを判断することが難しくなっている。シェフは不意に深刻な孤独の危機に陥って、そのことを知ってもらわなければならない時がある。「そういう時にこそ誰かに手助けしてもらいたいんだわ」（マルジョレーヌ）。しかしそうしてもらうよりちょっと前に、あるいはそれよりちょっと後にシェフは、「二番手の包丁」の人のイニシアティヴか意見によって手はずを混乱させられるということもありうるのだ。「ああ、それは、私は好きじゃない。彼が口を差し挟むのがよ。たとえば『おお、それ、煮えすぎだよ』といった風によね」（マドレーヌ）。そもそもスゼットの考えでは、手助けされない方が良いのである。「私は誰かに手助けしてと頼まないの。たった独りの方がいいのよ」

スター登場

（命令されて念を押されたり、辛い仕事があったり、イライラの言葉を聞かされたりという）「二番手の包丁」の人にかけられる制約は、それによって心底の罪悪感がかきたてられるのではあっても、その効果は限定されたものでしかない。その結果は、実行する者にとっては辛いもので、同時に、シェフにとっては不充分なものである。料理の仕事を分担することがもっと良い方向に変わるために頼れるものがその制約しかないとすれば、今日ある状態と比べて将来も我々は、平等からなおはるかに遠いままであるだろう。そもそも肝要なことは欲求からくるのであるが、その欲求は営みに関する（情熱という）二番目の項目に登録されているものであって、自発的参加の行動に人間を駆り立てるものである。あらゆる種類の欲求ということ。すなわち、興奮をもたらすオリジナルな創造をしたいとか、公の評価を高める手柄をたてたいとか、だがまた極めて単純に味覚の快楽を追求したいとかの、欲求なのだ。料理をする人であると同じくらいに食べる人でもあった若い時代に、若い人たちは男女とも長い間自分で習得するのであるが、彼らはその期間を通じて料理に関する最初の武器を形成するのだ。特に男性の方がそうである。彼らは女性以上に舌の快楽に突き動かされ、もっとお腹も空いていて食事に目が集中している。若い男性たちをその営みに駆り立てるのは、しばしばその第一次的な要求なのである。たとえば、前にそれ以上触れないでしまったクレマンティーヌのことを取り上げよう。彼女の恋人はテーブルを整えることすら怠るのであったが、まだほのかな希望の光が残っている。「彼は少しばかり手伝ってくれるわ――それは、つい最近始まったばかりなんだけど――私がもうちょっとマシなものを作るようになってからよ。それが彼に動機を与えたんだわ」。しかしながら食べ物への興味は、創造的な行為を通じて自己を実現したいという欲求に、密接に結びつくものである。もしできるならそれが、もっと大勢の人たちの視線の賞賛の下でなら、もっといいのだ。つまり男性たちは、自分の術を例外的な食事のためにとっておきたいのである。男性たちの料理の世界への登場は、小さな門を通ってなされるのではない。男性は、不謹慎にも自ら確信する威光に包まれて、すぐさま自身を前面に押し出すのである。女性たちは義務感を発散する自己献身の慎みの上に成り立っている、歴史的な役割の後継者である。それゆえ今日でも彼女たちのあり方の中には、その形跡が多く残っているのだ。男性はその反対で、キャリアを始めたところであり、全く違ったやり方でそれをする。男性たちの関わりが（二番手の包丁という端っこの所作を越えていって）一番重要なものとなる場合、それは、時間、空間、進め方との関連で特徴のある様態を持つ。男性はシェフの帽子を横取りすると、通常の料理と交わるようなことはしない。彼が参加する時間は極めて限定されたもので（しかも時間の長さはたっぷりとしたものだ）、空間はしっかりと決まっている（しかも占める空間は大がかりなものだ）。営みの開始はたっぷりとしており、ポジティヴな評価をするように訴え、その上賞賛まで求める。ジルベールは、「本当の料理」をするときには、部屋の中央にどっかりと位置を占めて、惜しみなく広げた道具に取り囲まれる傾向があるということを自分で認めている。彼の妻は隅に追いやられて、「僕が料理をしている時はケーキを作るのも難しい」のである［Welzer-Lang, Filiod, 1993, p. 267］。スゼットは夫のことを話した際、自分自身の立場をはっきりとさせながらも男性の特性に関していくつか描写している。最初は単に二番手の包丁という特徴において登場したに過ぎない男性に関して、そのかなり恩着せがましい態度から話を始めている。「彼は時々私の手助けをしたわね。たとえばデザートを作るとか、あまり細かい仕事ではないちょっとした調理をするとかよ」。しかしながら彼女が望もうと望むまいと（実際あまり歓迎してはいないのだが）、彼女の夫は正真正銘それ以上のことをやりたいという欲求に動かされていたのだ。そこで彼女は、禁止ゾーンの境界を策定した。夫だけの場所で、決まった営みをさせるようにしたのだ。「さもなければ肉を焼くとか。それは、彼が自分でやるわけ。味つけをして暖炉かバーベキューでね。本当にすごく決まったことしか手伝わないわけよ」。はるか古の社会にあっては、狩をする人であった男性は、熾火の上で獲物を焼く習慣を持っていた。それは男性が行った極めて少ない家事仕事の一つであって、一種の例外事項だったのだ。下意識の深いところに記された歴史は、ある所作に関して極めて長い記憶を持つ。男性がバーベキューに愛着を持つケースはそれなのである。この理由からそのことは、他の料理活動とは違った活動となっている。肉を焼くこと、それは別のケースなのだ。多くの家庭においてはそのことによって、男性が参加しているという印象と男性に能力があるという印象を与えることが可能であって、しかもシェフである女性料理人の通常の特権が問題に付されるということがない。それゆえバーベキューは、スゼットにとって問題とならないのである。デザートに関しては全く事情が異なる。とりわけクランブル〔煮た果物に小麦粉、ヘット、砂糖を加え練り合わせたもの〕は不和の原因となる危険度が小さくない。「ええその場合は、私はやらせるの。完璧によ。彼がデザートを作るんだと決めたら…家でクランブルのスペシャリストなわけよ…彼のクランブルは、レシピを私に教えさえしないのよ。それは彼の喜びなのね。クランブルを作る彼の喜びはそのままにしといてあげるわ」。スゼットは台所から引き下がって、クランブルとは何の関係も持ちたくないのだ。彼女は料理の場と自分の存在の間に仕切りを設ける。つまりクランブルは、物事の常態の外にあって、子供にやらせておくような一種の小さな娯楽となっている。しかし同時に彼女は、この孤立状態に入ることを受け入れる夫の性癖に動揺し、苛立つ。そして彼女の苛立ちはオペレッタのスター気取りの芝居がかった夫の態度を見て、さらに一段激しさを増すのである。「彼はもちろんのこと、もっと人が居るときにそれをするものだから、そのクランブルを作ったのは自分だと言って自慢するわけよ。誰でもない彼のクランブルだってわけなの」

料理の偉業を成し遂げるときの男性のポーズと大風呂敷が、日常的な自己献身に慣れている控えめな女性料理人にとって、何か腹立たしいものをもっているのは本当である。しかしながらその特性は、普遍的で永遠の男性的本性と推測されるものに帰せられるべきではないということを理解すべきである。そうではなくてそれは、歴史的な道程と社会的なポジショニングの結果であると理解するのがふさわしいのだ。女性はずっと義務によって料理をしてきた。男性が料理を発見するのは個人的に自立する年齢においてであって、情熱と創造性と個人的な反抗を通じてなのだ。彼らの芝居がかった態度が、人生の変革の間ずっと続くはずだと、運命が定められているのではない。それは、彼らのその領分に入ってくる特異なやり方なのである。彼らは充分にそこから出発して、控えめな通常の料理へと進歩していく可能性がある。変わらぬ気持ちをもって手はずの中心に居るシェフになる可能性があるのだ。それには二つの条件が必要である。一つはもちろん彼らがそうしたい気持ちを持つことであって、料理が彼らにとってたまたま、「あまり労力を費やさないで自分の価値を高める手段」であってはならないのだ。だがまたもう一つには、その進歩の中でパートナーが援助をすることである。しかしながら、料理の権限を委譲することは最も大きな問題の一つなのだ。しばしば男性の芝居がかった態度は、「二番手の包丁」の人をたしなめるための都合の良い口実として用いられる。クレマンティーヌの場合を取り上げよう。彼女は彼がテーブルを整えることさえ怠ると不平を言ったのだった。しかしながらその恋人は、手助けが問題である時には役にも立たずモチベーションもないのに、時には大層な夢に捕えられて派手に動き回るということをする。「彼は料理をしたい、何か作りたいという欲求を持つの。さあその時は、要注意よ。それは台所に立った大シェフなのよ。それはすっかり儀式ばっているのよ」。彼女は最初から批判的で、特にネガティヴな効果を心配している（片づけや洗い物をするのは彼女なのだ）。もっと公平な分担に向けて変革が起こりうるためには、出だしから行き詰まりがあるのだ。「ところでそれは美味しいですか?」と、質問者が聞く。「そうだわねえ、多分ウイと言うべきでしょうよ。でも、それは新米でもあるわね」。彼女は、彼が努力してもそれを支持する考えは全然ないし、彼が二番手の包丁としてもっとやって、厳密にその役割で止めておいてくれる方がいいのである。シャルロットはもっと迷っている。彼女は、夫の料理に卓越性のかすかな形跡があるのではないかという点で、認識が別なのだ。対話の最初の方では熱狂的な賞賛を述べていた。「彼ったら、ドーブ〔肉の蒸し煮〕の専門家なのよ。それは本当に彼のレシピね。彼のドーブは西部フランス一だと思うわ」。彼女はその「西部フランス一のドーブ」という賛辞を、留まることを知らずに繰り返したのだった。だがその後、夫との関係でもっとデリケートな側面にいくつか触れた後では、声の調子が変わった。「それはそんなにひどくはないわ。彼がそれを作ったのは半年に一回よ。その時には彼は五、六時間の間台所が必要なのよ。そしてさらによ、その洗い物をするのは私なんだから」。夫は引退の身であるが、彼女はまだ仕事をもっているのである。年に二回のドーブで皿も確実に洗わないというのは、うわべばかりの公平さを打ち立てるためにすら充分ではない。彼女はそのドーブに、時折ちょっとすっぱい味を感じる。それはもはや西部フランス一ではないのだ。シャルロットは二つの立場の間で迷っているのである。時折シェフである女性料理人は、男性の欠点をどれも口実に使って自分の権限を手放さないようにする。しかしまた時折は、二番手の包丁の人が、不規則的に情熱の発作に捕えられはするが、料理のキャリアに入る様式のあらゆる欠点を保ったままであり、もっと先まで本当に取り組んでいこうという気もない。そうだとすると単なる口実が問題なのではないのだ。シャルロットは、充分その気はあるのかもしれないが、夫が年二回の偉業を超え出て行くように手助けをするために、奇跡を起こすということはできないのだ。

男がシェフになる時

一度カップルに習慣ができ始めると、確立した役割を二番手の包丁の人がひっくり返すことができるというのは、ほとんどありそうにない。シャルロットの場合はあまりに遅すぎるし、クレマンティーヌに関してはおそらくすでに決着がついている。男性がシェフの役割に継続して就くことが本当に可能なのは、一般的にいって、結婚初期の相互作用の時期からその役割が形を取る場合に限られる。それも必要条件ではあるが十分条件ではない。というのも、男性が初期の見込みのある状態から少しずつ引き下がることが、稀ではないからだ。見込みがもっと高いのが、男子がずっと以前に自分から取り組んで、やりたいという欲求に捕えられ、経験を通して独自の巧みさを積み重ねている場合である。一部には実家での子供時代と青春時代が、また一部にはカップルになる前のソロの生活の場面が決定的な仕方で介在する。トニーとサヴァランは、質問を受けた人たちの中の男性シェフ二名であるが、ずっと以前からそのような道のりを通って、料理との近い関係を定着させたことを認めている。「僕が始めたのは一四歳の時で、ケーキを作ったんだ。その後で、まだ両親の家に居たんだけど、美味しいものを食べるために四つか五つの料理を作ったね」。サヴァランは、そういう料理の軌跡に突き動かされたのは二つの要因が重なったからであるとして、その様子を教えてくれた。「美味しいものを食べる喜びだよね。その次には、力の入った家庭料理に僕が馴染んでいたことさ」。家族の文化の中で、食べ物、食事そして料理が大きなウエイトを占めていた。同じ思春期にいた他の人たちのように、彼も反抗的な姿勢を強めることもできたかもしれない。しかし彼はあまりにそれが好きだったのだ。それゆえ彼はすぐに自分から手を突っ込んで、その初期の経験を生かしたのだ。もっと後に一人住まいになった時、すでに彼は出来上がったシェフであって、大多数の思春期の人たちがやっているつまみ食い式の食べ方とは程遠い存在だった。「九時とか一〇時とかに帰っても、僕は料理をしたね」。彼は人生で他のやり方をした記憶がない。彼はいつでも操縦桿を握っていたのだ。

カップルになりたての頃が、第二の決定的な時期である。サヴァランの恋人は彼のスタイルにイライラしてもよかったかもしれない。そのスタイルは、今日でも未だ相当に男性的で、デモンストレーション的な側面を持っている（どの料理も、ずっと前から相談して出される、ちょっとしたイヴェントなのだ）。トニーの恋人もそうである。だが彼女は料理に関する彼の権威に反論しようと試みたことはない。重要なことは、男性か女性の軌道が一つだけ採用されるということにあるのではなく、二つの対決が生じさせるものの中にあるのだ。たとえば、もしもトニーがプリュンヌと出会っていたとしたら、口論ははるかにずっと激しいものになっていただろう（そもそも二つのうちのどちらが認められたことであろうかを、推測するのは困難である）。逆に彼の恋人とでは、最初からすべてがはっきりとしていた。「彼女が料理の仕方を知らないということが分かったし、それに彼女は試しに何かをやってみるのを恐がっていたのでね。しばしば彼女には、やりたい欲求があったさ。でも…それはどれももっと簡単なやつなんだ。そこで彼女はそのちょっとしたものを作った。その作り方は知っていたからね」。彼は明らかに彼女の試行を手助けしていない。彼女を、二番手の包丁の特徴をもった役割のままにしているのだ。彼女はタマネギの皮剝きと皿の係なのだ。さらに時々は、パイである（それがその話題の「ちょっとしたもの」なのである）。

サヴァランの場合と同じように、トニーの料理の主な特性も慎み深さではなく、おそらく彼が食べ物と食事に与える重要性は、恋人が密かに望んでいないものである。だが彼は、男性の情熱が達成されて継続的に定着している真の見本である。彼のちょっとした宴会は毎晩按配され、オリジナルな雰囲気があって、程よい音楽と灯りのゆらめきがある。共に会食する人たちで一体誰がそれに魅了されないということがあろうか。必然的な帰結であるが、男性たちが料理の情熱の中に入る騒々しい側面もまた時折、いくつもの種類の驚嘆を引き起こすのである。女性たちは歴史的な遺産によって、情熱以上に義務感の中に組み入れられている。情熱ということを厳密に料理の側面に限定するならば、そうである。しかし料理は、食事を通じてカップルや家族を作り上げるものであって、その目的があるために(食べるものそれ自体というよりも)女性の情熱に火をつけるものなのだ。食事を中心として家族が動員される時には(若い子供たちが食卓にやって来るとすぐさま)、女性が操縦桿を握りなおすというのは、まさにその理由からなのである。カップルになって最初の頃の、男性が台所に入るのが好きな時期でさえもそうである。それゆえ、最重要のこの局面が達成されない限り、仕事の分担に関してまだ何も達成されていないことになる。なぜならば、家族に関する女性の情熱が、古い役割システムと義務感を再活性化させる傾向があるからだ。そもそも、女性の特異性を強めるものはすべて、不平等な復古主義を再活性化させるものである。たとえ情熱という現代的な形を取っていても、特定の権利を主張したり共同生活を強調したりする形を取っていても、そうなのだ。エリザベス・バダンテール[Badinter, 2003]が、フェミニズムは、両性の相違を助長するときには間違った道を辿っていると強調するのは、正しい。なぜなら、大きな革新が生じるのは、もっと自立するようになった個々人の行為を通じてでしかないからである。料理の仕事を分担するという領域では、進歩の本質的な部分は若い時に実現する。個々人が型にはまったジェンダーの考えによって縛られていない、若い時代に実現するのである。

犠牲的行為から献身へ

個々人が押しつけられた役割によって、とりわけ男女別の役割によって規定されることは、ますます少なくなってきている。彼らは男性であり女性である前に人間なのだ。それゆえ、男性的振る舞いと女性的振る舞いの対立を相対化することが適切である。その二つのことは今手短に述べたように、ある一つの総体的な仕方でのみ有効なのだ。個々人の歴史はそれぞれの人に特有のものである。しかしながら、発明的な自立の段階（若い時代）の後では、内蔵されている過去の重みが決まりきった型の維持と混じって、結局は男女の間に執拗な亀裂を再び定着させる。したがって、男女を比較することになにか図式的なものがあるとしても、それは相変わらず我々に多くのことを理解させるのだ。男性側においては我々はすでに、料理の世界に入ってくる際の彼らの芝居じみた態度がどのように説明されるものかを見た。女性たちの軌跡は完全に異なるものである。その歴史はとても長い。それは、振る舞いに枠組を与える役割に組み込まれてきた女性料理人たちの、多くの世代に根を張っているのである。そうした役割に適合することによって生活が受け入れやすいものになったし、さもなくば簡単なものとなったのだ。時には、料理の能力といろいろな欲求に、もっと個人的な喜びの次元が付け加わることもあった。逆にその役割と距離を置くことは、女性の料理人たちがつまらないと感じられる努力をするために再び動員されるということを意味した。その際には義務感が犠牲的行為というもっと激しい道徳的トーンを帯びたのである。

今日ではいろいろな役割はもはや押しつけられるものではない（少なくとも理論的には）。だが、家族的な義務という（極めて女性的な）感覚は残っている。つまり、皮を剥かなければならない山のような野菜を前にしたり「アイデアを見つけ」たりしなければならない場合などに、辛さと孤独が決定的に襲いかかる時には、犠牲的行為を強いる命令がまだ頻繁にやってくるのである。あるいはまた（ダニエル・ミラー［Miller, 1998］が強調しているように）、特別に問題が起こる買い物のエピソードの時などもそうである。そういう状況では料理は、苦しみと苦痛の中で行われる絶対の自己献身なのだ。個人的な喜びの上に成り立ちしかも他の人たちの喜びにも熱心になれるような、もっと喜びのある自己献身との関係はどうすれば打ち立てられるのだろうか。アラン・カイエ［Caillé, 1995］は、献身と犠牲的行為を結ぶ関係を分析して、犠牲的行為は「献身が増幅されたものである」が、それはまた献身の倒錯でもある、と指摘している［p. 288］。犠牲的行為は（少なくとも表面上は）強さが付与されるとしても、そのあり方は人間を束縛する拘束という特徴をもち、それが生じてきた長い歴史に依存している。今日我々に与えられている可能性は「何よりもまず想像もつかないほどの無私」［同前］の形をとる、もっと自由な無償の献身なのであって、それによって我々はもっと人間味のある思いやりに身を入れる力をもつのだ。喜びに満ちた軽妙な献身は、苦悩の犠牲的行為とは比較にならないほどの重要さをもっている。それは驚くほど効果的に社会関係を作り上げるのだ。シェフたちはそのことを直感的に認識している。迅速な料理を増やしたり冷蔵庫の使用を煽動したりするような、自分たちを巻き添えにする犠牲的行為の論理を追い払おうとする。その理由は第一に、シェフたちは忍耐する性向は持っていないからである。だがまた、そのような犠牲的な行為は何一つ良いものをもたらさないからでもある。しかし、社会的な関係の特性は最重要のものだと各自が感じている。その働きがどんどんはっきりしてきているのだ。しかし忍耐がそこに悪い後味を残すことが極めて頻繁に起こるのである。マリーズは犠牲的行為という考えに表面的なやり方で反応する。「ああ、それは自分を犠牲にすることじゃないわ。犠牲的行為をするという言葉は好きじゃないわね。それは大きな言葉よ。いいえ、それは喜びを与えるということなの。それだけのことよ。ものを作ることができるでしょう。それは自然に出てくることで、自分の中にあること、あたりまえのことなのよね」。彼女は二つのテーマ群の間で迷っている。そして、ありきたりの義務感（「それはあたりまえのこと」）と、愛情を込めた献身（「喜びを与えるということ」）の二つを交互にとっかえひっかえしている。その情熱の論理の中にもっと突き進んでいくことを、敢えてしないのである。スゼットはもっと大胆に歩みを進める。「人が料理をする時は、どこかで他の人たちに喜びを与えるためなのよ。たとえば週末に、普通以上のことをする必要があるんだわ」。普通以上のことをする、のだ。もっと良く他の人たちと出会うために、自身の外に押し進んでいくのである。ちょうど犠牲的な行為によって普通以上のことをするように。だがその普通以上のことの仕方は幸福なやり方による。喜びを通して、喜びを作り上げるためにするのである。「僕は他の人たちのためにそれをするんだ。でもそれは僕にとっての喜びなのさ。他の人たちのために作るのが僕にとっての喜びなんだ」（サヴァラン）。自分自身の喜びを通して喜びを作り上げること、なのである。

手から生み出される愛情

情熱の勢いが料理の主要な土台ではない。それは不可能なことである。すなわち、まず戦わなければならないのが、食べ物の義務を毎日確実に果たすために時間を確保するということである。質問を受けた人たちは、喜びの料理と通常の料理を区別している、とはっきり言った。もっともその通常の料理も、習慣化した家事仕事であると単純化することはできない。それは何か違うものをもっているのだ。すなわち、食卓のせいで、家族生活に関わるこの構築物のせいで、違っているのである。問われるまでもなくシャルロットとオルタンスは料理と他の家事を比べて、はっきりとその違いを指摘している。二人とも区別する基準として同じイメージに訴えているが、それが食卓ということ、食卓を中心に集まる家族ということなのである。「家事とか、そういうものはみな、全然熱狂を与えないわ。ところが料理は、全員が食卓の周りに集まるのよね」（シャルロット）。「他のことはみな、家事だとか、それは見えないわ。けれどもそこでは、食卓に運んで行って、皆が私の作ったものを美味しいという時は…それから、その時が皆がテーブルで一緒になる時間なので、それって大切なの」（オルタンス）。料理は、それを食べる人たちがたくさんの仕事に気づくという、別の優れた点をもっている（そして時にはシェフの技を認識するということも）。シャルロットもそれを指摘している。「ちょっとした美味しい料理を作った時は、それでとても価値が高まるのよね」。しかし彼女もオルタンス同様、その側面を強調しすぎることは望まない。最も重要なのは家族が食卓の周りに集合することだ、というわけなのである。プリュンヌが我々に完璧な総論を与えてくれる。「なぜ私が料理を好きかですって？　それは私たちが家族だからよ。皆が食卓の周りに集まるからだし、好きなものを食べているからよ」。彼女は好きという動詞を二回使っている。そして、料理をすることと味覚的快楽をそれによってつなげているのである。しかしまた、問題であるのは家族への愛ということでもあるだろう。料理をすることと味覚の快楽は食卓の統一主義に強烈な次元を付け加える。快楽を交歓することによって家族がもっと強くなるのだ。ビスコットは彼女にとっては（ああなんということか今や）過ぎ去ってしまった昔をノスタルジックに思い出している。「私の会食者たちは、美味しいものがとても好きだったわねえ。私は彼らに喜びを与えているということを知っていたし、そして同時に自分にも喜びを与えていたわ」

しばしばシェフには、最初に喜びを与えようとしている相手が自分自身なのか（自分で偉業をなすことお腹の満足と）、あるいは他の人たちなのかが、正確には分かっていない。シェフはそれを知る必要はないのだ。情熱をもって料理するプロセスの中心部にあるのは快楽の混合体である。シェフにとっての快楽の混合体であるが、それはまた、会食者たちとの交歓の中の混合体でもあるのだ。もしも会食者たちをシェフの愛情を先取りしたりそれに応えたりするような「欲求の主体」［Miller, 1998, p. 149］に作り上げることができなければ、シェフは料理という経験の中でそれほど前へと進むことはできないであろう。ダニエル・ミラーは、愛情を抽象的でエーテルのような観念的存在と見なすような、本質化された愛情観念に反抗している。反対にそれは、毎日の生活の通常的実際の中においても具体的なものとなるのだ。「愛情に関する実際的文化」［同前、p. 137］は我々に愛情の基本的なメカニズムの正確な仕組みを明らかにしてくれることであろう。愛情を単に料理だけのものとし、ベッドや優しい言葉や愛撫を忘れることは明らかに問題外である。しかし、それは別になっている分野なのではなく、愛情という観点からそこで繰り広げられているのはおそらく、夫婦にとってであれ子供中心の家族にとってであれ、外見で思われるよりももっと重要なことなのだ。愛情は、人間関係的で知覚神経的な錬金術を按配する料理という食事のマジックを通じて、しばしば極めて具体的な仕方で働く。それは、タマネギの皮剥きとパスタを捏ね回すことの間で、手を使って働くのである。

デフォールト（初期設定）の言語

愛情が作り出されるやり方が他にもあることは明らかで、しかもそれによって本質的なところで作られるのである。それは、欲求や情愛を表すもっと直接的な振る舞いであったり、感情の表現であったり、会話を取り交わすことであったりする。しかしながら料理は、その感情やコミュニケーションの分野においてさえ、しばしば婉曲的なやり方で用いられているのだ。シェフが情熱を傾けて取り組む時には、とりわけて料理が明白な愛情の言語を形成する。まず最初は、味覚的快楽の官能性と心を捉えたいという気持ちが満喫されることとうまく組み合わさるときに、最も相手によく見える形でそれが起こる[Etchegoyen, 2002]。だがまた、もっと目立たない形で、普通に、暗黙のうちにも起こる。面と向かって愛を言うことは常に映画の中ほど簡単なことではなく、沈黙が金という場合があまりに多いのだ。時折は逆に、言葉があまりにも多くあまりにも繰り返されると、硬直化してルーティーンとなる。つまり、愛情とは反対のものとなるのだ。はっきりと声に出して言われる言葉の世界は障害と罠に満ち溢れている。ある種の振る舞いのほうがもっと多くを言い、欺かないのである。口で言うことが難しいときに、台所で忙しくしている手がメッセージを発することができるし、欲求を刺激することと快楽の交歓とを通じてコミュニケーションを取ることができるのだ。「私は喜びを作ろうとしているの。それがコミュニケーションの方法なのよ」。特にマルジョレーヌは自分の料理の、そのコミュニケーション的な側面に関してはっきりしていた。料理は言語の代替物であり、「乏しい人の喜び」である。その乏しい人が他の表現手段を持たない時のものなのだ。「他の人たちに喜びを与えるために料理を作ること、それは乏しい人の喜びなの。もし私がそれがなくても済ませることができるのなら、多分私は別のやり方でコミュニケーションを取るわね」。真に驚くべき愛情言語である。というのも、シェフが完全に愛情を込めた自己献身だけで突き動かされるのは、極めて稀なことだからである。（消費される時間をコントロールすることや辛い仕事の指令や様々な苛立ちといったような）他の多くのちぐはぐな心配事によって、シェフは動かされている。今作っているものに集中する必要のことは言うまでもない。つまりシェフは常に百パーセントその営みに熱中できるわけではないのだ。たとえばプリュンヌは、アプローチの際少なくともデリケートであることが明らかである。「誰も私の邪魔をしてはいけないの。私は独りでなければいけないのよ。平静なのが好きよ。だってそうじゃなかったら、何をやっているんだか分からなくなっちゃうの。頭がごちゃごちゃになって、不機嫌になるのね。私はあの人たちに何度も、あっちへ行って、って言ったのよ」。ところが彼女は、料理を通じて見事に家族を実現することしか夢に見ない、あの無条件の愛情の持ち主なのだ。彼女は別のところで、カップルで望んでいるほど常にコミュニケーションが培われてはいないと認めていた。たとえ夫が「ソファーに坐ってテレビを見ている時より食卓についている時のほうが、もっとたやすく自分を開く」のだとしても、そうなのだ。それゆえ彼女にとって料理は、全くもって決然とした大きなあり方で、愛情の言語の代替物なのである。通常、愛というものから人が思い描く考えとほとんど合致しない、奇妙な（そして孤独で攻撃的な）形態を取っている代替物なのだ。

料理を通じての自己献身は美徳と恩恵の障害となるものではない。それは、快楽を掻き立てることと会食者たちのために演出することを通じて、将来の社会的関係を作り上げるものなのである。しかしそのやり方はめったに純粋ではない。シェフは頭の中で他の多くのことを考えているのだ。「それをするのは愛している人たちのためにしているの。料理をするときは、ほんの少々愛情を入れるものなのよ」。プリュンヌは大変誠実で、充分愛情によって行動する。そもそも、デフォールトの言語を説明するのにぴったりする、シェフは「ほんの少々愛情を入れる」という言葉を見つけたのが彼女なのだ。つまり、愛情という要素をシェフが意識しているのは、迸る感情の中の一部分に過ぎないということなのだ。シェフは、料理がもっている人間関係的な性格の重要さを、正面から見つめていないのである。実際的で義務的な営みに対して、ただ単に「ほんの少々愛情を入れる」だけなのだ。料理はデフォールトによる愛情の言語であり、その上そのようなものとして表明されていない。あるいはほとんど表明されていない。比較的意識から遠ざかっているこの作用がこのように容易に働くのは、シェフが極めて種類の異なる多くの考えを持っているからである。たとえばプリュンヌは料理を、家族のためにするというよりまず最初に自分自身のためにする。「それで私のストレスが発散できるの。私は好きなのよ」。両立していないということはない。なぜなら自分の喜びは、家族へと向けられるもっと強い感情の迸りの証だからだ。創造を通じて自己実現することがややナルシズムの方へ方向を変えることがあるが、自分の喜びがそういう類の自己実現の結果であるとすると、その両立性はより小さくなる。スゼットは順序だてて分類している。彼女に「欲求」があるとすれば、それはまず家族のため、「家族全員が集合するとき」のためである。しかしその動きの中にも、自身の活動という観念と結びついた、もっと自分だけの満足が潜んでいるのだ。つまり芸術的余暇としての料理である。しかし最後には（他の人たちのための献身と自身を実現する営みという）すべてのことが、充分にコントロールされたある限界の中に組み入れられなければならないのだ。「それであっても私は、迅速にできる料理を探すわ」。献身は計算されたものである。シェフは情熱の中に打ち込んでも、その情熱に食いつぶされないように気を配ったままである。その情熱が、シェフを家事の奴隷に変えてしまう可能性があるからだ。台所の義務に縛りつけられている女性料理人という古いイメージはシェフに恐怖感を与える。義務的束縛のあの時代はもはや妥当しないし、シェフが夢見るのはひたすら自由と個人主義的な軽さのみである。それゆえ最高の技は、情熱を制御することと自己献身の度合いを知ることの中にある。その自己献身は、瞬間的には誠実なものであっても同時に、いつでも見張っていなければならないものなのだ。アネットは「綺麗に出来上がって美味しい料理」を囲んで会食者たちが喜びに満ちている、というイメージをもっている。料理は苦しい仕事ではない、それは「その最終目的のための仕事なのだから」。対話の時間が進むにつれて「最終目的」という言葉が口に上るときは、完璧に成功した料理（のテクニック）ということか、あるいは喜びに満ちている会食者たち（家族的ダイナミズム）ということを意味するようになった。なぜなら、彼女の思考の中ですべてがない混ぜになっているからである。けれども、その「最終目的」があまりに押しつけがましいものであってはならないことは、極めて明瞭である。「もしも、もっと迅速に料理ができて最終目的がもっと良いものなら、私はそっちの方を取ると思うわ」

食べ物と選択の関係

　感情の迸りにはブレーキがかかる。その原因は様々である。家事に束縛されることが心配だということがある。過ぎ去ってゆく時間に関して辛いという気持ちがある。豊富すぎる食品の健康上の危険がある。しかしまた、会食者たちの反応ということもあるのだ。会食者たちは、シェフが想像するような理想的な形で自分たちの欲求を示してくれない。彼らは冷淡で無関心なままなのだ。「要求もまたないのよ。要求がね」と、マイテは大声で言ったのだった。彼らは批評家となって不愉快な指摘を飛ばすし、シェフの大仕事を認めるけれどもその選択に対して異議を唱えたりする。しかもとりわけ彼らはお互い矛盾したことを言うことがあるのだ。会食する人たちが多くなればなるほど、全員の意見の一致することが少なくなる。ということになると、一体どうやったら、共食のコミュニオンを結晶のように硬くできる可能性を持った仕事を、イメージできるというのだろうか？　一体どうやってアマンディーヌは、ピザ＝マヨネーゼとクレタ式ダイエットの間で、料理を通じての家族という夢を実現すればいいのだろうか。プリュンヌ自身引き裂かれている。「私の息子は超難しいの。一般的に言って私は、しばしば彼のためのメニューを作るのよ。彼はトマトベースのものが大好きで、だからできる限りトマトのものを作るわ。夫はあんまりトマトが好きじゃないわけ。だから彼には作らないようにするわ。そういうわけで、複雑なのよ」。彼女の夫は「食うのが大好き」なのである。もしその問題がなかったとすれば、料理の愛情は祝祭だったかもしれない。というのも、「彼ったらそのことで怒鳴るのよね。何種類ものメニューがあるんだもの」。彼は個々人に解体するのも受け入れないが、トマトに集中して自分が二番目のランクに格下げされることも受け入れない。したがってプリュンヌにとって最も難しいことが、選ばなければならないということなのである。好きなものが個々人でばらばらになる我々の社会にあっては、家族の食べ物が選択されるものとなっている［Muxel, 1996］。ほんの小さなトマトの背後で、問題になっているることは常に、人間関係における選択ということなのである。シェフによってなされる選択が、シェフの感情的な取り組みの状態を表現する。選択に関わることが明らかになるのは食べ物ばかりではないのであって、人間関係そのものもあるのだ。それが、シェフによる食べ物の選択を通じてなされるのである。そしてその観点で言えば、夫婦が子供たちより優先することは稀である。子供が登場すると、家族の中では関係の階層的序列が再調整される。結婚しているカップルが、親であるということの背後に消えるのだ。食べ物はすぐさまそのことを物語る。

シェフは、すべての人の欲求に平等なやり方で応じることができるわけではない。シェフは裁定しなければならず、一方の人たちの好きなものを犠牲にして他方の人たちの味覚を優先させる。そして公式には、犠牲にされるのはほとんど必ず自分の味覚である。「最初に他の人たちのためを考える。それが普通よね」（アネット）。昔の義務的感情は犠牲の論理を備えているものであったが、情熱を持った取り組みがこの点において、その昔の義務的感情の跡を正確に受け継ぐ限り、そのことは全く驚くに値しない。何世代も前から母親は一番美味しいものを子供たちに与えた。そして、妻は夫に与えた。分量と美味しいものの序列は制度的なものであった。それがシェフの自由な選択から出てくるのではあっても、結果は同じである。他の人たちの味覚が自分の味覚に優先する。女性料理人は自分の欲求は抑えて、魚が食べたいときでも肉を食べるのである［Montagne, 2004］。ダニエル・ミラー［Miller, 1998］は、スーパーマーケットにおけるその民族学的観察の中で、買い物をする人たちがこれから一緒に食べる人たちの欲求を推測しながら、その人たちの身になってみることにどれだけ腐心しているかということを示した。

ミラーの結論は、「愛情は買い物をしているときに入念に作られる」というのである［p. 32］。それは自分を乗り越えることでなされるのだ。しかしその総括は、全体としてはその通りであるが、もっと詳述されるべきである。なぜならシェフは、別のいろいろな考えに迷いながら時折は計算ずくになることもできるし、さらには操作的になって如才なく自分自身の観点を押しつけることもできるからだ。それは、個人主義的自立の時代にあっては、少なくとも論理的な姿勢だ。利己主義と利他主義の間に、一方が他方を縮小させるとかその逆とかの敵対関係があるのではない。むしろあるのは、微妙なコンビネーションなのだ。そのメカニズムをある程度研究することは興味深いことである。

家族のコンセンサスと教育計画

料理は永遠の闘争である。シェフは戦略家だ。だがその戦略家は、残念にも喜びを作るという欲求に突き動かされているという状態よりも、むしろ、無関心に対抗したり不満に反応したりする方が多いのである。食事はどれも新しい経験であって、その新しい経験のお陰でシェフは少々射程を変えることができるし、また、会食者たちの一部から拒絶された食べ物を止めたり、妥協物を考え出したりすることができるのだ。「子供ってものは何でも食べることを覚えなくちゃいけないのよ。でも、なにか嫌いなものを毎日作ってやるというようなことはしないものよ。私はカリフラワーを使った時には、いつでもジャガイモもいくつか入れたわ」（オルタンス）。このようにして、食卓の周りのごく小さいが無数に行われる応酬を通じて、各家族の中にある特異な食べ物の文化が少しずつ定着するのである。トニーはそのプロセスがよく分かった。カップルは（家族同様）生きている存在であり、共有の文化を作り上げることによって日ごとに築きあげられる。「それは、僕たちが同じものを好きだということじゃない。僕が二人共通に好きなものを作るということなんだ」。シェフは毎日一つにするものをじっくりと煮る。じっくりと煮るものを通して一つにするのだ。明らかなことであるが、そこから生じるコンセンサスはそれほどバランスのとれたものではない。選ぶことに近いのはシェフである。たとえばクレマンティーヌは、チョコレートケーキを作る魅力に取りつかれている。そして小さな娘にも取りつかれている。しかし、その二種類の強い感情が融合しうるのは、料理の錬金術における奇跡なのだ。「さあそこでは、彼女のために何も惜しまないわね。私は面白いケーキを作るのよ。そういうのを、チョコレートでたくさん作るの」。自分の彼氏ためにクレマンティーヌが費やす努力は、それよりずっと小さいものであって、しばしば祖母から贈られた本の中にある、すぐにできるレシピを探すのである。場合によってやり方が変わるのだ。シェフはもはやヒロイックな犠牲的行為の使命をもっていない。快楽の論理に突き動かされているということであれば、自分自身が絶対に食べたくないものを料理するというのは、考えにくいことではなかろうか。配偶者の味覚に、そしてとりわけ子供たちの味覚に充分注意はするけれども、今ではシェフは裁定を下す際に、自分自身も他の人たちと同じように食べる人の中に加わるのだ。寛大な気持ちに突き動かされはしても、しかし、被害者になることは拒絶するのである。そこでシェフは度合いを測る知識を実行するのに、ぎこちなくなる。「私はニンニクが大嫌いなのよ。でも主人は好きなの。だから私は時々は少し入れるわね。でもヒロイズムを押し詰めて、羊の中にまでニンニクを入れるなんてことはできないでしょう?」（ポール＝ドーフィーヌ）シェフが裁定の際に、自分も他の人たちと一緒で単に食べる人だと考えるのは、果たして客観的なのであろうか。シェフはしばしばそう思っている。だがそれは、それほど確かなことではないのだ。ウジェニーの言うことを聞いてみよう。彼女は最初、公平なコンセンサスの理論を明瞭な仕方で展開した。「もし彼がなにかあるものを好きだったら、私はそれを作る方を選ぶわ。でもね、彼と私は、必ずしも同じ嗜好じゃないのよね。その時には、そうだわねえ…なんかバランスを取るわね。どっちも満足するようにね」。しかし、それに引き続いて彼女が挙げる例は、声高に言われている公平さの信用を失わせる。彼女は、自分でも気づかないうちに、食べ物の真実性に関する極めて個人的な考えから発して選択を行い、おまけに夫は全く抵抗を示していないと強調するのである。「結局、彼は難しい人じゃないのよね、本当よ」。たとえば彼はアーティチョークの繰り返しを受け入れているが、しかし、それは嫌いなのだ。「それでも彼はそれを食べるわ。ひとたびそれがお皿の上に出たら食べるのよね。それが彼の好みではないとしてもよ。彼の場合、できればおイモの方がいいのよね」。ウジェニーは自分の考えに反して自分の選択を押しつけるという、よく見られる行動を取る人の代表である。なによりも他の人たちのことに気を配っていると自分では考えているのに、自分の好みから出発して裁定を下すのだ。この無意識的盲目さは善意から出発している。自分の快楽を他の人たちにも分からせたいというのである。「それは私のためじゃないの。彼らに発見してもらいたいのよ」（アネット）。シェフは家族共通の文化を、自分が知っているものから発して豊かにすることを望む。それは一種の幸せの教育法なのだ。第一シェフは時折それに成功する。そして会食者たちはそのシェフに、二重の感謝を捧げるのだ。何であれ自分たちが抵抗していたものの手ほどきをしてくれたということで、また、その味覚的冒険を通して家族の結合を更新し強化してくれたということで、感謝するのである。「私は家族のために美味しいものを作る。でもそれは、私の嗜好から出発してのことなのよ」（スゼット）。

幸せの教育法は単なる教育のみの方へ流路を変えていくのである。シェフは現代的食餌療法の情報にどっぷり漬かっている（第一部を参照）。そのためそれを独占して、選択を合法化しているということは明白なのだ。シェフが戦いを続行しているのは、もはや快楽の発見のためではなく、家族の健康のためである。至上の目的が戦闘を十字軍に変え、会食者たちの批判をストップさせる。シェフは他の人たちの嗜好と自身の嗜好を分け合う際に、さらにもっと公平ではなくなる。たとえばマルジョレーヌは脂肪分と砂糖の割合を減らすことに決めたのであるが、どうやったらそういう彼女に異議を唱えることができるだろうか。栄養的な観点から完全に正しい決定だ。彼女は、その制限的原則のもう一つの利点として、その新たな習慣が家族の者たちの嗜好を変えたと指摘した。「食べ物の味を、私はもっと分かるようになったし、家族の者たちもそうなのよ」。快楽は健康に通じる。しかし特に問題なのは彼女の嗜好なのではないのか。彼女自身の好みのほうへ家族を進展させていくために、保健衛生の議論を利用しているのではないのか。「多分そうね、おそらくよ。でもそれは健康の問題のためでもあるんだわ」

操作的戦術

自分を利する形での密かなシェフの操作は、しばしばもっと鮮明である。シェフの目の前には無限に多様な食品があって、シェフは（会食者たちの味覚が合わないことや、何回もの食事の計画を組み立てることや、値段、品質、栄養的側面、エコロジーの側面等々の）いくつもの基準の総体から出発して、その選択を行うのである。別の言葉で言えば、シェフは前代未聞の複雑さに直面していて、そもそもどんな選択も完全に満足のゆくものではないのだ。我々はまもなく見るのであるが、シェフはその難点を解決するのに、引き出される基準がどんなものであろうとある突然の素晴らしい選択をすることによって、突如その複雑さを減ずるのである。つまりその時には、極めて単純に自分が欲しい食べ物を前に置くということが、シェフにとって極めて魅惑的なものになる。その食べ物が考えて良いものだからであり、食べて美味に思われるものだからである。スゼットが（今では彼女が大好きになった）オリーブ油を押しつけたのは、まさにこのようにしてであった。「オリーブ油、それにはうんと手こずったわ。家族の者が好きじゃないからよ。私は好きなの。健康に良いものなら、私は何にでも慣れるのよ。家族の者たちをそれに慣らすのは簡単じゃないわね」。メルバにとっても、家族の者たちをタラに慣らすのは簡単ではなかった。彼女は、食品の保健衛生的な価値序列の中で魚の位置をさらに一層上位に置き換える（オメガ3〔リノレン酸ｎ‐3系脂肪に関する栄養学理論〕に関する）最新の科学情報に極めて満足している。タラは彼女の大好物だからである。対話の最初の頃彼女は、特に子供との関係で自分自身の欲求を忘れる、シェフの自己犠牲という理論を繰り返していた。「ママは皆そうだと思うわよ」。だがすぐ後で、それでも限界はあるということ、そして、親は食べ物を通じての教育計画という考えを捨てるべきではないということを、はっきりと述べたのである。「それでも、それが彼らのために良いのではないかと考えたら、私はそれを繰り返し作るわ。たとえそれが子供たちの気に入らないとしてもよ」。子供たちのために（そして夫のために）良いものとは、一体何であろうか。それは、もちろんタラだ。まさに子供たちが気に入らない、そのタラなのだ。数日前彼女の夫は真っ赤になって怒った。「なんだ、ありえないよ。またもやそいつを食べるなんてことはしないぞ」。しかし彼女は、タラをソースと混ぜたので識別できなくなっていると確信していたのだ。「失敗したままではいたくなかったわ」。彼女はなにか別の妙策を見つけなければならないことだろう。オルタンスは、あらゆる食べ物のシリーズに関して同じ立場にいる。彼女は攻撃を試み、敵の反応を認めて、一時的に撤退する。しかしその後で計画を立て直して攻撃しなおすのだ。「それはほんの少しの間だけよ。それから後で私は、それをもう一回出すやり方に注意するのよ」

シェフが自分の考えを押しつけるやり方には、主として二つある。至上の利点の名のもとでの教育上の十字軍、そして、欲求を選別して聞くこと、の二つである。シェフが家族の者たちの欲求に気を配る際は、極めて誠心誠意である。しかし、その欲求は複数であり、会食者たちの間で衝突している。そしてまた各自でも無数である。食べ物が数多くある中で、そしてその調理の仕方がいろいろある中で、会食者たちは自分の嗜好を言う。だがその好みは、シェフの嗜好とは多少なりとも合致していたり合わなかったりするのである。もしシェフが巧妙であれば、他の人たちの好物中で一つだけ自分の好きなものを決めることができる。このようにして、表面上快楽が支配していて合意で成立した食文化を練り上げるのであるが、その大きな部分はシェフの嗜好なのだ。絶えず他の人たちのことを聞いている状態にありながら、大幅に自分の個人的な考えを押しつけるのに成功しているシェフたちもいる。いくつもの嗜好の中から選別するのだ。さらには、どの程度にまたどういう風に身を入れるべきかを決めるために、いくつもの希望の中から選別もしている。マリーズは、夫がソースの料理をそれほど好きではないことを指摘した。「それは私には好都合だわよ」。彼女は、まずは夫に問題を引き起こす食品を筆頭に、長く煮込んで調理する一連の料理を全部取り止めた。マイテも他の人たちの希望を使う術をよく心得ている。彼女は「要求」のなさを残念がっていた。そのためにもっと力を注ぐことができなかったのだ。しかしそれは、質問者の前でとりたてて愛想の良い顔をするためだったのである。実際は心の底ではその要求の少なさが彼女の目的に適っていて、彼女は巧みにそれを使う術を心得ているのである。「子供たちにはね、食べるものを作ってやる時には、あの子たちの好きではないような、複雑なものを作ってやるには及ばないの。私はいつも自分に言ったものよ。私はあの子たちの好きなものを作ってやる方が好きなんだわってね。複雑なものは、あの子たちは好かないのよ」。子供たちはハムサンドイッチの方が好きなのだ。

クレマンティーヌは、自分の個人的な好みを告白した稀な人の一人で、シェフのポジションによって得られる特権を意識している。「私はお昼は食べないわ。それで他の人たちのお腹のことはほとんど関わりがないわね。まずは己のことを考えよ、だわ。だからお昼は、もし残り物があっても、それでもなにか一品を付け加えるの」。だが夜は大変違っている。すべては彼女のコンディションと感情次第であって、それら次第で迅速な料理の方に行くか、もっと情熱的な料理の方に行くかするのである。祖母の本の使い方も、選んだオプション次第で同じではないだろう。主要な基準は、迅速な料理の場合はお金と作りやすさであり、情熱的料理の場合は嗜好である。「私にとっての嗜好ということよ。私は自分に言ってるの。結局買い物をするのは私、リストを背負い込むのも私、料理をするのも私なんだって。自分の嗜好に合わせて作ろうってね。少なくとも食べて嬉しいわよね」。思い出してみよう、クレマンティーヌは二番手の包丁の人の企てのことで不平を言っていたのだった。「彼がなにか作りたがるでしょう、そうしたらその時は要注意よ。それは台所に立つ大シェフなんだから。それはすっかり儀礼的なんだから」。彼が作るのが毎回魚料理なので、なおのこと彼女は嬉しくないのである。「私は魚が嫌いだっていうのにね。喉を通らないわ。後で小腹が空いたら、私は冷蔵庫に行ってつまみ食いをするのよね」。彼らが共通の食文化を決めるためには、まだ多くの調整がなされなければならない。

褒め言葉を、ただし褒めすぎないこと

クレマンティーヌの場合のようないくつかの例外を別にすれば、シェフは自分の嗜好を押しつけているという意識は本当にはもっていない。逆に極めて誠心誠意、他の人たちの嗜好を優先させていると思っている。そして実際、彼らの意見にとても気を配っている（自分の選択の戦術を拡大するためにである）。シェフの観点からすれば、自分に許しているエゴイズムがいくらか現れているというよりも、利他主義の方が、常にしかも大幅に凌駕している。それに疑いはないのである。義務によるものであろうと情熱によるものであろうと、料理は他の人たちのための自己超克であり寛大な自己犠牲なのだ。ナ

ルシズムをもたない無私無欲の証明は何なのだろうか？　やはりシェフは、なにかの褒め言葉を受けることが好きなのだ。しかし、多すぎないこと。

シェフは褒め言葉を少しもらいたい。それは当たり前のこと以外のなにものでもない。マイテのみは、かなり理屈に合っていることだが、全然それを期待していない。「褒め言葉があろうとなかろうと、そんなことは私にはどうでもいいことよ。私は善行をした。そうしなければいけなかったし、私はやった、それでお終い」。褒め言葉を要求することができるためには、ほんの少しであっても努力が必要なのは明らかである。「もし皆が私に『これは美味しい』と言ってくれたら、それは小さな報酬で、心地よいものよ。言ってくれないとしても、私は関係ないけどね」（カンディー）。彼女が、それは自分には関係ないと言うときには、充分にその言葉の意味を摑まなければならない。彼女はもちろん「小さな報酬」の方が好きなのである。しかし、相変わらず「関係ある」ことは、彼女の行為の目標なのである。つまり、「小さな報酬」があってもなくても、家族にとても良く食べ物を与えるということが目標なのだ。いつもよりももっと頑張ったというときには、褒め言葉がもっと期待される。会食者たちが自分の努力に気づいたという徴の反応を、期待するのである。「時間を取られるちょっとした料理を、じっくりと煮て作った時には、もし皆が美味しいと言わなければ『ところでどうなの？』って聞くわね。普通は『美味しい』っていう答えが返ってくるわ」（ベランジェール）。自己献身という論理に強く肩入れしているシェフだと、「他の人よりも多く献身している人であると認められる」ことを望む［Caillé, 2004, p. 21］。そしてそのためには、なにか徴が必要なのだ。ごく小さなものではあっても、はっきりした徴が。「あぁ、何も聞こえない時には…私は言うのよ、『それで、美味しいの？　それともまずいの？』ってね。毎回ってわけじゃないけどよ。時々ね。すると彼らは応えるわ、『何も言わなかったら、つまりそれは美味しいってことよ』『ああそうなの。でもだったら、時々は、美味しいよって、そう言ってもいいん

じゃないの？』」（オルタンス）
　会食者たちの意見はもう一つ別のあり方で関心をもたれる。それは、全く単純に、その料理が本当に美味しいかどうかを知るためなのだ。というのも、シェフがいつもの料理の外に出るとたちまち、疑念が増大し、技術面でのリスクが増えるからである。賛辞はシェフを安心させる。「褒め言葉、それって自尊心のためじゃなくって、つまりは、私の料理が本当に成功したってことなの。私はそう受け取っているわ」（カンディー）。自分の技に特別不安だったり疑念を持ったりしているシェフは、他のシェフたちよりもっと評価を受けることが待ちきれない。マドレーヌは、生涯を通じてずっと塩加減を一定にすることができないできたので、そういう例である。「私ったら、極端に濃かったり薄かったりなのよ」。そこで会食者たちは、徹底的にまずいのと塩辛すぎるのとの間を、行ったり来たりするのである。彼女が求めているのは褒め言葉ではない。単に問題がないことの確認なのだ。
　しかしながら賞賛は慎重なままでなければいけない。質問を受けた人たちはその点で断固としていた。シャルロットは、夫の熱狂的な言葉を冷やすのを止めなかった。「褒め言葉は好きだわよ。でも褒めすぎはだめね。私は彼に言うわ。主人たら、いつでもどんな所でも『ああ、彼女はものすごく料理が上手なんだ』って言うのよ。『やめなさいってば、イライラするわ』ってね」。シャルロットは、自分ができるかもしれない夢の料理の可能性と、実際に作るものとの間のズレを、とてもよく知っているのだ。夫の熱狂的な賞賛は誇張しすぎて間違いだと、彼女には思われるのである。そしてそれは、彼女の悪い気持ちを呼び起こし、どちらかといえば急いで料理をしたい時に、もっとやるように彼女を駆り立てるのだ。褒め言葉はぴったりと状況に合っていなければならない。だがシェフがそれに限界をつけることを望むなら、それには別の理由があるのだ。シェフのエゴを掻き立てるゴマすりが多すぎると、献身という論理を壊すかもしれないし、ある人が計算かナルシズムから料理をしているということを暴露するかもしれないのだ。快楽の交歓を通じて家族を形成するダイナミズムのすべてが、最初から損なわれるかもしれない。ポール＝ドーフィーヌは褒め言葉を「聞くのは好きである」が、特に期待していない時に言われるのが好きだとはっきりと説明している。それは会食者たちから自発的に出て来なければいけないのだというのである。シェフの側の礼儀とか慎みとかが問題なのではない。シェフが「聞くのが好き」な褒め言葉が自己中心的なものであるのは、単に付随的なことなのだ。反対に、シェフが待ち構えている（そして褒め言葉が証している）徴は、会食者たちの方に向き直って、彼らが確実に喜びをもったということを示すのである。「それは褒め言葉を聞くためじゃなくて、喜びを与えるためなのさ」（トニー）。「それで得意になりますか？」と、質問者がバベットに聞いた。「そうじゃなくて、彼らが好きだということで満足だからよ」。ウジェニーがその言葉を続けるように思われる。「彼らが好きだった時は、それは嬉しいわ。満足なのよ」。彼女たちが嬉しいのは何よりもまず、結びつきの土台を築く、快楽の循環に関してなのだ。それゆえ一番の褒め言葉は、皿に向かった食べる人からやってくる自発的な反応であり、お腹の底から出た言葉なのだ。「ああ美味しい。また作ってよ」。完璧な賛辞は時折沈黙の形を取ることさえある。忙しく噛む音だけがその沈黙の邪魔をしている。とても強く語る沈黙というものがあるのだ。「皆がそれをガツガツと食べていて、何も話し声がしないときは…どう言ったらいいか分からないけど、勇気が出るわ。それが料理を作ったことに対する、ありがとうの言葉なのね。私はそれに敏感なの」と、マドレーヌは言う。しかしそうではあっても彼女は、時々もっとはっきりとした形で満足が表明されるのを聞くのも好きなのである。

シェフが料理をするのは褒め言葉を聞くためではない。「皆が褒め言葉を言わなくても、私は何も言わないわ」（プリュンヌ）。シェフはプリュンヌのように、欲求から料理をするのだし、最初は自分自身に喜びを与えながら、他の人たちにも喜びを与えるのだ。「第一番には、私は自分のために料理をする。

私は自分の作るものに満足なの」。しかし快楽の循環は別の方向にも働く。「ところで、他の人たちが満足だと、私は幸せなの」。シェフは、計算抜きの献身をして、結果は自分で個人的にも実りを手に入れるのである。

家族の飢え

すべての出発はシェフの欲求である。もちろん時折シェフは全然欲求が湧かずに、単に義務によってむりやり活動する時がある。「それは必要だから、それだけよ。食べなければならないし、そうしなければならないから。誰かがやらなくちゃならないのよ」。しかしマイテは、義務の感情にそれほど押しつぶされているのではない。「たとえ時間があっても、もっと料理をするなんてしないわね。皆に山盛りパスタの皿があればいいの、彼らが望むのはそれだけなの」。彼女には動機がない。欲望も欲求もないのだ。「私には欲求がないの。欲求がよ。それだけのことよ。欲求がないの」

動きに駆り立てるその欲求とは何なのか、正確には何の欲求なのか。シェフは容易にはっきりさせることができない。トニーは複数の理由を挙げる。「それは自分をリラックスさせるためさ。自分の体のためでもあるね。よく食べて、バランス良くなるためさ。それから次にはそれは探求だね」。マルジョレーヌが挙げたのは最初は一つのみであったが、極めて抽象的なものであった。「それは自己表現の方法なのよ」。欲求は複雑で、いくつもあり、変わるものである。様々な要因が一緒になってシェフを行動に駆り立てることができる。創造性のひらめき（シェフは芸術家である）、栄光の欲求（シェフはスター気取りだ）、リラックスしたいというもっと平凡な希求（シェフは子供のように手を使って遊ぶ）。言い表すことさえできない要因もある。純粋欲求。クレマンティーヌがどういう時に「いい感じ」がするかを、誰が理解できようか。「分かる？　私は嬉しいときに、私に気に入るものを作るの。いい一日を過ごして、ちょっとしたアペリティフ、ちょっとしたものを作るわ。そうすると、食べ物が少し美味しくなるのよ」。これらの断片的な欲望はすべて、融合してただ一つの強い感情になる。家族的な動機と動員がそれらを包み込み、連合させ、ダイナミックにするのだ。「一人二人の子供でも、私は働きだすわ。自分では好きでもないお菓子でも、喜んで作るの」。ビスコットは、料理をするためにも食べるためにも、「その気にさせられる」ことが必要である。「私はたくさん食べる方じゃないのよ。一人だと食べないわね。その気にさせられないのね。だからお腹が空かないし、だから料理をしないってわけ」。家族がいなければ、彼女はお腹が空かない。「以前は家族一緒だったし、その時は私も皆と同じくらい食べたのよ。彼らのようにね。無理してたのじゃなくて、好きだったのよ。今では、お腹が…お腹が空かないのよ」

家族の強い感情に突き動かされることによって、シェフはお腹が空く。物理的にお腹が空くのだ。そのお腹の飢えがさらに欲求を大きくし、もっと肉体的で緊急のものとする。「僕は舌の突起がよだれで濡れるのさ」（サヴァラン）。舌の突起がよだれで濡れない時は、料理の（そして家族の）欲求が減退するのだ。「自分で食欲がないときは、さあその時はそれは本当に辛い仕事になるわね。私はさっとできる料理をして、食事もさっさと片づけるのよ」（マルジョレーヌ）。幸いなことにマルジョレーヌは、「自分で食べたい欲望があって、それが作りたい欲求を与える」のだ。そういう時シェフは、自分が少しエゴイズムの方に傾いているのではないかと自問する。全くもって自分を、じっくりと自分の偉業を味わう、食べる人と見なしているからである。「料理をするのと食べるのは、同じ快楽さ。それは連続してるんだ。それが究極だね。僕は食べる快楽をものすごく体験したのさ」（サヴァラン）。しかし彼は、その展開は逆になんらエゴイズムではないと、心底で見抜いている。人間関係のダイナミズムが彼の飢えを増大させている。その飢えはまた、他のことの飢えでもあって、彼はそれを感じ取っているのだ。すなわちそれは、快楽を与えたい欲求、他の人たちの欲望に応えたい欲求なのだ。「それは作りたい欲求を与えるものを自分自身で食べる欲求なの。そしてまた多分、他の人たちのために作りたいという欲求でもあるんだわ。私は喜びを与えようとしているのね」（マルジョレーヌ）

買い物

なんということだろう、料理をするためには、快楽の循環というその素晴らしいハーモニーを少し台無しにする困難な時を通過するということも、前提となっているのである。いくつもの辛い仕事の場面が避けられないのだ。最もひどいもの——悲嘆にくれたコーラスの声がこの点で一致しているのであるが——それは、買い物である。「私がイライラすること、それは買い物をすることね」（オルタンス）。シェフはその際に買い物のプロフェッショナルと化すが、どうしてそうなるのかを理解することができない。店内で襲いかかってくる精神的負担に、いつでも決まって驚いてしまうほどだ。というのも、買い物は真実が明らかになる特別な時間なのである。その時にはシェフは、自分の仕事が前代未聞の複雑さをもつものであるということを、自らに隠しおおせようもないのだ。シェフは、食品、嗜好、健康、一致しない金銭といった選択肢の間で裁定を下さなければならない。これからの社会的関係の構築を想像しなければならない。自分自身の料理の取り組み方を調整しなければならない。その全部をわずかの時間に行うのだ。訴えかけてきて気をそそる品物の列の間をカートを押していきながら、自分の考えをまとめることができないというのにである。料理をすることがかくも知的な作業であると、誰も教えてくれなかったのだ。シェフは一人だと感じる。疲れる。「一番辛いのは、何を買ったらいいか分からないということ、月曜、火曜、水曜…と、これから何を食べようとしているのか分からないということなのよ」（クレマンティーヌ）。その際に辛さを克服する唯一の有効な手段は、古臭い義務意識であり、さらには、苦しみの証明を通じて他の人たちに己を捧げる自己犠牲の倫理である［Miller, 1998 ; Devault, 1991］。しかし、そうなのだとあまりに表に出してもいけない。反対に買い物責任者はこの精神的な疲労は勘違いなのであって、本当の原因がないのに突然個人的な疲れが来たのだと、信じ込むのだ。そのためシェフはできるだけ早くそれを消してしまおうと試みるのである。

このイライラさせる辛さを減らすにはどうすればよいのだろう。それを心から追い出すにはどうしたらよいのだろう。シェフは戦術を作り上げようと試みる。家事に関して未だ実験段階にいるクレマンティーヌは、買い物をする頻度をいろいろに変えてみた。最初は月一回にしたが、それはとりわけ情けない結果を生じてしまうことが明らかになったので、根本的にオプションを変えて二、三日おきにやってみた。結論――「それはメチャ苦しい」。買い物を終えるや否や、もう次の買い物を考えなければならないのだ。そこで彼女はまた新たなリズムを決め、今では一五日毎にしているのである。意外であろうが彼女は不愉快な気持ちになる危険がある。頻度を少なくすることにはしばしば落とし穴があるのだ。論理的な反省的思考が必要であるのは確実なことである。「ああ、なんてったって買い物が一番嫌だわ。私はできるだけ少なくやろうと試みているの」（メルバ）。ああしかし、辛い仕事の回数を少なくすることは高くつく。まとめて買い物をする際の精神的プレッシャーが増大するのだ。辛さが、回数は減るがもっと強烈になるのである。辛さの元となっている精神的プレッシャーが強まることの中に、二つの基準が介在する。家族構成と、時間との関係である。家族の人数が多ければ多いほど、頭の中での仕事はもっと複雑になる。「多人数のときの買い物は、辛い仕事だわ」（オリヴィア）。マドレーヌは子供たちが家にいた時代に、すべて先を見越そうとしてみた極度の疲労を覚えている。今日では時間がたっぷりあることもあって、夫と二人でもっと楽である。そこで彼女は「小さな買い物」の回数を増やしている。それは町を散歩することにもなるし、話し合える機会にもなるのだ。辛さはほとんど消えてしまった。ただ「ぎりぎりになってから」やりだすときは別である。悪い思い出の棚の中にしまいこんだと思っていたその辛さをもう一度思い出して、彼女は驚いている。「それは一番辛いことだったわね。頭が一杯になるのよね」。しかしながら、驚くべきことは何もないのだ。その不愉快な精神的プレッシャーは、(とりわけ大家族の場合に)諸問題解決の知的な複雑さと、そのことに当てられるべき時間とからやってくる、直接の結果なのだ。「買い物、それはやらなければならないことよ。でも素早くやらなくちゃいけないの」(マイテ)。シェフは、自分の買い物を片づけることができると考えれば考えるほど、不意に襲ってくる辛さにますます捕えられるのだ。仕事に打ち込んでいてしかも家の中の仕事の基本的な部分を負担している女性たちが、それの一番の犠牲者であることは明白である。時間があるという贅沢だけが買い物のストレスを軽減し、その上それを喜びに変えるのだ。マーケットでの本当に幸せなシーンを、極めて理想的な仕方で(長い時間)語ってくれさえした人たちもいる。そういう人たちは、通常の生活の買い物という、別のほうの買い物を忘れたがっていたのである。

リスト

シェフは時間がないために、もっと巧妙な戦術を立てなければならない。最初に現れるのが買い物リストの作成である。それには様々なものが存在する。たとえば、逃れられない日に忘れないように、足りなくなった基礎食品を記入するものがある(スレート板や引き出しの中のメモ帳が使われる)。あるいはまたもっと興味深いのは、予測に基づいて作るリストがある。短いもの極めて長いもの、大ざっぱに書いてあるもの綿密なもの、定期的なもの、大きな食事の機会の例外的なもの。しかしそれらすべてが機能するのは同じ原理に則っている。すなわちそれは、精神的なプレッシャーを時間をずらすことによって移動させるという原理だ。シェフはお店の中での強烈過ぎる不愉快さを避けるために、前もって知的な作業をするのだ。「それがなかったら、お店の中での気分といったら…私は好きじゃないわ」（アマンディーヌ）。カートを押しての移動を合理的にするために、リストには売り場ごとに食品を分けて書くことさえありうる［Lahire, 1998］。（充分余裕があれば）極めて大がかりに組織立ったやり方で、その計画作業に時間を割くことをためらわない人たちもいる。「私は計画的なのが好きなのよ。好きじゃないのはその後の、お店の中でなの。ああ、あれを忘れたとか、これを忘れたとか。朝起きた時から、昼に何を食べようかしらって考え始めるのよ」（マリーズ）。マイテですら、単純に規則的に買い物をするにもかかわらず、それに少し時間をかけている。「私は金曜日にリストを作って、土曜日と日曜日に食べるものをメモするの」。不幸にして新たなる暗礁が待ち受けている。計画を立てることに没頭しすぎているシェフは、「アイデアを見つける」困難さを激化させるのだ。あまりにも綿密に、あまりにも早くから進めるためである。こっちの辛さを片づけようとして、別の辛さを大きくしてしまうのだ。リストの作成を支えているものが拡大したイリュージョンであるだけに、なおさらなのだ。イリュージョンは、すべては計画可能だと考えがちで、小さな紙に書いた哀れな一覧表がすべてを言ってくれると思いがちなのだ。しかしそれは、微小なかけらの素描に過ぎない。シェフが形成しなければならないものが家族の全構造物であるということを、忘れないようにしよう。リストが思い出させてくれるのは食品の（しばしば極めて不完全な）一繋がりでしかないのである。実際にシェフがリストを二つ考え出すのはそういう理由からである。小さな紙の上にしかるべき形式を踏んで書かれていて、基本的な食品を忘れないように優先的にメモしてある、はっきりと目に見えるリスト。そして「頭の中の」リストである。

スーパーの商戦と合理性

「私はリストを頭の中に書くわ。あら、作れるのは…」（マリーズ）。頭の中のリストはもっと固定しておらず、同時にもっと野心的だ。もっと大幅なスペクトルを走査させており、家族のいろいろなイメージと可能的な生活のシナリオを内蔵している。はっきりと予定している大きな食事を例外とすれば、一般的にリストは、あまり裸でお店に行かないようにするための素描にしか過ぎないのであって、もっと良い考えが出たら取り消してくれるように頼むしかないものである。「私にはいつも考えがあるの。そこでよ、よく起こることなんだけど、お店の中で、『あら、だめよ、これは作らないことにしよう。前もって考えていたことではあるんだけど』って、自分に言うの。そうなの、お店の中で目に入るものに従って考えを変えるってことが、私にはあるのよ」（オルタンス）。

シェフは、準備が良くても悪くても、書いてあるリストで武装していてもいなくても、買い物責任者と化して店に到着する。最初シェフのリストは貴重な切り札である。単なる品物なのだからと安心した物腰で食品のほうへ向かう。リストが無いとしても、それほど不愉快な気持ちもなく売り場の列をあちこち歩き出すのだ。食品とメーカー品が玉虫色に光っている世界が、千もの新たなアイデアでシェフを爆撃する。思いがけない物が手に届くところにあるのだ。考えが全くもって多すぎる、別の生活がありすぎるのだ。精神的な負担が全幅の重みでのしかかる。その時のシェフの目標はもはや夢を描くことではなく、逆に可能性の数を制限することだ。シェフは未来の建造物を（一貫して堅固なものとして）打ちたて、仕上げなければならず、（栄養上のそして人間関係上の）危険を追い払わなくてはならない。膨大な数の可能性の中で、決定を下さなければならないのだ。

選択すべきものが相矛盾し選択の幅が広がる限り、主婦シェフが全計画のリストを満たすには合理的なやり方でやるしか、他に方法がなくなる。短時間でのしかも極めて明確な手順を超えるあの反省的法則はここでは逆に敵と化し、解決を与えぬままに頭脳の負荷を一層大きくすることであろう。シェフはしっかりと一つの方法を立てなければならないのだ。全く無意識のものではあっても、その方法は極めて洗練されたものなのである。全く無意識のものだというのは、その方法の第一の規則が複雑さを単純にして、考えることを消し去ってしまうということだからだ（シェフが買い出しの面倒さに面食らい、まともに向き合わない理由はここにある）。シェフは、あたかもそれが過ぎ去るべき悪い瞬間であるかのごとくにそれを行う。もちろん重要な瞬間ではあるのだが。家族の未来の特筆すべき部分がその決定に委ねられているというのに、そうするのだ。問題は一枚の食品リストに過ぎない、それ以上ではないと、自分に言い聞かせる。いつものメーカーとか、ヴァリエーションをもたせる技とか、決まったメニューとかの、普段の目当てに頼りさえすればいいのだと、シェフには思われるのだ。そうした上で感覚の導くままに買い物リストを満たしていけばいいのだと。

いやはやなんとも。そのように無視を決め込んだからといって、買い出しの下に潜む複雑さからそれほど逃れることにはならない。というのも、それは導線がないままに買い物をさせられるということだからである。つまりシェフは二つに引き裂かれてしまう。一方では相変わらず、食事を通して家族を構築する建築家のままで、虚構性の視線を（その虚構性の視線の中には、喚起する印象の力とあるイメージを強化する感覚とがない混ぜられている）いくつもの断片的な反省的法則と絶えず交錯させている。思考は、家族の者たちの欲望によって作り上げられたいくつもの絵と、それ以上にずっと操作的な計算の間を駆け回る（カートの中にあるものの計算。買いすぎと、買い忘れと、選んだものの一貫性のバランスシート）。想像性と現実的計算がピッタリとマッチしなければならないのは明白だが、同時に栄養と人間関係性もマッチしなくてはいけない。シェフの頭の中には家族があり、その未来がヨーグルトとグリーンピースを通じてこしらえあげられるのだ。パラドックスは、両側に夫とか子供たちが居ても、何一つ手伝いをしないということだ。* 脇にいる家族は、何一つ手助けにならないどころか、その存在は様々なトラブルを引き起こす。というのも、お店で直接に欲求を言われたり、それについて裏取り引きをしたりすることが思考を占領してしまい、綿密な買い物プラン全体に統合しないのである。シェフにとって、未来のシナリオにそった秘密裏の構築に全身でかかることが必要なのだ。だが、家族のためにかくほどの努力をしているというのに、その家族の絶え間ないおねだりに抵抗したり、それに全く努力を払わないなどということがあっていいのだろうか。まことに法外な認識作業だ。面倒はそれ以外のどこからやってくるのでもない。だがシェフは、複雑性の深淵の中であがくその原因が自分自身の分身にあると感じても、それに深入りすることを拒絶する。シェフは、可能な限り単純で軽妙なやり方で自分の構築の役割を演ずるのだ。可能な限りもう一つの半身で移動し、感覚的衝動のまま、雑多な欲求をもつ人たちのためにお店の品物を買い求めてゆく。

＊　今日スーパーや商店で発達している、離れた場所にいて携帯電話を用いての相談は別の性質のものである。それはむしろ二番目の包丁の人（主なシェフが妻であれば、その旦那さん）が買い物にやらされ、分からなくなってシェフに指示を仰ぐという出来事である。それと比べてずっと稀ではあるが、シェフ自身が電話をする場合には、相談は極めて一時的で調整されたものだ。困惑させるようなものではないし、むしろ頭の圧迫感を小さくさせるものである。

物を販売する場は刺激の宇宙だ。購買者各自の中にある個人的な実存主義的形態のイメージの留め金を外させる。商品は個人史的系列のヴァーチャルなまとめ役となる。強烈に並べられた刺激でも、なんらインパクトを与えないものもある。なぜなら、それは可能性の無形的登録簿と共鳴しないからであり、あるいはただ単に、その瞬間はシェフの頭に他の考えが存在するためである。共鳴が働く時、シェフは突然解放される。刺激の自明さが一瞬にして選択の土台を決定し、複雑さを軽減するのだ。スーパーマーケットはカマンベールチーズや羊の腿肉などに対して、いつでも一目惚れが起きる場所である。そうした衝動に捕えられるやいなやシェフは、その衝動を打ち固め、その選ばれた食品がまとめ役となって、続く買い物と来るべき食事を構成するようにさせるのである。「とってもそそられるものがあるの。時々キャベツが目に入るわ、とても素晴らしいキャベツがね。素敵なロールキャベツができるんじゃないかしらって、自分で思うわけ」（クレマンティーヌ）。クレマンティーヌの食品的一目惚れは、大抵は、特に何を作るか計画していない場合には、もっと慎ましやかなものである。「私はちょっと鼻の嗅覚で選ぶの。あら子牛があるじゃない、いい肉よ。子牛にしよっと」。逆に、食事担当者の中には、リストを持たないで店に入り、気分の赴くままにまかせる人たちがいる。「何をするか全然考えていないのよ。そうして品物を探すわけよ」（ポール＝ドーフィーヌ）。そうした人たちは、魅了されるだろうとの希望を胸に、何かに目が吸いつけられるまで通路をぶらつく。反省の複雑さという不妊の苦悩は、そこから解放されるのに刺激的興奮ほど有効なものはない［Damasio, 1995］のである。ひとたびなにかの食品に魅了されると、残されていることはそのメニューを飾りつけることのみなのだ。「店に行くのにメニューを考えては行きません。売り場を歩き回っているうちに、あらあら、あれがいいんじゃないかしら、と思うのね。気に入った食品が目に入ったからなの。よっし、作れるものが小走りに走り出す。メニューが頭に思い浮かぶ。そうだ、あれもあれも入れることにしようって」（マドレーヌ）。アネットはリストを止めにして、その代わりに新しい方針をあみだした。「店の中に入ってから、一番よく作る料理は何だったかしらって、決めるの」

もちろん店は中立的な場所ではありえない。シャッターの向こう側では、買い物客を引きつけるために、とても巧みな食品の演出が考えられているのだ［Cochoy, 2002］。移動式のゴンドラケースの上の商品が、家族的相互作用が繰り広げる展開を決定する。そして、とりわけ、特売セールというものがある。信じがたいほど魅惑的である。これ以上の驚きは思いつかないほどだ。ただ、人が普段思っている理由で（少なくともとりたてて）魅惑的だというのではない。その成功はしばしば、抜け目のない消費者が個人的な合理性を明白に説明する好例として提出される。その意味は極めて真実であっても、それはまた、それが言っていることの正反対でもある。ラベルに書きつけられた値段の安さは、自分に疑問をぶつけないための格好の言い訳として使われるのである。つまり反省的思考の合理性などではないのだ。セールは演出のスターであり、自動的に魅了の心を掻き立てる。消費者は完全に同意を与える犠牲者である。その第一の機能は、極めて単純なやり方で複雑さを取り除く点にある。続く買い物のまとめ役たる商品を、押しつける点にある。複数の人が機械的にセールの品物を買うが、その際値段にはあまり注意を払っていないとすら言っているのである。「セール品があればそれを取るね。でもあまり値段は見てないよ」（トニー）。「値段には注意してないけど、それでもセールに行くわ」（アネット）。その良い点が、反省的思考の軽減、つまり面倒を軽くすることだからである。「セールに行って、あら、これ悪くないわって自分で言って、それを取るの」（カンディー）。反省的思考の操作は最小である（確認することはただ「これ悪くないわ」ということだから）。受動的な精神の気質は、魅了されるのを待つのみ。「どちらかというとセールの品が私のところへ来るって感じ」（カンディー）。ああ、スーパー商戦はますます数を増やし、お互いに競争しあい、つまりは混乱させあう。それによってもたらされる安堵の幸福は、ただ一時のものか。

結論

良きにつけ悪しきにつけ、食べるということに関して人は自由で不安定な現代に突入した。人はどこへくちばしを向けたらよいか分からぬまま、しかも食べ過ぎて健康を害するのではないかと案じながら、まるで鳥のように食べ物をついばむ。人は大量の(激増と言ってよいほどの)健康情報で食べ過ぎを払いのけようとする。その情報が彼(彼女)に警戒を呼びかけ、一つの主義を作り上げさせてくれる。ああしかし、主義なるものはこの分野では充分ではないのだ。科学的に正しい主義でさえもである。なぜなら、食べるということはまた文化の問題でもあり、愛情の問題でもあるからだ。人は頭で食べるのではない。親しい者たちと一緒に食べることは、お互いを結び合う紐帯を織り上げる。人類初期の社会と同様、親族関係を構築するものは今日も明日も未だ、「煮た食べ物」である。食事の歴史は驚くほど混乱している。古の供犠の祭壇は人間相互のみではなく人間と神々をも繋いだものであって、人々はその供犠の祭壇の周りで熱狂した。そして一九世紀は、肉体の理法によって家族を打ち立てるという思想を中心に良俗のモデルを発展させ、小うるさくて厳格なテーブルマナーを作り上げた。まさにその古の供犠の祭壇から始まって、一九世紀のテーブルマナーに至るまでの全歴史が混乱に満ちているのである。一九世紀の、テーブルに坐って顔と顔を突き合わせるマナー。その次に肉体は、その心をなくした堅苦しさに疲れた。心というと、まさにその心が新たな欲求を持ったのだ。心は、調和して振動することを望んだ。それがだめなら、少なくとも少々、慰めの親しさで(聖餐式のように)結びつくことを望んだ。会話を通じて――しかし不幸なことにそれはいつでも簡単というわけのものではない。そしてまた感覚を通じて――その感覚によって食生活は実存的な手段となる。結構な家族計画を持っているにもかかわらず、現代生活の自由な個人は、特に若い世代で、絶えず結びつきを離れ、空気のように軽い鳥のついばみ食いを好んでいる。家族はその若い世代を引き戻そうと工夫を重ねる。

家族、それはもっと正確に言い換えれば、料理に関わる作業の責任主体であり、シェフである（一般的には今日でも未だ女性である）。実際家族は、テーブルの下に足を突っ込んで、コップのカチンカチンとナイフのカシャカシャの間で繰り広げられるシーンの様々な食事を目の前にして、それで満足する。それが一番基本的なシーン、家族の生活の心臓部分、またそれと同じくらいに、創設する力でもある。それは、銘々がしょっちゅうそれぞれの隅っこで食事をする所帯では見られないものだ。だからそれを捕まえそこなってはいけない。食事を共にする人たちは、課せられた範囲の中で役割を演じ、その結合の圧迫が強く感じられる時には逃避したがり、顔と顔を突き合わせてももう話題がない時にテレビに食らいつく。昔は天使が通ったものだが（「あら、天使が通ったわ」は、会話が途切れた時に言われた言葉）、今ではテレビが天使の代わりをしている。もう何も言うことがないということは、起こりうる最悪の事態ではない。最悪なことは、もう一緒に感じ取ることがないということだ。救世主のいない世界で食べるために食べるということは、共に食卓についている人たちの不断の感動に耳をふさぎ、自閉的な世界で食べることだ。食事が生彩のないものとなる理由がここにある。それでも食事は、もっと親密でもっと生き生きとした家族を形成する決定的な武器である。とりわけ料理人がそれに時間と知識と感情を注ぎ込んで、うわべのシーンを据えつけるのではなく、それ以上にずっと素晴らしい作品を作り上げる時に、そう言えるのだ。

だからすべてはシェフの双肩にかかっている。まずは極めて複雑で困難な選択をしなければならない。家族や親しい人たちや友人、一人一人の好みを調停しなければならない。食品の選択をし、予算と出費を考え、食事の量と食事制限を考え、おいしいものと栄養の規則を考える。家族集団に教え込むか、冷蔵庫を与えて各自勝手にやらせるかで悩む。時としてお店の中で取り乱して密かに思考しながらシェフは感づく、これから織り出される秘密のオーケストラの指揮者は自分なのだと。それなのにシェフには最も問題の多い決断がまだ残されているのだ。つまり、料理にどのくらい力を注ぐべきなのか、である。というのもその重大な責任は、料理から逃げようとしているその瞬間でさえも、歴史を逆行してシェフに襲いかかるからだ。ここで男性族はもはや問題ではない。この場合、シェフは男性名詞であっても、事実は、喜びを味わおうと苦しみを受けようと、生涯かまどへの義務に縛りつけられた、古き料理人たる「彼女」なのだ。かかる義務を割り当てられることは、今日では全く我慢がならないことになった。女性たちは夢想したがる。自由で自立した個人、男性と対等で男性と同価値の人間。だがその男性たちは、通常の食事をしっかりとするために台所に立つことは、未だめったにない。幸いなことに、ひとつの解決法が提供されている。短時間で料理することを可能にする様々の食品が、数多く出てきたのだ。さらに、家族一人一人に出来合い《プレタマンジェ》の食品があって、各自好き勝手にさせることもできる。つまりシェフは個人主義化の流れに適合し、自分の仕事の大部分を捨て去って、他の人たちと同じように食事をするようになった。冷蔵庫が王様になった。新たな食事の仕方が定着し、緊張は和らいだが、同時に結びつきも崩壊したのだ。生活は、喉ごしのよい食べ物に似て、もっとつかみ所のないものになった。

基礎的なモデルはそのようなもので、それは否応なく発展する。しかしそれは、支配的になればなるほど感情によって突き動かされ、ぎくしゃくと燃え上がり、逆モデルが登場するのだ。それが欲求だ。多種多様な、そしていわく言い難い欲求。熱中。人は、美的に美しいものの創造と舌と胃袋の快楽の追求とをない混ぜ、夫婦の強烈な空腹と生き生きとした家族の生活をより合わせる。言葉にしがたい震えと渇き、デフォールトの愛の言葉。愛は、通常の世界の外側に存在する抽象的な感情にとどまるのではない。それは日常の事柄においても加工される。時としては手でもって。シェフの手の中には極めて特異な感情があるのだ。それは、多くの悩みを与える頭と反対である。なぜならシェフは、料理が並外れて複雑なものであるという事実を消し去ることができないからだ。頭はシェフを疲れさせる。手の方は、その精神的圧迫からシェフを解放する。シェフは手の周りに体と心を再結合させ、その動きの中にすべてを融合させる。

シェフは自明さと具体性に満たされるように感じる。完成させつつあるものの、人間関係的で情愛的な広がりをすっかり見通しながら。愛はちょっとした料理から生まれるのだ。

いやはや、現代の「食べること」の世界で単純なことは何もない。それは解決しがたい矛盾の上に成り立っている。それゆえ、おとぎばなしの結末のような結論を与えることは不可能なのだ。シェフはその衝動を計算し、食事を共にする者たちは感嘆するどころかつまらないことで言い争い、テーブルから立ち去ったりする。その他多くの理由から、(シンデレラの)豪華な四輪馬車はいつだってカボチャに戻ってしまう。いろいろな理由があるが、手作り料理で愛情が過ぎると、なんということか、余分なキログラムを産出して健康を損なってしまう、そういう理由もあるのだ。そもそも、情熱は常に危険なもので過剰に陥りやすいとは、よく知られたこと。そこでシェフの頭の中で居眠りをしていた反省的なやつが、もう一度表層に登ってきて愛情の熱を冷ましにかかる。ダイエットにとりかからせ、軽さを夢見させる。今日料理は、絶えざる流動の中にある。

質問によるアンケート調査は二二人の人を対象にして、包括的な方法に従って実施された［Kaufmann, 1996］。エステール・エノー（Esther Esnault）およびセドリック・トゥーケ（Cédric Touquet）が、微細な点にも気を配り、極めて単純な言葉を尊重する人類学者として、いかんなくその明敏さをこの仕事に注ぎ込んだ。誰がどのように質問をするかによって、収集される資料は常に独特の趣をもつ。ここでの資料は人間性の趣をもっている。私が彼らに無限の感謝を捧げる所以である。

新たなアンケート対象に取り組む研究者は、できうる限り矛盾を回避しなければならない。すなわち、まずアンケート調査に枠組を与えなければならない（もしそうしなければそれは散乱的になる恐れがある）。だが同時に、発見されることに向かって開かれているために、枠組に閉じ込めすぎないようにもできなければならない。研究者はしばしば、考えてもいなかったところへ引きずられていくものである。そしてまたこのようにしてこそ、極めて興味深い結果が現れるのだ。私がこの仕事に際して見越していたのは料理に関してであった。我々は、シェフの頭の中で（迅速の料理と情熱の料理の）矛盾した豊かさが働いていることを見たのであるが、それは私の予想していたことではなかった。料理は極めて高い程度で具体的に家族を作り上げうるものであったが、そもそも私はそれも想像していなかった。詳細に検証した段階で、私の構想はこの点でやや軽薄すぎるものであることが明らかになったのだ。

第二回目の対話調査を、もっと突っ込んだものとして、再度開始することもできたかもしれない。しかし、それより望ましいと私に思われる代替物が現れた。というのも私は文献調査に熱中していて極めて興味深い一連のアンケート調査を発見したのであるが、それは質の高い対話を土台に行われたもので、直接的間接的に食事のことを取り扱っていたのである。その資料は見事な豊かさと多様性に富むものであった。それを無視するということは考えられないことであった。そこにある人間をもっと具体的に生き生きと、いささかなりとも再現してみるということをしないで、ただ暗示的にのみ引用するとしたら、それもまた考えられないことであっただろう。そこで私はそのようにしたのである。そして私は、優れた性質の仕事に関して、特に、ジュリー・ジャネ・ショーフィエ、カリム・ガセム、イザベル・ガラブオ＝ムーサウイ、マチルド・ペロー、エルザ・ラモス及びフランソワ・ド・サングリの諸氏に感謝の言葉を述べたい。

（私のアンケートで忘れていたことである）悪い点が、その反対のものに変貌した。私が偶然によって助けられたのは確かである。というのも、必要としているまさにその時に、集約された一連の、これほど見事なアンケート調査を見つけるということは、常にあることではないからである。しかしそこから出た結果は、補足的なアンケートを私が管理して行った場合に得られたかもしれないものよりも、はるかに優れたものであった。方法というものはどれも、それぞれの長所と欠陥をもっている。包括的な対話は、その名前が示すように、とりわけ社会的プロセスを明らかにすることが問題である場合には、理解のためには比類ないものである。そのような生産性が手に入れられるのは、ただ大きな柔軟性をもってその包括的対話が使用される場合のみである。その際に一つの危険があるのだ（それが私の方法の弱点なのであるが）。それは、研究者のアプリオリな考えが結論を方向づけてしまう危険である。この偏向に対抗する主要な保障は研究者自身の自己制御であるが、それを課すことは、考えが熱を帯びるときには常にたやすいことではない。それゆえ、同じテーマを扱っている他の原資料を比較対照することが、時として有益でありうるのだ。資料を全く同じやり方、全く同じ視点で取り扱う研究者は二人といない。いくつもの視線を交差させることが貴重になってくる。

あたかもサックを空にするように資料の分析をするという着想を、人はあまりに頻繁にもつものである。すなわち、アンケート調査イコール結論。それは、人や物の要求に対応する行政官僚がもつ精神的眼差しである。なぜならば、サックは実際には底がなく、資料の豊かさは無尽蔵だからだ。我々はいつでもそれに別のことを言わせることができる。私はだんだん、大急ぎでサックを空にしてその都度信じられないほどの富を失ってしまうというようなことをしない主義の信奉者になってきた。アンケートは少ないほうが、さらに少ないほうが良い。むしろ、それのもつ人間学的な濃密さを真に取り扱うことである。今では私は個人的に、昔の諸著作に立ち戻ってその深いところまで探っていく試みをしている。それを複数の人間で行うことはさらに良いことであり、そのことが、意図しないままにここで私に与えられたのである。私が、提出した質問の中で前もって食事のことを充分に考えていなかったことは、幸いなことであった。

インタヴューに応じた人たちの紹介

●**アネット**　四九歳、調剤助手、結婚している。同居の子供一人。
整備され、装備の整っている大きな台所。台所は居間と応接用のテーブルに通じている。しかし台所のテーブルでも食事をすることができる。

アネットは料理をすることが嫌いではなく、全然辛いと思っていない（多分、道具類を洗うのは少々その例外だ）。しかし、想像できる手段をすべて持てるなら何をするかと質問された時に、食事の支度をする人を誰か雇うと答えた。つまり、料理の魅惑には、そうはいっても限界があるのだ。料理の魅惑は、その行為が組み込まれている想像上のことから来るのである。すなわち、料理は食事を準備するものであるが、その食事が家族の生活の中で心地よい時であり、また、極めて強烈な時間であると想像されているのだ。この目標があるからこそ、料理行動が推進され、昇華されて、辛さが消失するのだ。

彼女は、急いで料理をすることは上手ではない。目新しいものを作ろうとする際にはレシピに頼るのであって、そのことは普通によく行われる。その際彼女は、買い物をする食品のリストを細かく作成する。しかしそれと反対に（目新しいものを作ることに取り組むというのではない時に）最も頻繁にすることは、前もっての考えを何ももたずにスーパーマーケットに出かけ、陳列されている食品からやって来るイメージの収穫によって与えられるサジェスチョンを期待することである。その際、家族を形成する強烈な時間であるその食事が、極めて多様な誘惑から発して、わずかの時間で形を取るのである。かくして、普段彼女はそれほど値段に気をつけていないが、突如としてあるプロモーション商品に引きつけられ、それを中心にして他の買い物がついて来て、味覚と人間関係のハーモニーを構成することになるのだ。買い物は難しい術である。

●アマンディーヌ　四五歳、主婦、結婚している。三人の子供が同居。

よく装備の整った小さな台所。居間に通じているが食卓はない。しかし、居間の食卓が大きな出入り口からとても近く、ほとんど台所の一部になっている。

「私たちは、子供たちがもっと小さかった時は少し苛立っていたわ。今はそうじゃない。こんなにも時が経って……もし彼らが食べたくないのなら、冷蔵庫を見に行くでしょうよ。それだけのことよ」。料理を愛しているにもかかわらず、結局彼女は料理から手を引き、二人の男の子たち（上は二〇歳）のためには特別のメニューを作ってやる。「それはいつでも同じもので、その繰り返しなのよ。実際はほとんど違ったものがないのよね。パン粉をまぶした魚、ハンバーグ、ピザとフライドポテトというところなの。毎回必ずマヨネーズをかけるのよ」。彼女にとって幸運なことに、その家庭内マクドナルド化の動きに、娘は突き動かされなかった。娘が忠実な同盟者として留まって、彼女とほとんどの嗜好を共有している。男の子たちと反対である。夫とも反対なのであって、その夫は定期的になにか手の込んだ新しい考えを気まぐれに決めて、彼女をそれに引き込もうとする。「夫はこの間からクレタ式ダイエットにものすごく興味を持っているの。それって新しいことよ。長続きしないわよ。それの基本はオリーブオイル、魚、たくさんの野菜、そして普通はエスカルゴよ。新鮮なものでなきゃいけないの。ま、いいでしょ、だからって私は多分エスカルゴを採りになんか行かないでしょうから」

ところで、違ったメニューを三つ作ることは、料理を作る時間を長引かせる。しかし彼女は週日の間はすばやく作りたいのだ。反対に週末には夢の料理を現実のものとするために、しっかり時間を取りたい。しかし、一体何のために？　家族の中で嗜好が分裂していることによって、その作業は少なくともデリケートなものになっている。そこで彼女はその情熱を生かすために友人たちを招いて、準備の間中秘めた感情をふるわせる。不安のあまり喉が絞めつけられ、エラーを犯すのではないかとストレスがたまる。つい最近になって夫と一緒にワインを発見した。「おお銘醸ワイン、それって美味しいの。最高よ」。夫婦でワインの快楽を共有することによって、食事全体でうまくいっていないものが埋め合わされるのではない。おまけに彼女は、強い感情に押されて躊躇することなく、一三歳になる娘にワインを始めさせたのである。

「おお、あの娘ったらそれが大好きなのよ」

●ババベット　五二歳、公務員（夫は退職）、同居の子供が一人。

（皿洗い機、洗濯機等の）機器でいっぱいになったかなり小さい台所。小さいために半テーブルを壁にくっつけておくしかできない。だが庭に通ずるベランダがある。

「私が思うに、それは私自身になかったものを子供たちに与えたいという欲求から来るんだわ」。ババベットは小さな娘時代に親密さがなかったという苦い思い出を持っている。彼女は、いい加減でぞんざいに作られた食事を、愛情の欠如という角度から見ているのである。そこで彼女は、自分の人生は反対のものにすると決心したのだ。彼女は、自分が持てなかった（あるいは持っていなかったと彼女が考えている）愛情を、計算抜きで与えるわけである。全身全霊を料理に打ち込んで、美味しい料理を作るのだ。彼女がこの分野で全然辛くないか、あるいはほとんど辛いと感じない理由がそこにある。一時間、二時間、あるいはそれ以上、彼女は時間が過ぎていくのを忘れる。唯一本当に微妙な時間、それは、次の食事のためのアイデアを見つける時である。その時彼女は「何食べたい？」と尋ねる。答えはいつも同じで、「君が食べたいものを」である。それは彼女を異常に苛立たせるものなのだ。野菜の皮剥きも彼女の好むところではない。そこで夫が職権によってその仕事に就かせられるのであるが、それが彼女の小さな苛立ちを消す効果をもっている。反対に、それに続いて起こることはただ喜びを高める一方である。特に彼女が大好きなのが、最後の瞬間に微細な工夫をする、究極のデコレーション的タッチである。食事とは詰まるところ、会話の快楽と舌の快楽をない混ぜたものなのだ。週日でさえ彼女は、夫だけと一緒の時で、新しい健康上の要求があってその結果少々ダイエットに従わなければならないときでも、それをしている。バベットはもっと軽い料理でも、同じくらい美味しいものを作る試みをするのだ。

しかし週末に、友人たちを招いたり子供たちが帰ってきたりする時には、ダイエットはすぐさま、そして完璧に忘れられる。砂糖、油、バター、クリームが昔のようにふんだんに使われる。なぜなら、この時はただ一つの目標が、喜びを与えるということだからだ。子供たちは大満足だ。「あの人たちは、戻った時にいつでもそれを美味しいと言うの」。とりわけ、失われたと思っていた思い出の混じった味が蘇るときにそうなのだ（プルーストのマドレーヌの味）。「この間私はピュレを作ったの。本当のやつよ。おお、娘ったら言ったわ、『あらあ、随分長いことこれを作らなかったわよね』って。彼女は大満足だったわ」

●ベランジェール　四四歳、結婚していて、仕事を持っている。同居の子供二人。

テーブルの周りに組織されている小さな台所。合成材の食器棚が収納になっている。ペットのハムスターの籠がある。

彼女が宣言するところでは料理とは真正の喜びであって、出来上がっていくにつれてクレッシェンドのように高まる、一種の、予告された恍惚の喜びのための下準備である。匂いにどっぷりと漬かって、最終段階では料理の味見という口実でためらわずにつまみ食いをするので、なんともはや、彼女の食欲は食卓に移る時には落ちてしまっている。喜びは、もっと強い喜びの期待の中に存する。だがそれは不幸にして絶えず遠ざかるものなのだ。それは一つのイリュージョンであるように思われる。

喜びの逃走は週日にもっとひどい。彼女が時間を追いかけていなければならないからである。一番苦しいのは「アイデアを見つける」ことである。ベランジェールは、翌日のために毎晩それを考える。そしてしばしばそれに失敗し、その「隙間」が彼女を慌てさせ精神的に疲れさせるのだ。そこで彼女は夫や子供たちに尋ねる。「ああ、あの人たちは本当には手伝ってくれないわ。しょっちゅう隙間があくのよ。『ああ、何を作ったらいいの』ってあの人たちに聞くの。どんな食べ物を作ろうかしらってね。すると『うーん、分からないわ』」。彼女は答えを待っているのではない。そもそももし返答があったとしたら、彼女の決定をもっと複雑にしてしまうことだろう。とりわけ問題なのは、全員に自分のやっていることの複雑さを見せて、重荷から解放されることなのだ。

さらにベランジェールは、食事のあいだ会食者たちにも尋ねる。「私が、時間がかかるちょっとした美味しい料理を、じっくり煮込んで作ったときには」そうするのだ。確かに、夫や子供たちがその努力に気がつかないことほど、ひどいことはない。彼女が、分かってくれたという印や感謝の印を望んでいる、ということではない。ちょっとした料理を作る理由は、家族という集団の中に喜びを作り上げるためなのだ。彼女には、そういうことであったと知ることが必要なのである。

彼女が話すことを止めない、その喜びということに関しては、宣言されているものと矛盾しており、ほとんど強いものではないことが明らかであるように思われる。それはある種、平板化された喜びで驚きもないものなのであって、おそらくそこから彼女の単調で、書くのも悲しいほどの口調が説明される。第一質問者が、あなたにとって理想の料理とはどんなものですかと問うた時に、突然彼女は、その「喜び」に感情面での強さのないことを明かしたのである。「なにか他のことをやる時間を持つために」全部止めてすっきりしたいものだわ、と答えたのだ。家族的な営みに少しばかり息が詰まっている、引き裂かれた個人の本音の叫びだ。というのも、料理のことを通じて彼女が我々に話していることは、明らかに家族ということに関してだからである。

●ビスコット　五三歳、主婦、離婚。

多くの装備を備えた大きなシステムキッチン。とりわけ中心のテーブルが大変大きい。

彼女の母は、将来の役割は完璧に家事をこなすことでなければならないと考えていたので、彼女をそのように教育することを切望していた。「料理をしなさい、料理を。結婚した時に、何もすることができないってことになるわよ」。だが彼女は飽くまで抵抗し、見るだけにとどめて、料理を実行に移すことがなかった。彼女は、個人的自立の風が吹き始めた時代に生きてきたため、そうした伝統的な女性の役割を引き受けるプレッシャーを感じなかったのである。そのため、結婚の翌日から習得が急務となった。ビスコットは見たことのあるものをすべて記憶の中に呼び起こし、補完のためにレシピの本に飛び込んだ。彼女は急速になんとかできるようになり、確実にまともな食事ができるようになって、それを中心にして楽しい家族の会食者たちが賑わった。そのことを彼女はノスタルジックに思い出すのである。

その証拠には、彼女の話の続きにはずっと多く苦しみが現れている。突然、一人だけで年端のいかない子供たちとの生活になって彼女は、精神治療の形をとった、まさに常軌を逸した料理の行動に捕えられ、手の動きによって、考えることを自分に禁じようと試みているのである。彼女はお菓子類を全く好まないのに、子供たちの気に入るように素晴らしいお菓子を、工夫して作ろうとしている。

その子供たちが家を出たときに、その強い感情は壊れた。一度彼女は、自分のためにちょっとした料理を作ろうと試みた。「一人っきりで皿を前にした時に、それは喉を通らなかったわ」。そこで彼女は、チーズ一切れ、ヨーグルト、果物と、手でつまみ食いをする方を好んでいる。そして彼女には、実際には自分は普段ほとんどお腹が空いていないのだということが分かったのである。もはや料理をすることに興味がない。食卓につくことにブレーキがかかるのみではなく、食欲によって突き動かされることもないのだ。記憶の中に戻ってくるシーンと比べれば、そのコントラストが理解される。「私の会食者たちは美味しいものがとても好きだったわねえ。あの人たちに喜びを与えようとしているんだと分かっていたの。そして同時に私は、自分に喜びを与えていたのよね」。彼女は喜びを与えるという喜びをもっていた。だが、食べるというごく単純で個人的な喜びも、もっていたのだ。彼女は思い出に浸りながら、現在形を使った奇妙な言葉を発した。「私は本当に、美味しいものが好きよ」。つまみ食いだけで済まして、もはや食べる嗜好を失っているのに、である。家族的なコンテクストは、味覚の手がかりを根底から覆しうるのである。

●カンディー　四二歳、管理職公務員、離婚、同居の子供二人。

鍋や皿洗い機、洗濯機等でいっぱいの小さな台所。小さなテーブルがあり正面にテレビが置いてある。

彼女の料理の生活は（週日と週末で）根底から完全に二つに区別される。彼女は、週の間に関しては「料理」という言葉を用いることすら拒絶し、出来合いの食べ物を購入して、できるだけ速やかにその辛い仕事を片づける。「私は働いているの。時間がないのよ」。週末は反対であって、彼女は週日に足りない時間を、その時にはたっぷりと取るのである。「その間は別のこともできるかもしれないけど、でも私は料理が好きなのよ。それでリラックスするわ」。週日の買い物はさっさと済ませ、お店の中のプロモーション商品の導くのに任せる（それが調理の仕事に引きずり込むものでない限りは、である）。その際の基準は値段だ。反対に週末には彼女は、早くも金曜日から極めて詳しい計画を考え出し、計画したレシピに合うものだけを購入して、上等な食品を買うことを躊躇しないのである。

食事は彼女にとって貴重な時間だ。小さな家族がこうして生活していることを感じる、唯一の時なのだ。会話を重視するためにテレビを避けるように試み、子供たちが最低限の時間そこにいるように抵抗するのである。しかしそれでも子供たちは、いつでもうまく逃げている。もっとも彼女は、すでに長きにわたり、子供たちの嗜好に屈服している。とりわけ、彼女が料理するものは子供たちを喜ばせるものなのである。

●カネル 二三歳、スポーツ等指導員、カップルで暮らしている。

若いカップル向けの簡易台所、皿を置くための扉のない棚。軽い食事用の小さなテーブルが五平方メートルの狭い場所に詰めて置かれている。

カネルは自分を台所のアーティストと思っている。彼女は作品を現実のものとするのだ。「それは自分よりも強いわ。それって芸術なのよ。冗談を言ってるんじゃないんですからね。欲求を感じる、何かあるものを感じる、すると作らなくちゃいけないの。ミケランジェロのダヴィデじゃないけどよ。多分ただ、ピクルスを薄切りにしてハムの上に乗せるだけなんだけど」。素晴らしく見えるためには、ピクルスの薄切りで充分なのだ。始めた時から(最近のことだが)彼女の進歩は素早い。最初は、オムレツを作るのにフライパンにバターをひかなければならないことすら知らなかったのである。彼女の拠り所は単純で、彼女が世界で一番好きなジャガイモが土台である。「おジャガなのよ、おジャガ。それって複雑じゃないし、私はそれで幸せになるの、本当にバカなんだけど」。しかしながら彼女は、その土台から始めて創造的エネルギーを解き放ち、何の抑止もなく巧みに香辛料を使い分けする。「私って、魔法の粉に関して、おバカの女王なのよ」

食事に関しての感情はそれほど強くはない。料理の中に唐辛子類を入れても無駄なのであって、まるでこの若いカップルは徐々に精彩を失いつつあるかのように、すべてが過ぎてゆく。時としては、沈黙の中で消失さえしそうである。その沈黙は彼女にとって耐え難いものなのであって、彼女に向かって多くの疑問を投げかけるのである。「沈黙の状態になっちゃったら、間抜けな二人ということになっちゃうのよ。『それにしても、あたしたちって年寄りじゃないんじゃないの』って、自分に言うのよ。食卓じゃ、まるで年寄り二人って感じになるのよね」。幸いなことに土曜日の夕方は熱気を帯びて、その疑問の瞬間を忘れさせてくれる。カネルは実力以上の力を発揮し、特に料理のデコレーションに気を配る。土曜日の夜は本当の祝祭なのだ。そしてアルコールが大量に注がれる。二人は話をして尽きることがないのである。最初の頃に戻ったような気がし、二人は心を通じ合わせる。

●シャルロット　六二歳、文部省所属の教員（夫は退職）。

いろいろなものが詰まっている台所、作業台が二つあり、補助テーブルがある。植物、猫のトイレと皿がある。時間がないので、彼女の週日の料理は急いで作られる。「正味の話、もう夫と二人っきりなんですもの。二人だと、ポタージュ、パンとチーズ、ヨーグルト、それで出来上がりよ」。シャルロットは時間が足りないのであるが、頭の中で準備するために一週間の間ずっと、どこかに時間を見つけることができる。週末に、もっとずっと念を入れた料理を作るためである。雑誌の中のレシピを読み、夫と二人で絶えずそのことで話し合う（「日曜日に何を作ったらよいか、週日に尋ね合うのよ。二人で感想を話し合うの」）。いろいろな企画を組み上げ、二日前に買い物リストを準備する。しかしながらその瞬間がやってくると、たった二人だけなので、保存用の瓶詰で済ませてしまうことが稀ではない。どんな瓶詰でもというわけではなく、「なにか、私たちがヴァカンスで行っていた土地で買ったものなのよ」。しかしながら、（彼女は料理のことを話すときに、ひたすら愛の言葉を用いるのだが）その夢の料理といつもの現実との間のズレによって、軽く気分が悪くなる状態に陥ってしまい、度を越していると思われる褒め言葉には反応するのだ。「褒め言葉は好きだわよ。でも褒めすぎはだめね。主人たら、いつでもどんな所でも『ああ、彼女はものすごく料理が上手なんだ』って言うの。私は言うわ、『やめなさいってば、イライラするわ』ってね」

夫の方は（今では退職していて、妻の方は相変わらず仕事に多く時間をとられているのに）食べることが大好きな人で、「鍋の中に鼻を突っ込みに来るのが好き」なのである。自分でもやる、ということも起こる。シャルロットは熱狂した調子で、「彼ったらドーブのスペシャリストなのよ。誰でもない彼のレシピってわけ。西部フランスで一番のドーブだと思うわ」と、感嘆するのである。しかし少し後になると、その説明は少々変わってくる。「それはまずくはないわ。彼がそれを作ったのは半年に一回なのよ。そして料理に五時間も六時間もかかる。その上、洗い物は私なんだから」

●クレマンティーヌ　二九歳、絵描き、カップルで生活している。子供が一人。

あまり物がない台所。質の悪い旧式のレンジがある。だがデコレーションはすごい。冷蔵庫には絵が描いてあり、テーブルはタイルのモザイク模様、皿が美しく、鍋の質素なのと対照をなしている。

彼女の料理の軌跡は最近大きく変わった。独身時代彼女は、時間も定めず手でつまみ食いをして、その自由を謳歌していた。カップルになって初期の頃は、何ら大きな変化が導入されなかった。二人が一緒に食べることはよくあったが、時間がまちまちで食べ方も即興的だった。規則的に食事をして組織的に料理をする世界に押し出されたのは、娘の誕生によってであった。この分野での知識が乏しかったので、彼女はいろいろな経験を積み重ねた（たとえば買い物は月に一回にしてみるとか）。そして、徐々に自分独自のシステムを築いたのである。現在彼女は、祖母から贈られたレシピの本を極めて独特な仕方で使用しており、その本が中心的な役割を果たして、彼女は「台所にいて、自分の小さな世界を自分に引き寄せる」ために、行動し革新を起こすように突き動かされているのである。

ああしかし、いつも祝祭というわけにはいかない。とりわけ彼女の喜びを台無しにするのが彼の態度であって、彼は一緒に食べて楽しい人ではあっても、彼女の仕事を助けることが極めて稀で、手伝ったとしてもほんのわずかなのだ。そうでなければ彼は魚を料理するが、彼女はそれが嫌いである。クレマンティーヌは、自分が好きな料理を作ることによって、密かに復讐する。一緒にいる雰囲気がもっと楽しいものになる時は、別である。その時には密かな不満は、瞬間の幸せを共有することの前に消滅する（彼女が夕食を作っている間に、ちょっとしたアペリティフをやるのである）。その時には、忌まわしく辛い仕事が奇跡のようにその性格を変えるのだ。

●ウジェニー　六二歳、退職、結婚している。

小さなテーブルの周りに組織化された台所で、昔風に整備されたシステムキッチン。どちらかというとクラシックな仕方で構想を見直した台所である。大きなレンジがあり、通常の食事用の小さなレンジもある。「簡単にやること」、「実生活を複雑にしないこと」。彼女の話の中にはその言葉が絶えず出てくる。彼女に営みの指令を発する倫理的原則がこびりついているのである。しかし彼女の実生活には全く複雑なものがない。また、今では退職しているので、もし望むなら、大きく時間をとってずっと念入りな食事を作ることもできるのである。だが彼女は自分のいつものやり方を変える必要を感じていないし（「私は自分ができると知っているものを作っているの」）、そういう風に時間を目一杯使う必要も感じていない。また同様に、料理の仕事のための時間を、逆に少なくするということも切望してはいないのだ。「もしも、もう料理をしないとしたら、もう家事をしないとしたら、一体何をやるっていうの?」彼女は、やらなければならないことを、今までいつもやってきたことの継続の中で行って、あたかも本を一ページ一ページめくるように生活を展開させていくことで、事足れりとするのだ。食事の後にはまた食事が続くのである。しばしば、彼女の体がもっと拗ねる時には、もう一度その行為に取り組むためには、家族的な義務を思い起こせば充分だ。「時として、それは本当に家族的な義務よね。ようし、食べるものを作らなくっちゃって自分に言うものよ。夫のために、あれら全部のことのために」

実生活に道しるべを立てる社会化の仕事にあまり感傷も持たずに取り組むこの姿勢のおかげで、彼女は、子供たちが家を出て行ったショックを和らげることができた。食事が、以前のものとすっかり同じでないのは確かである。二人とも健康に心を砕いているが、いろいろな活動は相当に弱くなったし、食べ物の必要もまた減った。つまり二人の食べる量は少ない。そこで彼女の料理の仕方は、さらにもっと簡単で迅速なものになったのである。しかし彼らの印象では、食卓につくのは、以前常にやっていたのと変わらない……いや、ほぼ同じなのである。というのも、確かに差し向かいで食べる料理のうち、あるものは消えたからである。そうして食べているのは、新たに差し向かいで味わいたいという希望なのか、それとも、もっと深い家族的欲求なのだろうか。そこで子供たちが招かれることになる。「土曜日の昼にポトフを作るのよ。来る？」子供たちは来る。そして食卓はもう一度すっかり別の賑わいを見せるのだ。「あの子たちはそれが好きなの、それが好きなんだから」

●オルタンス　六二歳、退職、結婚している。

彼女は以前大きな台所を（そして大きな庭を）持っていた。今の台所は実験室程度の大きさで、テーブルもない。だが装備は行き届いている。

彼女にとって料理は何より先に家族的な義務である。「それは生活の一部なの。当たり前のことよ」。それゆえオルタンスは、何の困難もなくそれに従ってきたのである。ただ、決めることができないで頭が一杯になる、毎日の買い物だけは別である。しかし、子供たちが家を出て行ってから彼女は、その義務が多くの家族の形態でそれぞれ違うのだということを知った。もはや気力は同じではない。「今では私に料理を決めさせるもの、それは簡単かどうかということよね」。しかしながら、このように料理のモチベーションが低下したことには、二重の埋め合わせがあった。一つは週末にアペリティフの儀礼が確立したこと。「それは二人で過ごす時間なの。別の時間なのよ」。もう一つは、新たに食餌療法や健康に対して、反省的に思考するようになったことである。家庭内の制度としての食事に気を配ることから、食べる物に気を配ることへと変わったのである。

その点に関する彼女の話はかなりラディカルな調子になった。オルタンスは、「今あるあらゆる粗悪品に、遺伝子組み換え食品とかそういうすべてのものに」反抗するのだ。そして、自然食品店で買った青い野菜を調理する。できるだけ大きなスーパーマーケットでは買わないようにし、調理済み食品や（魚以外の）冷凍食品を拒む。この三つの要素が、彼女にとっては最も非難されるべきものなのだ。瓶詰や缶詰の保存食品のことを話すときは、どちらかというと決まり悪そうである。「保存食品は、ええまあ、いいんじゃないの。すごく美味しいサヤインゲンがあるわ。いい缶詰・瓶詰食品がね。缶詰・瓶詰食品は普通良く作られているわ。特に瓶に詰めたものがよ」。彼女は昔大きな家庭菜園を持っていて、そこでたくさんのサヤインゲンを栽培しては瓶詰めにしていたのだ。もうはるかに遠い時代のことになってしまったが、彼女は相変わらず保存したサヤインゲンの味を覚えていて、そういう風に消費する習慣を保っているのである。話は、どれほどラディカルなものであっても、具体的な食行動を明らかにする助けになるに違いないのだ。

●**マドレーヌ**　六〇歳、退職、結婚している。

昔風の台所。不調和な道具類や家具類がある。朝食用の小さなテーブルがある。

彼女は単調な声で話し、自分の料理と食事のことを極めて簡単に説明する。それは、子供たちが家を出て行ってからは、全然彼女の頭の中にないのだ。「今じゃクールなものよ」。実際はそれほどクールではない。というのも、料理に関する彼女のエネルギーがこれほどまで低下したことを考えに入れるならば、選択をしなければならない精神的な疲労がまだ大きすぎるように思われるのである。

質問は現在形で行われていたのではあるが、突然マドレーヌは、その質問に答えるために、方向を変えて過去のほうへと目を向けた。すると彼女の声は変わり、生き生きとし、口調が速くなっていった。それは家族が揃って会食していた時代であり、あらゆる意味で会話が騒々しかった（子供は両親の食卓では喋る権利がなかったというのにである）。その共同の表現を助長するために、テレビが禁止されてさえいた。日曜日は長い時間をかけてじっくり煮込んだ料理の日であり、秘密のレシピというわけではないのだが、さらにもっと長い時間をかけて夢見られる料理の日である。母親譲りの料理なのだ。買い物の時間がないので彼女は、三日ごとにまとめて買い物をしなければならず、それによって時間のなさが、他の多くのことと同様解決されたのである。彼女の思い出は幸せなことばかりだ。料理が問題だったことは一度もなかった。

逆説的であるが、すべてがもっと「クール」であるはずの今日になって、密かではあるがしつこい辛さが、彼女を苦しめているのかもしれない。「今は、家族の輪が小さくなって、私たちの方はもう、少しばかりルーティーンでやる人になりだしているの。それは疑う余地がないわね」。テレビが、昼も夜もついている。マドレーヌは、料理に関して新しいことをすることが少なくなり、招待することも減り、「覚えていることのみで」生活している。この緊迫感の減少を、彼女は全然気に入ってはいない。なぜなら彼女は、自分をとても美食家だと認めており、食卓で強い喜びを感じる人であるからだ。しかし、明らかに食事はその輝きを失ってしまっている。彼女は、自分たちの年齢ではもっと気を配らなければならない、と自分に言う。いったいどうして、軽い料理を扱っている新たなレシピを習得しないのだろうか。彼女はそれをレストランで大いに味わっているのに。新しいことをするエネルギーが彼女には欠けている。それは、もはや家族の動員がない時には、もう一度活性化するのが困難なものなのである。

●マイテ　五〇歳、結婚して仕事を持っている。同居の子供が一人。

必要な機器類がすべて揃ったシステムキッチン。大きな冷蔵庫、すぐに食べ物を出せるカウンターバーがある。彼女の母は「素晴らしい料理人」だった。ちょっとした料理が列をなして並べられたのを彼女は覚えている。しかし彼女自身は、食べることに特別な喜びは何も感じないのだ。少なくとも家族だけで一緒に食べることに対していろいろな要素が出てきたのであるが、その一連の要素に対してはおそらく、このちょっと特殊な個人的性向が決定的であったのだろう。カップルになった当初や子供たちが生まれた後でも、彼女は（食べることにも料理をすることにも）ほとんど欲求をもたなかった。そうではあったがマイテは、ちょっとした料理をいくつか作ることは義務であると感じていた。家族の要求が言葉で表現されていたわけではないが彼女は、仮説的なものであるにせよ、その家族の要求に応えていたのである。そうした努力も、非難を引き起こさないまでも、皆の無関心の状態に陥るのが関の山であった（仕事の時間がズレていたために、一層そうだったのだ）。そこで彼女は「彼らが好きなもの」を作ることに決め、「各自がやりたいように」させることに決めた。いくつかの食べ物を繰り返すということを基本とし、一緒の食事は週末だけという、破壊されたシステムを企画、定着させたのである。「皆にとって都合がいいやり方よ」

そのシステムの中心を成すものは食卓や料理人ではなく、一週間に一度いっぱいにされる冷蔵庫なのである。月曜日から金曜日まで（マイテとその夫と一七歳の息子の）三人の家族のメンバーにとって、「それはサンドイッチ」なのである。各自が自分の時間に（それは別々である）冷蔵庫のドアを開け、ストックの中から使えるものを選んでパンに詰め込む。しばしば立ったまま食べるのである。「家では、それは…ハムよね…ハムがたくさん…たくさんのハムなの」。反対に、週末は家族が全員揃って一緒に食べる（家を出た子供たちも両親の家に来るのだ）。そこで彼女は料理をする。だが、「急いで作れるものばかり」だ。おまけに、ステーキにフライドポテト、エスカロップにパスタといった具合に、いつも同じものだ。「彼らは批判しないわ。指摘されたことも一度もないわね。彼らは出されたものを食べるのよ」

● **マルジョレーヌ**　五二歳、管理職公務員（夫は退職）。結婚している。同居の子供一人。

皿洗い機や洗濯機でいっぱいの感じがするかなり小さな台所。それゆえ、小さなテーブルを壁にくっつけて置くスペースしかない。

「私は給仕の奴隷にはなりたくないの。でも物事はしっかりやりたいの。女性の地位の改革には賛成よ。でも逆に、こうした家族の食事は大切にしているの」。マルジョレーヌは常にこの相反する二つの願望によって引き裂かれている。そして、ちょうど真ん中を見つけようとして、自分がしていることにいつでも批判的な視線を投げかけている。しかし週日であっても、工夫した料理を作りたい欲求が突然に湧いて、自分で望む以上に突き動かされることが稀ではないのだ。「私は自分に向かって言うのよ、『あらまあ、またやらせ過ぎよ』ってね」

だが本当の困難がやってくるのは週末である。というのも、他の多くの人たちとは反対に、彼女と料理の関係は逆説的に、週末に弱くなってしまうからである。確かにマルジョレーヌも、家族が集まる大きな会食をとても好きである（その際は子供たちが戻ってくるのだ）。しかし、家族に関するこの希望は、仕事の負担を埋め合わせるには不充分なのだ。夫は（退職しているにもかかわらず）全然手伝いをしない。子供たちもほとんど手伝わない。週に一度達成しなければならない偉業にただ一人直面し、野菜を準備するという最初の行動から、辛さが鉛のような重さで彼女を押しつぶす。「その時が負担よね。人数が多くて、たくさん皮を剝かなければならないとか、そういうことが山ほどある時よ。本当だわね、たくさん人がいるっていうのは、やっぱり辛い仕事よね」

幸いなことに、これら山のような家事の逆境にもかかわらず、いつでも彼女は、もう一度モチベーションをたて直す手段を見つける。食べることで持つ喜び、特に家族で食べることの喜びから出発するのである。「私にとって食事は、いつでも喜びという考えと、祝祭という考えに結びついていたわ。それはまずは食べる喜びで、一緒に喜びを持たなくちゃいけないの。それって、大切なことよ」

●マリーズ　四八歳、無職、結婚しており、同居の子供が一人いる。

物が詰まった小さな台所で、使いやすいように整理整頓されている。テーブルがあるが、洗濯機、テレビ、鳥籠が置かれている限られた空間の中で、窮屈である。

彼女は定期的にテレビの料理番組を見ており、「雑誌のレシピをたくさん切り抜いて」いる。彼女にとっては食卓の快楽は空虚な言葉でないと言わなければならない。「それが美味しいときは、ああ、それって…（ここでは私は大きい言葉を使うわよ）悦楽ね。その時人生の価値が分かるのよ…オルガスムスっていうか」。しかしながら、その読んだり見たりしたレシピが、ある日実現されるということは、極めて稀なのである。それでは新しくするということは、実のところ何に対してなのだろうか？　無駄にリスクを冒しているのではないのだろうか？　もし一人であれば、通常の料理ということに関して彼女は「アッシ・パルマンティエを週三回」喜んで食べることであろう。それが好きだからである。しかし実際はそうではない。「二人だと、自分を強いて食べるものを作るわね」。しかも、メニューにとりわけヴァリエーションをもたせなくてはならない。可能な料理の数を制限する家族的な伝統の中に充分留まりながら、メニューにヴァリエーションを与えるのだ。そこでいくつかのメニューが毎週繰り返される。だが、ただ一つの驚かす要素が、連なりを変えるということにあるのだ。しかし、続ける順序を変えるというその簡単な変化が、朝起きたときから彼女の思考を強く支配するのである。お昼に何を作ろうかしら、と。

思考と行動の形で、料理は彼女の時間の多くを占めている。彼女はそのことで不平は言わない。「それって気持ちがいいのよ。時間をかけるのって好きだわ」。この理由から彼女は、一九五〇年代に住んだとしても、その方が好きだったことだろう。「あの時代は時間をかけたものよ」。というのも、人が「一時間に一八〇キロで」生きていて、完全に出来上がった料理のせいで怠けたい気持ちにさせられる今日では、ほんのちょっとぞんざいにすることに抵抗することが、しばしば極めて困難なことだからである。全然難しくない料理であるとしても、それがなおざりにされるには、たとえば「テレビで映画を（もしくは料理番組なんかを）見たい欲求」だけで充分である。さらに、結婚の厳命も実際には極めて限られたもののままなのだ。「二人だけでいて、彼が難しくないことが分かっていたら、心配なんかもしないものだわ」

●メルバ　四五歳、会計士、結婚している。同居の子供二人。

整備され、居間に繋がっている台所。しかし、食事を取るためにテーブルが付け加えられている。

「夕方、こういう風な一日の終わりには、私は全然料理を作りたい気がしないのよ。アイデアを見つけたり、そういうこと全部よ。買い物はうんざりだわよ」。料理の時間を短くしようとすればするほど時間は一層指の間から漏れ出して、特別に疲れさせ、イライラさせる辛さを作り出すのである。幸いなことに彼女の娘がとても食いしん坊で、夕方帰ってくるとすぐに鍋の中を覗きにやって来る。それが、気持ちの良い仕方で彼女を動かすのである。そうでなければ料理行動に、また体を動かすためにメルバが持っているものといえば、家族への義務感のみなのだ。「それは辛いわ、しょっちゅう辛いのよね。無理して料理をするのよ」。そして、子供がいなくて夫と二人だけのときは、「それはもっと簡単なやつ」なのだ。

やはり食事は彼女にとって極めて大切な時間なのである。「たとえたったの三〇分だとしても、それで皆がまた会うわ。皆が一緒にね」。家族の結びつきをもっと強くする真の食事が週末の食事であることには議論の余地がない。その時料理は週日とは正反対のものになる。「それはありうる限り退屈なものにもなるけど、同時に、ありうる限り楽しいものにもなるわ」。メルバは尽きることなくレシピのページをめくる（「いつものものを変える」ことができるアイデアを見つけられないか、という希望を持っているのだ）。そして、長い時間、可能な限りの素晴らしいものを夢見て、BGMをかけて、幸せな気分で台所に身を置くのである。日曜日のちょっとした料理というマジックを使って彼女は、週日の間は一秒も持てない「時間をかける」。そして時間は流れるに任せるのだ。

●オリヴィア　四七歳、結婚して仕事を持っている。

整備された大きな台所。中心にテーブルがくるように整えられており、二人は日曜日でもそこで食事を取る。

ぼんやりとしか覚えてはいないのだが、彼女は断定的に言う。彼女の母親は「なにも料理しなかった」のであり、彼女に絶対に何も教えなかったのである。それゆえ、オリヴィアは一九歳という若さで結婚した時に、全く欠如していたのである。贈り物の中に大きな料理の本があって、彼女はそれで覚えなければならなかった。最初はいろいろと手探りで始め、試行錯誤で進めた。「おお、私、ローストを焦がしちゃったのを覚えているんだから」。しかし、とても素早く最初のノウハウは覚え、それによって彼女は料理をする強い喜びが分かった。それにもう一つの喜びである、食べる喜びが調和した。彼女は社会的な役割に就かなければならないわけで、その拘束はあったが、人生航路の軌跡をずっと導くことになった深い資質との一致を発見したことには、恍惚感なしとしなかった。料理と食べ物は彼女の人生の中で中心的な位置を占めるものとなるのである。

オリヴィアは、質問を受けた人たちの中で、実際に料理をすることに一度も辛さを感じたことのない、稀有な人の一人である(「大きな買い物」だけは別だが)。このことは彼女が時間を上手に使えるということのお陰である。というのも彼女は、料理の出来上がりが、使える時間の手順にピッタリ合うように手はずを整えるのである。こうして、使える時間がたったの一〇分であっても、いつでも「時間をかける」ことができるのだ。実際には彼女はしばしば、ずっと多くの時間を取るのである。そして、過ぎていく時間を計算せずに、工夫をし、味見をし、飾り立てる。時間は、喜びとして体験されている時には、決して長くない。

昼はしばしば一人であるということが起きる。他の多くの女性たちとは反対に、彼女は、その時を利用してつまみ食いをしたりもっと軽く食べたりということをしない。逆にちょっとした美味しい料理をじっくりと煮込んで、一番リッチな食品の品質にも分量にも迷わない。オリヴィアにそれができるのは、彼女が極めて健康で太る心配がないからである。そのことは、彼女の夫にとってはそれほど明白ではない。夫は体重超過に陥り、医者に行ったのだが、その医者はすぐさま厳しいダイエットを課したのである。医者の処方の下、夫は長い間そのダイエットに従ってきた(その間に彼女は自分自身のためには、軽くしたポトフにたっぷり脂身のついた肉切れを入れ続けたのだ)。夫はまずまずの体重を回復したが、今日は妻に向かって、明日のための希望を公表したところだ。それは海老のクリーム煮のウイスキー・フランベである。快楽が支配している実生活の枠からは出ることが難しい。

●ポール＝ドーフィーヌ　五九歳、主婦、結婚している。

整備された大きな台所。隅にテーブルが置いてあり、周囲に壁を背もたれにしたベンチがあって、客を招待したとき一〇人まで坐ることができる。

「おお、そうよ。何度も私は自分に言うわ。お昼に何を作ろうかしら、それにしても、何にしようかしらってね」。アイデアが浮かばないその時だけが（招待するときの強いストレスも加えて）料理で彼女が感じる辛さなのである。アイデアが浮かぶに任せるのは極めて快適なことなので、ポール＝ドーフィーヌは、それが浮かばない時には途方にくれる。問題は、何か新たに複雑な料理を工夫することではなく（彼女はまさに招待の時の食事のためにそれをとってあり、それはレシピの助けを借りて、完全に保存されているのだ）、ただ単に、あまり繰り返して同じものを出さないように交互に作ることなのだ。彼女はこのように何もないと思う時には夫の方へ行って、食事のスケッチを出してみる。ほとんど認められないだろうと、自分で分かっているものである。夫は静かな声でぼやき、批判は口に出さない。「それなら何か別のアイデアを言ってみてよ」と、彼女は言い返す。好きなようにしてくださいと、彼は応えるのみである。「私の方はね、もう何時間も探しているのよ。全く、もうたくさんていう時があるわね」。結婚生活の中で思いがけないことや、その上の快楽を作ろうと一人でする努力は、ほとんど見返りがない時には限界がある。

自分の行動に枠を嵌《は》めて疲れの迷いを制限するためにポール＝ドーフィーヌは、単純な原則から出発して食べ物を選定する（魚を一週間に三回、卵は大量に売っていない店で買う、といった風に）。そして「澱粉は多すぎず、冷凍のものはだめ」というような、禁止のシステムの原則。とはいっても彼女は冷凍庫を持っているのだ。というのも、原則をはっきりと言うことが、それを適用することよりも重要だからである。よく知られていることだが、料理は調停の術なのだ。

●プリュンヌ　三三歳、育児教育休暇中、結婚している。子供二人。

旧式の台所、ほとんど家財道具がない。中心に丸いテーブルがある。

プリュンヌは、何ものにも影響されない真のイデオロギーの塊を作り上げており、それによって自分自身のアイデンティティーと同時に家族のアイデンティティーを形成している。自分の小さな世界を、ビロードの手袋を嵌めた鉄の手のように、外柔内剛で導いている。全部の食事を一緒に食べることが全員の義務であり、テレビを見ることは問題外なのだ。なぜなら、その特別の時間において、家族の話し合いが神聖なものだからである。

彼女が実現しているタイプの料理は、極めて神聖なものである。出発点には、彼女の子供時代の家族揃っての会食と、じっくりと煮込んだ料理の思い出があるのだ。時間との関係が肝要である。その時には彼女は家に居て、たっぷりと時間を取る。じっくりと煮込んだ料理に、独特で彼女らしい味が与えられるのはまさにそのお陰である。単純な自己献身によるのだ。「煮込みではね、味を与えるのは自分自身なのよ」

家族の伝達と料理の伝統の防衛という考えに強く組み入れられているためにプリュンヌは、近代性のあらゆる側面を敵に回して、負けると決まった戦いを先取りしているように思われる。彼女は庭にウサギや鶏を放し飼いにしたり、昔風にチーズを自分で作ったりすることを夢想する。冷凍食品や変わった道具を拒絶し（彼女は圧力釜よりも古い鋳物の鍋の方を好む）、言葉を選んで、新しいダイエット願望を批判するのである。確かに彼女は（濃いソース、多量のバターとラードの）自分の料理は、おそらくリッチすぎると認めている。だが少なくともそれは「自然」なのである。ソーセージでさえ「自然なもの」である。なぜならそれは直接に「彼女の肉屋」から買ったものだからである。

彼女の議論は、極めて自分自身に閉じ込もったものなので、今日ではほとんど消えてしまった社会的役割の、完璧なモデルのようなものを表している。しかしながらその完全すぎる食生活の中には、パラドックスの形で一つの亀裂が存在する。週末になると彼女の、時間との関わりが大きく変化するのである。家族のメンバーたちのために空いた時間を持って、週日の間よりもそばにいたいと望めば望むほど、それが短くなるのだ。そのため料理はさっさと処理され、プリュンヌはそのちょっとした料理をもはや作れなくなるのである。

●サヴァラン　二九歳、ＩＴ技師、カップルで生活。子供一人。

完全に居間に開放された台所、テーブルは半分が台所で半分が居間にかかっている。アクアリウムになっているカウンターがあり、流しが二つある。

彼が料理に関心を持ったのはとても若い頃であった。一四歳の時に最初のお菓子を作ったのである。しかし彼はお菓子類はあまり好まなかったし、今でも全然好きではない。だが甘くないものであれば、すべての種類の料理を味わって強い喜びを覚えるし、真の悦楽を感じるのだ。このためサヴァランは急速に、もっとボリュームのある他のものを自分で作ってみるようになった。そして両親の家を出る前にすでに、本当の料理人になっていたのである。それ以来彼は、見事な料理の軌跡の中でスムーズに進歩を続けた。カップルになった時にも、とりたててなにか変わったという記憶がない。これほど上手にできることを彼がひきつづき担当するということは、二人共にとって自然に思われたのだ。

そしてとりわけ彼は、辛いという気持ちを感じないで作ることができた。というのも彼にとって料理は、ほぼ毎日徹底的に喜びだからである。後からやって来るもう一つの、味わうという喜びと密接に結びついた喜びである。事実その作業に手をつけるや否やサヴァランは、「舌の突起が濡れてくる」のである。この極めて肉体的な愉悦が彼の取り組みの中心的要因なのであって、その中に、料理というもっと実際的な活動と結びついている、いくつもの別の魅力（創造性、成功したときの満足など）が凝縮されているのである。そしてもっと広く言えば、それらすべてを小さな家族のためにやっているという考えと結びついている。「他の人たちのために作るのが僕にとっての喜びなんだ」。すべての喜びが溶け合って、相互に豊かにする。

他の多くの人たちと同様サヴァランも、週日にはもっと迅速に作っている料理から、週末の料理を区別している。つまり時間がない時は、冷凍のピザやパスタ料理を一品作るということがある。しかしその時でも、パスタは生だ。「僕は生のパスタも大好きなんだ」。大満足できるという考えが、なにかもっと念入りな料理を作れなかったという後悔を、すっかり取り除くのである。

●スゼット　五三歳、小学校教師、結婚しており、子供が一人昼に食べに来る。

装備の行き届いた大きな台所。自分が食事をするためのテーブルがあり、小さなテレビがある。たくさんの道具類。

スゼットは、昔は強い気持ちをもって料理をし、疑問を感じることも時間を計算したこともなかったことを思い出して、驚いている。そしてある日、家事行動の見事なメカニックが動かなくなった。彼女は自分のことを考えたくなったのであり、もっと自分だけの営みを計画したくなったのである。なんともはや、彼女がそう考えるにつれて、料理に関してすべてのことがもっと複雑になり、振る舞いがもっと重く不安定になった。そして、オートマチックにやることが減り料理の黄金時代の記憶がぼやけるとともに、彼女の能力も衰退した。

何年もの間、息子たちは家を出ていて夫は職場から戻らなかったので、昼に彼女は一人で食事をしていた。というかむしろ、一人でつまみ食いをしていた。その軽い実生活の喜びを味わっていたのである。料理をすることはほとんどないか、全然なかった。自分ひとりの都合に合わせてリズムもいろいろであった。スゼットは自分自身との新たな協定を見つけていたのだ。それから、息子のうちの一人が今後は昼に食べに戻ってくると告げたのである。最初彼女は当てが外れた気がした（どうすればいいだろう?）。失望し、失望したことで自分を責めた。しかし家族的な反射が、そうした悪い考えから彼女を解き放ったのである。彼女は、最初の時の食事から、ちょっとした美味しい料理を作りたい欲求を感じたのだ。それ以来毎日、新たに少々情熱に火がつく。息子のために、息子が満足するように、彼女の手は昔と同じくらいたやすく動き出すのである。

一番問題なのは夜である。夫の帰りがとても遅いのだ。スゼットはできれば自分の時間で食べたい。昼の食事を一人っきりで食べていたことを、ノスタルジックに思い描く。だいいち夫も、おそらくはそうすることに反対しないであろう。彼は熱烈なテレビ視聴者なので、テレビの前にお盆を持っていって食べることは好都合なはずなのだ。しかし彼女はこの二種類の分裂には抵抗する。カップルを少しばかり生き生きと保つためには、晩御飯が最後の堡塁であるということを、直感的に意識しているのだ。「私たち二人で居るのがもっといいの…たとえそれほど会話は交わさないとしてもよ。それでも食事をしている間には、なにかしら話すことがいつでもあるものよ」

●トニー　二五歳、フリーター、カップルで暮らしている。

初歩の台所だが、装備は揃っている。皿はちぐはぐだが数は多い。架台の上に据えたテーブルが料理をするにも食べるにも用いられている。

トニーにとって料理は喜び以外の何ものでもない。夕方仕事が終わった後で、彼は料理のお陰で長い時間リラックスすることができる（「それは僕のストレス解消法なのさ」）。彼は時間を計算することがない。「僕たちは、映画を見るよりは、むしろこっちのほうが好きなんだ」。彼は毎晩、「雰囲気」を作り出そうとする。食卓を軽くデコレーションし、ＢＧＭをかける。またとりわけ、味を通じて五大陸を旅行できるような料理をする。生き生きとしたエキゾティズムが大好きなのである。通常食事の前に「ちょっとしたアペリティフ」をやるのであるが、それによって祝祭と親密な話し合いの装置ができあがるのだ。実際この若いカップルは、そうとは知らないで、この快適な新しい儀式を通じて家族の結びつきを結晶のように固くしているのである。

買い物は、一週間分をまとめて月曜日に行う。しかし、買い物の計画は柔軟であり、食事の簡単なスケッチから出発しており、何にでも使える（鳥のササミなどの）「基礎的な」食材を基本としている。また、食品にヴァリエーションをもたせることを原則にし、（冷凍のものは絶対に買わないという）禁止事項がある。トニーは毎晩、ストックの中の使えるものから出発して、即興で料理をするのだ。貯蔵品から選び取る仕方は、野菜の状態が新鮮であるかどうかということである（週末にはやや鮮度が落ちる）。そのことによって彼は、自分の料理は「純粋」であって、自分の「体でそれが分かる」と確信していることができるのだ。少々性急すぎる議論であるが、科学的に反省された議論というよりも、マジックで自分を納得させるための議論なのだ。それが何であろうと彼は、この健康上の確信と毎晩の夜会的祝祭の喜びとの調和をすっかり感じ取っているのだ。しかしいつか、あまりに多い祝祭の挙句に健康を損なうことになったとしたら、どうだろうか。

邦訳文献一覧

①ジャン＝ポール・アロン／佐藤悦子訳『食べるフランス史―19 世紀の貴族と庶民の食卓』人文書院，1985
②ハワード・S. ベッカー／村上直之訳『アウトサイダーズ―ラベリング理論とはなにか』新装版，新泉社，1993
③ピエール・ブルデュー／石井洋二郎訳『ディスタンクシオン―社会的判断力批判』1・2，新評論，1989／藤原書店，1990
④アラン・コルバン／山田登世子・鹿島茂訳『においの歴史―嗅覚と社会的想像力』新評論，1988／新版，藤原書店，1990
⑤アントニオ・R. ダマシオ／田中三彦訳『生存する脳―心と脳と身体の神秘』講談社，2000
⑥デュルケム／古野清人訳『宗教生活の原初形態』改訳版，上・下，岩波文庫，1975
⑦デュルケーム／宮島喬訳『自殺論』中公文庫，1985
⑧サミュエル・ジョンソン／中央大学人文科学研究所編／諏訪部仁他訳『スコットランド西方諸島の旅』中央大学出版部，2006
⑨ジャン＝クロード・コフマン／藤本佳子他訳『シングル―自立する女たちと王子様幻想』昭和堂，2006
⑩イヴォンヌ・クニビレール＋カトリーヌ・フーケ／中嶋公子他訳『母親の社会史―中世から現代まで』筑摩書房，1994
⑪ブルーノ・ラトゥール／川崎勝・高田紀代志訳『科学が作られているとき―人類学的考察』産業図書，1999
⑫アンドレ・ルロワ＝グーラン／荒木亨訳『身ぶりと言葉』新潮社，1973
⑬クロード・レヴィ＝ストロース／仲澤紀雄訳『今日のトーテミスム』みすず書房，1970・2000
⑭スティーブン・メネル／北代美和子訳『食卓の歴史』中央公論社，1989
⑮ロベール・ミュシャンブレッド／石井洋二郎訳『近代人の誕生―フランス民衆社会と習俗の文明化』筑摩書房，1992
⑯ジョン・ロールズ／矢島鈞次監訳『正義論』紀伊國屋書店，1979
⑰ジャン＝クロード・シュミット／松村剛訳『中世の身ぶり』みすず書房，1996
⑱エドワード・ショーター／池上千寿子・太田英樹訳『女の体の歴史』勁草書房，1992
⑲ツヴェタン・トドロフ／大谷尚文訳『共同生活―一般人類学的考察』法政大学出版局，1999
⑳イヴォンヌ・ヴェルディエ／大野朗子訳『女のフィジオロジー―洗濯女・裁縫女・料理女』新評論，1985
㉑マックス・ヴェーバー／大塚久雄訳『プロテスタンティズムの倫理と資本主義の精神』ワイド版岩波文庫，1991
㉒マックス・ウェーバー／世良晃志郎訳『法社会学』創文社，1974

- TONNAC J.-P. de (2005), *Anorexia. Enquête sur l'expérience de la faim,* Paris, Albin Michel.
- TOUVENOT C. (1997), « La soupe dans l'histoire », *Internationale de l'imaginaire,* n° 7.
- URVOY D., URVOY M.-T. (2004), *Les Mots de l'islam,* Toulouse, Presses Universitaires du Mirail.
- VALLEUR M., MATYSIAK J.-C. (2002), *Les Addictions. Dépendances, toxicomanies : repenser la souffrance psychique,* Paris, Armand Colin.
- VANHOUTTE J.-M. (1982), *La Relation formation-emploi dans la restauration. Travail salarié féminin, fin des chefs cuisiniers et nouvelles pratiques alimentaires,* Thèse de 3e cycle de sociologie, sous la direction de Henri Mendras, Université Paris X – Nanterre.
- VERDIER Y. (1979), *Façons de dire, façons de faire. La laveuse, la couturière, la cuisinière,* Paris, Gallimard. ⑳
- VERDON J. (2002), *Les Plaisirs au Moyen Âge*, Paris, Hachette Littératures, coll. « Pluriel ».
- VIGARELLO G. (1993), *Le Sain et le malsain,* Paris Seuil.
- VIGARELLO G. (2004), *Histoire de la beauté. Le corps et l'art d'embellir de la Renaissance à nos jours,* Paris, Seuil.
- WAYSFELD B. (2003), *Le Poids et le Moi,* Paris, Armand Colin.
- WEBER M. (1964) (Première édition 1920), *L'Éthique protestante et l'esprit du capitalisme*Paris, Plon. ㉑
- WEBER M. (1971) (Première édition 1922), *Économie et société,* Paris, Plon. ㉒
- WELZER-LANG D., FILIOD J.-P. (1993), *Les hommes à la conquête de l'espace... domestique. Du propre et du rangé,* Montréal, VLB Éditeur.
- WITHERINGTON B. (2003), *Histoire du nouveau testament et de son siècle,* Cléon d'Andran, Excelsis.
- WOLFF E. (1991), *Quartiers de vie. Approche ethnologique des populations défavorisées de l'île de la Réunion,* Paris, Méridiens-Klincksieck.

- SCHMITT J.-C. (1990), *La Raison des gestes dans l'Occident médiéval,* Paris, Gallimard. ⑰
- SCHWARTZ O. (1990), *Le Monde privé des ouvriers. Hommes et femmes du Nord,* Paris, PUF.
- SEGALEN M. (2003), *Éloge du mariage,* Paris, Gallimard, coll. « Découvertes ».
- SERFATY-GARZON P. (2003), *Chez soi. Les territoires de l'intimité,* Paris, Armand Colin.
- SHORTER E. (1984), *Le corps des femmes,* Paris, Seuil. ⑱
- SIMMEL G. (1997, première édition 1910), « Sociology of the meal », dans Frisby D., Featherstone M., *Simmel on Culture. Selected writings,* Londres, Sage.
- SINGLY F. de (1996), *Le Soi, le couple et la famille,* Paris, Nathan, Paris, Armand Colin, 2005.
- SINGLY F. de (2000), *Libres ensemble. L'individualisme dans la vie commune,* Paris, Nathan, Paris, Armand Colin, 2005.
- SINGLY F. de, éd. (2004a), *Enfants-adultes. Vers une égalité des statuts ?* Paris, Encyclopaedia Universalis.
- SINGLY F. de (2004b), « La spécificité de la jeunesse dans les sociétés individualisées », *Comprendre,* n° 5.
- SJÖGREN A. (1986), « Le repas comme architecte de la vie familiale », *Dialogue,* n° 93.
- STEVENS H. (1996), *Les couples et la politique. Double je ou double jeu ?* mémoire de licence de sociologie, sour la dir. D'A. QUÉMIN, Université de versailles-Saint-Quentin-en-Yvelines.
- SYMONS M. (2004), *A History of Cooks and Cooking,* Champaign, University of Illinois Press.
- TCHERNIA A. (2000), « Qu'est-ce qu'un grand vin au temps des Romains ? », dans *Histoire et nourritures terrestres, Les rendez-vous de l'Histoire, Blois 1999,* Nantes, Pleins Feux.
- THUILLIER G. (1977), *Pour une histoire du quotidien au XIXe siècle en Nivernais,* Paris-La Haye, Mouton,
- TISSERON S. (1996), *Le Bonheur dans l'image,* Le Plessis-Robinson, Les empêcheurs de penser en rond.
- TODOROV T. (2003), *La Vie commune. Essai d'anthropologie générale,* Paris, Seuil, coll. « Points ». ⑲

- POULAIN J.-P. (2002a), *Sociologies de l'alimentation. Les mangeurs et l'espace social alimentaire,* Paris, PUF.
- POULAIN J.-P. (2002b), « La décision alimentaire », dans CORBEAU J.-P., POULAIN J.-P., *Penser l'alimentation, Entre imaginaire et rationalité,* Toulouse, Privat.
- QUEIROZ J.-M. de (2004), « L'enfant "au centre" ? », dans SINGLY F. de, *Enfants-adultes. Vers une égalité des statuts ?* Paris, Encyclopaedia Universalis.
- RAWLS J. (1997), *Théorie de la justice,* Paris, Seuil. ⑯
- RÉGNIER F. (2004), *L'Exotisme culinaire. Essai sur les saveurs de l'Autre,* Paris, PUF.
- RICHARDS A. (2003), 1re édition 1932), *Hunger and Work in a Savage Tribe,* Londres, Routledge.
- RIVIÈRE C. (1995), *Les Rites profanes,* Paris, PUF.
- ROCHE D. (1997), *Histoire des choses banales. Naissance de la consommation dans les sociétés traditionnelles (XVIIe-XIXe siècle),* Paris, Fayard.
- ROZIN P., KABNICK K., PETE E., FISCHLER C., SCHIELDS C. (2003), « The ecology of eating. Smaller portion sizes in France than in the United States help explain the French paradox », *Psychological Science,* vol. XIV, n° 5.
- ROWLEY A. (1997, éd.), *Les Français à table. Atlas historique de la gastronomie française,* Paris, Hachette.
- SABBAN F. (1993), « Suivre les temps du ciel : économie ménagère et gestion du temps dans la Chine du VIe siècle », dans AYMARD M., GRIGNON C., SABBAN F., *Le Temps de manger. Alimentation, emplois du temps et rythmes sociaux,* Paris, Éditions MSH-INRA.
- SABBAN F. (1996), « Art et culture contre science et technique. Les enjeux culturels et identitaires de la gastronomie chinoise face à l'Occident », *L'Homme,* n° 137.
- SANTICH B. (1999), « Reflections on References to Lévi-Strauss », Research Center for the History of Food & Drink, University of Adelaide.
- SAVAGEOT A. (2003), *L'Épreuve des sens. De l'action sociale à la réalité virtuelle,* Paris, PUF.

- Motta R. (1998), « Le sacrifice, la table et la fête. Les aspects « néo-antiques » de la liturgie du *candomblé* brésilien », *Religiologiques,* n° 17.
- Muchembled R. (1988), *L'invention de l'homme moderne. Sensibilités, mœurs, et comportements collectifs sous l'Ancien Régime,* Paris, Fayard. ⑮
- Muxel A. (1996), *Individu et mémoire familiale,* Paris, Nathan.
- Nourrisson D. (1998), « Le buveur à travers les âges », dans *Comprendre le consommateur,* Auxerre, Sciences Humaines.
- Palomares E. (2002), « La pâte et la sauve. Cuisine, formation du couple et inégalités de genre à Cotonou », dans Garabuau-Moussaoui I., Palomares E., Desjeux D., *Alimentations contemporaines,* Paris, L'Harmattan.
- Pellizer E ; (2003), « Forme di Eros a simposio », *Pallas,* vol. 61.
- Péron R. (2004), *Les Boîtes, Les grandes surfaces dans la ville,* Nantes, L'Atalante.
- Perrot Mathilde (2000), *Présenter son conjoint : l'épreuve du repas de famille,* DEA. de sociologie, IEP. de Paris, sous la direction de Jean-Hugues DÉchaux.
- Perrot Michelle. (2000), « Femmes et Nourriture » dans *Histoire et nourritures terrestres, Les rendez-vous de l'Histoire, Blois 1999,* Nantes, Pleins Feux.
- Pétonnet C. (1968), *Ces gens-là,* Paris, Maspero.
- Pezeu-Massabuau J. (1983), *La Maison, espace social,* Paris, PUF.
- Picard D. (1995), *Les Rituels du savoir-vivre,* Paris, Seuil.
- Pitte J.-R. (2004), *Le Vin et le divin,* Paris, Fayard.
- Pfirsch J.-V. (1997), *La Saveur des sociétés. Sociologie des goûts alimentaires en France et en Allemagne,* Rennes, Presses Universitaires de Rennes.
- Porel L. (2003), *Courir sous les arbres,* Paris, Éditions Société des Écrivains.
- Poulain J.-P. (1997), « La nourriture de l'autre : entre délices et dégoûts », *Internationale de l'imaginaire,* n° 7.
- Poulain J.-P. (1998), « Les jeunes seniors et leur alimentation », *Les Cahiers de l'OCHA,* n° 9.

Payot. Consultable dans la collection Internet « Les classiques des sciences sociales », www.uqac.uqebec.ca

· LÉVI-STRAUSS C. (1962), *Le Totémisme aujourd'hui,* Paris, PUF. ⑬

· MAÎTRE J. (2000), *Anorexies religieuses, anorexie mentale. Essai de psychanalyse sociohistorique,* Paris, Cerf.

· MARKUS H., NURIUS P. (1986), « Possible selves », *American Psychologist,* vol. 21, n° 9.

· MAKARIUS R., LÉVI-MAKARIUS L. (1974, 1re édition 1961), *L'Origine de l'exogamie et du totémisme,* Paris, Gallimard. Consultable dans la collection Internet « Les classiques des sciences sociales », www.uqac.uqebec.ca

· MAKARIUS R. (1974), « Préface » à LÉVI-MAKARIUS L., *Le sacré et la violation des interdits,* Paris, Payot. Consultable dans la collection Internet « Les classiques des sciences sociales », www.uqac.uqebec.ca

· MARENCO C. (1992), *Manières de table, modèle de mœurs. XVIIe-XXe siècle,* Cachan, Éditions de l'ENS.

· MARTIN-FUGIER A. (1987), « Les rites de la vie privée bourgeoise », dans DUBY G., PERROT M., *Histoire de la vie privée.* Tome IV, *De la révolution.*

· MEISSONIER J. (2002), « Stratégies d'optimisation des temps quotidiens. Le temps du repas », dans GARABUAU-MOUSSAOUI I., PALOMARES E., DESJEUX D., *Alimentations contemporaines,* Paris, L'Harmattan.

· MENNEL S. (1985), *All manners of food : Eating and taste in England and France from the Middle Ages to the present,* Oxford, Basil Blackwell. ⑭

· MILLER D. (1998), *A Theory of Shopping,* New York, Cornell University Press.

· MINTZ S. (1991), *Sucre blanc, misère noire, Le goût et le pouvoir,* Paris, Nathan.

· MODAK M. (1986), « Note sur les conversations de table en famille » *Dialogue,* n° 93.

· MONTAGNE K. (2004), « Adaptation de l'épouse cuisinière aux goûts alimentaires de son mangeur de mari : étude anthropologique du quotidien », communication au XVIIe congrès de L'Association internationale des Sociologues de Langue française, Tours.

Enquête sur la vie en solo, Paris, Nathan, Paris, Armand. Colin, 2005. ⑨
· KAUFMANN J.- C. (2001), *Ego. Pour une sociologie de l'individu,* Paris, Nathan.
· KAUFMANN J.- C. (2002a), *Premier matin. Comment naît une histoire d'amour,* Paris, Armand Colin.
· KAUFMANN J.-C. (2002b), « Secrets d'albums », introduction à *Un siècle de photos de famille,* Paris, Textuel.
· KAUFMANN J.-C. (2004), *L'Invention de soi. Une théorie de l'identité,* Paris, Armand Colin.
· KNIBIELHER Y. FOUQUET C. (1982), *Histoire des mères, du Moyen Âge à nos jours,* Paris, Hachette-Pluriel. ⑩
· LABARRE M. de (2001), « Les trois dimensions de l'expérience alimentaire du mangeur : l'exemple su sud-ouest français », *Anthropology of food,* Special Issue 1, www.aofood.org
· LAFORTUNE-MARTEL A. (1984), *Fête noble en Bourgogne au XVe siècle. Le banquet du Faisan (1454) : aspects politiques, sociaux et culturels,* Montréal/Paris, Bellarmin/Vrin.
· LAHIRE B. (1998), *L'Homme pluriel. Les ressorts de l'action,* Paris, Nathan, Armand Colin, 2005.
· LAMBERT C. (1998), « Rites eucharistiques dans les us et coutumes alimentaires au bas Moyen Âge », *Religiologiques,* n° 17.
· LATOUR B. (1989), *La Science en action,* Paris, La Découverte. ⑪
· LÉGER J.-M. (1990), *Derniers domiciles connus. Enquête sur les nouveaux logements, 1970-1990,* Paris, Créaphis.
· LEHUÉDÉ F. (2004), « Symboles d'un modèle alimentaire en déclin, les fruits frais n'ont plus la cote », *Consommation et modes de vie,* Credoc, n° 178.
· LEHUÉDÉ F., LOISEL J.-P. (2004), *La Convivialité et les arts de la table,* Credoc, Étude réalisée pour le Comité des Arts de la Table.
· LEMARCHANT C. (1999), *Belles-filles. Avec les beaux-parents, trouver la bonne distance,* Rennes, Presses Universitaires de Rennes.
· LEROI-GOURHAN A. (1965), *Le Geste et la parole. II. La mémoire et les rythmes,* Paris, Albin Michel. ⑫
· LÉVI-MAKARIUS L. (1974), *Le Sacré et la violation des interdits,* Paris,

PUF.
· HEILBRUNN B. (2004), « Les pouvoirs de l'enfant-consommateur », SINGLY F. de, éd. (2004), *Enfants-adultes. Vers une égalité des statuts ?* Paris, Encyclopaedia Universalis.
· HERPIN N. (1988), « Les repas comme institution. Compte rendu d'une enquête exploratoire », *Revue française de sociologie*, n° 29, vol. 3.
· HUBERT A. (2000), « Alimentation et santé : la science et l'imaginaire », *Cahiers de nutrition et de diététique,* n° 35, vol. 5.
· HUBERT A. (2004), Introduction à « Corps de femmes sous influence. Questionner les normes », *Les Cahiers de l'OCHA,* n° 10.
· HUBERT H., MAUSS M. (1904), « Esquisse d'une théorie générale de la magie », *L'Année sociologique (1902-1903),* n° 7.
· HUBERT H., MAUSS M. (1929, 1re édition 1899), « Essai sur la nature et la fonction du sacrifice », dans *Mélanges d'histoires des religions,* Paris, Librairie Félix Alcan. Consultable dans la collection Internet « Les classiques des sciences sociales », www.uqac.uqebec.ca
· JARVIN M. (2002), « Les représentations du « sain » et du « malsain » dans la consommation alimentaire quotidienne suédoise », dans GARABUAU-MOUSSAOUI I., PALOMARES E., DESJEUX D., *Alimentations contemporaines,* Paris, L'Harmattan.
· JAVEAU C. (1984), « Le manger et le vivre : aspects sociaux de l'appétit », *Actions et recherches sociales,* n° 000.
· JOHNS T. (1999), « The Chemical Ecology of Human Ingestive Behaviors », *Annual Review of Anthropology,* vol. 28.
· JOHNSON S., BOSWELL J. (1984), *A Journey to the Western Islands of Scotland/the Journal of a Tour to the Hebrides,* Londres, Peguin Books. ⑧
· JOLIVET M. (2002), *Homo japonicus,* Arles, Philippe Picquier.
· KAPLAN S. (1996), *Le Meilleur pain du monde. Les boulangers de Paris au XVIIIe siècle,* Paris, Fayard.
· KAUFMANN J.- C. (1996), *L'Entretien compréhensif,* Paris, Nathan, Paris, Armand. Colin, 2005.
· KAUFMANN J.- C. (1997), *Le Cœur à l'ouvrage. Théorie de l'action ménagère,* Paris, Nathan.
· KAUFMANN J.-C. (1999), *La Femme seule et le Prince charmant.*

l'exemple des repas familiaux », dans SINGLY F. de, *Être soi parmi les autres, Famille et individualisation,* Tome 1, Paris, L'Harmattan.

- GACEM K. (2002), « Monographie d'une famille recomposée à table. Construire un équilibre entre libertés individuelles et cohésion du groupe », », dans GARABUAU-MOUSSAOUI I., PALOMARES E., Desjeux D., *Alimentations contemporaines,* Paris, L'Harmattan.
- GARABUAU-MOUSSAOUI I. (2002a), *Cuisine et indépendances. Jeunesse et alimentation,* Paris, L'Harmattan.
- GARABUAU-MOUSSAOUI I. (2002b), « L'exotique est-il quotidien ? Dynamiques de l'exotique et générations », dans GARABUAU-MOUSSAOUI I., PALOMARES E., DESJEUX D., *Alimentations contemporaines,* Paris, L'Harmattan.
- GARDAZ M. (1998), « Le sacrifice de la chair et la nourriture des dieux hindous », *Religiologiques,* n° 17.
- GAUCHET M. (1985), *Le Désenchantement du monde. Une histoire politique de la religion,* Paris, Gallimard.
- GAULEJAC V. de (2005), *La Société malade de la gestion. Idéologie gestionnaire, pouvoir managérial et harcèlement social,* Paris, Seuil.
- GESTIN A. (1997), *L'Investissement des étudiantes dans leur logement,* mémoire de maîtrise de sociologie, sous la direction de François de Singly, université Paris Descartes.
- GIARD L. (1994, première édition 1980), « Faire-la-cuisine », dans CERTEAU M. de, GIARD L., MAYOL P., *L'Invention du quotidien. 2. Habiter, cuisiner,* Paris,,Gallimard, coll. « Folio-essais ».
- Giddens A. (1987), *La Constitution de la société. Eléments de la théorie de la structuration,* Paris, PUF.
- GOUDINEAU C. (2002), *Par Toutatis ! Que reste-t-il de la Gaule ?* Paris, Seuil.
- GUILBERT P., PERRIN-ESCALON H., éds (2004), *Baromètre Santé Nutrition 2002 : Photographie et évolutions des comportements alimentaires des français,* Institut national de Prévention et d'Éducation pour la Santé.
- GUITTARD C. (2003), « Les Saturnales à Rome : du Mythe de l'âge d'or au banquet de décembre », *Pallas,* vol. 61.
- GUSDORF G. (1948), *L'Expérience humaine du sacrifice,* Paris,

of women and men, Bruxelles, Pocketbooks.
· FEHR B. (2003), « What has Dionysos with the symposion, », *Pallas,* vol. 61.
· FAGNANI J. (2000), *Un travail et des enfants. Petits arbitrages et grands dilemmes,* Paris, Bayard.
· FISCHLER C. (1993a), *L'Homnivore. Le goût, la cuisine et le corps,* Paris, Odile Jacob.
· FISCHLER C. (1993b), « Les aventures de la douceur », *Autrement,* coll. « Mutations/Mangeurs », n° 138.
· FISCHLER C. (1994), « Magie, charmes et aliments », *Autrement,* coll. « Mutations/Mangeurs », n° 149.
· FISCHLER C. (1996), « Le repas familial vu par les 10-11 ans », *Cahiers de l'OCHA,* n° 6.
· FISCHLER C. (2003), « Le paradoxe de l'abondance », *Sciences Humaines*, n° 135.
· FLANDRIN J.-L. (1986), « Pour une histoire du goût », dans FERNIOT J., LE GOFF J., *La Cuisine et la table, 5 000 ans de gastronomie,* Paris, Seuil.
· FLANDRIN J.-L. (1992), *Chronique de Platine. Pour une gastronomie historique,* Paris, Odile Jacob.
· FOURIER C. (1967), *Le Nouveau Monde amoureux,* Paris, Anthropos.
· FRAIN I. (2004), *Le Bonheur de faire l'amour dans sa cuisine et vice-versa,* Paris, Fayard.
· FURST P. (1974), *La Chair des dieux,* Paris, Seuil.
· GARABUAU-MOUSSAOUI I. (2002a), *Cuisine et indépendance. Jeunesse et alimentation,* Paris, L'Harmattan.
· GARABUAU-MOUSSAOUI I. (2002b), « L'exotique est-il quotidien ? Dynamiques de l'exotique et générations », dans GARABUAU-MOUSSAOUI I., PALOMARES E., DESJEUX D., *Alimentations contemporaines,* Paris, L'Harmattan.
· GACEM K. (1997), *Les Repas domestiques : deux familles, deux systèmes, deux logiques,* DEA. de Sciences sociales, sous la direction de François de Singly, Université Paris Descartes.
· GACEM K. (1999), « Le succès du fast-food auprès des familles. Une pratique récréative », *Dialogue,* n° 144.
· GACEM K. (2001), « La pesanteur des choses et des habitudes :

· DIASIO N. (2002), « Le rien manger. Repas informels des enfants de 7 à 10 ans à Paris et à Rome », dans GARABUAU-MOUSSAOUI I., PALOMARES E., DESJEUX D., *Alimentations contemporaines,* Paris, L'Harmattan.
· DIBIE P. (2002), « Les périls de la table avant, pendant, après », *Internationale de l'imaginaire,* n° 7.
· DARMON M. (2003), *Devenir anorexique. Une approche sociologique,* Paris, La Découverte.
· DETIENNE M., VERNANT J.-P. (1979), *La Cuisine du sacrifice en pays grec,* Paris, Gallimard.
· DOUGLAS M. (1979), « Les structures du culinaire », *Communications,* n° 31.
· DOUGLAS M. (1992), *De la souillure, Essai sur les notions de pollution et de tabou,* Paris, La Découverte.
· DOUGLAS M. (2004), *L'Anthropologue et la Bible,* Paris, Bayard.
· DUBET F. (1994), *Sociologie de l'expérience*, Paris, Seuil.
· DUBET F. (2002), *Le Déclin de l'institution,* Paris, Seuil.
· DURAND J.-L. (1979), « Bêtes grecques. Proposition pour une topologie des bêtes à manger », dans DETIENNE M., VERNANT J.-P., *La Cuisine du sacrifice en pays grec,* Paris, Gallimard.
· DURET P. (2005), « Body-building, affirmation de soi et théories de la légitimité », dans BROMBERGER. C., DURET P., KAUFMANN J.-C., LE BRETON D., de SINGLY F., VIGARELLO G., *Un corps pour soi,* Paris ; PUF.
· DURET P., ROUSSEL P. (2003), *Le Corps et ses sociologies,* Paris, A. Colin.
· DURKHEIM E. (1994, première édition 1912), *Les formes élémentaires de la vie religieuse,* Paris, PUF, coll. « Quadrige ». ⑥
· DURKHEIM E. (1995, première édition 1897), *Le Suicide,* Paris, PUF. ⑦
· EHRENBERG A., (1995), *L'Individu incertain,* Paris, Calmann-Lévy.
· EHRENBERG A., (1998), *La Fatigue d'être soi. Dépression et société,* Paris, Odile Jacob.
· ELIAS N. (1976, 1re éd ; 1939), *La civilisation des mœurs,* Paris, Pocket.
· ETCHEGOYEN A. (2002), *Nourrir,* Paris, Anne Carrière.
· EUROSTAT (2004), *How Europeans spend their time. Everyday life*

· CORBIN A. (1982), *Le Miasme et la jonquille. L'odorat et l'imaginaire social, XVIIIe-XIXe siècles,* Paris, Aubier, coll. « Champs ». ④
· CORBIN A. (1987), « Le secret de l'individu », dans DUBY G, PERROT M., *Histoire de la vie privée.* Tome IV, *De la révolution à la grande guerre,* sous la direction de Perrot M., Paris, Seuil.
· COSSON M.-E. (1990), *Représentation et évaluation du mariage des enfants par les mères,* mémoire de maîtrise de sociologie, sous la direction de François de Singly, Rennes, Université Rennes 2.
· COTT N.F. (1992), « La femme moderne. Le style américain des années vingt » », dans DUBY G., PERROT M., *Histoire de la vie privée.* Tome 5, *Le XXe siècle,* sous la direction de THÉBAUD F., Paris, Seuil.
· COVENEY J. (2000), *Food, Morals and Meaning : The Pleasure and Anxiety of Eating,* Londres, Routledge.
· CSERGO J. (2004), « Entre faim légitime et frénésie de la table au XIXe siècle : la constitution de la science alimentaire au siècle de la gastronomie », www.Lemangeur-ocha.com, 2004.
· DAMASIO A. (1995), *L'Erreur de Descartes. La raison des émotions,* Paris, Odile Jacob. ⑤
· DEFRANCE A. (1994), « To eat or not to eat. 25 ans de discours alimentaires dans la presse », *Les cahiers de l'OCHA,* n° 4.
· DESBIOLLES M. (1998), *La Seiche,* Paris, Points-Seuil.
· DESJEUX D. (2002), « Préface », dans GARABUAU-MOUSSAOUI I., PALOMARES E., DESJEUX D., *Alimentations contemporaines,* Paris, L'Harmattan.
· DESJEUX D., ALAMI S., TAPONIER S. (1998), « Les pratiques d'organisation du travail domestique : une structure d'attente spécifique », dans BONNET M., BERNARD Y., *Services de proximité et vie quotidienne,* Paris, P.U.F.
· DESJEUX D., ZHENG L., BOISARD A.-S., YANG X.M. (2002), « Ethnographie des itinéraires de la consommation alimentaire à Guangzhou », dans GARABUAU-MOUSSAOUI I., PALOMARES E., DESJEUX D., *Alimentations contemporaines,* Paris, L'Harmattan.
· DEVAULT M. (1991), *Feeding the Family,* Chicago, University of Chicago Press.

symboliques de la féminité », *Religiologiques,* n° 17.
- BURGOYNE J., CLARKE D. (1986), « Dis-moi ce que tu manges… Repas, divorce et remariage », *Dialogue,* n° 93.
- CAILLÉ A. (1995), « Sacrifice, don et utilitarisme ; notes sur la théorie du sacrifice », *La revue du MAUSS.,* n° 5.
- CAILLÉ A. (2004), « Présentation », *La revue du MAUSS.,* n° 23.
- CARADEC V. (2004), *Vieillir près la retraite. Approche sociologique du vieillissement,* Paris, PUF.
- CHAMOUX M.-N. (1997), « La cuisine de la Toussaint chez les Aztèques de la Sierra de Puebla (Mexique) », *Internationale de l'imaginaire,* n° 7.
- CHARLES N., KERR M. (1988), *Women, food and families,* Manchester, Manchester University Press.
- CHÂTELET N. (1977), *Le Corps à corps culinaire,* Paris, Seuil.
- CICCHELLI-PUGEAULT C., CICCHELLI V. (1998), *Les Théories sociologiques de la famille,* Paris, La Découverte.
- CINGOLANI P. (2005), *La Précarité,* Paris, PUF.
- CIOSI-HOUCKE L., PAVAGEAU C., PIERRE M., GARABUAU-MOUSSAOUI I., DESJEUX D., « Trajectoires de vie et alimentation. Les pratiques culinaires et alimentaires révélatrices des constructions identitaires familiales et personnelles », dans GARABUAU-MOUSSAOUI I., PALOMARES E., DESJEUX D., *Alimentations contemporaines,* Paris, L'Harmattan.
- COCHOY F. (2002), *Une sociologie du packaging, ou l'âne de Buridan face au marché,* Paris, PUF.
- COLLIGNON B., STASZAK J.-F., éds (2004), *Espaces domestiques. Construire, habiter, représenter,* Paris, Bréal.
- CONEIN B., JACOPIN E. (1993), « Les objets dans l'espace. La planification dans l'action », *Raisons pratiques,* n° 4.
- CORBEAU J.-P. (1989), « Lien sociaux, individualismes et pratiques alimentaires », *Le Lien social,* Actes du XIIIe colloque de l'AISLF, tome 2, Université de Genève.
- CORBEAU J.-P. (1992), « Rituels alimentaires et mutations sociales », *Cahiers internationaux de Sociologie,* vol. XCII.
- CORBEAU J.-P. (2002), « Itinéraires de mangeurs », dans CORBEAU J.-P., POULAIN J.-P., *Penser l'alimentation, Entre imaginaire et rationalité,* Toulouse, Privat.

参 考 文 献

（邦訳のあるものには末尾に番号を付し，p.392に一覧を掲げた）

- ANDLAUER J. (1997), « Les Saintes tables. Préparer et manger le repas chez les contemplatives », *Ethnologie française,* n° XXVII.
- ARON J.-P. (1973), *Le Mangeur du XIXe siècle,* Paris, Robert Laffont.①
- ATTIAS-DONFUT C., SEGALEN M. (1998), *Grands-parents. La famille à travers les générations,* Paris, Odile Jacob.
- ATTIAS-DONFUT C., LAPIERRE N., SEGALEN M. (2002), *Le nouvel esprit de famille,* Paris, Odile Jacob.
- BADINTER É. (2003), *Fausse route,* Paris, Odile Jacob.
- BADOT O. (2002), « Esquisse de la fonction sociale de McDonalds à partir d'une étude ethnographique : modernisme et "transgression ordinaire" », dans GARABUAU-MOUSSAOUI I., PALOMARES E., DESJEUX D., *Alimentations contemporaines,* Paris, L'Harmattan.
- BAHLOUL J. (1983), *Le Culte de la Table dressée. Rites et traditions de la table juive algérienne,* Paris, Métailié.
- BASTARD B., CARDIA-VONÈCHE L.. (1986), « Normes culturelles, fonctionnement familial et préoccupations diététiques », *Dialogue,* n° 93.
- BAUMAN Z. (2004), *L'Amour liquide. De la fragilité des liens entre les hommes,* Le Rouergue - Chambon, Rodez.
- BECKER H. (1985, 1re éd. 1963), *Outsiders. Études de sociologie de la deviance,* Paris, Métailié. ②
- BIDART C. (1997), *L'Amitié, un lien social,* Paris, La Découverte.
- BOUDAN C. (2004), *Géopolitique du goût, La guerre culinaire,* Paris, PUF.
- BOURDIEU P. (1979), *La Distinction. Critique sociale du jugement,* Paris, Minuit. ③
- BRENOT P. (2001), *Inventer le couple,* Paris, Odile Jacob.
- BROMBERGER C. (1998) (éd.), *Passions ordinaires : du match de football au concours de dictée,* Paris, Bayard.
- BUCHER A.-L. (1998), « Engendrer, nourrir, dévorer : les fonctions

訳者あとがき

現在立教大学助教授である妻のマリーフランス・デルモンは長い間フランス文部省所属の教員であったため、日本とフランスの間の大学レベルの交流を促進させようとするフランス大使館業務の一部を任されていた時期があった。主な仕事は日本人留学生のために情報を提供することであったが、時折はフランスからやってくる大学教授や知識人たちのために必要な情報も提供していたのであって、本書の著者であるジャン＝クロード・コフマン氏との知遇を得たのもこの業務の延長線上でのことである。鋭く事象の本質を見抜くコフマン氏の知性とユーモアに魅せられていた彼女は、氏が短期間日本に滞在していた際に立教大学にも招待して講演をしてもらった。その間幾度となく公的私的の話し合いを持つ中で、いきおい夫である私（保坂幸博）のことにも触れ、私が大学において宗教学を講義していること、最近（二〇〇三年）『日本の自然崇拝、西洋のアニミズム』という本を新評論から出版したこと等を話す機会もあったようだ。すると意外なことにコフマン氏が、間もなく出版される予定になっている自著を是非私に翻訳してもらいたい、その理由は、料理と食事に関するその著作が大きく宗教的な起源を問題にしているからだ、という申し出をされたのである。こうして私本人が事の成り行きをほとんど知らない間に、コフマン氏の近著の日本語版翻訳者としての名誉を授かることが事実上決定されたのであった。幸い新評論が翻訳の出版を快諾してくれたために事が空約束にならずに済んだことは、大きな幸いであった。

現在フランスにおいて著名な社会学者である氏の著書の翻訳を、宗教学を専門とする、いわば畑違いの私に意図して委ねられたのであるから、本書の中の宗教に関わる部分について一言感想を述べることが、訳者としての義務であるといえるかもしれない。コフマン氏の思想の中で食事の起源をなすとされている宗教は二種類である。一つは「煮込んだ料理」を人々が一緒に集って食べて親近性を得ることが儀礼として行われていた原始の状態における宗教。もう一つはレオナルド・ダ・ヴィンチの『最後の晩餐』に見るような、食卓を囲んで集団的統一を得ようとするキリスト教である。コフマン氏は西洋アカデミズムの一般的な理解を背景として、前者の原始的な宗教儀礼の食事から後者のキリスト教的な食事へと継続的に移行した歴史を前提としている。その際変化したポイントは、前者の儀礼においては神々が集会する人間たちと一緒の席に着いているものと想定されていたのに対し、後者は神を人間の手の届かない遥かなる天上にあるとした点である。神の祭壇が地面よりも高く上げられ、水平方向から垂直方向への人間的意識の推移がそれに伴った、とする。明言されてはいないが、原始的宗教の食事儀礼が直に地面に腰を下ろしたり何かの台に寝そべったりする姿勢で行われたのに対し、キリスト教登場以降の食事が背筋を伸ばしてテーブルに着く形式へと変化したのは、この垂直方向への意識転換によって促進されたとする暗示が本書の中にあると言ってよい。しかし私たちの観察では、原始の宗教からキリスト教への移行は継続的なものではなく、むしろ両者には断絶があった。そもそもキリスト教はひたすら人間の魂と精神にのみ関心をもつことを標榜した。それゆえ、人間集団の物質的な欲求や繁栄を願う自然的な傾向を宗教的信仰と結びつけるような原始的な宗教を一方的に拒否し排撃したのである。

こうしたキリスト教の精神性は、その後の歴史においても大きな役割を果たすことになる。すなわちキリスト教自身が主導したその後の西洋二千年の歴史において、その精神性が肉体的なものや感性的欲求の自然性を抑制する傾向が鮮明なのである。キリスト教は、たとえば男女の結びつきという社会の存続にとって不可欠のことに対しては、愛の契機を通じて肉体的なものと精神的なものの融合を促進せざるを得ないことになるが、多く食べたい、美味しいものを食べたいなどという肉体的欲求のごときに至っては、全く妥協の必要を認めなかったのである。生命を支えるに足るだけの質素なものを慎ましやかに食べる以外のあり方を、キリスト教は認める必要がなかった。コフマン氏も認めているように、美食の歴史などというものが公開された記録として残されるための文明的な素地がなかったのだ。しかし、肉体的なものや感性的なものの方がその主張を止めるということは一度もなかったのであり、これを裏から見れば西洋二千年の歴史は、感性的なものと肉体的なものが精神の圧政に対して常に反抗し、己を認めさせようとする運動の連続であったということすらできる。ルネッサンス時代の美術は、美しいものや官能的なものを見たいという鮮烈な目の欲求の反抗があったことを今日にまで伝えている。その後感性的なものが政治思想や法制度にも自己を浸透させていった様を跡づけることもできるだろう。

我々はコフマン氏の社会学が二〇世紀の実存主義哲学の申し子であるという漠然とした印象を持つかもしれない。実存主義とは何であったのだろうか。その概略的理解を、ヘーゲルの哲学体系に対するキルケゴールの反発から始めてみよう。キルケゴールはヘーゲルの哲学体系を壮大な宮殿の如き建造物になぞらえた。しかし、人間の全精神と全歴史を内包するが如きその壮大な建造物が、いったいヘーゲル自身が生きているという実感と何の関わりがあるのかと、彼は難じる。ヘーゲル自身はその傍らの粗末な小屋に住んだに過ぎないではないかと。この「自分自身が生きているという実感」は、すぐさま肉体と感性の主張と結びつくものではない。むしろその後の実存主義哲学の傾向は精神的な領域への跳ね返りの、一種の形而上学を生んだ。ドイツのハイデガーは、あれやこれやの事象にかまける日常的な生を忌避し、本来性の高みを求めた。それは神という言葉を用いない神学の精神性の追求であった。フランスのサルトルは「生きている実感」にもっと近づこうとする傾向を示したが、彼が残した作品は普通の人々の生活とは縁遠いロマンであり、特異な感情を見せて劇場で演じられる戯曲であり、そして哲学的作品であった。

今日に至るまで西洋の人々は、自分たちの日常の取るに足りない些細な出来事が学問的考察の対象でありうると考えたことはなかったであろう。洗濯だの掃除だの、料理だの結婚生活にまつわる面倒事だのは、学問とは縁のない事象であった。コフマン氏はものの見事にこの思い込みを打ち砕いたと言える。そしてそこに我々は、氏の社会学に実存主義哲学の徹底されたあり方を感じ取るのだ。先に見たように先達の実存主義哲学にとって「生きている実感」を与えるものは、ハイデガーの本来性でありサルトルの尋常ならざる深奥の感情であって、そこに日常的生活の細々とした事象が組み入れられる余地はなかった。いや逆にそのようなものに関わることは、下卑た日常性に埋没することであるとハイデガーは言ったのである。しかし、人が実際に手にしうる「生きている実感」とは何であろうか。それはほとんど実感とすら呼ぶことができないほどの日常的なかすかな感情の連鎖ではないのか。人に与えられ得るものは、このような平板な日常性が辛うじて醸し出しうる程度の「生の実感」なのではないのか。そうだとすれば、そうした取るに足りない事象の中に分け入ってそこに働いている論理性を探ることこそ、学問がなすべき仕事である。コフマン氏の仕事には発想の転換を通じて、実存主義が論理的に内蔵しながら思い違いからやり残してきた仕事へ挑戦する姿勢が感じられる。そしてそのことは、実存主義の発端としてのキルケゴールからすでに予想されたはずのことだ。なぜなら、単なる壮大な論理的体系へのキルケゴールの反発は、一辺倒の精神性への反発であったし、それゆえ肉体的なものと感性的なものの復権を叫んだニーチェとの深い所における共感を最初から含んでいたからである。すなわちコフマン氏の仕事は、「生の実感」を求める先達の実存主義の最初の主張と繋がることによって、再び感性と肉体の自己主張の西洋二千年の系譜に繋がる。

我々の社会は明治の文明開化以来、詰まるところは西洋化の方向に進まざるを得ない宿命である。だから、本著におけるコフマン氏の分析は遅かれ早かれやがて我々の現実となるだろう。しかし、氏による単なる日常的な事象の分析が、肉体的なものと精神的なものとの二千年にわたる思想的抗争の歴史を土台に持っている限り、私たちの西洋化は、たとえ食べ物と食事のあり方に関することに過ぎないとしても、どこかに違和感を生じ、我々の「生の実感」の中に隙間風を吹かせるものであるだろう。

ミラー（Miller, D.） 329, 332, 337, 351
ミンツ（Mintz, S.） 25, 51, 52

メソニエ（Meissonier, J.） 207
メートル（Maître, J.） 65
メネル（Mennel, S.） 69

モース（Mauss, M.） 85, 88, 90
モダック（Modak, M.） 142
モッタ（Motta, R.） 87, 89
モンターニュ（Montagne, K.） 337

ヤ行

ユベール（Hubert, A.） 29, 30, 65, 85, 88, 90

ラ行

ライール（Lahire, B.） 353
ラトゥール（Latour, B.） 26
ラブレー（Rabelais, F.） 91
ラモス（Ramos, E.） 174, 196, 364
ランベール（Lambert, C.） 81

リヴィエール（Rivière, C.） 11, 112
リシャール（Richards, A.） 81

ルイ（聖王）（Saint-Louis） 100
ルーエデ（Lehuédé, F.） 58, 180, 222
ルーセル（Roussel, P.） 71
ル・プレ（Le Play, F.） 105
ルマルシャン（Lemarchant, C.） 220
ルロワ＝グーラン（Leroi-Gourhan, A.） 15

レヴィ＝ストロース（Lévi-Strauss, C.） 18, 31
レヴィ＝マカリウス（Lévi-Makarius, L.） 81, 82, 84, 85, 86
レジェ（Léger, J.-M.） 129
レニエ（Régnier, F.） 48, 162

ロッシュ（Roche, D.） 91, 104, 109, 225, 295
ロールズ（Rawls, J.） 166
ローレー（Rowley, A.） 81
ロワゼル（Loisel, J.-P.） 180, 222

ナ行

ヌマ（Numa） 92
ヌーリソン（Nourrisson, D.） 90

ハ行

バウマン（Bauman, Z.） 53, 64, 166
パウロ（聖）（Saint-Paul） 93
バスター（Bastard, B.） 140
バダンテール（Badinter, É.） 327
ハーデヴィヒ（Hadewijch） 99
バド（Badot, O.） 58, 76, 131
バールール（Bahloul, J.） 96
パロマレス（Palomares, E.） 312

ピカール（Picard, D.） 158
ビダール（Bidart, C.） 222
ピット（Pitte, J.-R.） 90
ヒポクラテス（Hippocrate） 23
ビュシェ（Bucher, A.-L.） 121
ビュルゴワンヌ（Burgoyne, J.） 124, 209, 269
ピルシュ（Pfirsch, J.-V.） 43, 45, 49, 144

ファニャーニ（Fagnani, J.） 273
フィシュラー（Fischler, C.） 11, 14, 21, 25, 29, 57, 66, 69, 70, 75, 133, 147, 295
フィリオ（Filiod, J.-P.） 321
フィリップ（善良公）（Philippe le Bon） 98
フェール（Fehr, B.） 91
フォンサグリーヴ（Fonssagrives）（Docteur） 22
フーケ（Fouquet, C.） 122
プズー＝マサブオー（Pezeu-Massabuau, J.） 112
ブーダン（Boudan, C.） 15, 16, 19, 21, 22, 25, 26, 27, 51, 54, 55, 76, 89, 93
フュルスト（Furst, P.） 91
プラトン（Platon） 89
フラン（Frain, I.） 141, 180, 271
プーラン（Poulan, J.P.） 14, 19, 54, 58, 59, 69, 75, 76, 93
フランドラン（Flandrin, J.-L.） 23, 45
フーリエ（Fourier, C.） 11
プルタルコス（Plutarque） 92
ブルデュー（Bourdieu, P.） 46, 68, 105
ブルノ（Brenot, P.） 183
フロイト（Freud, S.） 10
ブロンベルジェ（Bronberger, C.） 248, 289

ベッケール（Becker, H.） 44
ペトネ（Pétonnet, C.） 68
ペラン＝エスカロン（Perrin-Escalon, H.） 38, 125, 152, 202
ペリゼール（Pellizer, E.） 89
ペロー，マチルド（Perrot, Mat.） 137, 214, 218, 219, 364
ペロー，ミシェル（Perrot, Mich.） 121, 127
ペロン（Péron, R.） 36

ボスウェル（Boswell, J.） 10
ポレル（Porel, R.） 270

マ行

マカリウス（Makarius, R.） 81, 82, 84, 85, 86
マティジアック（Matysiak, J.-C.） 73, 75, 90
マルタン＝フュジエ（Martin-Fugier, A.） 109
マレンコ（Marenco, C.） 106, 107, 108, 110, 122, 133, 134, 208, 295

ミュクセル（Muxel, A.） 112, 150, 337
ミュシャンブレッド（Muchembled, R.） 109

コナン（Conein, B.） 269
ゴールジャック（Gaulejac, V.） 65
コルバン（Corbin, A.） 21, 49
コルボー（Corbeau, J.-P.） 64, 76, 129, 164, 212
コント（Comte, A.） 105

サ行

サイモンズ（Symons, M.） 10, 85
サバン（Sabban, F.） 59
サン＝ヴィクトール（Saint-Victor, Hugues de） 101
サングリ（Singly, F. de） 110, 131, 132, 133, 136, 149, 168, 172, 364
サンゴラーニ（Cingolani, P.） 72
サンティック（Santich, B.） 18

ジアール（Giard, L.） 245, 269, 279, 304
シェグレン（Sjögren, A.） 112
シオジ＝ウーケ（Ciosi-Houcke, L.） 178, 180, 187
シセリ（Cicchelli, V.） 105
シセリ＝プジョー（Cicchelli-Pugeault, C.） 105
ジャヴォ（Javeau, C.） 215
ジャコパン（Jacopin, E.） 269
ジャルヴァン（Jarvin, M.） 20, 33
シュヴァルツ（Schwartz, O.） 122, 314
シュミット（Schmitt, J.C.） 96, 101
ショーター（Shorter, E.） 81
ショーフィエ（Chauffier, J.J.） 132, 364
ジョリヴェ（Jolivet, M.） 166
ジョンズ（Johns, T.） 15
ジンメル（Simmel, G.） 163

スティーブンス（Stevens, H.） 141
スミス（Smith, W.R.） 81, 87

セガレン（Segalen, M.） 169, 189, 198, 213
セルファティー＝ギャルゾン（Serfaty-Garzon, P.） 141

ソーヴァジョ（Sauvageot, A.） 162
ソクラテス（Socrate） 91

タ行

ダグラス（Douglas, M.） 16–17, 112
タポニエ（Taponier, S.） 268
ダマシオ（Damasio, A.） 357
ダルモン（Darmon, M.） 45, 65, 71

チェルゴ（Csergo, J.） 22, 24, 25
チェルニア（Tchernia, A.） 20

ディアシオ（Diasio, N.） 30, 35, 76, 171, 173
ティスロン（Tisseron, S.） 152
ディビエ（Dibie, P.） 100
デジュ（Desjeux, X.） 64, 227, 268
デスパント（Despentes, V.） 149
デティエンヌ（Detienne, M.） 87, 88, 92
デビオル（Desbiolles, M.） 271
テュイリエ（Thuillier, G.） 244
デュベ（Dubet, F.） 135, 161
デュラン（Durand, J.-L.） 87
デュルケム（Durkheim, E.） 73, 87, 105
デュレ（Duret, P.） 71, 128

ドゥヴォー（Devault, M.） 351
トゥーヴノ（Thouvenot, C.） 80
ドゥフランス（Defrance, A.） 28
トクヴィル（Tocqueville, A.） 105
トドロフ（Todorov, T.） 74, 156, 163, 196
トナック（Tonnac, J.-P.） 44, 65
トロンソン（Tronson, L.） 100

人名索引

ア行

アティアス＝ドンフュ（Attias-Donfut, C.） 169, 189, 198, 308
アラミ（Alami, S.） 268
アロン（Aron, J.-P.） 21, 116
アンドロエール（Andlauer, J.） 52, 94

ヴァルール（Valleur, M.） 73, 75, 90
ヴァンウット（Vanhoutte, J.-M.） 58, 123, 125, 295
ヴィガレッロ（Vigarello, G.） 25, 65
ウィザリントン（Witherington, B.） 88
ウエイスフェルト（Waysfeld, B.） 71, 72, 74, 75
ウェーバー（Weber, M.） 52
ウェルツァー＝ラング（Welzer-Lang, D.） 321
ヴェルディエ（Verdier, Y.） 121, 302
ヴェルドン（Verdon, J.） 21, 98, 224
ヴェルナン（Vernant, J.-P.） 87, 88, 92
ヴォルフ（Wolff, E.） 68
ウルヴォワ（Urvoy, D.） 20
ウルヴォワ（Urvoy, M.-T.） 20

エチェゴイエン（Etchegoyen, A.） 180, 333
エラスムス（Érasume） 101
エリアス（Elias, N.） 46, 54, 102, 103, 104
エーレンベルグ（Ehrenberg, A.） 21, 73, 171, 176

カ行

カイエ（Caillé, A.） 86, 93, 329, 345
ガセム（Gacem, K.） 60, 113, 116, 117, 119, 131, 137, 138, 141, 143, 151, 159, 168, 228, 364
カラデック（Caradec, V.） 154, 200, 203
ガラブオ＝ムーサウイ（Garabuau-Moussaoui, I.） 135, 136, 162, 177, 179, 181, 182, 187, 300, 301, 305, 315, 364
ガルダス（Gardaz, M.） 89
カルディア＝ヴォネッシュ（Cardia-Vonèche, L.） 140

ギタール（Guittard, C.） 89
ギデンス（Giddens, A.） 165
ギルベール（Guilbert, P.） 38, 125, 152, 202

グスドルフ（Gusdorf, G.） 92
グーディノー（Goudineau, C.） 14
クニビーラー（Knibielher, Y.） 122
クラーク（Clarke, D.） 124, 209, 269

ケール（Kerr, C.） 127
ケロズ（Queiroz, E.） 133

コヴニー（Coveney, J.） 69
ゴーシェ（Gauchet, M.） 21
コショワ（Cochoy, F.） 357
コソン（Cosson, M.-E.） 214
コット（Cott, N.F.） 56

訳者紹介

保坂幸博（ほさか・たかひろ）
1947年生まれ。早稲田大学大学院文学研究科哲学専攻博士課程修了。現在，東海大学講師，宗教学概論，哲学概論担当。著書に『ソクラテスはなぜ裁かれたか』（講談社），『日本の自然崇拝，西洋のアニミズム』（新評論）等，翻訳にG.ガルピーニ『航空母艦』（小学館），M.-F.デルモンとの共著に『SSフランス語会話』（ジャパンタイムズ社）等がある。

マリーフランス・デルモン（Marie-France DELMONT）
1944年生まれ。1969年，フランス国立東洋語学校，国立ルーブル美術学校卒業。現在，立教大学助教授，東京日仏学院講師。日仏学院では30年以上継続して美術史を教授している。共著に『フランス語の始発駅』（白水社），共訳に『Notes de japonais』（ジャパンタイムズ社）がある。教科書が複数冊ある。

料理をするとはどういうことか
――愛と危機

（検印廃止）

2006年7月10日　初版第1刷発行

訳　者　保坂幸博
マリーフランス・デルモン

発行者　武市一幸

発行所　株式会社　新評論

〒169-0051　東京都新宿区西早稲田3-16-28
http://www.shinhyoron.co.jp

TEL 03（3202）7391
FAX 03（3202）5832
振替 00160-1-113487

定価はカバーに表示してあります
落丁・乱丁本はお取り替えします

装幀　山田英春
印刷　新栄堂
製本　河上製本

ISBN 4-7948-0703-1　C0036
Printed in Japan